Evang

2006

Comentario y oración

SAN PABLO

LIBRERÍA SAN PABLO
& St. Paul Distribution Center

- 5800 SW 8th Street
  MIAMI, Fl. 33144
  Phone: (305)269-9585 – Fax (305)269-9586
  1-888-6SPABLO 1-888-677-2256
  spablomiam@aol.com

- 3852 E. First Street
  LOS ÁNGELES, CA 90063
  Tels. (323)268-5010 (323)268-4555 – Fax (323)268-4583
  paulinos@pacbell.

- 5003 Whiltier Blvd.
  LOS ÁNGELES, CA90022
  Tels.(323) 262-7861 – Fax (323) 262-1578
  1-800-569-0929

Castelli, César
  Evangelio cotidiano 2006: comentario y oración - 1ª ed. - Buenos
  Aires: San Pablo, 2005
  416 p.; 11x16 cm.
  I.S.B.N. 950-861-803-5
  1. Devocionario. 2. Oraciones Diarias. I. Título
CDD 242.2

Con las debidas licencias / Queda hecho el depósito que ordena la ley
11.723 / © SAN PABLO, Riobamba 230, C1025ABF BUENOS AIRES,
Argentina, e-mail: director.editorial@san-pablo.com.ar / Impreso en la
Argentina, en el mes de octubre de 2005 / Industria argentina.

INTRODUCCIÓN

El concilio Vaticano II otorgó un nuevo impulso al movimiento bíblico. A partir de entonces, no sólo la liturgia y la catequesis, sino también toda la acción evangelizadora de la Iglesia se nutren, cada vez más, de la Palabra de Dios.

Sin embargo, no basta con reconocer el valor incomparable de la Palabra inspirada, es necesario que esa Palabra llegue a las personas en un lenguaje claro y comprensible, pues el Evangelio no puede ser solamente letra escrita. El Evangelio es, antes que nada, Vida.

No obstante, no alcanzaremos esa Vida, si no nos dedicamos a leer y meditar la letra del Evangelio.

El *Evangelio cotidiano 2006* contiene los textos del Evangelio que la Iglesia propone leer en la celebración eucarística; un comentario bíblico pastoral para reflexionar sobre el misterio pascual de Cristo; y una oración al final de cada día, que nos invita a vivir de una manera más humana, más solidaria, más intensa, más cristiana.

ABREVIATURAS LITÚRGICAS

(S)	Solemnidad	Sta., Stas.	Santa(s)	vg.	Virgen
(F)	Fiesta	Ap., Aps.	Apóstol(es)	comp.	Compañero
(MO)	Memoria	Bta./Bto.	Beata(o)	comps.	Compañeros
	Obligatoria	dr./dra.	Doctor(a)	rel.	Religioso
(ML)	Memoria	Evang.	Evangelista		
	Libre	ob., obs.	Obispo(s)		
S.	San	mr., mrs.	Mártir(es)		
Sto., Stos.	Santo(s)	pbro.	Presbítero		

ABREVIATURAS DE LOS LIBROS BÍBLICOS

Abd(ías)	Ez(equiel)	Jon(ás)	1Rey(es)
Ag(eo)	Flm(Filemón)	Jos(ué)	2Rey(es)
Am(ós)	Flp(Filipenses)	Lam(entaciones)	Rom(anos)
Apoc(alipsis)	Gál(atas)	Lc(Lucas)	Rt(Rut)
Bar(uc)	Gn(Génesis)	Lev(ítico)	Sab(iduría)
Cant(ar)	Hab(acuc)	1Mac(abeos)	Sal(mos)
Col(osenses)	Heb(reos)	2Mac(abeos)	1Sam(uel)
1Cor(intios)	Hech(os de los)	Mal(aquías)	2Sam(uel)
2Cor(intios)	Is(aías)	Mc(Marcos)	Sant(iago)
1Crón(icas)	Jb(Job)	Miq(ueas)	Sof(onías)
2Crón(icas)	Jc(Jueces)	Mt(Mateo)	1Tes(alonicenses)
Dn(Daniel)	Jds(Judas)	Nah(úm)	2Tes(alonicenses)
Deut(eronomio)	Jdt(Judit)	Neh(emías)	1Tim(oteo)
Ecl(esiastés)	Jer(emías)	Núm(eros)	2Tim(oteo)
Ecli(Eclesiástico)	Jl(Joel)	Os(eas)	Tit(o)
Ef(esios)	Jn(Juan)	1Ped(ro)	Tob(ías)
Esd(ras)	1Jn(1 Juan)	2Ped(ro)	Zac(arías)
Est(er)	2Jn(2 Juan)	Prov(erbios)	
Éx(odo)	3Jn(3 Juan)	Ecl(esiastés)	

CALENDARIO LITÚRGICO Y CIVIL

Con respecto al calendario litúrgico y civil (págs. 5 a 10) y al grado de las fiestas, téngase en cuenta lo siguiente:

- Las Solemnidades (S) en letra mayúscula negrita.
- Las Fiestas (F) en letra mayúscula clara.
- Las Memorias Obligatorias (MO) en letra minúscula negrita.
- Las Memorias Libres (ML) en letra minúscula cursiva clara.
- Otros santos que no figuran en el actual Calendario Romano, van en letra normal y entre paréntesis.

CALENDARIO LITÚGICO Y CIVIL 2006

ENERO			FEBRERO		
1	D	**SANTA MARÍA, MADRE DE DIOS**	1	M	(S. Severiano)
2	L	*Stos. Basilio Magno y Gregorio Nacianceno*	2	J	PRESENTACIÓN DEL SEÑOR.
3	M	*Santísimo nombre de Jesús*	3	V	*S. Blas. S. Oscar*
4	M	(Sta. Ángela de Foligno)	4	S	(S. Gilberto)
5	J	(S. Simeón Estilita)	5	D	**5º durante el año.** (Sta. Águeda)
6	V	**EPIFANÍA DEL SEÑOR**	6	L	*Stos. Pablo Miki y comps.*
7	S	*S. Raimundo de Peñafort*	7	M	(S. Teodoro)
8	D	BAUTISMO DEL SEÑOR	8	M	*S. Jerónimo Emiliano. Sta. Josefina Bakhita*
9	L	(Sta. Lucrecia)			
10	M	(S. Gonzalo)	9	J	(S. Miguel Febres)
11	M	(S. Teodosio)	10	V	*Santa Escolástica*
12	J	(S. Arcadio)	11	S	*Ntra. Señora de Lourdes*
13	V	*S. Hilario*	12	D	**6º durante el año**
14	S	(S. Félix de Nola)	13	L	(Sta. Beatriz)
15	D	**2º durante el año**	14	M	*Santos Cirilo y Metodio*
16	L	(S. Marcelo)	15	M	(S. Claudio)
17	M	**S. Antonio**	16	J	(S. Samuel)
18	M	(S. Juan de Rivera)	17	V	*Siete Stos. fund. de la Orden de los Siervos de María*
19	J	(S. Macario)			
20	V	*Stos. Fabián y Sebastián*	18	S	(S. Simeón)
21	S	**Sta. Inés**	19	D	**7º durante el año**
22	D	**3º durante el año.** (S. Vicente. Bta. Laura Vicuña)	20	L	(S. Eleuterio)
			21	M	*San Pedro Damián*
23	L	(S. Idelfonso)	22	M	CÁTEDRA DE SAN PEDRO
24	M	*S. Francisco de Sales. María, Reina de la paz*	23	J	*San Policarpo*
			24	V	(S. Rubén)
25	M	CONV. DE SAN PABLO	25	S	(S. Cesáreo)
26	J	**Stos. Timoteo y Tito**	26	D	**8º durante el año**
27	V	*Sta. Ángela de Mérici*	27	L	(S. Gabriel de la dolorosa)
28	S	**Sto. Tomás de Aquino**	28	M	(S. Román)
29	D	**4º durante el año**			
30	L	(Sta. Martina)			
31	M	**San Juan Bosco**			

Calendario litúrgico y civil 2006

MARZO			ABRIL		
1	M	**Ceniza**	1	S	(S. Hugo)
2	J	(S. Onésimo)	2	**D**	**5º de Cuaresma**
3	V	(Sta. Elisa)	3	L	(S. Ricardo)
4	S	(S. Casimiro)	4	M	(S. Isidoro)
5	**D**	**1º de Cuaresma**	5	M	*S. Vicente Ferrer*
6	L	(S. Olegario)	6	J	(Sta. Edith)
7	M	Stas. Perpetua y Felicidad	7	V	*S. Juan Bautista de La Salle*
8	M	S. Juan de Dios	8	S	(Sta. Constanza)
9	J	Sta. Francisca Romana	9	**D**	**RAMOS**
10	V	(S. Macario)	10	L	(S. Ezequiel)
11	S	(S. Eulogio)	11	M	San Estanislao
12	**D**	**2º de Cuaresma**	12	M	(S. Julio)
13	L	(Stos. Rodrigo y Salomón)	13	J	**JUEVES SANTO**
14	M	(Sta. Matilde)	14	V	**VIERNES SANTO**
15	M	(Sta. Luisa de Marillac)	15	S	**SÁBADO SANTO**
16	J	(S. Clemente Hofbauer)	16	**D**	**PASCUA**
17	V	(S. Patricio)	17	L	(S. Leopoldo)
18	S	(S. Cirilo de Jerusalén. Sta.	18	M	(S. Wladimir)
		María junto a la Cruz)	19	M	(Sta. Ema. S. León)
19	**D**	**3º de Cuaresma**	20	J	(S. Edgardo)
20	L	**SAN JOSÉ**	21	V	*S. Anselmo*
21	M	(Sta. Clemencia)	22	S	(S. Lucio)
22	M	(Sta. Lea)	23	**D**	**2º de Pascua.** (S. Jorge)
23	J	(S. José Oriol)	24	L	(S. Fidel)
24	V	(Sta. Catalina de Suecia)	25	M	SAN MARCOS
25	S	**ANUNCIACIÓN DEL SEÑOR**	26	M	(Stos. Marcelino y Cleto)
26	**D**	**4º de Cuaresma**	27	J	STO. TORIBIO DE
27	L	(S. Ruperto)			MOGROVEJO
28	M	(S. Octavio)	28	V	*S. Pedro Chanel - S. Luis*
29	M	(Sta. Gladys)			*Grignion de Monfort*
30	J	(S. Leonardo Murialdo)	29	S	**Sta. Catalina de Siena**
31	V	(S. Benjamín)	30	**D**	**3º de Pascua** (S. Pío V)

Calendario litúrgico y civil 2006

		MAYO			JUNIO
1	L	*S. José Obrero*	1	J	**San Justino**
2	M	**San Atanasio**	2	V	*Stos. Marcelino y Pedro*
3	M	STOS. FELIPE Y SANTIAGO	3	S	**Stos. Carlos Lwanga y comps.**
4	J	*(S. Máximo de Turín)*	**4**	**D**	**PENTECOSTÉS**
5	V	*(Sta. Judit)*	5	L	**María, Madre de la Iglesia.**
6	S	*(Sto. Domingo Savio)*			**S. Bonifacio**
7	**D**	**4º de Pascua**	6	M	*S. Norberto*
8	L	**NTRA. SRA. DE LUJÁN**	7	M	*(S. Claudio)*
9	M	*(S. Isaías)*	8	J	*(S. Medardo)*
10	M	*(S. Juan de Ávila)*	9	V	*S. Efrén*
11	J	*(Stas. Felisa y Estela)*	10	S	*(Sta. Paulina)*
12	V	*Stos. Nereo y Aquiles.*	**11**	**D**	**SANTÍSIMA TRINIDAD**
		S. Pancracio			*(S. Bernabé)*
13	S	*Ntra. Sra. de Fátima*	12	L	*(Sta. María Josefa Rosello)*
14	**D**	**5º de Pascua** *(S. Matías)*	13	M	**S. Antonio de Padua**
15	L	*S. Isidro Labrador .*	14	M	*(S. Eliseo)*
16	M	*(S. Juan Nepomuceno)*	15	J	*(Sta. Micaela)*
17	M	*(S. Pascual Bailón)*	16	V	*(S. Aureliano)*
18	J	*S. Juan I*	17	S	*(S. Adolfo)*
19	V	*(S. Ivo)*	**18**	**D**	**CUERPO Y SANGRE DE CRISTO**
20	S	*S. Bernardino de Siena*	19	L	*S. Romualdo*
21	**D**	**6º de Pascua**	20	M	*(Sta. Florentina)*
22	L	*Sta. Rita*	21	M	**S. Luis Gonzaga**
23	M	*(S. Desiderio)*	22	J	*S. Paulino de Nola. Stos. Juan Fisher y Tomás Moro*
24	M	*María Auxiliadora*	23	V	**SAGRADO CORAZÓN DE JESÚS**
25	J	*S. Beda. S. Gregorio VII. Sta. María Magdalena de Pazzi*	24	S	**NACIMIENTO DE S. JUAN BAUTISTA**
26	V	**S. Felipe Neri**	**25**	**D**	**12º durante el año**
27	S	*S. Agustín de Cantórbery*	26	L	*(S. Pelayo)*
28	**D**	**ASCENSIÓN DEL SEÑOR**	27	M	*S. Cirilo de Alejandría*
29	L	*(Sta. Hilda)*	28	M	**S. Ireneo**
30	M	*(S. Juana de Arco)*	29	J	**STOS. PEDRO Y PABLO**
31	M	VISITACIÓN DE SANTA MARÍA VIRGEN	30	V	*Protomártires de Roma*

CALENDARIO LITÚGICO Y CIVIL 2006

		JULIO
1	S	(Sta. Ester)
2	**D**	**13º durantte el año**
3	L	STO. TOMÁS
4	M	*Sta. Isabel de Portugal*
5	M	*S. Antonio María Zaccaria*
6	J	*Sta. María Goretti*
7	V	*(S. Fermín)*
8	S	*(Stas. Aquila y Priscila)*
9	**D**	**14º durante el año** (Ntra. Sra. de Itatí)
10	L	(S. Agustín Zhao Rong y comp.)
11	M	**S. Benito**
12	M	*(S. Juan Gualberto)*
13	J	*S. Enrique*
14	V	*S. Camilo de Lelis*
15	S	**S. Buenaventura**
16	**D**	**15º durante el año** (Ntra. Sra. del Carmen)
17	L	(S. Ignacio de Acevedo)
18	M	(S. Federico)
19	M	(Stos. Edmundo y Arsenio)
20	J	*S. Apolinar*
21	V	*S. Lorenzo de Brindis*
22	S	**Sta. María Magdalena**
23	**D**	**16º durante el año** (Sta. Brígida. S. Charbel)
24	L	**S. Francisco Solano**
25	M	SANTIAGO APÓSTOL
26	M	**Stos. Joaquín y Ana**
27	J	(S. Pantaleón)
28	V	(S. Celso)
29	S	**Sta. Marta**
30	**D**	**17º durante el año** (S. Pedro Crisólogo)
31	L	**S. Ignacio de Loyola**

		AGOSTO
1	M	**S. Alfonso M. de Ligorio**
2	M	*S. Eusebio de Vercelli. S. Pedro Julián Eymard*
3	J	*(Sta. Lidia)*
4	V	**S. Juan María Vianney**
5	S	*Dedic. Bas. de Sta. María.*
6	**D**	**TRANSFIG. DEL SEÑOR**
7	L	*Stos. Sixto II, y comps. S. Cayetano*
8	M	**Sto. Domingo**
9	M	*Sta. Teresa Benedicta de la Cruz*
10	J	S. LORENZO
11	V	**Sta. Clara**
12	S	*Sta. Juana Fca. de Chantal*
13	**D**	**19º durante el año** (Stos. Ponciano e Hipólito)
14	L	**S. Maximiliano M. Kolbe**
15	M	**ASUNCIÓN DE STA. MARÍA VIRGEN**
16	M	*S. Roque. S. Esteban de Hungría*
17	J	(S. Jacinto)
18	V	(Bto. Alberto Hurtado)
19	S	*S. Juan Eudes*
20	**D**	**20º durante el año** (S. Bernardo)
21	L	**S. Pío X**
22	M	**Sta. María Reina**
23	M	(S. Felipe Benicio)
24	J	S. BARTOLOMÉ
25	V	*S. Luis. S. José de Calasanz*
26	S	(Sta. Teresa de Jesús Jornet)
27	**D**	**21º durante el año** (Sta. Mónica)
28	L	**S. Agustín**
29	M	**Martirio de S. Juan Bautista**
30	M	STA. ROSA DE LIMA
31	J	(S. Ramón Nonato)

CALENDARIO LITÚGICO Y CIVIL 2006

SEPTIEMBRE			OCTUBRE		
1	V	(S. Arturo)	1	D	**26º durante el año**
2	S	(S. Francisco Dardán)			(Sta. Teresita del Niño Jesús)
3	**D**	**22º durante el año**	2	L	**Stos. Ángeles Custodios**
		(S. Gregorio Magno)	3	M	(S. Gerardo)
4	L	(Sta. Rosalía)	4	M	**S. Francisco de Asís**
5	M	(S. Victorino)	5	J	(Sta. Faustina Kowalska)
6	M	(S. Juan de Rivera)	6	V	*S. Bruno*
7	J	(Sta. Regina)	7	S	**Ntra. Sra. del Rosario**
8	V	NATIVIDAD DE STA. MARÍA VIRGEN	8	D	**27º durante el año**
			9	L	*Stos. Dionisio y comps. S. Juan Leonardi. S. Héctor Valdivielso Sáez*
9	S	*S. Pedro Claver*			
10	**D**	**23º durante el año**	10	M	(S. Luis Beltrán)
11	L	(S. Orlando)	11	M	(Sta. María Soledad Torres)
12	M	*Santísimo nombre de María*	12	J	*Ntra. Sra. del Pilar*
13	M	**S. Juan Crisóstomo**	13	V	(S. Eduardo)
14	J	EXALTACIÓN DE LA SANTA CRUZ	14	S	*S. Calixto*
			15	**D**	**28º durante el año** (Sta Teresa de Ávila)
15	V	**Ntra. Sra. de los dolores**			
16	S	**Stos. Cornelio y Cipriano**	16	L	*Sta. Eduviges. Sta. Margarita María Alacoque*
17	**D**	**24º durante el año**			
		(S. Roberto Belarmino)	17	M	**S. Ignacio de Antioquía**
18	L	(S. José de Cupertino)	18	M	**S. LUCAS**
19	M	*S. Jenaro*	19	J	*S. Juan Brébeuf e Isaac Jogues y comps. S. Pablo de la Cruz*
20	M	**Stos. Andrés Kim y comps.**			
21	J	**S. MATEO**	20	V	(Sta. Irene)
22	V	(S. Mauricio)	21	S	(Sta. Úrsula)
23	S	**S. Pío de Pietrelcina**	**22**	**D**	**29º durante el año**
24	**D**	**25º durante el año** (Ntra. Sra. de la Merced)			(Bto. Timoteo Giacardo)
			23	L	*S. Juan de Capistrano*
25	L	(Sta. Aurelia)	24	M	*S. Antonio María Claret*
26	M	*Stos. Cosme y Damián*	25	M	(Sta. Olga)
27	M	**S. Vicente de Paul**	26	J	(S. Darío)
28	J	*S. Wenceslao. Stos. Lorenzo Ruiz y comps.*	27	V	(S. Néstor)
			28	S	STOS. SIMÓN Y JUDAS
29	V	STOS. ARCANGELES MIGUEL, GABRIEL Y RAFAEL	**29**	**D**	**30º durante el año**
					(S. Narciso)
30	S	**S. Jerónimo**	30	L	(S. Alonso Rodríguez)
			31	M	(S. Quintín)

Calendario litúrgico y civil 2006

NOVIEMBRE			DICIEMBRE		
1	M	**TODOS LOS SANTOS**	1	V	(S. Florencia)
2	J	**FIELES DIFUNTOS**	2	S	(Sta. Viviana)
3	V	*S. Martín de Porres*	**3**	**D**	**1º de Adviento**
4	S	**S. Carlos Borromeo**			(S. Fco. Javier)
5	**D**	**31º durante el año**	4	L	*S. Juan Damasceno*
		(Sta. Silvia)	5	M	(S. Sabas)
6	L	(S. Leonardo de Noblat)	6	M	*S. Nicolás de Bari*
7	M	**María, Madre y Medianera**	7	J	**S. Ambrosio**
		de la gracia	8	V	**INMACULADA CONCEP-**
8	M	(Sta. Isabel de la Trinidad)			**CIÓN DE LA VIRGEN**
9	J	DED. BAS. DE LETRÁN	9	S	**S. Juan Diego**
10	V	**S. León Magno**	**10**	**D**	**2º de Adviento**
11	S	**S. Martín de Tours**	11	L	S. Dámaso I
12	**D**	**32º durante el año**	12	M	NTRA. SRA. DE GUADALUPE
		(S. Josafat)	13	M	**Sta. Lucía**
13	L	(S. Diego)	14	J	**S. Juan de la Cruz**
14	M	(S. Eugenio de Toledo)	15	V	(S. Reinaldo)
15	M	*S. Alberto Magno*	16	S	(Sta. Alicia)
16	J	*Sta. Margarita de Escocia.*	**17**	**D**	**3º de Adviento**
		Sta. Gertrudis	18	L	(Ntra. Sra. de la Esperanza)
17	V	**Stos. R. González, A. Ro-**	19	M	(S. Urbano)
		dríguez y J. del Castillo	20	M	(Sto. Domingo de Silos)
18	S	*Ded. Bas. S. Pedro y S. Pablo*	21	J	(S. Pedro Canisio)
19	**D**	**33º durante el año** (Sta.	22	V	(Sta. Francisca Cabrini)
		Isabel de Hungría)	23	S	S. Juan de Kety
20	L	(S. Edmundo)	**24**	**D**	**4º de Adviento**
21	M	**Present. de la Virgen María**	25	L	**NATIVIDAD DEL SEÑOR**
22	M	**Sta. Cecilia**	26	M	S. ESTEBAN
23	J	*S. Clemente I. S. Columbano*	27	M	S. JUAN
24	V	**Stos. Andrés Dung-Lac y**	28	J	STOS. INOCENTES
		comps.	29	V	Sto. Tomás Becket
25	S	Sta. Catalina de Alejandría	30	S	(Sta. Vicenta)
26	**D**	**CRISTO REY**	**31**	**D**	SAGRADA FAMILIA DE
		(Bto. Santiago Alberione)			JESÚS, MARÍA Y JOSÉ
27	L	(Medalla Milagrosa)			
28	M	(Sta. Catalina Labouré)			
29	M	(S. Saturnino)			
30	J	S. ANDRÉS			

Enero

1 domingo   Santa María, Madre de Dios. (S)

Núm 6, 22-27; Sal 66, 2-3. 5-6. 8; Gál 4, 4-7; **Lc 2, 16-21.**

Año Nuevo. Jornada Mundial de la Paz.

> *Encontraron a María, a José y al recién nacido.*
> *Ocho días después se le puso el nombre de Jesús.*

📖 Los pastores fueron rápidamente adonde les había dicho el ángel del Señor, y encontraron a María, a José y al recién nacido acostado en el pesebre. Al verlo, contaron lo que habían oído decir sobre este niño, y todos los que los escuchaban quedaron admirados de lo que decían los pastores. Mientras tanto, María conservaba estas cosas y las meditaba en su corazón. Y los pastores volvieron, alabando y glorificando a Dios por todo lo que habían visto y oído, conforme al anuncio que habían recibido. Ocho días después, llegó el tiempo de circuncidar al niño y se le puso el nombre de Jesús, nombre que le había sido dado por el ángel antes de su concepción.

Si bien la esperanza latía en todo Israel, la espera era larga... y todos bostezaban, también los pastores entre sus ovejas. Los ángeles tuvieron que despertarlos y ¡vayan a Belén, que les ha nacido el Salvador!... ¿Y qué encontraron? Un hombre, una mujer (¡qué mujer!) y un bebito tomando teta. Nada del otro mundo. Pero la fe hace que veamos mucho más allá de las diarias rutinas...

Señor, al comenzar este 2006, quiero hacer realidad los augurios de estas fiestas. Comprometo el diario esfuerzo, como José. Me entrego a ti, como María, y de su mano. Con la alegría contagiosa de los pastores. Y con un poquito de esa fe infinita que te trajo a plantar tu carpa en medio de este mundo loco...

2 lunes
Santos Basilio Magno y Gregorio Nacianceno, obs. y dres. (MO)
Semana 2ª del Salterio.

1Jn 2, 22-28; Sal 97, 1-4; Jn 1, 19-28.

En medio de ustedes hay alguien al que no conocen.

Éste es el testimonio que dio Juan, cuando los judíos enviaron sacerdotes y levitas desde Jerusalén, para preguntarle: "¿Quién eres tú?". Él confesó y no lo ocultó, sino que dijo claramente: "Yo no soy el Mesías". "¿Quién eres, entonces?", le preguntaron. "¿Eres Elías?". Juan dijo: "No". "¿Eres el Profeta?". "Tampoco", respondió. Ellos insistieron: "¿Quién eres, para que podamos dar una respuesta a los que nos han enviado? ¿Qué dices de ti mismo?". Y él les dijo: "Yo soy una voz que grita en el desierto: Allanen el camino del Señor, como dijo el profeta Isaías". Algunos de los enviados eran fariseos, y volvieron a preguntarle: "¿Por qué bautizas, entonces, si tú no eres el Mesías, ni Elías, ni el Profeta?". Juan respondió: "Yo bautizo con agua, pero en medio de ustedes

hay alguien al que ustedes no conocen: El viene después de mí, y yo
no soy digno de desatar la correa de su sandalia". Todo esto sucedió en Betania, al otro lado del Jordán, donde Juan bautizaba.

*En tiempos de Jesús, la esperanza mesiánica tenía di-
versas manifestaciones. Eran muchos los que creían que
Elías volvería y muchos también que identificaban a Juan Bautista con Elías. Es por eso que Juan tiene que aclarar que él no
era el Mesías. La tentación mesiánica de cada persona puede
ser superada si se tiene en claro la identidad personal y el rol
que se ocupa en la sociedad.*

Señor, que nunca me crea mesías, pero que, a la hora de la
verdad y la cruz, comprenda y asuma que ser testigo tuyo es
arriesgarse a predicar en el desierto y jugarse la cabeza como Juan.
¡Que tu gracia me ayude a hacerlo con alegría y esperanza!

3 martes   De la feria.

El santísimo nombre de Jesús. (ML)

1Jn 2, 29—3, 6; Sal 97, 1. 3-6; **Jn 1, 29-34.**

Éste es el Cordero de Dios.

Juan Bautista vio acercarse a Jesús y dijo: "Éste es el
Cordero de Dios, que quita el pecado del mundo. A él me
refería, cuando dije: Después de mí viene un hombre que me precede, porque existía antes que yo. Yo no lo conocía, pero he venido a bautizar con agua para que él fuera manifestado a Israel". Y
Juan dio este testimonio: "He visto al Espíritu descender del cielo
en forma de paloma y permanecer sobre él. Yo no lo conocía,
pero el que me envió a bautizar con agua me dijo: "Aquél sobre el
que veas descender el Espíritu y permanecer sobre él, ése es el
que bautiza en el Espíritu Santo". Yo lo he visto y doy testimonio
de que él es el Hijo de Dios".

Juan ha recibido un anuncio particular sobre la identidad de Jesús. No se puede saber quién es realmente
Jesús si no es por la fe y la revelación de Dios en nuestra propia intimidad. Así, nuestro crecimiento en el conocimiento de
Jesús depende de nuestro diálogo íntimo con el Padre.

Padre Dios, sólo tú conoces a tu Hijo. Y ahora nos lo revelas
en el Jordán y el Tabor, nos exhortas a escucharlo atentamente, porque él es tu palabra de vida y verdad, y nos animas a dar la
cara por él...

4 miércoles   De la feria

1Jn 3, 7-10; Sal 97, 1. 7-9; Jn 1, 35-42.

Hemos encontrado al Mesías.

Estaba Juan Bautista con dos de sus discípulos y, mirando
a Jesús que pasaba, dijo: "Éste es el Cordero de Dios".
Los dos discípulos, al oírlo hablar así, siguieron a Jesús. Él se dio
vuelta y, viendo que lo seguían, les preguntó: "¿Qué quieren?".
Ellos le respondieron: "Rabbí –que traducido significa Maestro–
¿dónde vives?". "Vengan y lo verán", les dijo. Fueron, vieron dónde vivía y se quedaron con él ese día. Era alrededor de las cuatro
de la tarde. Uno de los dos que oyeron las palabras de Juan y
siguieron a Jesús era Andrés, el hermano de Simón Pedro. Al
primero que encontró fue a su propio hermano Simón, y le dijo:
"Hemos encontrado al Mesías", que traducido significa Cristo.
Entonces lo llevó a donde estaba Jesús. Jesús lo miró y le dijo:
"Tú eres Simón, el hijo de Juan: tú te llamarás Cefas", que traducido significa Pedro.

Las palabras usadas por el evangelista: "siguieron", "vengan", indican un movimiento vital que apunta a "quedarse con él". Sólo un día les bastó a los discípulos de Juan

para reconocer en Jesús al Mesías. Y apenas descubierto este misterio, se lanzan a anunciarlo entre sus conocidos. El "estar con Jesús" lleva a descubrirlo y esto lleva a anunciarlo.

Juan y Andrés jamás olvidaron aquel primer encuentro. Que también nosotros nunca pasemos por alto las muchas veces que te cruzas en nuestro caminar y nos muestras que tú eres el único camino que lleva al Padre. Ayúdanos a entusiasmar a otros a caminar todos juntos, contigo...

5 jueves   De la feria

1Jn 3, 11-20; Sal 99, 1-5; **Jn 1, 43-51.**

Tú eres el Hijo de Dios, tú eres el Rey de Israel.

Jesús resolvió partir hacia Galilea. Encontró a Felipe y le dijo: "Sígueme". Felipe era de Betsaida, la ciudad de Andrés y de Pedro. Felipe encontró a Natanael y le dijo: "Hemos hallado a Aquél de quien se habla en la Ley de Moisés y en los Profetas. Es Jesús de Nazaret, el hijo de José". Natanael le preguntó: "¿Acaso puede salir algo bueno de Nazaret?". "Ven y verás", le dijo Felipe. Al ver llegar a Natanael, Jesús dijo: "Éste es un verdadero israelita, un hombre sin doblez". "¿De dónde me conoces?", le preguntó Natanael. Jesús le respondió: "Yo te vi antes que Felipe te llamara, cuando estabas debajo de la higuera". Natanael le respondió: "Maestro, tú eres el Hijo de Dios, tú eres el Rey de Israel". Jesús continuó: "Porque te dije: 'Te vi debajo de la higuera', crees. Verás cosas más grandes todavía". Y agregó: "Les aseguro que verán el cielo abierto, y a los ángeles de Dios subir y bajar sobre el Hijo del hombre".

Estos versículos del evangelio muestran el llamado a quienes serán luego los discípulos de Jesús. Es interesante observar cómo uno llama al otro y cada quien presenta su hermano o su amigo a Jesús, poniendo énfasis, entonces, sobre la importancia de la mediación humana para encontrarse con Jesús. Porque no llegamos a Cristo por nuestros medios, su llamado ha llegado a nosotros a través de alguien, a quien hemos creído y en quien hemos depositado nuestra confianza. Seamos también nosotros mediadores para el encuentro de otros hermanos con Jesús.

¡Claro que sí! Porque estamos llamados a vivir y salvarnos en racimo, en familia. Ayúdanos a ser Iglesia, unos con otros, todos por todos, para que los hombres vean nuestra fe en obras, crean en ti y te alaben por siempre...

6 viernes   Epifanía del Señor. (S)

Is 60, 1-6; Sal 71, 1-2. 7-8. 10-13; Ef 3, 2-6; **Mt 2, 1-12.**

Hemos venido de Oriente a adorar al rey.

Cuando nació Jesús, en Belén de Judea, bajo el reinado de Herodes, unos magos de Oriente se presentaron en Jerusalén y preguntaron: "¿Dónde está el rey de los judíos que acaba de nacer? Porque vimos su estrella en Oriente y hemos venido a adorarlo". Al enterarse, el rey Herodes quedó desconcertado y con él toda Jerusalén. Entonces reunió a todos los sumos sacerdotes y a los escribas del pueblo, para preguntarles en qué lugar debía nacer el Mesías. "En Belén de Judea, le respondieron, porque así está escrito por el Profeta: 'Y tú, Belén, tierra de Judá, ciertamente no eres la menor entre las principales ciudades de Judá, porque de ti surgirá un jefe que será el Pastor de mi pueblo, Israel'". Herodes mandó llamar secretamente a los magos y, después de averiguar con precisión la fecha en que había aparecido la estrella, los envió a Belén, diciéndoles: "Vayan e infórmense cuidadosamente acerca del niño, y cuando lo hayan encontrado, avísenme para que yo también vaya a rendirle homenaje". Después de oír al rey, ellos partieron. La estrella que habían visto en Oriente los precedía, hasta que se detuvo en el lugar donde estaba el niño. Cuando vieron la estrella se llenaron de alegría y, al entrar en la casa, encontraron al niño con María, su madre, y postrándose, le rindieron homenaje. Luego, abriendo sus cofres, le ofrecieron dones: oro, incienso y mirra. Y como recibieron en sueños la advertencia de no regresar al palacio de Herodes, volvieron a su tierra por otro camino.

El texto nos relata un drama histórico: mientras un humilde niño nace en una insignificante ciudad, dos poderes buscan acercarse a él: unos magos, con todo el poder de la sabiduría pero con toda la ignorancia religiosa sobre el mesías de Israel, y un opresor, con todo el conocimiento de la ley de Moisés, pero con toda la ambición y el miedo a perderlo todo. De muchas maneras podemos acercarnos a Jesús, pero seguramente nuestros conocimientos religiosos no serán indispensables, sino nuestro corazón, que lo busca para que sea iluminado con la luz que emana de él.

Señor, los magos te buscaban a tientas, pero con sinceridad de corazón. Y como tú iluminas los ojos limpios, ellos te encontraron ¡y eso les cambió la vida, como a los pastores! ¡Habían encontrado el verdadero camino!... Que nosotros jamás nos aventuremos por callejones sin salida...

7 sábado   De la feria.

San Raimundo de Peñafort, pbro. (ML)

1Jn 3, 22—4, 6; Sal 2, 7-8. 10-12; Mt 4, 12-17. 23-25.

El reino de los cielos está muy cerca.

Cuando Jesús se enteró de que Juan Bautista había sido arrestado, se retiró a Galilea. Y, dejando Nazaret, se estableció en Cafarnaúm, a orillas del lago, en los confines de Zabulón y Neftalí, para que se cumpliera lo que había sido anunciado por el profeta Isaías: "¡Tierra de Zabulón, tierra de Neftalí, camino del mar, país de la Transjordania, Galilea de las naciones! El pueblo que se hallaba en tinieblas vio una gran luz; sobre los que vivían en las oscuras regiones de la muerte, se levantó una luz". A partir de ese momento, Jesús comenzó a proclamar: "Conviértanse, porque el reino de los cielos está cerca". Jesús recorría toda la Galilea, enseñando en las sinagogas de ellos, proclamando la Buena Noticia del reino y sanando todas las enfermedades y dolencias de la gente. Su fama se extendió por toda la Siria, y le llevaban a todos los enfermos, afligidos por diversas enfermedades y sufrimientos: endemoniados, epilépticos y paralíticos, y él los sanaba. Lo seguían grandes multitudes que llegaban de Galilea, de la Decápolis, de Jerusalén, de Judea y de la Transjordania.

El arresto de Juan aparece en este texto como aquello que impulsa a Jesús a salir a predicar a los hombres el reino de Dios. En medio de la noche de los hombres brilla una luz. Es la Palabra de Dios que llama a la conversión.

Herodes mató inocentes y su hijo cortó la cabeza al santo precursor. Pero a Dios nadie le tapa la boca: ahora es tu hijo único quien nos habla en tu nombre y nos muestra cuánto nos amas. ¡Tu palabra, Señor, es la verdad y la luz de mis ojos! Que no miremos para otro lado...

8 domingo   Bautismo del Señor. (F)

Is 55, 1-11; [Sal] Is 12, 2-6; 1Jn 5, 1-9; **Mc 1, 7-11.**

Tú eres mi Hijo muy querido,
en ti tengo puesta toda mi predilección.

Juan Bautista predicaba, diciendo: "Detrás de mí vendrá el que es más poderoso que yo, y yo ni siquiera soy digno de ponerme a sus pies para desatar la correa de sus sandalias. Yo los he bautizado a ustedes con agua, pero él los bautizará con el

Espíritu Santo". En aquellos días, Jesús llegó desde Nazaret de Galilea y fue bautizado por Juan en el Jordán. Y al salir del agua, vio que los cielos se abrían y que el Espíritu Santo descendía sobre él como una paloma; y una voz desde el cielo dijo: "Tú eres mi Hijo muy querido, en ti tengo puesta toda mi predilección".

Jesús comienza su ministerio siendo bautizado por Juan. Participa así de las esperanzas y de las búsquedas de un pueblo que sólo puede esperar en Dios y en sus promesas. Juan sabe que él no es quien el pueblo espera. Y prepara el camino para que sus seguidores, algún día, sigan a otro. Su entrega y su humildad provienen de su gran espiritualidad. Él puede reconocer que no es el Mesías porque se siente parte de un pueblo que también lo espera.

Jesús, tú bajaste al Jordán, mezclado entre pecadores y a mí me llevaste en brazos al bautisterio de mi parroquia... Quieres hermanarme contigo y hacerme hijo de tu Padre. ¡Te doy gracias, Señor, por tu amor!...

9 lunes   De la feria

Semana 1ª durante el año. Semana 1ª del Salterio.

1Sam 1, 1-8; Sal 115, 12-14. 17-19; Mc 1, 14-20.

Conviértanse y crean en la Buena Noticia.

Después que Juan Bautista fue arrestado, Jesús se dirigió a Galilea. Allí proclamaba la Buena Noticia de Dios, diciendo: "El tiempo se ha cumplido: el reino de Dios está cerca. Conviértanse y crean en la Buena Noticia". Mientras iba por la orilla del mar de Galilea, vio a Simón y a su hermano Andrés, que echaban las redes en el agua, porque eran pescadores. Jesús les dijo: "Síganme, y yo los haré pescadores de hombres". Inmediatamente, ellos dejaron sus redes y lo siguieron. Y avanzando un poco, vio a Santiago, hijo de Zebedeo, y a su hermano Juan, que

estaban también en su barca arreglando las redes. En seguida los
llamó, y ellos, dejando en la barca a su padre Zebedeo con los
jornaleros, lo siguieron.

*El mensaje de Jesús es definitivo: "se acerca el reino de
Dios". Dios por fin pondrá su morada en medio de los
hombres. Dios por fin reunirá a sus hijos. Por eso será necesario convertirse. La venida del reino será sorpresiva, pero es
anunciada.*

¡Venga a nosotros tu reino, Señor! Pero ayúdame a aportar
mi esfuerzo: para que donde haya odios y ofensas, errores y
tristezas, mentiras, tinieblas y muerte, pongamos amor fraterno,
verdad y justicia, tu vida y tu paz...

10 martes   De la feria

1Sam 1, 10-20; [Sal] 1Sam 2, 1. 4-8; Mc 1, 21-28.

Les enseñaba como quien tiene autoridad.

Jesús entró en Cafarnaúm, y cuando llegó el sábado, fue
a la sinagoga y comenzó a enseñar. Todos estaban asombrados de su enseñanza, porque les enseñaba como quien tiene
autoridad y no como los escribas. Y había en la sinagoga un hombre poseído de un espíritu impuro, que comenzó a gritar: "¿Qué
quieres de nosotros, Jesús Nazareno? ¿Has venido para acabar
con nosotros? Ya sé quién eres: el Santo de Dios". Pero Jesús lo
increpó, diciendo: "Cállate y sal de este hombre". El espíritu impuro lo sacudió violentamente y, dando un alarido, salió de ese
hombre. Todos quedaron asombrados y se preguntaban unos a
otros: "¿Qué es esto? ¡Enseña de una manera nueva, llena de
autoridad; da órdenes a los espíritus impuros, y éstos le
obedecen!".Y su fama se extendió rápidamente por todas partes,
en toda la región de Galilea.

Esta autoridad, esta nueva manera de enseñar, era lo que hacía de Jesús un maestro distinto. Su autoridad viene de Dios, y su fuerza de liberar del mal es un signo de que el reino ya está actuando en medio de los hombres.

¡Reina, Señor, entre nosotros, por más infierno que te rechace! ¿Qué miedo cabe cuando tú nos aseguras que "todo lo bueno es posible para el que cree" y Pablo testimonia: "todo lo puedo en aquel que me conforta"?...

11 miércoles   De la feria

1Sam 3, 3-10. 19; Sal 39, 2. 5. 7-10; **Mc 1, 29-39.**

Sanó a muchos enfermos que sufrían diversos males.

Jesús fue con Santiago y Juan a casa de Simón y Andrés. La suegra de Simón estaba en cama con fiebre, y se lo dijeron de inmediato. Él se acercó, la tomó de la mano y la hizo levantar. Entonces ella no tuvo más fiebre y se puso a servirlos. Al atardecer, después de ponerse el sol, le llevaron a todos los enfermos y endemoniados, y la ciudad entera se reunió delante de la puerta. Jesús sanó a muchos enfermos, que sufrían de diversos males, y expulsó a muchos demonios; pero a éstos no los dejaba hablar, porque sabían quién era él. Por la mañana, antes que amaneciera, Jesús se levantó, salió y fue a un lugar desierto; allí estuvo orando. Simón salió a buscarlo con sus compañeros, y cuando lo encontraron, le dijeron: "Todos te andan buscando". Él les respondió: "Vayamos a otra parte, a predicar también en las poblaciones vecinas, porque para eso he salido". Y fue por toda la Galilea, predicando en las sinagogas de ellos y expulsando demonios.

El ministerio de Jesús está marcado por la atención constante a los pobres, la predicación al pueblo y la oración. Ninguna de estas cosas puede separarse de su vida, ni de nues-

tra condición de cristianos. En cuanto una de ellas es descuida-
da, las demás van perdiendo sentido, fuerza y valor.

Señor, que jamás dude de que tú sólo quieres nuestro mayor
bien y felicidad, aún en medio del dolor... porque no siempre
me lo quitarías pero siempre caminarías a mi lado, tu mano sobre mi
hombro... io me llevarías en brazos!...

12 jueves   De la feria

1Sam 4, 1-11; Sal 43, 10-11. 14-15. 24-25; **Mc 1, 40-45.**

La lepra desapareció y quedó purificado.

Se acercó a Jesús un leproso para pedirle ayuda y, cayendo de rodillas, le dijo: "Si quieres, puedes purificarme".
Jesús, conmovido, extendió la mano y lo tocó, diciendo: "Lo quiero, queda purificado". En seguida la lepra desapareció y quedó
purificado. Jesús lo despidió, advirtiéndole severamente: "No le
digas nada a nadie, pero ve a presentarte al sacerdote y entrega
por tu purificación la ofrenda que ordenó Moisés, para que les
sirva de testimonio". Sin embargo, apenas se fue, empezó a proclamarlo a todo el mundo, divulgando lo sucedido, de tal manera
que Jesús ya no podía entrar públicamente en ninguna ciudad,
sino que debía quedarse afuera, en lugares desiertos. Y acudían a
él de todas partes.

*Gran prudencia y fe la del que se acerca. Y no con
indiferencia, sino con mucho fervor, le suplica a sus pies,
con fe sincera y con una noción clara de Jesús. Porque no dijo:
"Si se lo pidieres a Dios" ni "si orares", sino: "Si quieres, puedes limpiarme". Tampoco dijo: "Señor, límpiame"; sino que lo
confía todo a él, le hace señor de su curación y afirma su poder
infinito. Y el Señor repuso: "Quiero, queda limpio", para con-
firmar la verdad (San Juan Crisóstomo, homilía XXV).*

"El amor es ingenioso", y cuanto más amor, mas ingenio iy, tu amor no tiene medida...! Señor del corazón abierto: que entremos por esa puerta grande y que afuera queden nuestros pecados, para siempre...

13 viernes   De la feria.

San Hilario, ob. y dr. (ML)

1Sam 8, 4-7. 10-22; Sal 88, 16-19; **Mc 2, 1-12.**

El Hijo del hombre tiene sobre la tierra el poder de perdonar los pecados.

Jesús volvió a Cafarnaúm y se difundió la noticia de que estaba en la casa. Se reunió tanta gente, que no había más lugar ni siquiera delante de la puerta, y él les anunciaba la Palabra. Le trajeron entonces a un paralítico, llevándolo entre cuatro hombres. Y como no podían acercarlo a él, a causa de la multitud, levantaron el techo sobre el lugar donde Jesús estaba, y haciendo un agujero descolgaron la camilla con el paralítico. Al ver la fe de esos hombres, Jesús dijo al paralítico: "Hijo, tus pecados te son perdonados". Unos escribas que estaban sentados allí pensaban en su interior: "¿Qué está diciendo este hombre? ¡Está blasfemando! ¿Quién puede perdonar los pecados, sino sólo Dios?". Jesús, advirtiendo en seguida que pensaban así, les dijo: "¿Qué están pensando? ¿Qué es más fácil, decir al paralítico: 'Tus pecados te son perdonados', o 'Levántate, toma tu camilla y camina'? Para que ustedes sepan que el Hijo del hombre tiene sobre la tierra el poder de perdonar los pecados, dijo al paralítico: Yo te lo mando, levántate, toma tu camilla y vete a tu casa". Él se levantó en seguida, tomó su camilla y salió a la vista de todos. La gente quedó asombrada y glorificaba a Dios, diciendo: "Nunca hemos visto nada igual".

🕯 *También hoy, muchas veces los caminos conocidos parecen cerrados. Las buenas intenciones chocan con la falta de recursos, la pérdida de esperanza y a veces también, como en este pasaje del evangelio, con demasiada gente agolpada que no hace nada... Hoy más que nunca se nos exige descubrir caminos nuevos, extravagantes, quizás ridículos para quien mira de afuera. Hoy igual que ayer, son esos caminos los que hacen que un paralítico se ponga de pie.*

🕊 Ciertamente: tu amor infinito es infinitamente ingenioso, tanto como para hacer de un cobrador de uñas largas un evangelizador con la fuerza de un toro. Señor, que nunca me crea un santo, pero que tu amor ingenioso me transforme a tu imagen y semejanza...

14 sábado   De la feria. Santa María en sábado

1Sam 9, 1-6. 10. 17-19; 10, 1; Sal 20, 2-7; **Mc 2, 13-17.**

No he venido a llamar a justos, sino a pecadores.

📖 Jesús salió nuevamente a la orilla del mar; toda la gente acudía a él, y él les enseñaba. Al pasar vio a Leví, hijo de Alfeo, sentado a la mesa de recaudación de impuestos, y le dijo: "Sígueme". Él se levantó y lo siguió. Mientras Jesús estaba comiendo en su casa, muchos publicanos y pecadores se sentaron a comer con él y sus discípulos; porque eran muchos los que lo seguían. Los escribas del grupo de los fariseos, al ver que comía con pecadores y publicanos, decían a los discípulos: "¿Por qué come con publicanos y pecadores?". Jesús, que había oído, les dijo: "No son los sanos los que tienen necesidad del médico, sino los enfermos. Yo no he venido a llamar a justos, sino a pecadores".

🕯 *El llamado de Jesús trae un nuevo estilo de vida. Leví deja la mesa de impuestos para sentarse a otra mesa: la de la fiesta donde impuros y pecadores son recibidos por Jesús. Leví entra en un nuevo modo de relación: no ya la rendición de cuentas frente a un recaudador, sino la confianza y la alegría de estar con Jesús, que no pide "rendición de cuentas" porque conoce nuestra fragilidad y nuestros pecados.*

Señor, has venido a mi orilla, me miras con amor y, por mi nombre, me llamas a unirme a ti como rama al tronco, y así dar frutos duraderos de verdad y santidad, de caridad fraterna, de esperanza y salvación...

15 domingo   Domingo 2° durante el año

Semana 2ª durante el año. Semana 2ª del Salterio.

1Sam 3, 3-10. 19; Sal 39, 2. 4. 7-10; 1Cor 6, 13-15. 17-20; **Jn 1, 35-42.**

Vieron dónde vivía y se quedaron con él.

Estaba Juan Bautista con dos de sus discípulos y, mirando a Jesús que pasaba, dijo: "Éste es el Cordero de Dios". Los dos discípulos, al oírlo hablar así, siguieron a Jesús. Él se dio vuelta y, viendo que lo seguían, les preguntó: "¿Qué quieren?". Ellos le respondieron: "Rabbí –que traducido significa Maestro– ¿dónde vives?". "Vengan y lo verán", les dijo. Fueron, vieron dónde vivía y se quedaron con él ese día. Era alrededor de las cuatro de la tarde. Uno de los dos que oyeron las palabras de Juan y siguieron a Jesús era Andrés, el hermano de Simón Pedro. Al primero que encontró fue a su propio hermano Simón, y le dijo: "Hemos encontrado al Mesías", que traducido significa Cristo. Entonces lo llevó a donde estaba Jesús. Jesús lo miró y le dijo: "Tú eres Simón, el hijo de Juan: tú te llamarás Cefas", que traducido significa Pedro.

El llamado del Señor es una invitación a entrar en intimidad con él. Es una invitación que se hace a personas

concretas, con nombre, con una identidad; pero no es un llamado individualista. Aquellos que entran en comunión con el
Señor se encuentran también con otros que comparten esta
experiencia.

🕊 Señor, eso de "renovarse es vivir" es ley en tu evangelio; por
que el pecado es lo viejo y tu amor y verdad son lo nuevo de
siempre y para siempre, pues por ti, contigo y en ti la vida es eterna.
¡Aleluya! ¡Gloria al Señor!...

16 lunes   De la feria

1Sam 15, 16-23; Sal 49, 8-9. 16-17. 21. 23; **Mc 2, 18-22.**

El esposo está con ellos.

📖 Un día en que los discípulos de Juan y los fariseos ayunaban, fueron a decirle a Jesús: "¿Por qué tus discípulos no
ayunan, como lo hacen los discípulos de Juan y los discípulos de
los fariseos?". Jesús les respondió: "¿Acaso los amigos del esposo
pueden ayunar cuando el esposo está con ellos? Es natural que no
ayunen, mientras tienen consigo al esposo. Llegará el momento
en que el esposo les será quitado, y entonces ayunarán. Nadie usa
un pedazo de género nuevo para remendar un vestido viejo, porque el pedazo añadido tira del vestido viejo y la rotura se hace más
grande. Tampoco se pone vino nuevo en odres viejos, porque
hará reventar los odres, y ya no servirán más ni el vino ni los
odres. ¡A vino nuevo, odres nuevos!".

🕯 *Con Jesús viene algo nuevo: el reino, que no llega por
las prácticas humanas, como los sacrificios y el ayuno,
sino por la gratuidad de Dios, que quiere ejercer su reinado de
amor sobre nosotros. Este regalo del reino no se puede comprender desde actitudes "viejas". ¡Con el reino de Dios todo es
nuevo!*

🕊 "Cuando hay hambre no hay pan duro", porque lo
dolorosamente duro es hacer leyes tramposas con tal de mantener el "orden" establecido por nuestros egoísmos y soberbias...
Señor, que no caigamos en el error de "armarnos los unos contra los
otros"...

17 martes   San Antonio, abad. (MO)

1Sam 16, 1-13; Sal 88, 20-22. 27-28; Mc 2, 23-28.

El sábado ha sido hecho para el hombre,
y no el hombre para el sábado.

📖 Un sábado en que Jesús atravesaba unos sembrados, sus
discípulos comenzaron a arrancar espigas al pasar. Entonces los fariseos le dijeron: "¡Mira! ¿Por qué hacen en sábado lo
que no está permitido?". Él les respondió: "¿Ustedes no han leído
nunca lo que hizo David, cuando él y sus compañeros se vieron
obligados por el hambre, cómo entró en la Casa de Dios, en el
tiempo del Sumo Sacerdote Abiatar, y comió y dio a sus compañeros los panes de la ofrenda, que sólo pueden comer los sacerdotes?". Y agregó: "El sábado ha sido hecho para el hombre, y no
el hombre para el sábado. De manera que el Hijo del hombre es
dueño también del sábado".

🕯 *Los fariseos habían hecho tan rigurosa la observancia*
del sábado que éste perdía de vista uno de sus objetivos:
el bien del hombre. Para Jesús, cualquier necesidad humana
está por encima de la ley. Y aquí se plantea una necesidad muy
concreta: el hambre. Este texto, leído hoy desde nuestra reali-
dad, en la que tantos sufren hambre, nos exhorta a ser libres y
arriesgados como Jesús, para saciar esa necesidad.

🕊 Señor, que te hiciste hombre para enseñarnos a vivir como
Dios manda, que aprendamos que tus leyes son mandamientos de amor a Dios y caridad fraterna, porque dando se recibe y se
alcanza verdadera felicidad...

18 miércoles   De la feria

1Sam 17, 1-2. 4. 8. 32-33. 37. 40-51; Sal 143, 1-2. 9-10; Mc 3, 1-6.

¿Está permitido en sábado salvar una vida o perderla?

Jesús entró en una sinagoga, y había allí un hombre que tenía una mano paralizada. Los fariseos observaban atentamente a Jesús para ver si lo sanaba en sábado, con el fin de acusarlo. Jesús dijo al hombre de la mano paralizada: "Ven y colócate aquí delante". Y les dijo: "¿Está permitido en sábado hacer el bien o el mal, salvar una vida o perderla?". Pero ellos callaron. Entonces, dirigiendo sobre ellos una mirada llena de indignación y apenado por la dureza de sus corazones, dijo al hombre: "Extiende tu mano". Él la extendió y su mano quedó sana. Los fariseos salieron y se confabularon con los herodianos para buscar la forma de acabar con él.

Jesús plantea claramente: la opción es entre muerte y vida. Fariseos y herodianos, el poder religioso y el poder político, optan por la muerte; y esto doblemente, porque no quieren la curación del hombre y porque planean matar a Jesús. Optar por la vida hoy, con Jesús, es jugarse para que cada hombre y cada mujer pueda extender su mano, recuperar su movimiento, aunque esto traiga como consecuencia la oposición de los poderosos.

Señor, pastor bueno en medio del rebaño, auyenta a todo lobo hambriento y ayúdanos a no apartarnos de tu lado y caer en sus garras. También ayúdanos a que, con nuestra palabra y mejor ejemplo, cuidemos de aquellos que pudieran extraviarse lejos de ti...

19 jueves   De la feria

1Sam 18, 6-9; 19, 1-7; Sal 55, 2-3. 9-13; **Mc 3, 7-12.**

Los espíritus impuros gritaban: "¡Tú eres el Hijo de Dios!". Jesús les
ordenaba que no lo pusieran de manifiesto.

Jesús se retiró con sus discípulos a la orilla del mar, y lo
siguió mucha gente de Galilea. Al enterarse de lo que hacía, también fue a su encuentro una gran multitud de Judea, de
Jerusalén, de Idumea, de la Transjordania y de la región de Tiro y
Sidón. Entonces mandó a sus discípulos que le prepararan una
barca, para que la muchedumbre no lo apretujara. Porque, como
sanaba a muchos todos los que padecían algún mal se arrojaban
sobre él para tocarlo. Y los espíritus impuros, apenas lo veían, se
tiraban a sus pies, gritando: "¡Tú eres el Hijo de Dios!". Pero
Jesús les ordenaba terminantemente que no lo pusieran de manifiesto.

El poder del reino se manifiesta en la obra de Jesús.
Ese reino de Dios quiere abarcar a todos, como nos indi-
ca aquí el evangelista, al nombrar de cuántos lugares diversos
acudían a ver a Jesús. Hoy también el reino se sigue desplegan-
do para llegar hasta los rincones más alejados, para llegar has-
ta cada mujer y cada hombre herido y atormentado que espera
la salvación.

Tú llamas a todos, pero también eliges a algunos para que te
sigan más de cerca. Que nunca olvidemos tus palabras: "no
me eligieron ustedes, sino que yo los elegí y destiné a dar frutos de
vida y verdad"... ¡Que jamás te defraudemos!...

20 viernes   De la feria.

San Fabián, papa, y san Sebastián, mrs. (ML)

1Sam 24, 3-21; Sal 56, 2-4. 6. 11; **Mc 3, 13-19.**

Llamó a los que quiso para que estuvieran con él.

Jesús subió a la montaña y llamó a su lado a los que quiso. Ellos fueron hacia él, y Jesús instituyó a doce, a los que les dio el nombre de Apóstoles, para que estuvieran con él, y para enviarlos a predicar con el poder de expulsar a los demonios. Así instituyó a los Doce: Simón, al que puso el sobrenombre de Pedro; Santiago, hijo de Zebedeo, y Juan, hermano de Santiago, a los que dio el nombre de Boanerges, es decir, hijos del trueno; luego, Andrés, Felipe, Bartolomé, Mateo, Tomás, Santiago, hijo de Alfeo, Tadeo, Simón, el Cananeo, y Judas Iscariote, el mismo que lo entregó.

Jesús toma la iniciativa: llama a los que él quiere. La elección, por lo tanto, no es para vanagloriarse, no es por méritos propios ni por condiciones destacadas; sólo es porque Jesús quiere que vivamos asociados a su misión. Y esa misión es anunciar que el reino llega y extirpar el mal en todas sus formas.

Señor, si "lo esencial es invisible a los ojos", ilumina nuestra fe para que descubramos que lo sabio y poderoso de este mundo es locura y debilidad frente a tu Evangelio... Amén.

21 sábado   Santa Inés, vg. y mr. (MO)

2Sam 1, 1-4. 11-12. 17. 19. 23-27; Sal 79, 2-3. 5-7; **Mc 3, 20-21.**

Sus parientes decían: "Es un exaltado".

Jesús regresó a la casa, y de nuevo se juntó tanta gente que ni siquiera podían comer. Cuando sus parientes se enteraron, salieron para llevárselo, porque decían: "Es un exaltado".

¡Qué difícil para los parientes de Jesús comprender lo que pasaba! Lo conocían desde que era bebé, lo habían visto crecer como cualquier chico, sin ningún signo extraordinario. Se hizo adulto, trabajando en el taller de su padre y viviendo las circunstancias normales de la vida de su pueblo, y ahora es un predicador que cura y habla de Dios. "Todo se ha alterado, ¡ya no se puede ni comer en paz!". Así fue cómo muchos de los más cercanos no descubrieron que Dios estaba en medio de ellos.

Señor, que jamás piense que "te conozco de pe a pa" y que jamás desoiga tu voz cuando me hables por boca de cualquier prójimo, tanto del que no tendría derecho a decirme nada... como de la misma burra de Balaám...

22 domingo   Domingo 3° durante el año

San Vicente, diác. y mr. Beata Laura Vicuña, vg.
Semana 3ª durante el año. Semana 3ª del Salterio.

Jon 3, 1-5. 10; Sal 24, 4-9; 1Cor 7, 29-31; **Mc 1, 14-20.**

Conviértanse y crean en la Buena Noticia.

Después que Juan Bautista fue arrestado, Jesús se dirigió a Galilea. Allí proclamaba la Buena Noticia de Dios, di-

ciendo: "El tiempo se ha cumplido: el reino de Dios está cerca.
Conviértanse y crean en la Buena Noticia". Mientras iba por la
orilla del mar de Galilea, vio a Simón y a su hermano Andrés, que
echaban las redes en el agua, porque eran pescadores. Jesús les
dijo: "Síganme, y yo los haré pescadores de hombres". Inmediatamente, ellos dejaron sus redes y lo siguieron. Y avanzando un
poco, vio a Santiago, hijo de Zebedeo, y a su hermano Juan, que
estaban también en su barca arreglando las redes. En seguida los
llamó, y ellos, dejando en la barca a su padre Zebedeo con los
jornaleros, lo siguieron.

*Jesús comienza a anunciar el reino de Dios. El reino
de Dios implica una relación renovada de nosotros con
él y un nuevo modo de reconocernos unos a otros, como hermanos y hermanas. Por eso Jesús llama a la conversión, a cambiar de vida, a abandonar los viejos criterios y valores, para
descubrir la novedad del reino. El seguimiento de estos primeros discípulos nos plantea también ese significado: ellos dejan
atrás su vida de pescadores, para comenzar una nueva existencia junto a Jesús.*

"Caminante... ¡cuántos caminos!". Pero tú, Jesús, eres el único
que conduce al padre, el que en ti nos hace hijos suyos y
hermanos entre nosotros, peregrinando como Iglesia, luz, sal y levadura de nuestra vida... Que yo también deje mis ilusiones y me jue-
gue por tus proyectos...

23 lunes   De la feria

2Sam 5, 1-7. 10; Sal 88, 20-22. 25-26; Mc 3, 22-30.

Ha llegado el fin de Satanás.

Los escribas que habían venido de Jerusalén decían acerca de Jesús: "Está poseído por Belzebul y expulsa a los
demonios por el poder del Príncipe de los demonios". Jesús los

llamó y por medio de comparaciones les explicó: "¿Cómo Satanás va a expulsar a Satanás? Un reino donde hay luchas internas no puede subsistir. Y una familia dividida tampoco puede subsistir. Por lo tanto, si Satanás se dividió, levantándose contra sí mismo, ya no puede subsistir, sino que ha llegado a su fin. Pero nadie puede entrar en la casa de un hombre fuerte y saquear sus bienes, si primero no lo ata. Sólo así podrá saquear la casa. Les aseguro que todo será perdonado a los hombres: todos los pecados y cualquier blasfemia que profieran. Pero el que blasfeme contra el Espíritu Santo no tendrá perdón jamás: es culpable de pecado para siempre". Jesús dijo esto porque ellos decían: "Está poseído por un espíritu impuro".

Muchas veces Satanás parece ser "el fuerte": observamos personas y grupos que, con variedad de recursos y con mucho poder, obran para el mal. La misión de Jesús es justamente anular a Satanás, "el fuerte". La fuerza del reino reside allí, y esa es nuestra esperanza: que el reino de Dios tiene más poder y, por lo tanto, tendrá la última palabra.

Señor, qué ciegos somos cuando nos aferramos a nuestros criterios, incapaces de descubrir la verdad y la justicia, la bondad y la gracia de tu Evangelio, buscando razones para tener razón, ¡que no seamos como los sabiondos de tu tiempo!

24 martes   De la feria. María, Reina de la paz. (ML).

San Francisco de Sales, ob. y dr. (ML)

2Sam 6, 11-15. 17-19; Sal 23, 7-10; **Mc 3, 31-35.**

El que hace la voluntad de Dios, ese es mi hermano,
mi hermana y mi madre.

Llegaron la madre y los hermanos de Jesús y, quedándose afuera, lo mandaron llamar. La multitud estaba sentada alrededor de él, y le dijeron: "Tu madre y tus hermanos te buscan ahí afuera". Él les respondió: "¿Quién es mi madre y quiénes son mis hermanos?". Y dirigiendo su mirada sobre los que estaban sentados alrededor de él, dijo: "Éstos son mi madre y mis hermanos. Porque el que hace la voluntad de Dios, ése es mi hermano, mi hermana y mi madre".

La familia de Jesús se ensancha más allá de los lazos de sangre. El lazo de unión fundamental está en Dios y en vivir de acuerdo a su voluntad. Este lazo que nos une a Dios crea también una forma de vínculo especial entre todos aquellos que seguimos a Jesús y cumplimos la voluntad del Padre: somos hermanos y hermanas.

¡Somos la familia de Jesús!, hijos del Padre, hermanos en su hijo y... malcriados de su Madre Santísima. Ayúdanos, Señor, a anunciar esta gracia a todo huérfano desamparado en este mundo cruel. Danos fuerza y entusiasmo para vivir y proclamar tu amor y salvación.

25 miércoles Conversión de san Pablo, ap. (F)

Hech 22, 3-16 ó 9, 1-22; Sal 116, 1-2; Mc 16, 15-18.

Vayan por todo el mundo y anuncien el Evangelio.

Jesús se apareció a los Once y les dijo: "Vayan por todo el mundo, anuncien el Evangelio a toda la creación. El que crea y se bautice se salvará. El que no crea se condenará. Y estos prodigios acompañarán a los que crean: arrojarán demonios en mi nombre y hablarán nuevas lenguas; podrán tomar a las serpientes con sus manos, y si beben un veneno mortal no les hará ningún daño; impondrán las manos sobre los enfermos y los curarán".

San Pablo y todos los testigos de Jesús, a lo largo de los siglos, estamos llamados a esta misión: anunciar la Buena Noticia. Este anuncio de palabra va acompañado de gestos y signos, todos ellos en función de extirpar el mal. Como san Pablo, podemos realizar nuestra misión confiados en que la providencia de Dios no nos abandonará en la tarea.

Señor, tú nos eliges, nos llamas y envías. Ya que quieres servirte de nuestra pequeñez y pobreza, ayúdanos para que, con solo vivir, prediquemos tu Evangelio, sin miedo a dar razones de nuestra fe.

26 jueves   Stos. Timoteo y Tito, obs. (MO)

2Tim 1, 1-8 ó Tit 1, 1-5; Sal 95, 1-3. 7-8. 10; Lc 10, 1-9.

La cosecha es abundante, pero los trabajadores son pocos.

El Señor designó a otros setenta y dos, y los envió de dos en dos para que lo precedieran en todas las ciudades y sitios adonde él debía ir. Y les dijo: "La cosecha es abundante, pero los trabajadores son pocos. Rueguen al dueño de los sembrados, que envíe trabajadores para la cosecha. ¡Vayan! Yo los envío como a ovejas en medio de lobos. No lleven dinero, ni alforja, ni calzado, y no se detengan a saludar a nadie por el camino. Al entrar en una casa, digan primero: '¡Que descienda la paz sobre esta casa!'. Y si hay allí alguien digno de recibirla, esa paz reposará sobre él; de lo contrario, volverá a ustedes. Permanezcan en esa misma casa, comiendo y bebiendo de lo que haya, porque el que trabaja merece su salario. No vayan de casa en casa. En las ciudades donde entren y sean recibidos, coman lo que les sirvan; curen a sus enfermos y digan a la gente: 'El reino de Dios está cerca de ustedes'".

Gran texto misionero, en el cual se resalta el sentido de la existencia de la Iglesia: anunciar a los hombres el evangelio. Pero este anuncio, esta misión, tiene algunas condiciones: ir a los lugares en donde es necesario esta predicación (en medio de lobos, del peligro), predicar desde el signo y la realidad de la pobreza, vivir y aceptar con sencillez lo que otros ofrecen. Esto sólo será testimonio de que el anuncio es válido y tiene sentido vivirlo.

Señor, me mandas cultivar y cuidar este vasto mundo, empezando por el pequeño que me rodea. Que no me desanimen los yuyales y pedregales ni los pájaros que comen lo sembrado, sino que confíe ciegamente en la fecundidad de tus semillas.

27 viernes   De la feria.

Santa Ángela de Merici, vg. (ML)

2Sam 11, 1-10. 13-17. 27; Sal 50, 3-7. 10-11; Mc 4, 26-34.

Echa la semilla, duerme, y la semilla va creciendo sin que él sepa cómo.

Jesús decía a sus discípulos: "El reino de Dios es como un hombre que echa la semilla en la tierra: sea que duerma o se levante, de noche y de día, la semilla germina y va creciendo, sin que él sepa cómo. La tierra por sí misma produce primero un tallo, luego una espiga, y al fin grano abundante en la espiga. Cuando el fruto está a punto, él aplica en seguida la hoz, porque ha llegado el tiempo de la cosecha". También decía: "¿Con qué podríamos comparar el reino de Dios? ¿Qué parábola nos servirá para representarlo? Se parece a un grano de mostaza. Cuando se la siembra, es la más pequeña de todas las semillas de la tierra, pero, una vez sembrada, crece y llega a ser la más grande de todas las hortalizas, y extiende tanto sus ramas que los pájaros del cielo se cobijan a su sombra". Y con muchas parábolas como éstas les anunciaba la Palabra, en la medida en que ellos podían comprender. No les hablaba sino en parábolas, pero a sus propios discípulos, en privado, les explicaba todo.

Estas dos parábolas nos hablan de la fuerza de creci-miento que tiene el reino de Dios y que no es controla-ble por el esfuerzo humano. En la primera se destaca el aspec-to temporal, ese "paso a paso" en el que el reino se va desarro-llando en etapas y va creciendo, aunque nosotros no sepamos cómo. Es obra de Dios, no nuestra. Y ese crecimiento tiene un final, cuando sean recogidos los frutos.

¡Venga a nosotros tu reino, Señor, y destruya la anarquía de nuestros egoísmos e injusticias, odios y violencias...! Que don-de abunde el pecado sobreabunde el trigo de tu amor y verdad. ¡Cuén-tame entre tus labradores!

28 sábado   Santo Tomás de Aquino, pbro. y dr. (MO)

2Sam 12, 1-7. 10-17; Sal 50, 12-17; Mc 4, 35-41.

¿Quién es éste que hasta el viento y el mar le obedecen?

Un día, al atardecer, Jesús dijo a sus discípulos: "Cruce-mos a la otra orilla". Ellos, dejando a la multitud, lo lleva-ron en la barca, así como estaba. Había otras barcas junto a la suya. Entonces se desató un fuerte vendaval, y las olas entraban en la barca, que se iba llenando de agua. Jesús estaba en la popa, durmiendo sobre el cabezal. Lo despertaron y le dijeron: "¡Maes-tro! ¿No te importa que nos ahoguemos?". Despertándose, él in-crepó al viento y dijo al mar: "¡Silencio! ¡Cállate!". El viento se aplacó y sobrevino una gran calma. Después les dijo: "¿Por qué tienen miedo? ¿Cómo no tienen fe?". Entonces quedaron atemori-zados y se decían unos a otros: "¿Quién es éste, que hasta el viento y el mar le obedecen?".

Dios es el único que tiene poder sobre las fuerzas de la naturaleza. Así lo muestra numerosas veces el Antiguo Testamento: Dios es quien está "sentado sobre la tempestad". ¿Quién es este Jesús, capaz de dominar sobre las fuerzas de la naturaleza? El es quien está sentado a la derecha de Dios, por encima de todas las fuerzas adversas, y desde allí nos dice: "¿Por qué tienen miedo?".

No sólo miedo, Señor, también desconfianza, impaciencia, pereza... sí, porque tanta locura y maldad nos hace pensar que "el mundo fue y será una porquería... que ni Dios lo arregla". Convéncenos de que "tú has vencido al mundo" y que contigo haremos efectiva esa victoria.

29 domingo — Domingo 4° durante el año

Semana 4ª durante el año. Semana 4ª del Salterio.

Deut 18, 15-20; Sal 94, 1-2. 6-9; 1Cor 7, 32-35; Mc 1, 21-28.

Les enseñaba como quien tiene autoridad.

Jesús entró en Cafarnaúm, y cuando llegó el sábado, fue a la sinagoga y comenzó a enseñar. Todos estaban asombrados de su enseñanza, porque les enseñaba como quien tiene autoridad y no como los escribas. Y había en la sinagoga de ellos un hombre poseído de un espíritu impuro, que comenzó a gritar; "¿Qué quieres de nosotros, Jesús Nazareno? ¿Has venido para acabar con nosotros? Ya sé quién eres: el Santo de Dios". Pero Jesús lo increpó, diciendo: "Cállate y sal de este hombre". El espíritu impuro lo sacudió violentamente, y dando un alarido, salió de ese hombre. Todos quedaron asombrados y se preguntaban unos a otros: "¿Qué es esto? ¡Enseña de una manera nueva, llena de autoridad; da órdenes a los espíritus impuros, y éstos le obedecen!". Y su fama se extendió rápidamente por todas partes, en toda la región de Galilea.

El texto resalta un tema fundamental en la vida de Jesús: la autoridad. Podríamos quedar obnubilados con el exorcismo, sin embargo para el evangelio lo importante es que Jesús es capaz de dar órdenes, tiene mayor poder y puede mandar sobre el mal.

Dios todopoderoso, Señor absoluto de cuanto existe, todo bondad y sabiduría, sumo y único bien verdadero... Si tú estás con nosotros, ¿qué puede todo el infierno junto? ¡Gloria a ti, Señor!

30 lunes   De la feria

2Sam 15, 13-14. 30; 16, 5-13; Sal 3, 2-8; **Mc 5, 1-20.**

¡Sal de este hombre, espíritu impuro!

Jesús y sus discípulos llegaron a la otra orilla del mar, a la región de los gerasenos. Apenas Jesús desembarcó, le salió al encuentro desde el cementerio un hombre poseído por un espíritu impuro. Él habitaba en los sepulcros, y nadie podía sujetarlo, ni siquiera con cadenas. Muchas veces lo habían atado con grillos y cadenas, pero él había roto las cadenas y destrozado los grillos, y nadie podía dominarlo. Día y noche, vagaba entre los sepulcros y por la montaña, dando alaridos e hiriéndose con piedras. Al ver de lejos a Jesús, vino corriendo a postrarse ante él, gritando con fuerza: "¿Qué quieres de mí, Jesús, Hijo de Dios, el Altísimo? ¡Te conjuro por Dios, no me atormentes!". Porque Jesús le había dicho: "¡Sal de este hombre, espíritu impuro!". Después le preguntó: "¿Cuál es tu nombre?". Él respondió: "Mi nombre es Legión, porque somos muchos". Y le rogaba con insistencia que no lo expulsara de aquella región. Había allí una gran piara de cerdos que estaba paciendo en la montaña. Los espíritus impuros suplicaron a Jesús: "Envíanos a los cerdos, para que entremos en ellos". Él se lo permitió. Entonces los espíritus impuros salieron de aquel hombre, entraron en los cerdos, y desde lo alto del acantilado, toda la piara —unos dos mil animales— se precipitó al mar y se ahogó. Los cuidadores huyeron y difundieron la noticia en la ciudad y en los poblados. La gente fue a ver qué había sucedido. Cuando llegaron adonde estaba Jesús, vieron sentado, vestido y en su sano juicio, al que había estado poseído por aquella Legión, y se llenaron de temor. Los testigos del hecho les contaron lo que había sucedido con el endemoniado y con los cerdos. Entonces empezaron a pedir a Jesús que se alejara de su territorio. En el momento de embarcarse, el hombre que había estado endemoniado le pidió que lo dejara quedarse con él. Jesús no se lo permitió, sino que le dijo: "Vete a tu casa con tu familia, y anúnciales todo lo que el Señor hizo contigo al compadecerse de ti". El hombre se fue y comenzó a proclamar por la región de la Decápolis lo que Jesús había hecho por él, y todos quedaban admirados.

El hombre poseído por el mal se daña a sí mismo y no puede convivir con los otros. Poner cadenas y sujeciones no logra frenar el mal. Jesús se encuentra con el hombre y con la palabra, lo libera. Esa palabra sanadora, liberadora, palabra que expulsa el mal, es la que queremos que hoy siga resonando.

Señor, tú permitiste que usáramos mal el don maravilloso de la libertad. Pero ¡feliz pecado que nos mereció tan grande Redentor! para que ahora, libres en tu verdad y santidad, vayamos por el mundo sembrando paz y bien.

31 martes   San Juan Bosco, pbro. (MO)

2Sam 18, 9-10. 14. 24-26. 31-32 — 19, 1; Sal 85, 1-6; **Mc 5, 21-43.**

¡Niña, yo te lo ordeno, levántate!

Cuando Jesús regresó en la barca a la otra orilla, una gran multitud se reunió a su alrededor, y él se quedó junto al mar. Entonces llegó uno de los jefes de la sinagoga, llamado Jairo, y al verlo, se arrojó a sus pies, rogándole con insistencia: "Mi hijita se está muriendo; ven a imponerle las manos, para que se sane y viva". Jesús fue con él y lo seguía una gran multitud que lo apretaba por todos lados. Se encontraba allí una mujer que desde hacía doce años padecía de hemorragias. Había sufrido mucho en manos de numerosos médicos y gastado todos sus bienes sin resultado; al contrario, cada vez estaba peor. Como había oído hablar de Jesús, se le acercó por detrás, entre la multitud, y tocó su manto, porque pensaba: "Con sólo tocar su manto quedaré sanada". Inmediatamente cesó la hemorragia, y ella sintió en su cuerpo que estaba sanada de su mal. Jesús se dio cuenta en seguida de la fuerza que había salido de él, se dio vuelta y, dirigiéndose a la multitud, preguntó: "¿Quién tocó mi manto?". Sus discípulos le dijeron: "¿Ves que la gente te aprieta por todas partes y preguntas quién te ha tocado?". Pero él seguía mirando a su alrededor, para ver quién había sido. Entonces la mujer, muy asustada y temblando, porque sabía bien lo que le había ocurrido, fue a arrojarse a sus pies y le confesó toda la verdad. Jesús le dijo: "Hija, tu fe te ha salvado. Vete en paz, y queda sanada de tu enfermedad". Todavía estaba hablando, cuando llegaron unas personas de la casa del jefe de la sinagoga y le dijeron: "Tu hija ya murió; ¿para qué vas a seguir molestando al Maestro?". Pero Jesús, sin tener en cuenta esas palabras, dijo al jefe de la sinagoga: "No temas, basta que creas". Y sin permitir que nadie lo acompañara, excepto Pedro, Santiago y Juan, el hermano de Santiago, fue a casa del jefe de la sinagoga. Allí vio un gran alboroto, y gente que lloraba y gritaba. Al entrar, les dijo: "¿Por qué se alborotan y lloran? La niña no está muerta, sino que duerme". Y se burlaban de él. Pero Jesús hizo salir a todos, y tomando consigo al padre y a la madre de la niña, y a los que venían con él, entró donde ella estaba. La tomó de la mano y le dijo: "Talitá kum", que significa: "¡Niña, yo te lo ordeno, levántate!". En seguida la niña, que ya tenía doce años, se levantó y comenzó a caminar. Ellos, entonces, se llenaron de asombro, y él les mandó insistentemente que nadie se enterara de lo sucedido. Después dijo que dieran de comer a la niña.

"La mujer estaba lejos, poseída de un pudor natural. Mas no podía sufrir por más tiempo un achaque tan largo y continuo. En medio de esta lucha interna, sólo encontró un camino de salvación: robar la salud, apoderarse sin ruido de lo que no podía pedir, ya fuese por vergüenza, ya por respeto hacia quien se lo había de prestar. Este proceder no fue motivado por el capricho, sino por una tímida necesidad; y, por otra parte, con él se buscaba el lucro del ladrón, sin causar detrimento alguno al robado. Un piadoso latrocinio que se perpetraba con ayuda de la fe. Ved cómo dos contrarios tienden a una buena causa: la astucia y su cómplice, la fe, y llegan a obtener lo que desean" (San Pedro Crisólogo, Sermón XXXIII).

A la mujer la animaste: "Tu fe te ha salvado". Al papá de la niña muerta también: "Basta que creas". Y a mí, Señor, repíteme siempre: "quien me cree, vivirá por mí". Has que siempre viva contigo, en ti y por ti, ¡y que jamás me suelte de tu mano!...

Febrero

1 Miércoles

De la feria

2Sam 24, 2. 9-17; Sal 31, 1-2. 5-7; **Mc 6, 1-6.**

Un profeta es despreciado solamente en su pueblo.

Jesús se dirigió a su pueblo, seguido de sus discípulos. Cuando llegó el sábado, comenzó a enseñar en la sinagoga, y la multitud que lo escuchaba estaba asombrada y decía: "¿De dónde saca todo esto? ¿Qué sabiduría es esa que le ha sido dada y esos grandes milagros que se realizan por sus manos? ¿No es acaso el carpintero, el hijo de María, hermano de Santiago, de José, de Judas y de Simón? ¿Y sus hermanas no viven aquí entre nosotros?". Y Jesús era para ellos un motivo de escándalo. Por eso les dijo: "Un profeta es despreciado solamente en su pueblo, en su familia y en su casa". Y no pudo hacer allí ningún milagro, fuera de sanar a unos pocos enfermos, imponiéndoles las manos. Y él se asombraba de su falta de fe. Jesús recorría las poblaciones de los alrededores, enseñando a la gente.

La multitud estaba asombrada de Jesús. Pero no veía en él a su salvador personal. Aún más, sus preguntas eran una crítica despiadada. El hecho de nombrarlo como hijo de María y no como hijo de José, en el contexto, significa un insulto, poniendo en duda la paternidad de José, ya que era el nombre del padre el que constituía "el apellido". Más allá de estas críticas, Cristo siguió predicando y curando a quienes tenían fe.

"Nadie es profeta en su tierra". "Que se calle si no quiere acabar apedreado o despeñado"... ¡qué paisanos los tuyos, Señor! ¿Y yo? Ayúdame a agradecerte cuando me corrijas errores o me reproches pecados, aún por boca de gente mala, aún en público y con palabrotas...

2 jueves   Presentación del Señor. (F)

Mal 3, 1-4; Sal 23, 7-10; Heb 2, 14-18; **Lc 2, 22-40.**

Mis ojos han visto la salvación.

Cuando llegó el día fijado por la Ley de Moisés para la purificación de ellos, llevaron al niño a Jerusalén para presentarlo al Señor, como está escrito en la Ley: "Todo varón primogénito será consagrado al Señor". También debían ofrecer en sacrificio un par de tórtolas o de pichones de paloma, como ordena la Ley del Señor. Vivía entonces en Jerusalén un hombre llamado Simeón, que era justo y piadoso, y esperaba el consuelo de Israel. El Espíritu Santo estaba en él y le había revelado que no moriría antes de ver al Mesías del Señor. Conducido por el mismo Espíritu, fue al Templo, y cuando los padres de Jesús llevaron al niño para cumplir con él las prescripciones de la Ley, Simeón lo tomó en sus brazos y alabó a Dios, diciendo: "Ahora, Señor, puedes dejar que tu servidor muera en paz, como lo has prometido, porque mis ojos han visto la salvación que preparaste delante de

todos los pueblos: luz para iluminar a las naciones paganas y gloria de tu pueblo Israel". Su padre y su madre estaban admirados
por lo que oían decir de él. Simeón, después de bendecirlos, dijo
a María, la madre: "Este niño será causa de caída y de elevación
para muchos en Israel; será signo de contradicción, y a ti misma
una espada te atravesará el corazón. Así se manifestarán claramente los pensamientos íntimos de muchos". Había también allí
una profetisa llamada Ana, hija de Fanuel, de la familia de Aser,
mujer ya entrada en años, que, casada en su juventud, había vivido siete años con su marido. Desde entonces había permanecido
viuda, y tenía ochenta y cuatro años. No se apartaba del Templo,
sirviendo a Dios noche y día con ayunos y oraciones. Se presentó
en ese mismo momento y se puso a dar gracias a Dios. Y hablaba
acerca del niño a todos los que esperaban la redención de Jerusalén. Después de cumplir todo lo que ordenaba la Ley del Señor,
volvieron a su ciudad de Nazaret, en Galilea. El niño iba creciendo
y se fortalecía, lleno de sabiduría, y la gracia de Dios estaba con él.

*Jesús llega al Templo de Jerusalén por primera vez. Y
Simeón anuncia que es Jesús quien trae el juicio. Frente
a él habrá que optar. Para muchos, la presencia de Jesús será
causa de salvación, para otros, de caída. Los sentimientos de
todos los corazones quedarán al descubierto frente a Jesús, el
Señor. Jesús, presentado en el Templo, es también presentado
ante nuestros ojos. ¿Cómo responderemos al verlo?*

Señor, que iluminas nuestras tinieblas con la luz de tu Verbo
hecho hombre, que jamás me engañe con espejismos y luces
malas y que la fe que encendiste en mi bautismo resplandezca en
mis buenas obras, para que el mundo crea.

3 viernes   **De la feria. San Blas, ob. y mr. (ML).**

San Oscar, ob. (ML)

Eclo 47, 2-11; Sal 17, 31. 47. 50-51; Mc 6, 14-29.

Este hombre es Juan,
a quien yo mandé decapitar y que ha resucitado.

El rey Herodes oyó hablar de Jesús, porque su fama se había extendido por todas partes. Algunos decían: "Juan el Bautista ha resucitado, y por eso se manifiestan en él poderes milagrosos". Otros afirmaban: "Es Elías". Y otros: "Es un profeta como los antiguos". Pero Herodes, al oír todo esto, decía: "Este hombre es Juan, a quien yo mandé decapitar y que ha resucitado". Herodes, en efecto, había hecho arrestar y encarcelar a Juan a causa de Herodías, la mujer de su hermano Felipe, con la que se había casado. Porque Juan decía a Herodes: "No te es lícito tener a la mujer de tu hermano". Herodías odiaba a Juan e intentaba matarlo, pero no podía, porque Herodes lo respetaba, sabiendo que era un hombre justo y santo, y lo protegía. Cuando lo oía, quedaba perplejo, pero lo escuchaba con gusto. Un día se presentó la ocasión favorable. Herodes festejaba su cumpleaños, ofreciendo un banquete a sus dignatarios, a sus oficiales y a los notables de Galilea. Su hija, también llamada Herodías, salió a bailar, y agradó tanto a Herodes y a sus convidados, que el rey dijo a la joven: "Pídeme lo que quieras y te lo daré". Y le aseguró bajo juramento: "Te daré cualquier cosa que me pidas, aunque sea la mitad de mi reino". Ella fue a preguntar a su madre: "¿Qué debo pedirle?". "La cabeza de Juan el Bautista", respondió ésta. La joven volvió rápidamente adonde estaba el rey y le hizo este pedido: "Quiero que me traigas ahora mismo, sobre una bandeja, la cabeza de Juan el Bautista". El rey se entristeció mucho, pero a causa de su juramento, y por los convidados, no quiso contrariarla. En seguida mandó a un guardia que trajera la cabeza de Juan. El guardia fue a la cárcel y le cortó la cabeza. Después la trajo sobre una bandeja, la entregó a la joven y ésta se la dio a su madre. Cuando los discípulos de Juan lo supieron, fueron a recoger el cadáver y lo sepultaron.

Es clara la contraposición entre la figura de Juan Bautista y la de Herodes. Juan Bautista fue coherente hasta el último momento con su predicación, aún a riesgo de su propia vida. Herodes, por el contrario, a pesar de respetar a Juan, ordena matarlo por miedo al qué dirán los notables de su provincia. Herodes se sintió obligado a responder a demasiados poderes que lo tironeaban: su cargo, su prestigio, sus influencias. Juan Bautista respondió sólo ante Dios.

Jesús, rostro y corazón del padre, dame firmeza para dar la cara por ti y jugarme por tu evangelio... aunque se rían y me miren con lastima, o me marginen por "anticuado", me critiquen o repudien por "fanatismo religioso", ¡o me corten la cabeza por "subversivo"! ¡SÓLO TÚ, Señor, SIEMPRE!...

4 sábado   De la feria. Santa María en sábado

1Rey 3, 4-13; Sal 118, 9-14; Mc 6, 30-34.

Eran como ovejas sin pastor.

Al regresar de su misión, los Apóstoles se reunieron con Jesús y le contaron todo lo que habían hecho y enseñado. Él les dijo: "Vengan ustedes solos a un lugar desierto, para descansar un poco". Porque era tanta la gente que iba y venía, que no tenían tiempo ni para comer. Entonces se fueron solos en la barca a un lugar desierto. Al verlos partir, muchos los reconocieron, y de todas las ciudades acudieron por tierra a aquel lugar y llegaron antes que ellos. Al desembarcar, Jesús vio una gran muchedumbre y se compadeció de ella, porque eran como ovejas sin pastor, y estuvo enseñándoles largo rato.

Los apóstoles estuvieron enseñando. Jesús, compadeci do de la gente, se puso a enseñar. También hoy nosotros, que nos compadecemos ante tantas necesidades de nuestros hermanos –el hambre, la pobreza–, estamos llamados a seguir enseñando, a repartir el pan de la Palabra, a hacer resonar, entre tantas voces y palabras vacías, la enseñanza de Jesús que nos habla del amor del Padre.

Querías una convivencia a solas con tus amigos, ¡y la gente te arruinó el pic-nic! Y tú, que no puedes con tu genio... Que también nosotros, como Pablo, queramos "gastarnos y regastarnos por la salvación de todos... que ya habrá tiempo y lugar para descansar en tu paz y felicidad...

5 domingo   Domingo 5° durante el año

Santa Águeda, vg. y mr.
Semana 5ª durante el año. Semana 1ª del Salterio.

Job 7, 1-4. 6-7; Sal 146, 1-6; 1Cor 9, 16-19. 22-23; Mc 1, 29-39.

Sanó a muchos, que sufrían diversos males.

Jesús fue con Santiago y Juan a casa de Simón y Andrés. La suegra de Simón estaba en cama con fiebre, y se lo dijeron de inmediato. Él se acercó, la tomó de la mano y la hizo levantar. Entonces ella no tuvo más fiebre y se puso a servirlos. Al atardecer, después de ponerse el sol, le llevaron a todos los enfermos y endemoniados, y la ciudad entera se reunió delante de la puerta. Jesús sanó a muchos enfermos, que sufrían de diversos males, y expulsó a muchos demonios; pero a éstos no los dejaba hablar, porque sabían quién era él. Por la mañana, antes que amaneciera, Jesús se levantó, salió y fue a un lugar desierto; allí estuvo orando. Simón salió a buscarlo con sus compañeros, y cuando lo encontraron, le dijeron: "Todos te andan buscando". Él les respondió: "Vayamos a otra parte, a predicar también en las pobla-

ciones vecinas, porque para eso he salido". Y fue por toda la
Galilea, predicando en las sinagogas de ellos y expulsando demonios.

*Con Jesús se inaugura el reino de Dios. Y el reino es el
amor del Padre que llega en primer lugar a los más atormentados: los enfermos, las mujeres postradas, los oprimidos
por toda clase de males. Esta acción de Jesús es posible porque
él está en contacto permanente con el Padre en oración. Y esta
acción de Jesús produce la gran transformación de sacarnos
de nuestra postración, para que vivamos en el servicio.*

Señor, quítanos las fiebres que nos hacen perder la cabeza,
la avaricia en el trabajo, la molicie perezosa, el deporte y la
diversión desaforada... sobre todo en este "día del Señor", descui-
dando el tercer mandamiento. Que usemos estas horas en tu mayor
honra y gloria, para "vivir la familia", para bien de los prójimos...

6 lunes   Santos Pablo Miki y compañeros,
                                                    mrs. (MO)

1Rey 8, 1-7. 9-13; Sal 131, 6-10; Mc 6, 53-56.

Los que lo tocaban quedaban sanos.

Después de atravesar el lago, Jesús y sus discípulos llegaron a Genesaret y atracaron allí. Apenas desembarcaron,
la gente reconoció en seguida a Jesús, y comenzaron a recorrer
toda la región para llevar en camilla a los enfermos, hasta el lugar
donde sabían que él estaba. En todas partes donde entraba, pueblos, ciudades y poblados, ponían a los enfermos en las plazas y le
rogaban que los dejara tocar tan sólo los flecos de su manto, y los
que lo tocaban quedaban sanos.

*Jesús se compadece de todas las necesidades humanas.
Así como se compadece de un pueblo que anda a la*

deriva y les enseña, también se compadece del dolor y de la enfermedad y sana. Jesús es el Señor que ejerce su poder en el servicio. Allí está el poder de la salvación.

"Quién no vive para servir...", y tú, siendo señor y maestro, eres un Dios a nuestro servicio. ¡Quién puede entender la bondad de tu omnipotencia!... Enséñame a vivir la alegría de dar y servir como tú.

7 martes   De la feria

1Rey 8, 22-23. 27-30; Sal 83, 3-5. 10-11; Mc 7, 1-13.

Ustedes dejan de lado el mandamiento de Dios, por seguir la tradición de los hombres.

Los fariseos con algunos escribas llegados de Jerusalén se acercaron a Jesús, y vieron que algunos de sus discípulos comían con las manos impuras, es decir, sin lavar. Los fariseos, en efecto, y los judíos en general, no comen sin lavarse antes cuidadosamente las manos, siguiendo la tradición de sus antepasados; y al volver del mercado, no comen sin hacer primero las abluciones. Además, hay muchas otras prácticas, a las que están aferrados por tradición, como el lavado de los vasos, de las jarras, de la vajilla de bronce y de las camas. Entonces los fariseos y los escribas preguntaron a Jesús: "¿Por qué tus discípulos no proceden de acuerdo con la tradición de nuestros antepasados, sino que comen con las manos impuras?". Él les respondió: "¡Hipócritas! Bien profetizó de ustedes Isaías, en el pasaje de la Escritura que dice: 'Este pueblo me honra con los labios, pero su corazón está lejos de mí. En vano me rinde culto: las doctrinas que enseñan no son sino preceptos humanos'. Ustedes dejan de lado el mandamiento de Dios, por seguir la tradición de los hombres". Y les decía: "Por mantenerse fieles a su tradición, ustedes descartan tranquilamente el mandamiento de Dios. Porque Moisés dijo: "Honra a tu padre y a tu madre", y además: "El que maldice a su padre y a su madre será condenado a muerte". En cambio, ustedes afirman: "Si alguien dice a su padre o a su madre: Declaro corbán –es decir, ofrenda sagrada– todo aquello con lo que podría ayudarte...". En ese caso, le permiten no hacer nada más por su padre o por su madre. Así anulan la palabra de Dios por la tradición que ustedes mismos se han transmitido. ¡Y como éstas, hacen muchas otras cosas!".

El servicio que realiza Jesús es siempre a favor de los otros: de los desorientados, de los enfermos, de los postrados, de los pobres. Una tradición o práctica religiosa que va en contra de ese servicio, para Jesús, es pura hipocresía. Jesús aquí critica explícitamente la tradición de ofrecer bienes materiales en el Templo, como supuesto culto a Dios, cuando en la propia familia hay personas de carne y hueso necesitadas de esos bienes. Estas palabras nos obligan a revisar todas nuestras prácticas religiosas, para discernir si son acordes a lo que Jesús nos enseña.

Si mi religiosidad no me lleva a desvivirme por los prójimos, es apariencia y falsedad. Tú conoces, Señor, mi corazón; si ves que voy por mal camino, arrástrame por el camino de lo eterno; no me abandones en la cuenta...

8 miércoles   De la feria. San Jerónimo Emiliano. (ML).

Santa Josefina Bakhita, vg. (ML)

1Rey 10, 1-10; Sal 36, 5-6. 30-31. 39-40; **Mc 7, 14-23.**

Lo que sale del hombre es lo que lo hace impuro.

Jesús, llamando a la gente, les dijo: "Escúchenme todos y entiéndanlo bien. Ninguna cosa externa que entra en el hombre puede mancharlo; lo que lo hace impuro es aquello que

sale del hombre. ¡Si alguien tiene oídos para oír, que oiga!". Cuando
se apartó de la multitud y entró en la casa, sus discípulos le preguntaron por el sentido de esa parábola. Él les dijo: "¿Ni siquiera
ustedes son capaces de comprender? ¿No saben que nada de lo
que entra de afuera en el hombre puede mancharlo, porque eso
no va al corazón sino al vientre, y después se elimina en lugares
retirados?". Así Jesús declaraba que eran puros todos los alimentos. Luego agregó: "Lo que sale del hombre es lo que lo hace
impuro. Porque es del interior, del corazón de los hombres, de
donde provienen las malas intenciones, las fornicaciones, los robos, los homicidios, los adulterios, la avaricia, la maldad, los engaños, las deshonestidades, la envidia, la difamación, el orgullo, el
desatino. Todas estas cosas malas proceden del interior y son las
que manchan al hombre".

*No hay lugares puros y lugares impuros, cosas puras y
cosas impuras, personas puras y personas "con las que
no hay que juntarse". Jesús se sentó en la mesa de los impuros,
confiando en su sanación. Miremos adentro de nuestro corazón, desde allí brota lo auténtico, desde allí brota la pura relación con Dios.*

Señor, tú conoces el fondo de mi alma mejor que yo mismo.
Dame ojos limpios para que descubra la cizaña de mis mentiras e hipocresías, y las arranque hoy mismo, sin demora.

9 jueves   De la feria

1Rey 11, 4-13; Sal 105, 3-4. 35-37. 40; **Mc 7, 24-30.**

*Los cachorros, debajo de la mesa,
comen de las migajas que dejan caer los hijos.*

Jesús fue a la región de Tiro. Entró en una casa y no
quiso que nadie lo supiera, pero no pudo permanecer
oculto. En seguida una mujer cuya hija estaba poseída por un

espíritu impuro, oyó hablar de él y fue a postrarse a sus pies. Esta mujer, que era pagana y de origen sirofenicio, le pidió que expulsara de su hija al demonio. Él le respondió: "Deja que antes se sacien los hijos; no está bien tomar el pan de los hijos para tirárselo a los cachorros". Pero ella le respondió: "Es verdad, Señor, pero los cachorros, debajo de la mesa, comen las migajas que dejan caer los hijos". Entonces él le dijo: "A causa de lo que has dicho, puedes irte: el demonio ha salido de tu hija". Ella regresó a su casa y encontró a la niña acostada en la cama y liberada del demonio.

Jesús, como judío, se dirigió en primer lugar a sus compatriotas para hacerles llegar la salvación. Esta mujer abre el horizonte de Jesús; la palabra de ella hace que la obra salvadora de Jesús se ensanche. Así de atrevida debe ser nuestra fe, para pedir lo que parece imposible, para ampliar siempre más el horizonte que tenemos delante.

Naciste judío, Jesús, pero tu amor infinito no tiene fronteras. Tú haces el bien sin mirar a quien, ni donde ni cuando, aunque fuera sábado... pero nos pides fe. Que siempre crea en ti, aunque no hagas milagros.

10 viernes   Santa Escolástica, vg. (MO)

1Rey 11, 29-32; 12, 19; Sal 80, 10-15; Mc 7, 31-37.

Hace oír a los sordos y hablar a los mudos.

Cuando Jesús volvía de la región de Tiro, pasó por Sidón y fue hacia el mar de Galilea, atravesando el territorio de la Decápolis. Entonces le presentaron a un sordomudo y le pidieron que le impusiera las manos. Jesús lo separó de la multitud y, llevándolo aparte, le puso los dedos en las orejas y con su saliva le tocó la lengua. Después, levantando los ojos al cielo, suspiró y le dijo: "Efatá", que significa: "Ábrete". Y en seguida se abrieron sus oídos, se le soltó la lengua y comenzó a hablar normalmente. Jesús les mandó insistentemente que no dijeran nada a nadie, pero cuanto más insistía, ellos más lo proclamaban y, en el colmo de la admiración, decían: "Todo lo ha hecho bien: hace oír a los sordos y hablar a los mudos".

Jesús continúa su misión en tierra pagana, entre no judíos. Allí, en tierra impura, Jesús no tiene problema en tocar a un enfermo. Le habían pedido simplemente que le impusiera las manos, y hace más que eso: mete los dedos en los oídos y con su saliva toca la lengua. Este contacto, tan íntimo, junto con la palabra, produce el efecto sanador. Ahora los oídos de este hombre pueden escuchar el mensaje de la salvación, ahora su boca puede proclamar la obra de Dios.

Señor, en el Jordán y en el Tabor tu Padre nos manda escucharte atentamente para imitarte diligentemente. ¡Abre los oídos del alma, para que entendamos tu palabra de verdad y la proclamemos con toda la vida!

11 sábado   De la feria.

Nuestra Señora de Lourdes. (ML)

1Rey 12, 26-32; 13, 34; Sal 105, 6-7. 19-22; Mc 8, 1-10.

Comieron hasta saciarse.

En esos días, volvió a reunirse una gran multitud, y como no tenían qué comer, Jesús llamó a sus discípulos y les dijo: "Me da pena esta multitud, porque hace tres días que están conmigo y no tienen qué comer. Si los mando en ayunas a sus casas, van a desfallecer en el camino, y algunos han venido de lejos". Los discípulos le preguntaron: "¿Cómo se podría conseguir pan en este lugar desierto para darles de comer?". Él les dijo: "¿Cuántos panes tienen ustedes?". Ellos respondieron: "Siete". Entonces él ordenó a la multitud que se sentara en el suelo, después tomó los siete panes, dio gracias, los partió y los fue entregando a sus discípulos para que los distribuyeran. Ellos los repartieron entre la multitud. Tenían, además, unos cuantos pescados pequeños, y después de pronunciar la bendición sobre ellos, mandó que también los repartieran. Comieron hasta saciarse y todavía se recogieron siete canastas con lo que había sobrado. Eran unas cuatro mil personas. Luego Jesús los despidió. En seguida subió a la barca con sus discípulos y fue a la región de Dalmanuta.

También en tierra pagana Jesús multiplica los panes. Son los discípulos los que aportan esto que Jesús multiplicará. Y son los discípulos los que tienen la tarea de ir repartiendo a la gente. ¡Tan actuales, tan necesarias, tan urgentes son estas dos acciones: aportar y repartir! Aportar y repartir el pan de la enseñanza y el pan para comer; poner frente a Jesús esto que tenemos para que sea multiplicado y sacie a la multitud.

Señor Jesús, hay tantos necesitados y son tan pocas nuestras fuerzas, tan cortos nuestros brazos... Pero tú no nos pides más de lo que podemos, tampoco menos, porque el milagro lo haces tú, ¡y sobreabunda!...

12 domingo   Domingo 6° durante el año

Semana 6ª durante el año. Semana 2ª del Salterio.

Lev 13, 1-2. 45-46; Sal 31, 1-2. 5. 11; 1Cor 10, 31—11, 1; **Mc 1, 40-45.**

La lepra desapareció y quedó purificado.

Se le acercó un leproso a Jesús para pedirle ayuda y, cayendo de rodillas, le dijo: "Si quieres, puedes purificarme". Jesús, conmovido, extendió la mano y lo tocó, diciendo: "Lo quiero, queda purificado". En seguida la lepra desapareció y quedó purificado. Jesús lo despidió, advirtiéndole severamente: "No le digas nada a nadie, pero ve a presentarte al sacerdote y entrega por tu purificación la ofrenda que ordenó Moisés, para que les sirva de testimonio". Sin embargo, apenas se fue, empezó a proclamarlo a todo el mundo, divulgando lo sucedido, de tal manera que Jesús ya no podía entrar públicamente en ninguna ciudad, sino que debía quedarse afuera, en lugares desiertos. Y acudían a él de todas partes.

Al contrario de lo que se plantea en el Antiguo Testamento, Jesús no teme acercarse al leproso. Su misma presencia es sanadora, no sólo porque lo limpia de su enfermedad, sino también porque no impide el encuentro. Jesús lo recibe en su corazón (tiene compasión de él), lo toca, se compromete interior y exteriormente, con su corazón y su cuerpo, con el enfermo. Jesús nos enseña, así, cómo debe ser nuestro trato con el pobre, marginado y enfermo.

Jesús... le devolviste la vida y pretendes que no se lo cuente a nadie. ¡Qué ocurrencia!... Que tampoco yo deje de proclamar tus maravillas a tiempo, aunque me miren como bicho raro, aunque me quieran hacer callar o me quede afónico... ¡bien vale la pena!...

13 lunes   De la feria

Sant 1, 1-11; Sal 118, 67-68. 71-72. 75-76; **Mc 8, 11-13**.

¿Por qué esta generación pide un signo?

Llegaron los fariseos, que comenzaron a discutir con Jesús; y, para ponerlo a prueba, le pedían un signo del cielo. Jesús, suspirando profundamente, dijo: "¿Por qué esta generación pide un signo? Les aseguro que no se le dará ningún signo". Y dejándolos, volvió a embarcarse hacia la otra orilla.

Los cristianos no deben creer en Jesús por los signos o señales, como si éste fuera simplemente un milagrero o presentara un gran show de prodigios. Jesús va a exigir un seguimiento que tiene como camino la cruz, y para eso pretende una aceptación pura, sin condicionamientos.

"Felices los que crean sin haber visto", dijiste a Tomás, y a todos nos pides "creer para ver" y no al revés. Ayúdanos a caminar sobre tus pisadas, seguros de llegar contigo al Padre, aunque el mundo nos diga lo contrario...

14 martes   Santos Cirilo, monje,
                                         y Metodio, ob. (MO)

Sant 1, 12-18; Sal 93, 12-15. 18-19; **Mc 8, 13-21.**

Cuídense de la levadura de los fariseos.

Jesús volvió a embarcarse hacia la otra orilla del lago. Los discípulos se habían olvidado de llevar pan y no tenían más que un pan en la barca. Jesús les hacía esta recomendación: "Estén atentos, cuídense de la levadura de los fariseos y de la levadura de Herodes". Ellos discutían entre sí, porque no habían traído pan. Jesús se dio cuenta y les dijo: "¿A qué viene esa discusión porque no tienen pan? ¿Todavía no comprenden ni entienden? Ustedes tienen la mente enceguecida. Tienen ojos y no ven, oídos y no oyen. ¿No recuerdan cuántas canastas llenas de sobras recogieron, cuando repartí cinco panes entre cinco mil personas?". Ellos le respondieron: "Doce". "Y cuando repartí siete panes entre cuatro mil personas, ¿cuántas canastas llenas de trozos recogieron?". Ellos le respondieron: "Siete". Entonces Jesús les dijo: "¿Todavía no comprenden?".

En el relato evangélico de ayer comentábamos que Jesús no se presentaba como un "hacedor de milagros". El texto de hoy confirma esa afirmación. A pesar de los milagros que él les señala a sus discípulos, ellos no entienden el

misterio de Jesús y su misión. Se quedan en el efecto milagro-
so. Tendrán que esperar la Pascua para comprender la pleni-
tud del misterio de Jesús.

Señor, encandilados por luces malas y aturdidos por tanta
charlatanería mundana, no es fácil verte, oírte y comprender-
te. Danos tu Espíritu para escoger lo que vale y descartar lo que no...
¡muchos necesitan nuestro buen ejemplo!...

15 miércoles   De la feria

Sant 1, 19-27; Sal 14, 2-5; **Mc 8, 22-26.**

El ciego quedó sanado y veía todo con claridad.

Cuando Jesús y sus discípulos, llegaron a Betsaida, le trajeron un ciego a Jesús y le rogaban que lo tocara. Él tomó
al ciego de la mano y lo condujo a las afueras del pueblo. Después
de ponerle saliva en los ojos e imponerle las manos, Jesús le preguntó: "¿Ves algo?". El ciego, que comenzaba a ver, le respondió:
"Veo hombres, como si fueran árboles que caminan". Jesús le
puso nuevamente las manos sobre los ojos, y el hombre recuperó
la vista. Así quedó sano y veía todo con claridad. Jesús lo mandó
a su casa, diciéndole. "Ni siquiera entres en el pueblo".

En su caminar, Jesús se encontraba con mucha gente, y
muchos acudían a él. Entre toda esta gente, unos hom-
bres solidarios le entregan un ciego. El gesto de acercarse a él,
de tocarlo, limpiarlo con su saliva, muestra que Jesús no teme
al contacto humano con quienes eran considerados impuros o
quienes se sientían marginados del mundo social. La atención
de Jesús hacia los pobres es una señal mucho más importante
que el milagro que acaba de realizar.

Me imagino a esos amigos del ciego insistiéndote que lo cu-
res... y a ti que no te haces rogar mucho... ¡Qué bueno! Y

pienso en tantos ciegos, sordos, paralíticos, leprosos y muertos que necesitan amigos de verdad que los lleven a tu encuentro... ¡Que yo sea uno de ellos!...

16 jueves   De la feria

Sant 2, 1-9; Sal 33, 2-7; **Mc 8, 27-33.**

Tú eres el Mesías. El Hijo del hombre debe sufrir mucho.

Jesús salió con sus discípulos hacia los poblados de Cesarea de Filipo, y en el camino les preguntó: "¿Quién dice la gente que soy yo?". Ellos le respondieron: "Algunos dicen que eres Juan el Bautista; otros, Elías; y otros, alguno de los profetas". Entonces él les preguntó: "Y ustedes, ¿quién dicen que soy yo?". Pedro respondió: "Tú eres el Mesías". Jesús les ordenó terminantemente que no dijeran nada acerca de él. Y comenzó a enseñarles que el Hijo del hombre debía sufrir mucho y ser rechazado por los ancianos, los sumos sacerdotes y los escribas; que debía ser condenado a muerte y resucitar después de tres días; y les hablaba de esto con toda claridad. Pedro, llevándolo aparte, comenzó a reprenderlo. Pero Jesús, dándose vuelta y mirando a sus discípulos, lo reprendió, diciendo: "¡Retírate, ve detrás de mí, Satanás! Porque tus pensamientos no son los de Dios, sino los de los hombres".

Es difícil comprender el mesianismo de Jesús. Ni siquiera Pedro, con su amor y su relación íntima con él, entendía que la salvación llegaría por el dolor y la cruz hasta llegar a la resurrección. Él, como tantos otros (antes y ahora), esperaban un reinado a modo humano, con poder, con fuerza, con triunfo. Nada más lejos de la realidad de la vida de Jesús, que asumió el lugar de los pobres y las víctimas y, desde allí, demostró el amor del Padre.

🕊 ¡Sí, Jesús! Tú eres el Mesías de verdad, a la medida de Dios y
no al modo egoísta, soberbio, ambicioso y vanidoso de los
hombres. Que yo no tema seguirte con mi cruz acuesta, por donde
tú me conduzcas...

17 viernes   De la feria. Los siete santos

fundadores de la Orden de los Siervos de María. (ML)

Sant 2, 14-24. 26; Sal 111, 1-6; **Mc 8, 34—9, 1.**

El que pierda su vida por mí y por el Evangelio, la salvará.

📖 Jesús, llamando a la multitud, junto con sus discípulos, les
dijo: "El que quiera venir detrás de mí, que renuncie a sí
mismo, que cargue con su cruz y me siga. Porque el que quiera
salvar su vida, la perderá; y el que pierda su vida por mí y por la
Buena Noticia, la salvará. ¿De qué le servirá al hombre ganar el
mundo entero, si pierde su vida? ¿Y qué podrá dar el hombre a
cambio de su vida?
Porque si alguien se avergüenza de mí y de mis palabras en esta
generación adúltera y pecadora, también el Hijo del hombre se
avergonzará de él cuando venga en la gloria de su Padre con sus
santos ángeles". Y les decía: "Les aseguro que algunos de los que
están aquí presentes no morirán antes de haber visto que el reino
de Dios ha llegado con poder".

🕯 *La renuncia a sí mismo no incluye la muerte de las capacidades personales, ni el desconocimiento de los propios talentos. Todo lo contrario. Seguir a Jesús es poner al
servicio de los demás la vida, con todas sus potencias y cualida-
des. El seguimiento incluirá, de todos modos, una muerte: la
muerte a querer "salvarse" por sí mismo, a querer una salvación individual y propia, sin incluir ni siquiera a Dios en la
misma salvación.*

Señor, levántame el ánimo cuando mi cruz pese demasiado...
por las tentaciones, por las burlas, por perder dinero, prestigio o seguridad... ¡que me ilusione por ti y por la vida eterna que prometes al que persevere hasta al fin!...

18 sábado   De la feria. Santa María en sábado

Sant 3, 1-10; Sal 11, 2-5. 7-8; Mc 9, 2-13.

Se transfiguró en presencia de ellos.

Jesús tomó a Pedro, Santiago y Juan, y los llevó a ellos solos a un monte elevado. Allí se transfiguró en presencia de ellos. Sus vestiduras se volvieron resplandecientes, tan blancas como nadie en el mundo podría blanquearlas. Y se les aparecieron Elías y Moisés, conversando con Jesús. Pedro dijo a Jesús: "Maestro, ¡qué bien estamos aquí! Hagamos tres carpas, una para ti, otra para Moisés y otra para Elías". Pedro no sabía qué decir, porque estaban llenos de temor. Entonces una nube los cubrió con su sombra, y salió de ella una voz: "Éste es mi Hijo muy querido, escúchenlo". De pronto miraron a su alrededor y no vieron a nadie, sino a Jesús solo con ellos. Mientras bajaban del monte, Jesús les prohibió contar lo que habían visto, hasta que el Hijo del hombre resucitara de entre los muertos. Ellos cumplieron esta orden, pero se preguntaban qué significaría "resucitar de entre los muertos". Y le hicieron esta pregunta: "¿Por qué dicen los escribas que antes debe venir Elías?". Jesús les respondió: "Sí, Elías debe venir antes para restablecer el orden en todo. Pero, ¿no dice la Escritura que el Hijo del hombre debe sufrir mucho y ser despreciado? Les aseguro que Elías ya ha venido e hicieron con él lo que quisieron, como estaba escrito".

El final del camino de nuestra vida, como la de Jesús, es la resurrección. Y esto es lo que se intenta mostrar en este texto. Sin embargo, no debemos dejarnos seducir por pequeños "logros" espirituales o pastorales porque, para vivir la vida de la Gloria, junto a Jesús, es necesario pasar, junto con él, por la cruz y la muerte. El proceso es completo: vivir la pascua significa pasión, muerte y resurrección, todo formando una unidad.

🕊 ¡Es lo que nos espera, lo que tu Padre nos prepara junto a ti, Jesús! Y ahí está patente: ver para creer... y bajar del monte, llevarse el mundo por delante y empujarlo hacia ti, ¡aunque nos cueste la vida, que "tanto es el bien que espero, que en las penas me deleito"!

19 domingo   Domingo 7° durante el año

Semana 7ª durante el año. Semana 3ª del Salterio.

Is 43, 18-19. 20-22. 24-25; Sal 40, 2-5. 13-14; 2Cor 1, 18-22; Mc 2, 1-12.

El Hijo del hombre tiene sobre la tierra
el poder de perdonar los pecados.

📖 Jesús volvió a Cafarnaúm y se difundió la noticia de que estaba en la casa. Se reunió tanta gente, que no había más lugar ni siquiera delante de la puerta, y él les anunciaba la Palabra. Le trajeron entonces a un paralítico, llevándolo entre cuatro hombres. Y como no podían acercarlo a él, a causa de la multitud, levantaron el techo sobre el lugar donde Jesús estaba, y haciendo un agujero descolgaron la camilla con el paralítico. Al ver la fe de esos hombres, Jesús dijo al paralítico: "Hijo, tus pecados te son perdonados". Unos escribas que estaban sentados allí pensaban en su interior: "¿Qué está diciendo este hombre? ¡Está blasfemando! ¿Quién puede perdonar los pecados, sino sólo Dios?". Jesús, advirtiendo en seguida que pensaban así, les dijo: "¿Qué están pensando? ¿Qué es más fácil, decir al paralítico: "Tus pecados te son perdonados", o "Levántate, toma tu camilla y camina"? Para que ustedes sepan que el Hijo de hombre tiene sobre

la tierra el poder de perdonar los pecados, dijo al paralítico: Yo te
lo mando, levántate, toma tu camilla y vete a tu casa". Él se levantó en seguida, tomó su camilla y salió a la vista de todos. La gente
quedó asombrada y glorificaba a Dios, diciendo: "Nunca hemos
visto nada igual".

*Los amigos de este hombre pusieron toda su confianza
en Jesús, se expusieron frente a los demás, fueron testigos de una fe que iba más allá de la escucha de la predicación.
Y ni siquiera "sabían" todo lo que Jesús era y representaba.
Nosotros estamos llamados a tener esa misma confianza, esa
misma disposición.*

Como los amigos del ciego, también estos son grandiosos...
a pesar del chusmerío farisaico, paralíticos voluntarios a tu
llamado salvador... Señor, cúrame de la artrosis de mis egoísmos, y
dame agilidad para amar y servir a mis hermanos.

20 lunes   De la feria

Sant 3, 13-18; Sal 18, 8-10. 15; **Mc 9, 14-29.**

Creo, Señor, ayúdame porque tengo poca fe.

Después de la Transfiguración, Jesús, Pedro, Santiago y
Juan bajaron del monte. Llegaron donde estaban los otros
discípulos y los encontraron en medio de una gran multitud, discutiendo con algunos escribas. En cuanto la multitud distinguió a
Jesús, quedó asombrada y corrieron a saludarlo. Él les preguntó:
"¿Sobre qué estaban discutiendo?". Uno de ellos le dijo: "Maestro, te he traído a mi hijo, que está poseído de un espíritu mudo.
Cuando se apodera de él, lo tira al suelo y le hace echar espuma
por la boca; entonces le crujen sus dientes y se queda rígido. Le
pedí a tus discípulos que lo expulsaran pero no pudieron". "Generación incrédula, respondió Jesús, ¿hasta cuándo estaré con ustedes? ¿Hasta cuándo tendré que soportarlos? Tráiganmelo". Y ellos

se lo trajeron. En cuanto vio a Jesús, el espíritu sacudió violentamente al niño, que cayó al suelo y se revolcaba, echando espuma por la boca. Jesús le preguntó al padre: "¿Cuánto tiempo hace que está así?". "Desde la infancia, le respondió, y a menudo lo hace caer en el fuego o en el agua para matarlo. Si puedes hacer algo, ten piedad de nosotros y ayúdanos". "¡Si puedes...!", respondió Jesús. "Todo es posible para el que cree". Inmediatamente el padre del niño exclamó: "Creo, ayúdame porque tengo poca fe". Al ver que llegaba más gente, Jesús increpó al espíritu impuro, diciéndole: "Espíritu mudo y sordo, yo te lo ordeno, sal de él y no vuelvas más". El demonio gritó, sacudió violentamente al niño y salió de él, dejándolo como muerto, tanto que muchos decían: "Está muerto". Pero Jesús, tomándolo de la mano, lo levantó, y el niño se puso de pie. Cuando entró a la casa y quedaron solos, los discípulos le preguntaron: "¿Por qué nosotros no pudimos expulsarlo?". Él les respondió: "Esta clase de demonios se expulsa sólo con la oración".

El texto parece mostrar a Jesús fastidiado de la insistencia de la gente o de la incredulidad o de la ineficacia de sus discípulos de hacer un milagro de exorcismo. Jesús exige un acto de fe a quienes piden la curación. El demonio sale del muchacho no sólo por la acción de Jesús sino también por la fe de la gente. Así, Jesús se presenta no como alguien que simplemente hace milagros, como si se desprendiera de él una fuerza superior. El bien que hace Jesús proviene, también, de la fe de los hombres.

"Yo tengo fe..." pero auméntala, Jesús, para que no espere sentado tus milagros, sino que me comprometa a "trabajar, como si todo dependiera de mí; orando, sí, como si todo dependiera de ti"...

21 martes   De la feria.

San Pedro Damián, ob. y dr. (ML)

Sant 4, 1-10; Sal 54, 7-11. 23; **Mc 9, 30-37.**

El Hijo del hombre va a ser entregado.
El que quiere ser el primero debe hacerse el último de todos.

Jesús atravesaba la Galilea junto con sus discípulos y no quería que nadie lo supiera, porque enseñaba y les decía: "El Hijo del hombre va a ser entregado en manos de los hombres; lo matarán y tres días después de su muerte, resucitará". Pero los discípulos no comprendían esto y temían hacerle preguntas. Llegaron a Cafarnaúm y, una vez que estuvieron en la casa, les preguntó: "¿De qué hablaban en el camino?". Ellos callaban, porque habían estado discutiendo sobre quién era el más grande. Entonces, sentándose, llamó a los Doce y les dijo: "El que quiere ser el primero debe hacerse el último de todos y el servidor de todos". Después, tomando a un niño, lo puso en medio de ellos y, abrazándolo, les dijo: "El que recibe a uno de estos pequeños en mi Nombre, me recibe a mí, y el que me recibe no es a mí al que recibe sino a Aquél que me ha enviado".

La escena está plena de imágenes y simbolismos. Mientras Jesús explica su mesianismo desde el dolor, los discípulos no comprenden; mientras ellos pelean por el poder, Jesús les presenta un niño; mientras ellos buscan agradar en este mundo, Jesús les exige que se hagan tan desprotegidos y desconsiderados como los niños. El reino que trae Jesús es una gran paradoja y un signo de contradicción, no entra en los parámetros y las condiciones de ningún poder humano.

Señor, tú viniste a servir, no a ser servido, ¡y tus discípulos se peleaban por los primeros puestos!... Ayúdanos a bajarnos del caballo de nuestras soberbias y vanidades, nuestras ambiciones de poder y supremacía. Danos ser mansos y humildes de corazón, como tú.

22 miércoles   Cátedra de San Pedro, apóstol. (F)

1Ped 5, 1-4; Sal 22, 1-6; **Mt 16, 13-19.**

Tú eres Pedro, y te daré las llaves del reino de los cielos.

Al llegar a la región de Cesarea de Filipo, Jesús preguntó a sus discípulos: "¿Qué dice la gente sobre el Hijo del hombre? ¿Quién dicen que es?". Ellos le respondieron: "Unos dicen que es Juan el Bautista; otros, Elías; y otros, Jeremías o alguno de los profetas". "Y ustedes, les preguntó, ¿quién dicen que soy?". Tomando la palabra, Simón Pedro respondió: "Tú eres el Mesías, el Hijo de Dios vivo". Y Jesús le dijo: "Feliz de ti, Simón, hijo de Jonás, porque esto no te lo ha revelado ni la carne ni la sangre, sino mi Padre que está en el cielo. Y yo te digo: Tú eres Pedro, y sobre esta piedra edificaré mi Iglesia, y el poder de la muerte no prevalecerá contra ella. Yo te daré las llaves del reino de los cielos. Todo lo que ates en la tierra, quedará atado en el cielo, y todo lo que desates en la tierra, quedará desatado en el cielo".

Pedro es elegido como piedra de la Iglesia, es decir, fortaleza y firmeza sobre la cual se apoya la comunidad creyente. Pedro se convertirá, en la iglesia naciente, en el signo de unidad entre las comunidades del mundo judío y las del mundo pagano. Pero su autoridad no proviene de una búsqueda personal, sino del mismo Jesucristo, que le entrega las llaves del reino.

Ellos se disputaban poder y privilegios. Nosotros, hoy, ¡para qué hablar! Señor Jesús, enséñanos a ser esclavos de amor y servicio unos con otros, tú, que viniste a darnos tu vida en abundancia.

23 jueves   San Policarpo, ob. y mr. (MO)

Sant 5, 1-6; Sal 48, 14-20; **Mc 9, 41-50.**

Más te vale entrar en la vida manco,
que ir con tus dos manos al infierno.

Jesús dijo a sus discípulos: Les aseguro que no quedará sin recompensa el que les dé a beber un vaso de agua por el hecho de que ustedes pertenecen a Cristo. Si alguien llegara a escandalizar a uno de estos pequeños que tienen fe, sería preferible para él que le ataran al cuello una piedra de moler y lo arrojaran al mar. Si tu mano es para ti ocasión de pecado, córtala, porque más te vale entrar en la Vida manco, que ir con tus dos manos al infierno, al fuego inextinguible. Y si tu pie es para ti ocasión de pecado, córtalo, porque más te vale entrar lisiado en la Vida, que ser arrojado con tus dos pies al infierno. Y si tu ojo es para ti ocasión de pecado, arráncalo, porque más te vale entrar con un solo ojo en el reino de Dios, que ser arrojado con tus dos ojos al infierno, donde el gusano no muere y el fuego no se apaga. Porque cada uno será salado por el fuego. La sal es una cosa excelente, pero si se vuelve insípida, ¿con qué la volverán a salar? Que haya sal en ustedes mismos y vivan en paz unos con otros.

La recompensa, es decir, el reino de Dios, no llegará a los discípulos por su condición de tales, sino por la atención a los pobres y por una conducta vigilante sobre las obras. Aquello que atente contra el reino debe ser extirpado, arrancado de raíz, para poder vivir en paz con Dios.

Si la muela ya no sirve, ¡afuera! Si la gangrena hace peligrar el cuerpo, ¡cortar por lo sano! Si el pecado me ata, me asfixia y me pierde... ¡que no titubee, Señor, aunque sangre el corazón! Es cuestión de vida o muerte...

24 viernes   De la feria

Sant 5, 9-12; Sal 102, 1-4. 8-12; **Mc 10, 1-12.**

Que el hombre no separe lo que Dios ha unido.

Jesús fue a la región de Judea y al otro lado del Jordán. Se reunió nuevamente la multitud alrededor de él y, como de costumbre, les estuvo enseñando una vez más. Se acercaron a Jesús algunos fariseos y, para ponerlo a prueba, le plantearon esta cuestión: "¿Es lícito al hombre divorciarse de su mujer?". Él les respondió: "¿Qué es lo que Moisés les ha ordenado?". Ellos dijeron: "Moisés permitió redactar una declaración de divorcio y separarse de ella". Entonces Jesús les respondió: "Si Moisés les dio esta prescripción fue debido a la dureza del corazón de ustedes. Pero desde el principio de la creación, 'Dios los hizo varón y mujer'. 'Por eso, el hombre dejará a su padre y a su madre, y los dos no serán sino una sola carne'. De manera que ya no son dos, 'sino una sola carne'. Que el hombre no separe lo que Dios ha unido". Cuando regresaron a la casa, los discípulos le volvieron a preguntar sobre esto. Él les dijo: "El que se divorcia de su mujer y se casa con otra comete adulterio contra aquélla; y si una mujer se divorcia de su marido y se casa con otro, también comete adulterio".

El problema no está en la licitud del divorcio, sino en la dureza del corazón para enfrentar el compromiso matrimonial. El proyecto de Dios es la unidad, la felicidad que proviene de ser una sola carne, un solo proyecto, un solo corazón latiendo al mismo ritmo. Las dificultades son grandes para vivir este don, pero Dios ha puesto todo su deseo en ello.

Señor Jesús, que nuestro amor matrimonial refleje tu entrega en la cruz: el uno por el otro y los dos por los hijos, sin retaceos... que contigo y de tu mano ¡todo lo bueno es posible!

25 sábado   De la feria. Santa María en sábado

Sant 5, 13-20; Sal 140, 1-3. 8; **Mc 10, 13-16.**

El que no recibe el reino de Dios como un niño,
no entrará en él.

Le trajeron unos niños a Jesús para que los tocara, pero los discípulos los reprendieron. Al ver esto, Jesús se enojó y les dijo: "Dejen que los niños se acerquen a mí y no se lo impidan, porque el reino de Dios pertenece a los que son como ellos. Les aseguro que el que no recibe el reino de Dios como un niño no entrará en él". Después los abrazó y los bendijo, imponiéndoles las manos.

Los niños eran parte de los grupos marginados de la sociedad de entonces. Se entiende entonces la actitud de los discípulos de apartarlos del Señor para que no los tocara. Tocar a un marginado era llenarse de impureza. Jesús, al igual que hacía con las prostitutas, enfermos o pecadores, se acerca a ellos y los toca, los bendice y los pone como ejemplo de cómo se ha de recibir al reino de los cielos. El reino pertenece a los pobres, a los marginados, a los que no son tenidos en cuenta por la sociedad, a los excluidos del sistema. Jesús, con este gesto, muestra que el reino no se gana, sino que se recibe, porque es Gracia.

Señor Jesús, que desde pequeños nuestros niños te conozcan, te amen, aprendan de ti a "estar en las cosas del Padre" y a construir un mundo nuevo... y que padres, catequistas y docentes los guiemos con nuestro ejemplo y los cuidemos de la maldad reinante...

26 domingo
Domingo 8° durante el año

Semana 8ª durante el año. Semana 4ª del Salterio.

Os 2, 16-17. 21-22; Sal 102, 1-4. 8. 10. 12-13; 2Cor 3, 1-6; **Mc 2, 18-22.**

El esposo está con ellos.

Un día en que los discípulos de Juan y los fariseos ayunaban, fueron a decirle a Jesús: "¿Por qué tus discípulos no ayunan, como lo hacen los discípulos de Juan y los discípulos de los fariseos?". Jesús les respondió: "¿Acaso los amigos del esposo pueden ayunar cuando el esposo está con ellos? Es natural que no ayunen, mientras tienen consigo al esposo. Llegará el momento en que el esposo les será quitado, y entonces ayunarán. Nadie usa un pedazo de género nuevo para remendar un vestido viejo, porque el pedazo añadido tira del vestido viejo y la rotura se hace más grande. Tampoco se pone vino nuevo en odres viejos, porque hará reventar los odres, y ya no servirán más ni el vino ni los odres. ¡A vino nuevo, odres nuevos!".

Si bien Jesús no despreció las tradiciones de su pueblo, su mensaje es totalmente innovador. La práctica de la piedad, las penitencias o ayunos, con que los judíos buscaban alcanzar la justicia, tienen un lugar secundario a partir del mensaje de Jesús. Hay que renovar no solamente lo externo, no solo las prácticas, sino también el corazón. La novedad no está en cambiar ritos, sino en aceptar que Cristo ha hecho todo nuevo.

Señor Jesús, que comprenda que ser cristiano es primordialmente hacer de ti y de tu Evangelio el centro absoluto del diario vivir. ¡Y bendito todo lo demás en cuanto me ayude a lograr ese ideal!...

27 lunes   De la feria

1Ped 1, 3-9; Sal 110, 1-2. 5-6. 9-10; Mc 10, 17-27.

Vende lo que tienes y sígueme.

Jesús se puso en camino. Un hombre corrió hacia él y, arrodillándose, le preguntó: "Maestro bueno, ¿qué debo hacer para heredar la Vida eterna?". Jesús le dijo: "¿Por qué me llamas bueno? Sólo Dios es bueno. Tú conoces los mandamientos: No matarás, no cometerás adulterio, no robarás, no darás falso testimonio, no perjudicarás a nadie, honra a tu padre y a tu madre". El hombre le respondió: "Maestro, todo eso lo he cumplido desde mi juventud". Jesús lo miró con amor y le dijo: "Sólo te falta una cosa: ve, vende lo que tienes y dalo a los pobres; así tendrás un tesoro en el cielo. Después, ven y sígueme". Él, al oír estas palabras, se entristeció y se fue apenado, porque poseía muchos bienes. Entonces Jesús, mirando alrededor, dijo a sus discípulos: "¡Qué difícil será para los ricos entrar en el reino de Dios!". Los discípulos se sorprendieron por estas palabras, pero Jesús continuó diciendo: "Hijos míos, ¡qué difícil es entrar en el reino de Dios! Es más fácil que un camello pase por el ojo de una aguja, que un rico entre en el reino de Dios". Los discípulos se asombraron aún más y se preguntaban unos a otros: "Entonces, ¿quién podrá salvarse?". Jesús, fijando en ellos su mirada, les dijo: "Para los hombres es imposible, pero no para Dios, porque para él todo es posible".

La riqueza, que nos lleva a la insensibilidad frente a los sufrimientos de los pobres y que nos aleja de nuestro compromiso solidario, también nos aleja de Dios. En definitiva, todo acto de egoísmo es un modo de alejarnos de Dios. Sin embargo, Dios puede salvarnos de nuestro egoísmo. Nosotros solos no podemos. Dios, en cambio, puede transformar nuestros corazones para abrirnos a los más necesitados.

"¡MI DIOS Y MI TODO!". Decía san Francisco como con miel en la boca. Que, como él, yo me enamore de ti, de tus criterios y proyectos y que no anhele otra cosa que ser completamente tuyo, por ti y por mis hermanos. ¿Habría algo mejor?

28 martes   De la feria

1Ped 1, 10-16; Sal 97, 1-4; **Mc 10, 28-31.**

Ustedes recibirán, en este mundo, el ciento por uno,
en medio de las persecuciones;
y en el mundo futuro, la Vida eterna.

Pedro le dijo a Jesús: "Tú sabes que nosotros lo hemos dejado todo y te hemos seguido". Jesús respondió: "Les aseguro que el que haya dejado casa, hermanos y hermanas, madre y padre, hijos o campos por mí y por la Buena Noticia, desde ahora, en este mundo, recibirá el ciento por uno en casas, hermanos y hermanas, madres, hijos y campos, en medio de las persecuciones; y en el mundo futuro recibirá la Vida eterna. Muchos de los primeros serán los últimos y los últimos serán los primeros".

Si la exigencia de un discipulado sincero se apoya en la renuncia de los bienes, como decía Jesús en la liturgia de ayer, ¿qué han de esperar los discípulos que dejaron todo? Jesús no quiere llamar a un seguimiento ilusorio, ni a una aventura. El discípulo recibirá un modo de vida que le aporte cierto tipo de seguridad. La comunidad será su familia y ésta, por su exigencia de solidaridad, cuidará de que a nadie le falte nada.

Una barca vieja, unas redes rotas... pero era todo, y ellos lo dejaron por seguirte. Y no se volvieron atrás. Ayúdame a darlo todo por el TODO que eres tú, con toda ilusión, y a embarcarme contigo en busca de otros mares...

Marzo

1 miércoles

Miércoles de Ceniza

Semana 4ª del Salterio. *Ayuno y abstinencia.*

Jl 2, 12-18; Sal 50, 3-6. 12-14. 17; 2Cor 5, 20—6, 2; **Mt 6, 1-6. 16-18.**

Tu Padre, que ve en lo secreto, te recompensará.

Jesús dijo a sus discípulos: Tengan cuidado de no practicar su justicia delante de los hombres para ser vistos por ellos: de lo contrario, no recibirán ninguna recompensa del Padre de ustedes que está en el cielo. Por lo tanto, cuando des limosna, no lo vayas pregonando delante de ti, como hacen los hipócritas en las sinagogas y en las calles, para ser honrados por los hombres. Les aseguro que ellos ya tienen su recompensa. Cuando tú des limosna, que tu mano izquierda ignore lo que hace la derecha, para que tu limosna quede en secreto; y tu Padre, que ve en lo secreto, te recompensará. Cuando ustedes oren, no hagan como los hipócritas: a ellos les gusta orar de pie en las sinagogas y en las esquinas de las calles, para ser vistos por los hombres. Les aseguro que ellos ya tienen su recompensa. Tú, en cambio, cuando ores, retírate a tu habitación, cierra la puerta y ora a tu Padre que está en lo secreto; y tu Padre, que ve en lo secreto, te recompensará. Cuando ustedes ayunen, no pongan cara triste, como hacen los hipócritas, que desfiguran su rostro para que los hombres noten que ayunan. Les aseguro que con eso, ya han recibido su recompensa. Tú, en cambio, cuando ayunes, perfuma tu cabeza y lava tu rostro, para que tu ayuno no sea conocido por los hombres, sino por tu Padre que está en lo secreto; y tu Padre, que ve en lo secreto, te recompensará.

La práctica piadosa no puede, ni debe, ser expuesta, como tampoco puede ser expuesta la caridad. El silencio y la austeridad en la práctica del bien son un signo de que las cosas se hacen para "el otro" y no para uno. Cuando vemos tanta publicidad de obras benéficas y de atención a los pobres con promociones comerciales, vemos que se usa a los pobres para un beneficio particular o empresarial. Las obras de los cristianos no buscan marketing, ni espacios televisivos, ni alianzas sospechosas.

Señor, donde pisaba el caballo de Atila no crecía más el pasto... ¡y nosotros dejamos cada quemazón a nuestro paso! Hoy tu amor nos tira a la cara las cenizas. Que en adelante plantemos amor y construyamos puentes donde hay odios y enemistades, encendamos la luz de tu verdad donde hay tinieblas de mentiras y muertes...

2 jueves   Después de ceniza

Deut 30, 15-20; Sal 1, 1-4. 6; Lc 9, 22-25.

El que pierda su vida por mí la salvará.

Jesús dijo a sus discípulos: "El Hijo del hombre debe sufrir mucho, ser rechazado por los ancianos, los sumos sacerdotes y los escribas, ser condenado a muerte y resucitar al tercer día". Después dijo a todos: "El que quiera venir detrás de mí, que renuncie a sí mismo, que cargue con su cruz cada día y me siga. Porque el que quiera salvar su vida, la perderá; y el que pierda su vida por mí, la salvará. ¿De qué le servirá al hombre ganar el mundo entero, si se pierde o se arruina a sí mismo?".

¿Pide Jesús, al decirnos que nos neguemos a nosotros y que olvidemos lo que somos, que neguemos nuestras capacidades, nuestras virtudes, nuestras fuerzas? La muerte, o la negación de uno mismo para seguir a Cristo es una referencia a los egoísmos, las ambiciones, las malas intenciones, la búsqueda del poder, la irreflexión y la irresponsabilidad con que se vive. Debemos poner al servicio de la comunidad nuestros dones y capacidades, muriendo a nuestro deseo de aprovecharnos de esos dones para nuestro beneficio.

Señor, ¿acaso es pérdida la que gana tu amor y felicidad eterna en el cielo? ¡Es matar la muerte por vivir tu vida! Ayúdame a entenderlo y vivirlo con toda alegría, entusiasmando a todos los que me vean... que un cristiano triste es un triste cristiano...

3 viernes   Después de ceniza

Is 58, 1-9; Sal 50, 3-6. 18-19; **Mt 9, 14-15.**

Llegará el momento en que el esposo les será quitado, y entonces ayunarán.

Se acercaron a Jesús los discípulos de Juan Bautista y le dijeron: "¿Por qué nosotros y los fariseos ayunamos mucho mientras que tus discípulos no ayunan?". Jesús les respondió: "¿Acaso los amigos del esposo pueden estar tristes mientras el esposo está con ellos? Llegará el momento en que el esposo les será quitado, y entonces ayunarán".

El texto hace referencia a Jesús como el novio, retomando una predicación de algunos profetas que anunciaban que la llegada del día de Yavé sería como una boda entre Dios y su pueblo. No se ayuna en una boda. Por eso Jesús, que anunciaba la presencia del reino, se sentía con plena libertad frente a esta práctica religiosa.

Jesús, tú eres el novio de la Iglesia, el esposo de cada alma, el DIOS-AMOR de mi vida. Que al meditar tanta felicidad sienta necesidad de contagiarla a los demás con obras de caridad, justicia, fraternidad...

4 sábado   Después de ceniza

San Casimiro.

Is 58, 9-14; Sal 85, 1-6; **Lc 5, 27-32.**

> *Yo no he venido a llamar a justos, sino a pecadores,*
> *para que se conviertan.*

Jesús salió y vio a un publicano llamado Leví, que estaba sentado junto a la mesa de recaudación de impuestos, y le dijo: "Sígueme". Él, dejándolo todo, se levantó y lo siguió. Leví ofreció a Jesús un gran banquete en su casa. Había numerosos publicanos y otras personas que estaban a la mesa con ellos. Los fariseos y sus escribas murmuraban y decían a los discípulos de Jesús: "¿Por qué ustedes comen y beben con publicanos y pecadores?". Pero Jesús tomó la palabra y les dijo: "No son los sanos los que tienen necesidad del médico, sino los enfermos. Yo no he venido a llamar a justos, sino a pecadores, para que se conviertan".

Los publicanos eran un grupo social despreciado por los judíos fieles a la Ley y a las tradiciones nacionalistas. Ellos representaban el poder dominador. Sin embargo, Jesús no olvida que su mensaje es universal y que todos están llamados a vivir el reino que él hace presente. Así se va ganando el desprecio de muchos de sus compatriotas, que no entienden que la fidelidad a la Ley incluye también un mensaje salvador para todos los hombres.

Jesús, médico divino, salud eterna de este mundo que agoniza entre mentiras y vanidades, crueldades y desesperanzas... que nos acerquemos a ti, para que nos libres de tanto dolor y tristeza y nos des nueva vida.

5 domingo   Domingo 1° de Cuaresma

Semana 1ª del Salterio.

Gn 9, 8-15; Sal 24, 4-9; 1Ped 3, 18-22; **Mc 1, 12-15.**

Fue tentado por Satanás y los ángeles lo servían.

El Espíritu llevó a Jesús al desierto, donde fue tentado por Satanás durante cuarenta días. Vivía entre las fieras, y los ángeles lo servían. Después que Juan Bautista fue arrestado, Jesús se dirigió a Galilea. Allí proclamaba la Buena Noticia de Dios, diciendo: "El tiempo se ha cumplido: el reino de Dios está cerca. Conviértanse y crean en la Buena Noticia".

El desierto habría sido el lugar en el que Cristo preparó su ministerio público. Una vez que se produce el arresto de Juan, que significó una gran crisis para sus seguidores, Jesús comienza su predicación. El reino será, desde este momento, el centro de la predicación de Jesús. Dios ha de venir a reinar sobre el mundo y los corazones de cada hombre y mujer que lo quiera recibir.

🕊 Jesús, te fuiste al desierto, a solas con tu padre muy amado.
¡Maldito el diablo en su afán de torcerte el camino! Que también nosotros nos llenemos de ti, sin dar lugar al maldito, y anunciemos tu salvación a los cuatro vientos.

6 lunes   De la feria

Lev 19, 1-2. 11-18; Sal 18, 8-10. 15; **Mt 25, 31-46.**

En la medida que lo hicieron con el más pequeño
de mis hermanos, lo hicieron conmigo.

📖 Jesús dijo a sus discípulos: Cuando el Hijo del hombre venga en su gloria rodeado de todos los ángeles, se sentará en su trono glorioso. Todas las naciones serán reunidas en su presencia, y él separará a unos de otros, como el pastor separa las ovejas de los cabritos, y pondrá a aquéllas a su derecha y a éstos a su izquierda. Entonces el Rey dirá a los que tenga a su derecha: "Vengan, benditos de mi Padre, y reciban en herencia el reino que les fue preparado desde el comienzo del mundo, porque tuve hambre, y ustedes me dieron de comer; tuve sed, y me dieron de beber; era forastero, y me alojaron; estaba desnudo, y me vistieron; enfermo, y me visitaron; preso, y me vinieron a ver". Los justos le responderán: "Señor, ¿cuándo te vimos hambriento, y te dimos de comer; sediento, y te dimos de beber? ¿Cuándo te vimos forastero, y te alojamos; desnudo, y te vestimos? ¿Cuándo te vimos enfermo o preso, y fuimos a verte?". Y el Rey les responderá: "Les aseguro que cada vez que lo hicieron con el más pequeño de mis hermanos, lo hicieron conmigo". Luego dirá a los de su izquierda: "Aléjense de mí, malditos; vayan al fuego eterno que fue preparado para el demonio y sus ángeles, porque tuve hambre, y ustedes no me dieron de comer; tuve sed, y no me dieron de beber; era forastero, y no me alojaron; estaba desnudo, y no me vistieron; enfermo y preso, y no me visitaron". Éstos, a su vez, le preguntarán: "Señor, ¿cuándo te vimos hambriento o sediento, forastero o desnudo, enfermo o preso, y no te hemos socorrido?". Y él les responderá: "Les aseguro que cada vez que no lo hicieron con el más pequeño de mis hermanos, tampoco lo hicieron conmigo". Éstos irán al castigo eterno, y los justos a la Vida eterna.

La atención al pobre es considerada como atención a Cristo. Pero lo interesante de este texto es que se nota que los interrogados no especularon con esto. Todos se sienten sorprendidos al descubrir que lo que hicieron o no hicieron con los pobres era también un modo de atender o desatender a Cristo. Nuestra vida cristiana, tan llena de preocupaciones y especulaciones y cálculos para "llenar puntos" frente a Dios, también recibirá sorpresas similares a ésta, cuando un día nos encontremos frente al Rey de las naciones.

Señor, juez de vivos y muertos, te hermanaste con nosotros para enseñarnos a vivir como hijos de tu Padre y hermanos entre nosotros. Ayúdanos a apagar tanto infierno de soberbias y egoísmos y convertirlo en antesala del cielo.

7 martes   De la feria

Santas Perpetua y Felicidad, mrs.

Is 55, 10-11; Sal 33, 4-7. 16-19; Mt 6, 7-15.

Ustedes oren de esta manera.

Jesús dijo a sus discípulos: Cuando oren, no hablen mucho, como hacen los paganos: ellos creen que por mucho hablar serán escuchados. No hagan como ellos, porque el Padre de ustedes que está en el cielo sabe bien qué es lo que les hace falta, antes de que se lo pidan. Ustedes oren de esta manera: Padre nuestro, que estás en el cielo, santificado sea tu Nombre, que venga tu reino, que se haga tu voluntad en la tierra como en el cielo. Danos hoy nuestro pan de cada día. Perdona nuestras ofensas, como nosotros perdonamos a los que nos han ofendido. No nos dejes caer en la tentación, sino líbranos del mal. Si perdonan sus faltas a los demás, el Padre que está en el cielo también los perdonará a ustedes. Pero si no perdonan a los demás, tampoco el Padre los perdonará a ustedes.

La recomendación de Jesús acerca de la oración comienza con un modo inusual de dirigirse a Dios. La palabra Padre, Abbá, según muchos comentaristas de este texto, indica el modo en que un niño, o un adulto, tiene para dirigirse a su padre, en forma cariñosa, familiar e íntima. Lo que importa de esta palabra es justamente que el modo hace referencia a un tipo de relación: Dios no es simplemente un padre lejano que impone su ley, sino aquél a quien el hijo se dirige de un modo familiar, en confianza, en intimidad. Cuando oremos el Padrenuestro, recordemos con qué tipo de padre nos estamos relacionando.

Jesús, te escapabas apara estar a solas con tu Padre, y ellos te espiaban y te envidiaban. Por eso te pedían "enséñanos a orar". También a nosotros enséñanos a escuchar y orar al Padre, juntos como hermanos, en torno a tu Madre, como en el Cenáculo...

8 miércoles   De la feria

San Juan de Dios, religioso.

Jon 3, 1-10; Sal 50, 3-4. 12-13. 18-19; **Lc 11, 29-32.**

A esta generación no le será dado otro signo que el de Jonás.

Al ver Jesús que la multitud se apretujaba, comenzó a decir: Ésta es una generación malvada. Pide un signo y no le será dado otro que el de Jonás. Así como Jonás fue un signo para los ninivitas, también el Hijo del hombre lo será para esta generación. El día del Juicio, la Reina del Sur se levantará contra los hombres de esta generación y los condenará, porque ella vino de los confines de la tierra para escuchar la sabiduría de Salomón y aquí hay Alguien que es más que Salomón. El día del Juicio, los hombres de Nínive se levantarán contra esta generación y la condenarán, porque ellos se convirtieron por la predicación de Jonás y aquí hay Alguien que es más que Jonás.

En este texto, el signo de Jonás al que alude Jesús es justamente la acción de este profeta, enviado a quienes eran considerados los más terribles opresores de ese tiempo. Jesús se ubica, entonces, en esta línea de la incomprensión: quienes lo rodean ("esta generación") no podrían entender ni aceptar que el mensaje de salvación llegue a quienes ellos consideraban excluidos.

¡Qué Jonás ni Salomón! ¡Sólo tú tienes palabras de vida eterna! ¡Sólo tú eres la resurrección y la vida! ¡Sólo tú eres la luz del mundo y el único camino al Padre! ¿A quién otro podríamos recurrir?

9 jueves   De la feria

Santa Francisca Romana, religiosa.

Est 3, 6; 4, 11-12. 14-16. 23-25; Sal 137, 1-3. 7-8; Mt 7, 7-12.

El que pide recibe.

Jesús dijo a sus discípulos: Pidan y se les dará; busquen y encontrarán; llamen y se les abrirá. Porque todo el que pide, recibe; el que busca, encuentra; y al que llama, se le abrirá. ¿Quién de ustedes, cuando su hijo le pide pan, le da una piedra? ¿O si le pide un pez, le da una serpiente? Si ustedes, que son malos, saben dar cosas buenas a sus hijos, ¡cuánto más el Padre de ustedes que está en el Cielo dará cosas buenas a aquéllos que se las pidan! Todo lo que deseen que los demás hagan por ustedes, háganlo por ellos: en esto consiste la Ley y los Profetas.

Los consejos sobre la oración confiada terminan con una sentencia sobre el modo de obrar con los demás. Esta recomendación es llamada "la regla de oro" en el evangelio de san Mateo. Para Jesús, la oración está acompañada de una acción hacia los demás, uniendo así toda la tradición judía.

¡DIOS DE AMOR Y TERNURA, no hay otro como tú! Que jamás busquemos sustituto y que hagamos entender a todos que sólo tú eres santo, el altísimo, creador y Padre. ¿Podríamos imaginar algo más grande y feliz?

10 viernes   De la feria

Ez 18, 21-28; Sal 129, 1-8; Mt 5, 20-26.

Ve a reconciliarte con tu hermano.

Jesús dijo a sus discípulos: Les aseguro que si la justicia de ustedes no es superior a la de los escribas y fariseos, no entrarán en el reino de los cielos. Ustedes han oído que se dijo a los antepasados: "No matarás", y el que mata, debe ser llevado ante el tribunal. Pero yo les digo que todo aquél que se irrita contra su hermano, merece ser condenado por un tribunal. Y todo aquél que lo insulta, merece ser castigado por el Tribunal. Y el que lo maldice, merece el infierno. Por lo tanto, si al presentar tu ofrenda en el altar, te acuerdas de que tu hermano tiene alguna queja contra ti, deja tu ofrenda ante el altar, ve a reconciliarte con tu hermano, y sólo entonces vuelve a presentar tu ofrenda. Trata de llegar en seguida a un acuerdo con tu adversario, mientras vas caminando con él, no sea que el adversario te entregue al juez, y el juez al guardia, y te pongan preso. Te aseguro que no saldrás de allí hasta que hayas pagado el último centavo.

La *"justicia"* es aquí la virtud de estar en paz con Dios, de mantener la comunión con Dios. Tener una justicia superior a la de los fariseos es ir más allá de la ley, más allá de lo establecido. De acuerdo a este texto, el mandamiento de "no matar" no se limita al simple asesinato, sino que abarca al modo en que tratamos a nuestro hermano. El desprecio, el insulto y la exclusión son también un modo de matar.

SANTO, SANTO, SANTO, ayúdanos a conocerte más y más cada día, para enamorarnos locamente de ti y ser uno contigo, tener tus mismos pensamientos y sentimientos y, así, amar y servir a los demás como tú nos amas: sin límites...

11 sábado   De la feria

Deut 26, 16-19; Sal 118, 1-2. 4-5. 7-8; **Mt 5, 43-48.**

Sean perfectos como es perfecto el Padre que está en el cielo.

Jesús dijo a sus discípulos: Ustedes han oído que se dijo: "Amarás a tu prójimo" y odiarás a tu enemigo. Pero yo les digo: Ámen a sus enemigos, rueguen por sus perseguidores; así serán hijos del Padre que está en el cielo, porque él hace salir el sol sobre malos y buenos y hace caer la lluvia sobre justos e injustos. Si ustedes aman solamente a quienes los aman, ¿qué recompensa merecen? ¿No hacen lo mismo los publicanos? Y si saludan solamente a sus hermanos, ¿qué hacen de extraordinario? ¿No hacen lo mismo los paganos? Por lo tanto, sean perfectos como es perfecto el Padre que está en el cielo.

Decíamos ayer que la Ley de Jesús va más allá de la justicia de los fariseos. Y hoy podemos agregar que va más allá de la justicia de cualquier persona. Es humano no amar u odiar a los enemigos. Sin embargo, la vida según el evangelio nos manda a amar a quienes nos hacen mal. Este *amor es muy diferente a las imágenes románticas. No es un amor dulce; es no desear su mal, es desear su bien, su salvación, su perdón. Este mandamiento nos une íntimamente a la vida de Jesús, que, desde su cruz, imploró el perdón de sus verdugos.*

"Yo no robo ni mato"... hoy en día no es poco, pero si la medida de tu amor es amar sin medida... Señor, que, como tú, goce en pasarme de la tuya, hasta la última gota en la cruz, estallando de gozo. Y ... ¡misión cumplida!

12 domingo   Domingo 2° de Cuaresma

Semana 2ª del Salterio.

Gn 22, 1-2. 9-13. 15-18; Sal 115, 10. 15-19; Rom 8, 31-34; **Mc 9, 2-10.**

Éste es mi Hijo muy querido.

Jesús tomó a Pedro, Santiago y Juan, y los llevó a ellos solos a un monte elevado. Allí se transfiguró en presencia de ellos. Sus vestiduras se volvieron resplandecientes, tan blancas como nadie en el mundo podría blanquearlas. Y se les aparecieron Elías y Moisés, conversando con Jesús. Pedro dijo a Jesús: "Maestro, ¡qué bien estamos aquí! Hagamos tres carpas, una para ti, otra para Moisés y otra para Elías". Pedro no sabía qué decir, porque estaban llenos de temor. Entonces una nube los cubrió con su sombra, y salió de ella una voz: "Éste es mi Hijo muy querido, escúchenlo". De pronto miraron a su alrededor y no vieron a nadie, sino a Jesús solo con ellos. Mientras bajaban del monte, Jesús les prohibió contar lo que habían visto, hasta que el Hijo del hombre resucitara de entre los muertos. Ellos cumplieron esta orden, pero se preguntaban qué significaría "resucitar de entre los muertos".

Moisés representa a la Ley, y Elías a los profetas. Por lo tanto, esta revelación de Jesús nos lo muestra en relación a todo el Antiguo Testamento. El Dios de Jesús es el mismo Dios que ya en el Antiguo Testamento se reveló como Dios de la vida para el pueblo. Y Jesús anuncia aquí cómo esa vida será plena en él: por la resurrección. Los seguidores de Jesús creemos en esa vida plena y queremos hacerla presente por encima de todas las formas de muerte.

No hay sacrificio tan grande comparado con gloria y felicidad tan infinitas, ¡bien vale la pena toda una vida en cruz! Jesús, que, al contemplarte triunfante no nos ahorremos esfuerzos por seguirte sin dudas ni miedos, o componendas.

13 lunes   De la feria

Dn 9, 4-10; Sal 78, 8-9. 11. 13; **Lc 6, 36-38.**

Perdonen y serán perdonados.

Jesús dijo a sus discípulos: Sean misericordiosos, como el Padre de ustedes es misericordioso. No juzguen y no serán juzgados; no condenen y no serán condenados; perdonen y serán perdonados. Den, y se les dará. Les volcarán sobre el regazo una buena medida, apretada, sacudida y desbordante. Porque la medida con que ustedes midan también se usará para ustedes.

El vino nuevo es signo del reino de Dios. El reino de Dios no "entra" en los moldes viejos, no puede ser encasillado en estructuras ya conocidas. ¡El reino está aquí para hacerlas estallar! Convertirnos es ser capaces de dejar lo viejo, de no tener miedo a abandonar moldes y estructuras anquilosados y aceptar el derroche de vida nueva que Dios quiere darnos.

🕊 Señor, cuando en el cielo nos colmes de tu amor y felicidad,
¡ni recordaremos las perrerías y estupideces con que hoy nos
amargamos unos a otros! Entonces, ayúdanos a no echar leña a este
infierno y "a vivir ya desde el suelo para el cielo"...

14 martes   De la feria

Is 1, 10. 16-20; Sal 49, 8-9. 16-17. 21. 23; **Mt 23, 1-12.**

No hacen lo que dicen.

📖 Jesús dijo a la multitud y a sus discípulos: Los escribas y
fariseos ocupan la cátedra de Moisés; ustedes hagan y
cumplan todo lo que ellos les digan, pero no se guíen por sus
obras, porque no hacen lo que dicen. Atan cargas pesadas y difíciles de llevar, y las ponen sobre los hombros de los demás, mientras que ellos no quieren moverlas ni siquiera con el dedo. Todo lo
hacen para que los vean: agrandan las filacterias y alargan los
flecos de sus mantos; les gusta ocupar los primeros puestos en los
banquetes y los primeros asientos en las sinagogas, ser saludados
en las plazas y oírse llamar "mi maestro" por la gente. En cuanto
a ustedes, no se hagan llamar "maestro", porque no tienen más
que un Maestro y todos ustedes son hermanos. A nadie en el
mundo llamen "padre", porque no tienen sino uno, el Padre celestial. No se dejen llamar tampoco "doctores", porque sólo tienen un Doctor, que es el Mesías. El mayor entre ustedes será el
que los sirve, porque el que se eleva será humillado, y el que se
humilla será elevado.

🕯 *Muchas obras, aparentemente buenas, se hacen esperando el elogio y el reconocimiento humano. Aquellos que
se esfuerzan en demostrar cuán bien cumplen la ley de Dios
son denunciados por Jesús como quienes justamente no están
en el camino de Dios. Y nos advierte a todos, para que no
fomentemos estas actitudes rindiendo a algunas personas ho-*

nores tales que nos hagan olvidar que somos todos hijos e hijas
de Dios.

Jesús, Dios de Dios, que diste testimonio del amor y de la verdad del Padre, pero con la humildad y mansedumbre de un "hijo de carpintero de Nazaret, un cabecita negra"... Que no nos creamos más de lo que somos: simples servidores que cumplen con su deber...

15 miércoles   De la feria

Jer 18, 18-20; Sal 30, 5-6. 14-16; **Mt 20, 17-28.**

Lo condenarán a muerte.

Mientras Jesús subía a Jerusalén, llevó consigo a los Doce, y en el camino les dijo: "Ahora subimos a Jerusalén, donde el Hijo del hombre va a ser entregado a los sumos sacerdotes y a los escribas. Ellos lo condenarán a muerte y lo entregarán a los paganos para que se burlen de él, lo azoten y lo crucifiquen, pero al tercer día resucitará". Entonces la madre de los hijos de Zebedeo se acercó a Jesús, junto con sus hijos, y se postró ante él para pedirle algo. "¿Qué quieres?", le preguntó Jesús. Ella le dijo: "Manda que mis dos hijos se sienten en tu reino, uno a tu derecha y el otro a tu izquierda". "No saben lo que piden", respondió Jesús. "¿Pueden beber el cáliz que yo beberé?". "Podemos", le respondieron. "Está bien, les dijo Jesús, ustedes beberán mi cáliz. En cuanto a sentarse a mi derecha o a mi izquierda, no me toca a mí concederlo, sino que esos puestos son para quienes se los ha destinado mi Padre". Al oír esto, los otros diez se indignaron contra los dos hermanos. Pero Jesús los llamó y les dijo: "Ustedes saben que los jefes de las naciones dominan sobre ellas y los poderosos les hacen sentir su autoridad. Entre ustedes no debe suceder así. Al contrario, el que quiera ser grande, que se haga servidor de ustedes; y el que quiera ser el primero, que se haga su esclavo:

como el Hijo del hombre, que no vino para ser servido, sino para servir y dar su vida en rescate por una multitud".

El ministerio puede confundirse, como lo hizo la madre de estos discípulos y los discípulos mismos. Ellos consideraron que el reino sería una nueva estructura de poder, un nuevo grupo social con fuerza propia en el mundo. Sin embargo, el reino tiene como característica la oposición a los poderes del mundo y la interpelación constante a los pecados que ellos generan. Por eso, los miembros del reino no pueden pedir lugares privilegiados, porque el lugar privilegiado es el servicio a los hermanos, especialmente por aquellos a quienes los poderosos han explotado y excluido.

La mamá de Santiago y Juan se adelantó a las pretensiones de los demás discípulos, ¡y se destapó la olla de nuestros orgullos y egoísmos! Jesús, que no seamos como los grandes de este mundo, guerreando por el poder, a costa de pobres y desvalidos.

16 jueves   De la feria

Jer 17, 5-10; Sal 1, 1-4. 6; Lc 16, 19-31.

Has recibido tus bienes en vida y Lázaro recibió males; ahora él encuentra aquí su consuelo, y tú, el tormento.

Jesús dijo a los fariseos: Había un hombre rico que se vestía de púrpura y lino finísimo y cada día hacía espléndidos banquetes. A su puerta, cubierto de llagas, yacía un pobre llamado Lázaro, que ansiaba saciarse con lo que caía de la mesa del rico; y hasta los perros iban a lamer sus llagas. El pobre murió y fue llevado por los ángeles al seno de Abraham. El rico también murió y fue sepultado. En la morada de los muertos, en medio de los tormentos, levantó los ojos y vio de lejos a Abraham, y a Lázaro junto a él. Entonces exclamó: "Padre Abraham, ten piedad de mí y envía a Lázaro para que moje la punta de su dedo en el agua y refresque mi lengua, porque estas llamas me atormentan". "Hijo mío, respondió Abraham, recuerda que has recibido tus bienes en vida y Lázaro, en cambio, recibió males; ahora él encuentra aquí su consuelo, y tú, el tormento. Además, entre ustedes y nosotros se abre un gran abismo. De manera que los que quieren pasar de aquí hasta allí no pueden hacerlo, y tampoco se puede pasar de allí hasta aquí". El rico contestó: "Te ruego entonces, padre, que envíes a Lázaro a la casa de mi padre, porque tengo cinco hermanos: que él los prevenga, no sea que ellos también caigan en este lugar de tormento". Abraham respondió: "Tienen a Moisés y a los Profetas; que los escuchen". "No, padre Abraham, insistió el rico. Pero si alguno de los muertos va a verlos, se arrepentirán". Pero Abraham respondió: "Si no escuchan a Moisés y a los Profetas, aunque resucite alguno de entre los muertos, tampoco se convencerán".

Relacionando esta parábola con el pasaje del profeta Jeremías, vemos que, en vida, el rico "no tuvo corazón". El pobre estaba ante su propia puerta y el rico no fue capaz de compartir nada con él. Su corazón no sólo estaba cerrado al prójimo, también estaba cerrado a Dios, que dio su mensaje por medio de Moisés y los profetas y no fue escuchado. En esta parábola, la otra vida es pintada como una consecuencia de ésta: un corazón que vivió cerrado a Dios y al prójimo no podrá tener nada en común ni con Dios ni con el prójimo.

Jesús, no quiero ser como el rico, pero me angustio, impotente, ante tanta miseria y desamparo... Pero tú sólo me pides lo que puedo, no menos, como a los aguateros de Caná, al chico de los cinco pancitos, a los discípulos después de una noche infructuosa... ¡Tú harás el milagro!...

17 viernes

De la feria

San Patricio, ob.

Gn 37, 3-4. 12-13. 17-28; Sal 104, 16-21; **Mt 21, 33-46.**

Éste es el heredero: vamos a matarlo.

Jesús dijo a los sumos sacerdotes y a los ancianos del pueblo: "Escuchen otra parábola: Un hombre poseía una tierra y allí plantó una viña, la cercó, cavó un lagar y construyó una torre de vigilancia. Después la arrendó a unos viñadores y se fue al extranjero. Cuando llegó el tiempo de la vendimia, envió a sus servidores para percibir los frutos. Pero los viñadores se apoderaron de ellos, y a uno lo golpearon, a otro lo mataron y al tercero lo apedrearon. El propietario volvió a enviar a otros servidores, en mayor número que los primeros, pero los trataron de la misma manera. Finalmente, les envió a su propio hijo, pensando: "Respetarán a mi hijo". Pero, al verlo, los viñadores se dijeron: "Éste es el heredero: vamos a matarlo para quedarnos con su herencia". Y apoderándose de él, lo arrojaron fuera de la viña y lo mataron. Cuando vuelva el dueño, ¿qué les parece que hará con aquellos viñadores?". Le respondieron: "Acabará con esos miserables y arrendará la viña a otros, que le entregarán el fruto a su debido tiempo". Jesús agregó: "¿No han leído nunca en las Escrituras: "La piedra que los constructores rechazaron ha llegado a ser la piedra angular: ésta es la obra del Señor, admirable a nuestros ojos?". El que caiga sobre esta piedra quedará destrozado, y aquél sobre quien ella caiga será aplastado. Por eso les digo que el reino de Dios les será quitado a ustedes, para ser entregado a un pueblo que le hará producir sus frutos". Los sumos sacerdotes y los fariseos, al oír estas parábolas, comprendieron que se refería a ellos. Entonces buscaron el modo de detenerlo, pero temían a la multitud, que lo consideraba un profeta.

Los encargados de cuidar la viña, los dirigentes del pueblo de Dios, abandonan sus funciones para actuar con envidia y violencia. A pesar de que parecen dominar la situación, su plan no triunfará. Dios abrirá caminos nuevos, insospechados e imprevistos por los malos dirigentes. Dios no abandona a su pueblo, porque su plan de salvación consiste, justamente, en la vida del pueblo.

Los grandes avivados de la economía mundial ni miran a los pobres y postergados. Procuran exterminarlos. Señor, tú tienes en tus manos el corazón de todos los hombres. Danos creatividad y coraje para lograr un mundo fraterno y solidario.

18 sábado   De la feria

San Cirilo de Jerusalén, ob. y dr.

Miq 7, 14-15. 18-20; Sal 102, 1-4. 9-12; Lc 15, 1-3. 11-32.

Tu hermano estaba muerto y ha vuelto a la vida.

Todos los publicanos y pecadores se acercaban a Jesús para escucharlo. Pero los fariseos y los escribas murmuraban, diciendo: "Este hombre recibe a los pecadores y come con ellos". Jesús les dijo entonces esta parábola: "Un hombre tenía dos hijos. El menor de ellos dijo a su padre: 'Padre, dame la parte de herencia que me corresponde'. Y el padre les repartió sus bienes. Pocos días después, el hijo menor recogió todo lo que tenía y se fue a un país lejano, donde malgastó sus bienes en una vida licenciosa. Ya había gastado todo, cuando sobrevino mucha miseria en aquel país, y comenzó a sufrir privaciones. Entonces se puso al servicio de uno de los habitantes de esa región, que lo envió a su campo para cuidar cerdos. Él hubiera deseado calmar su hambre con las bellotas que comían los cerdos, pero nadie se las daba. Entonces recapacitó y dijo: '¡Cuántos jornaleros de mi padre tienen pan en abundancia, y yo estoy aquí muriéndome de hambre! Ahora mismo iré a la casa de mi padre y le diré: Padre, pequé contra el Cielo y contra ti; ya no merezco ser llamado hijo tuyo, trátame como a uno de tus jornaleros'. Entonces partió y volvió a la casa de su padre. Cuando todavía estaba lejos, su padre lo vio y se conmovió profundamente; corrió a su encuentro, lo abrazó y lo besó. El joven le dijo: 'Padre, pequé contra el Cielo y contra ti; no merezco ser llamado hijo tuyo'. Pero el padre dijo a sus servidores: 'Traigan enseguida la mejor ropa y vístanlo, pónganle un anillo en el dedo y sandalias en los pies. Traigan el ternero engordado y mátenlo. Comamos y festejemos, porque mi hijo estaba muerto y ha vuelto a la vida, estaba perdido y fue encontrado'. Y comenzó la fiesta. El hijo mayor estaba en el campo. Al volver, ya cerca de la casa, oyó la música y los coros que acompañaban la danza. Y llamando a uno de los sirvientes, le preguntó qué significaba eso. Él le respondió: 'Tu hermano ha regresado, y tu padre hizo matar el ternero engordado, porque lo ha recobrado sano y salvo'. Él se enojó y no quiso entrar. Su padre salió para rogarle que entrara, pero él le respondió: 'Hace tantos años que te sirvo, sin haber desobedecido jamás ni una sola de tus órdenes, y nunca me diste un cabrito para hacer una fiesta con mis amigos. ¡Y ahora que ese hijo tuyo ha vuelto, después de haber gastado tus bienes con mujeres, haces matar para él el ternero engordado!'. Pero el padre le dijo: 'Hijo mío, tú estás siempre conmigo, y todo lo mío es tuyo. Es justo que haya fiesta y alegría, porque tu hermano estaba muerto y ha vuelto a la vida, estaba perdido y ha sido encontrado'".

Para los fariseos y escribas era imposible pensar que Dios pudiera sentarse a compartir la mesa con un pecador. Jesús proclama al Dios del perdón y obra como tal. Jesús ya no quiere mirar los pecados, sino abrir la puerta a algo nuevo, a la fiesta y la mesa compartida. Jesús obra así porque Dios Padre es así: no quiere "repasar la lista de pecados" del hijo, sino festejar que está vivo.

🕊 PADRE MISERICORDIOSO, ayúdanos en esta cuaresma a volver arrepentidos a tu casa. Ya es hora de sentar cabeza... No nos creaste para cuidar cerdos y comer bellotas, sino el pan sabroso de tu amor y verdad.

19 domingo   Domingo 3° de Cuaresma

Semana 3ª del Salterio.

Éx 20, 1-17; Sal 18, 8-11; 1Cor 1, 22-25; **Jn 2, 13-25.**

Destruyan este templo y en tres días lo volveré a levantar.

📖 Se acercaba la Pascua de los judíos. Jesús subió a Jerusalén y encontró en el Templo a los vendedores de bueyes, ovejas y palomas y a los cambistas sentados delante de sus mesas. Hizo un látigo de cuerdas y los echó a todos del Templo, junto con sus ovejas y sus bueyes; desparramó las monedas de los cambistas, derribó sus mesas y dijo a los vendedores de palomas: "Saquen esto de aquí y no hagan de la casa de mi Padre una casa de comercio". Y sus discípulos recordaron las palabras de la Escritura: "El celo por tu Casa me consume". Entonces los judíos le preguntaron: "¿Qué signo nos das para obrar así?". Jesús les respondió: "Destruyan este templo y en tres días lo volveré a levantar". Los judíos le dijeron: "Han sido necesarios cuarenta y seis años para construir este Templo, ¿y tú lo vas a levantar en tres días?". Pero él se refería al templo de su cuerpo. Por eso, cuando Jesús resucitó, sus discípulos recordaron que él había dicho esto, y creyeron en la Escritura y en la palabra que había pronunciado. Mientras estaba en Jerusalén, durante la fiesta de Pascua, muchos creyeron en su Nombre al ver los signos que realizaba. Pero Jesús no se fiaba de ellos, porque los conocía a todos y no necesitaba que lo informaran acerca de nadie: Él sabía lo que hay en el interior del hombre.

Jesús se presenta como el Templo del Dios vivo. El lugar de encuentro y de alianza con Dios no es un edificio de piedra ni unos sacrificios, sino la relación con Jesús. La alianza con Dios la vivimos por medio de Jesús. En Jesús obra Dios, el que ya una vez liberó al pueblo de la esclavitud, el que librará a Jesús del poder de la muerte y traerá la salvación definitiva.

Por ti, Jesús, Dios viene a nosotros y nosotros tenemos acceso al Padre en el Espíritu Santo. ¡Tú eres la gran carpa del encuentro! Que nuestros pequeños templos sean un recinto de paz y caridad para todos los hombres de buena voluntad.

20 lunes   San José, esposo de María. (S)

2Sam 7, 4-5. 12-14. 16; Sal 88, 2-5. 27. 29; Rom 4, 13. 16-18. 22; **Mt 1, 16. 18-21. 24**

José hizo lo que el ángel del Señor le había ordenado.

Jacob fue padre de José, el esposo de María, de la cual nació Jesús, que es llamado Cristo. Jesucristo fue engendrado así: María, su madre, estaba comprometida con José y, cuando todavía no habían vivido juntos, concibió un hijo por obra del Espíritu Santo. José, su esposo, que era un hombre justo y no quería denunciarla públicamente, resolvió abandonarla en secreto. Mientras pensaba en esto, el ángel del Señor se le apareció en sueños y le dijo: "José, hijo de David, no temas recibir a María, tu esposa, porque lo que ha sido engendrado en ella proviene del Espíritu Santo. Ella dará a luz un hijo, a quien pondrás el nombre de Jesús, porque él salvará a su pueblo de todos sus pecados". Al despertar, José hizo lo que el ángel del Señor le había ordenado.

La misión de José consiste en ponerle el nombre a Jesús. Con esto, lo reconoce como propio, como ocurre hoy cuando un hombre le da su apellido a un niño. José no puede, como cualquier padre, elegir el nombre del futuro bebé. El nombre es dado por Dios, porque allí se encierra la misión del niño que nacerá: Jesús significa "Yavé salva". El modo en que José acepta el plan de Dios posibilita que Jesús pueda crecer como niño en una familia bien constituida y lo pone en camino a su misión de salvador.

Siempre recordamos el "¡sí!" de María, ¿y el tuyo, José? Tú pensabas en una familia como las demás, ¡pero el Señor te cambió los planes! Y con Ella dijiste un "¡sí!" tan grande que eclipsaba el "¡No!" de Adán y Eva... Como a Jesús, enséñanos también a nosotros a decirle siempre "¡Sí!" a Dios.

21 martes   De la feria

Dn 3, 25-26. 34-43; Sal 24, 4-9; **Mt 18, 21-35.**

*Si no perdonan de corazón a sus hermanos,
tampoco el Padre los perdonará a ustedes.*

Se acercó Pedro y dijo a Jesús: "Señor, ¿cuántas veces tendré que perdonar a mi hermano las ofensas que me haga? ¿Hasta siete veces?". Jesús le respondió: "No te digo hasta siete veces, sino hasta setenta veces siete. Por eso, el reino de los cielos se parece a un rey que quiso arreglar las cuentas con sus servidores. Comenzada la tarea, le presentaron a uno que debía diez mil talentos. Como no podía pagar, el rey mandó que fuera vendido junto con su mujer, sus hijos y todo lo que tenía, para saldar la deuda. El servidor se arrojó a sus pies, diciéndole: 'Dame un plazo y te pagaré todo'. El rey se compadeció, lo dejó ir y, además, le perdonó la deuda. Al salir, este servidor encontró a uno de sus compañeros que le debía cien denarios y, tomándolo del cuello hasta ahogarlo, le dijo: 'Págame lo que me debes'. El otro se arrojó a sus pies y le suplicó: 'Dame un plazo y te pagaré la deuda'. Pero él no quiso, sino que lo hizo poner en la cárcel hasta que pagara lo que debía. Los demás servidores, al ver lo que había sucedido, se apenaron mucho y fueron a contarlo a su señor. Este lo mandó llamar y le dijo: '¡Miserable! Me suplicaste, y te perdoné la deuda. ¿No debías también tú tener compasión de tu compañero, como yo me compadecí de ti?'. E indignado, el rey lo entregó en manos de los verdugos hasta que pagara todo lo que debía. Lo mismo hará también mi Padre celestial con ustedes, si no perdonan de corazón a sus hermanos".

No hay proporción entre la deuda que el siervo no quiere perdonar y la deuda que le ha sido perdonada. Así es nuestra situación frente a Dios: Él es el todo santo, nuestra pequeñez muestra que él es inconmensurable. Si él, el todo santo, perdona las ofensas que le hacemos, no tenemos excusa para no perdonar a nuestros hermanos, porque también nosotros somos pecadores.

"Quien no tenga pecado...", reprochaste a los acusadores de la adúltera. Y Pablo también nos dice: "Si Dios perdona, ¿quiénes somos para no perdonar?". Jesús, que reconozcamos también nuestras faltas y pidamos humildemente perdón a quienes hayamos agraviado.

22 miércoles   De la feria

Deut 4, 1. 5-9; Sal 147, 12-13. 15-16. 19-20; **Mt 5, 17-19.**

El que los cumpla y enseñe será considerado grande.

Jesús dijo a sus discípulos: No piensen que vine para abolir la Ley o los Profetas: Yo no he venido a abolir, sino a dar cumplimiento. Les aseguro que no quedarán ni una i ni una coma de la Ley sin cumplirse, antes que desaparezcan el cielo y la tierra. El que no cumpla el más pequeño de estos mandamientos, y enseñe a los otros a hacer lo mismo, será considerado el menor en el reino de los cielos. En cambio, el que los cumpla y enseñe, será considerado grande en el reino de los cielos.

Jesús no viene a oponerse a lo que Dios Padre ya había revelado en su Ley. Al contrario, la fidelidad al sentido de esa ley es lo que hace que Jesús se enfrente a aquellos que, agregando sus propios mandatos e interpretaciones, se apartaban de lo querido por Dios. Así, nos exhorta Jesús a que amemos la ley de Dios, a que amemos la palabra de Dios y la enseñemos a otros fielmente.

"Tu palabra, Señor, es la verdad, ¡sólo tú tienes palabras de vida eterna!", pero la marejada del mundo nos juega en contra. ¡Ven, Jesús, a remar con nosotros, para que, al vernos, nadie se deje arrastrar por la correntada...

23 jueves   De la feria

Jer 7, 23-28. Sal 94, 1-2. 6-9; **Lc 11, 14-23.**

El que no está conmigo está contra mí.

Jesús estaba expulsando a un demonio que era mudo. Apenas salió el demonio, el mudo empezó a hablar. La muchedumbre quedó admirada, pero algunos de ellos decían: "Éste expulsa a los demonios por el poder de Belzebul, el Príncipe de los demonios". Otros, para ponerlo a prueba, exigían de él un signo que viniera del cielo. Jesús, que conocía sus pensamientos, les dijo: "Un reino donde hay luchas internas va a la ruina y sus casas caen una sobre otra. Si Satanás lucha contra sí mismo, ¿cómo podrá subsistir su reino? Porque –como ustedes dicen– yo expulso a los demonios con el poder de Belzebul. Si yo expulso a los demonios con el poder de Belzebul, ¿con qué poder los expulsan los discípulos de ustedes? Por eso, ustedes los tendrán a ellos como jueces. Pero si yo expulso a los demonios con la fuerza de Dios, quiere decir que el reino de Dios ha llegado a ustedes. Cuando un hombre fuerte y bien armado hace guardia en su palacio, todas sus posesiones están seguras, pero si viene otro más fuerte que él y lo domina, le quita las armas en las que confiaba y reparte sus bienes. El que no está conmigo, está contra mí; y el que no recoge conmigo, desparrama".

Los enemigos de Jesús han caído en el peor de los pecados: no reconocer la obra de Dios, por más que ésta aparece patente ante sus ojos. El reino se extiende como una fuerza que derrota al mal, y ellos insisten en negarlo. El reino seguirá creciendo, a pesar de ellos. El poder del reino es más fuerte que el poder de Satanás.

Esos ciegos voluntarios te condenaban: "Le vendió el alma al diablo." Señor Jesús, cuídame del absurdo de proclamarme tu discípulo y obrar poco, o nada, ¡o en contra! de tu Evangelio. ¡Sería desastroso!...

24 viernes De la feria

Os 14, 2-10; Sal 80, 6-11. 14. 17; **Mc 12, 28-34.**

El Señor, nuestro Dios, es el único Señor, y tú lo amarás.

Un escriba se acercó a Jesús y le preguntó: "¿Cuál es el primero de los mandamientos?". Jesús respondió: "El primero es: 'Escucha, Israel: el Señor nuestro Dios es el único Señor; y tú amarás al Señor, tu Dios, con todo tu corazón y con toda tu alma, con todo tu espíritu y con todas tus fuerzas'. El segundo es: 'Amarás a tu prójimo como a ti mismo'. No hay otro mandamiento más grande que éstos". El escriba le dijo: "Muy bien, Maestro, tienes razón al decir que hay un solo Dios y no hay otro más que él, y que amarlo con todo el corazón, con toda la inteligencia y con todas las fuerzas, y amar al prójimo como a sí mismo, vale más que todos los holocaustos y todos los sacrificios". Jesús, al ver que había respondido tan acertadamente, le dijo: "Tú no estás lejos del reino de Dios". Y nadie se atrevió a hacerle más preguntas.

Este escriba, desde su conocimiento de la Biblia y de la ley de Dios, ha podido captar lo fundamental que él espera de nosotros: no los rituales muertos, sino un corazón vivo para amar a Dios y a los hermanos. Participar del reino es, por lo tanto, amarlo a él como nuestro Padre y llegar a amar al prójimo como Dios mismo lo ama.

Señor, no nos creaste sino para que fuéramos "imagen y semejanza" de tu hijo Jesús. Danos tener sus mismos pensamientos y sentimientos, para que, al vernos, los hombres crean en ti, te amen y obedezcan y alcancemos todos el gozo de tu amor eterno.

25 sábado   Anunciación del Señor. (S)

Is 7, 10-14; 8, 10; Sal 39, 7-11; Heb 10, 4-10; Lc 1, 26-38.

Concebirás y darás a luz un hijo.

El ángel Gabriel fue enviado por Dios a una ciudad de Galilea, llamada Nazaret, a una virgen que estaba comprometida con un hombre perteneciente a la familia de David, llamado José. El nombre de la virgen era María. El ángel entró en su casa y la saludó, diciendo: "¡Alégrate, llena de gracia, el Señor está contigo!". Al oír estas palabras, ella quedó desconcertada y se preguntaba qué podía significar ese saludo. Pero el ángel le dijo: "No temas, María, porque Dios te ha favorecido. Concebirás y darás a luz un hijo, y le pondrás por nombre Jesús; él será grande y será llamado Hijo del Altísimo. El Señor Dios le dará el trono de David, su padre, reinará sobre la casa de Jacob para siempre y su reino no tendrá fin". María dijo al ángel: "¿Cómo puede ser eso, si yo no tengo relación con ningún hombre?". El ángel le respondió: "El Espíritu Santo descenderá sobre ti y el poder del

Altísimo te cubrirá con su sombra. Por eso el niño será santo y será llamado Hijo de Dios. También tu parienta Isabel concibió un hijo a pesar de su vejez, y la que era considerada estéril ya se encuentra en su sexto mes, porque no hay nada imposible para Dios". María dijo entonces: "Yo soy la servidora del Señor; que se cumpla en mí según tu palabra". Y el ángel se alejó.

Dios quiere estar en medio de nosotros, y por eso se encarna. El ángel anuncia al Dios hecho hombre que llega a cumplir la promesa hecha al rey David e instaurar el reino de Dios. Y, para hacerse hombre, toma carne y sangre de María. "La mansión de la Virgen permanece toda en suspenso a causa de la inhabitación celestial, mientras el autor de la carne se reviste de carne y se hace hombre celeste, no sólo para devolver la tierra al hombre, sino para donarle también el cielo" *(San Pedro Crisólogo, sermón CXVII).*

"Cuando sea elevado en cruz, atraeré a todos hacia mí"... Jesús, faro luminoso del Padre, que nuestras buenas obras reflejen esa luz y disipen tanta tiniebla de egoísmos y maldades.

26 domingo   Domingo 4° de Cuaresma

Semana 4ª del Salterio.

2Crón 36, 14-16. 19-23; Sal 136, 1-6; Ef 2, 4-10; **Jn 3, 14-21.**

Dios envió a su Hijo para que el mundo se salve por él.

Dijo Jesús: De la misma manera que Moisés levantó en alto la serpiente en el desierto, también es necesario que el Hijo del hombre sea levantado en alto, para que todos los que creen en él tengan Vida eterna. Sí, Dios amó tanto al mundo, que entregó a su Hijo único para que todo el que cree en él no muera, sino que tenga Vida eterna. Porque Dios no envió a su Hijo para juzgar al mundo, sino para que el mundo se salve por él. El que cree en él, no es condenado; el que no cree, ya está condenado, porque no ha creído en el Nombre del Hijo único de Dios. En esto consiste el juicio: la luz vino al mundo, y los hombres prefirieron las tinieblas a la luz, porque sus obras eran malas. Todo el que obra mal odia la luz y no se acerca a ella, por temor de que sus obras sean descubiertas. En cambio, el que obra conforme a la verdad se acerca a la luz, para que se ponga de manifiesto que sus obras han sido hechas en Dios.

Tenemos ante nuestros ojos la obra de Dios: Él ha enviado a su Hijo por amor a nosotros, para salvarnos del pecado y de nuestra oscuridad. Ahora está en nosotros la opción: aceptar este amor, esta vida y esta luz que se nos regala en Jesucristo o permanecer en el pecado y la tiniebla. No hay que esperar el juicio futuro para decidir esto; la elección se realiza ya.

Señor Jesús, levanto mis ojos a ti para adorarte en tu entrega total, para contemplar el misterio deslumbrante de tu amor que se da hasta el fin. Y mirándote Señor, puedo saber que estoy ante un Dios que no juzga, sino que salva.

27 lunes   De la feria

Is 65, 17-21; Sal 29, 2. 4-6. 11-13; **Jn 4, 43-54.**

Vuélvete, tu hijo vive.

Jesús partió hacia Galilea. Él mismo había declarado que un profeta no goza de prestigio en su propio pueblo. Pero cuando llegó, los galileos lo recibieron bien, porque habían visto todo lo que había hecho en Jerusalén durante la Pascua; ellos también, en efecto, habían ido a la fiesta. Y fue otra vez a Caná de Galilea, donde había convertido el agua en vino. Había allí un funcionario real, que tenía su hijo enfermo en Cafarnaúm. Cuando supo que Jesús había llegado de Judea y se encontraba en Galilea, fue a verlo y le suplicó que bajara a sanar a su hijo moribundo. Jesús le dijo: "Si no ven signos y prodigios, ustedes no creen". El funcionario le respondió: "Señor, baja antes que mi hijo se muera". "Vuelve a tu casa, tu hijo vive", le dijo Jesús. El hombre creyó en la palabra que Jesús le había dicho y se puso en camino. Mientras descendía, le salieron al encuentro sus servidores y le anunciaron que su hijo vivía. Él les preguntó a qué hora se había sentido mejor. "Ayer, a la una de la tarde, se le fue la fiebre", le respondieron. El padre recordó que era la misma hora en que Jesús le había dicho: "Tu hijo vive". Y entonces creyó él y toda su familia. Éste fue el segundo signo que hizo Jesús cuando volvió de Judea a Galilea.

El funcionario se enfrenta a la situación más dolorosa por la que puede atravesar un padre: el peligro de muerte de su hijo. Y recurre a Jesús, quien está en medio de los hombres para anunciar, con su vida y su obra, que Dios Padre quiere la alegría y la salvación de su pueblo. Curar a este hijo enfermo es señal de que lo anunciado se está cumpliendo: Jesús se revela como Dios y obra como tal. Dios no quiere la muerte de los hijos en ninguna familia.

Creer y confiar, sin haber visto... pero tu amor nos comprende, ¡y haces milagros para que creamos más! Jesús, que tengamos tanta fe que no necesitemos milagros ni visiones celestiales para vivir y predicar lo que creemos.

28 martes   De la feria

Ez 40, 1-3; 47, 1-9. 12; Sal 45, 2-3. 5-6. 8-9; **Jn 5, 1-3. 5-18.**

En seguida el hombre se sanó.

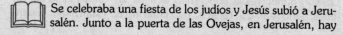 Se celebraba una fiesta de los judíos y Jesús subió a Jerusalén. Junto a la puerta de las Ovejas, en Jerusalén, hay

una piscina llamada en hebreo "Betsata", que tiene cinco pórticos. Bajo estos pórticos yacía una multitud de enfermos, ciegos, lisiados y paralíticos. Había allí un hombre que estaba enfermo desde hacía treinta y ocho años. Al verlo tendido, y sabiendo que hacía tanto tiempo que estaba así, Jesús le preguntó: "¿Quieres sanarte?". Él respondió: "Señor, no tengo a nadie que me sumerja en la piscina cuando el agua comienza a agitarse; mientras yo voy, otro desciende antes". Jesús le dijo: "Levántate, toma tu camilla y camina". En seguida el hombre se sanó, tomó su camilla y empezó a caminar. Era un sábado, y los judíos dijeron entonces al que acababa de ser sanado: "Es sábado. No te está permitido llevar tu camilla". Él les respondió: "El que me sanó me dijo: 'Toma tu camilla y camina'". Ellos le preguntaron: "¿Quién es ese hombre que te dijo: 'Toma tu camilla y camina'?". Pero el enfermo lo ignoraba, porque Jesús había desaparecido entre la multitud que estaba allí. Después, Jesús lo encontró en el Templo y le dijo: "Has sido sanado; no vuelvas a pecar, de lo contrario te ocurrirán peores cosas todavía". El hombre fue a decir a los judíos que era Jesús el que lo había sanado. Ellos atacaban a Jesús, porque hacía esas cosas en sábado. Él les respondió: "Mi Padre trabaja siempre, y yo también trabajo". Pero para los judíos ésta era una razón más para matarlo, porque no sólo violaba el sábado, sino que se hacía igual a Dios, llamándolo su propio Padre.

Jesús es el agua viva. El paralítico queda curado sin necesidad de meterse en la piscina; queda curado por la palabra de Jesús, palabra que perdona el pecado y que lo restituye para caminar. En esta señal Jesús se revela como hijo de Dios, dador del agua vivificante y sanadora.

En medio de una sociedad paralizada por el pecado, sólo tú, Jesús, puedes sanarnos y hacernos caminar... Que con la fuerza de tu amor poderoso ayudemos a otros a levantarse y seguir tus pisadas hacia el Padre.

29 miércoles

Is 49, 8-15; Sal 144, 8-9. 13-14. 17-18; Jn 5, 17-30.

Así como el Padre resucita a los muertos y les da vida, del mismo
modo el Hijo da vida al que él quiere.

Jesús dijo a los judíos: "Mi Padre trabaja siempre, y yo también trabajo". Pero para los judíos ésta era una razón más para matarlo, porque no sólo violaba el sábado, sino que se hacía igual a Dios, llamándolo su propio Padre. Entonces Jesús tomó la palabra diciendo: "Les aseguro que el Hijo no puede hacer nada por sí mismo sino solamente lo que ve hacer al Padre; lo que hace el Padre, lo hace igualmente el Hijo. Porque el Padre ama al Hijo y le muestra todo lo que hace. Y le mostrará obras más grandes aún, para que ustedes queden maravillados. Así como el Padre resucita a los muertos y les da vida, del mismo modo el Hijo da vida al que él quiere. Porque el Padre no juzga a nadie: Él ha puesto todo juicio en manos de su Hijo, para que todos honren al Hijo como honran al Padre. El que no honra al Hijo, no honra al Padre que lo envió. Les aseguro que el que escucha mi palabra y cree en Aquél que me ha enviado, tiene Vida eterna y no está sometido al juicio, sino que ya ha pasado de la muerte a la Vida. Les aseguro que la hora se acerca, y ya ha llegado, en que los muertos oirán la voz del Hijo de Dios; y los que la oigan, vivirán. Así como el Padre tiene la vida en sí mismo, del mismo modo ha concedido a su Hijo tener la vida en sí mismo, y le dio autoridad para juzgar porque él es el Hijo del hombre. No se asombren: se acerca la hora en que todos los que están en las tumbas oirán su voz y saldrán de ellas: los que hayan hecho el bien, resucitarán para la Vida; los que hayan hecho el mal, resucitarán para el juicio. Nada puedo hacer por mí mismo. Yo juzgo de acuerdo con lo que oigo, y mi juicio es justo, porque lo que yo busco no es hacer mi voluntad, sino la de Aquél que me envió".

A lo largo del discurso de Jesús encontramos las palabras "muertos" y "sepulcro" en contraposición a "dar
vida, vida eterna, resurrección, vivir". Y varias veces se repite
la palabra "juicio"; el juicio se hace al creer o no creer en Jesús
como enviado del Padre. Jesús es la vida y, para quien cree en
Jesús, el juicio ya está resuelto, ya tiene su veredicto: ha elegido la vida y tendrá la vida. No creer en Jesús es permanecer en
el sepulcro.

"Creer o reventar", decimos, y tú nos aseguras que quien
cree ciegamente en ti tiene vida en plenitud. Jesús, vida y resurrección nuestra, que corramos anhelantes hacia la eternidad que
nos espera, junto a ti, en el cielo.

30 jueves   De la feria

Éx 32, 7-14; Sal 105, 19-23; **Jn 5, 31-47.**

El que los acusará será Moisés,
en el que ustedes han puesto su esperanza.

Jesús dijo a los judíos: Si yo diera testimonio de mí mismo, mi testimonio no valdría. Pero hay otro que da testimonio de mí, y yo sé que ese testimonio es verdadero. Ustedes
mismos mandaron preguntar a Juan, y él ha dado testimonio de la
verdad. No es que yo dependa del testimonio de un hombre; si
digo esto es para la salvación de ustedes. Juan era la lámpara que
arde y resplandece, y ustedes han querido gozar un instante de su
luz. Pero el testimonio que yo tengo es mayor que el de Juan: son
las obras que el Padre me encargó llevar a cabo. Estas obras que
yo realizo atestiguan que mi Padre me ha enviado. Y el Padre que
me envió ha dado testimonio de mí. Ustedes nunca han escuchado su voz ni han visto su rostro, y su palabra no permanece en
ustedes, porque no creen al que él envió. Ustedes examinan las
Escrituras, porque en ellas piensan encontrar Vida eterna: ellas

dan testimonio de mí, y sin embargo, ustedes no quieren venir a mí para tener Vida. Mi gloria no viene de los hombres. Además, yo los conozco: el amor de Dios no está en ustedes. He venido en nombre de mi Padre y ustedes no me reciben, pero si otro viene en su propio nombre, a ése sí lo van a recibir. ¿Cómo es posible que crean, ustedes que se glorifican unos a otros y no se preocupan por la gloria que viene del único Dios? No piensen que soy yo el que los acusaré ante el Padre; el que los acusará será Moisés, en el que ustedes han puesto su esperanza. Si creyeran en Moisés, también creerían en mí, porque él ha escrito acerca de mí. Pero si no creen lo que él ha escrito, ¿cómo creerán lo que yo les digo?

Jesús denuncia la dureza de quienes no quieren reconocerlo como enviado del Padre. Los acusa de no creer en el testimonio de la Escritura y de aceptar a cualquier predicador que viene predicándose a sí mismo, en vez de hablar de Dios. Estas palabras están dirigidas también a nosotros: ¿Nos dejamos encandilar por otros hombres que se anuncian a sí mismos? ¿Somos críticos para evaluar si su predicación se fundamenta realmente en la Palabra de Dios?

Hoy como ayer, nos cerramos a tu verdad para embobarnos con fantasías de la nueva era, juramos sobre santos Evangelios pero nos aferramos a nuestras mentiras y trampas. Que esta Cuaresma sea un nuevo punto de partida... ¡que no malgastemos la vida que nos das, Señor!

31 viernes   De la feria

Sab 2, 1. 12-22; Sal 33, 17-21. 23; **Jn 7, 1-2. 10. 14. 25-30.**

Quisieron detenerlo, pero todavía no había llegado su hora.

Jesús recorría la Galilea; no quería transitar por Judea porque los judíos intentaban matarlo. Se acercaba la fiesta judía de las Chozas. Cuando sus hermanos subieron para la fiesta, también él subió, pero en secreto, sin hacerse ver. Promediaba ya la celebración de la fiesta, cuando Jesús subió al Templo y comenzó a enseñar. Algunos de Jerusalén decían: "¿No es éste Aquél a quien querían matar? ¡Y miren como habla abiertamente y nadie le dice nada! ¿Habrán reconocido las autoridades que es verdaderamente el Mesías? Pero nosotros sabemos de dónde es éste; en cambio, cuando venga el Mesías, nadie sabrá de dónde es". Entonces Jesús, que enseñaba en el Templo, exclamó: "¿Así que ustedes me conocen y saben de dónde soy? Sin embargo, yo no vine por mi propia cuenta; pero el que me envió dice la verdad, y ustedes no lo conocen. Yo sí lo conozco, porque vengo de él y es él el que me envió". Entonces quisieron detenerlo, pero nadie puso las manos sobre él, porque todavía no había llegado su hora.

En la fiesta de las chozas o de las tiendas, el pueblo judío recuerda la presencia providente de Dios durante el camino por el desierto. Esa presencia se ha hecho carne en Jesús. Él conoce a Dios porque comparte su intimidad. Él viene de Dios, es el enviado de Dios. Creer en Jesucristo es creer que, por él, entramos en intimidad con Dios y participamos de la vida de Dios.

Desde Adán y Eva la verdad es resistida. ¡Cuántos prefieren morir en la mentira! ¡Hoy es delito pensar y obrar según tu Evangelio! Jesús, que tus discípulos no temamos ni cascotazos ni burlas, ni todo el infierno junto. Si tú estas con nosotros ¿quién estará en contra?

Abril

1 sábado

De la feria

Jer 11, 18-20; Sal 7, 2-3. 9-12; Jn 7, 40-53.

¿Acaso el Mesías vendrá de Galilea?

Algunos de la multitud, que habían oído a Jesús, opinaban: "Éste es verdaderamente el Profeta". Otros decían: "Éste es el Mesías". Pero otros preguntaban: "¿Acaso el Mesías vendrá de Galilea? ¿No dice la Escritura que el Mesías vendrá del linaje de David y de Belén, el pueblo de donde era David?". Y por causa de él, se produjo una división entre la gente. Algunos querían detenerlo, pero nadie puso las manos sobre él. Los guardias fueron a ver a los sumos sacerdotes y a los fariseos, y éstos les preguntaron: "¿Por qué no lo trajeron?". Ellos respondieron: "Nadie habló jamás como este hombre". Los fariseos respondieron: "¿También ustedes se dejaron engañar? ¿Acaso alguno de los jefes o de los fariseos ha creído en él? En cambio, esa gente que no conoce la Ley está maldita". Nicodemo, uno de ellos, que había ido antes a ver a Jesús, les dijo: "¿Acaso nuestra Ley permite juzgar a un hombre sin escucharlo antes para saber lo que hizo?". Le respondieron: "¿Tú también eres galileo? Examina las Escrituras y verás que de Galilea no surge ningún profeta". Y cada uno regresó a su casa.

También Jesús sufrió, como tantos hermanos y hermanas nuestros, el desprecio por su lugar de origen. El prejuicio de que nada bueno puede venir de Galilea hizo que muchos se perdieran la oportunidad de ver que esto bueno que venía era la persona del Hijo de Dios. Así, llevados por prejuicios, por frases hechas, por lo que los demás dicen, Dios puede estar llegando a nosotros a través de alguien sin que lo advirtamos. Nicodemo representa, en todo esto, la figura del sabio, del que no juzga por apariencias ni se deja arrastrar por lo que todo el mundo dice.

¡Qué podía salir de Galilea, y menos de Nazaret!... Pero tu sabiduría y providencia contradicen nuestras mentiras y estupideces. Así de simple. Danos entenderlo y asumirlo, Señor, no sea que te perdamos de vista...

2 domingo   Domingo 5° de Cuaresma

San Francisco de Paula, ermitaño. Semana 1ª del Salterio.

Jer 31, 31-34; Sal 50, 3-4. 12-15; Heb 5, 7-9; **Jn 12, 20-33.**

Si el grano de trigo que cae en tierra muere, da mucho fruto.

Había unos griegos que habían subido a Jerusalén para adorar a Dios durante la fiesta de Pascua. Éstos se acercaron a Felipe, el de Betsaida de Galilea, y le dijeron: "Señor, queremos ver a Jesús". Felipe fue a decírselo a Andrés, y ambos se lo dijeron a Jesús. Él les respondió: "Ha llegado la hora en que el Hijo del hombre va a ser glorificado. Les aseguro que si el grano de trigo que cae en la tierra no muere, queda solo; pero si muere, da mucho fruto. El que tiene apego a su vida la perderá; y el que no está apegado a su vida en este mundo, la conservará para la Vida eterna. El que quiera servirme que me siga, y donde yo esté, estará también mi servidor. El que quiera servirme, será honrado por mi Padre. Mi alma ahora está turbada. ¿Y qué diré: 'Padre, líbrame de esta hora'? ¡Si para eso he llegado a esta hora! ¡Padre, glorifica tu Nombre!". Entonces se oyó una voz del cielo: "Ya lo he glorificado y lo volveré a glorificar". La multitud, que estaba presente y oyó estas palabras, pensaba que era un trueno. Otros decían: "Le ha hablado un ángel". Jesús respondió: "Esta voz no se oyó por mí, sino por ustedes. Ahora ha llegado el juicio de este mundo, ahora el Príncipe de este mundo será arrojado afuera; y cuando yo sea levantado en alto sobre la tierra, atraeré a todos hacia mí".

Para generar vida el grano de trigo debe morir de algún modo. Si es molido junto con otros y hecho harina, sirve para hacer el pan; si cae en tierra, desaparece como grano y se convierte en una nueva planta. De una forma u otra, sólo hay vida si el grano no permanece intacto; debe pasar por la transformación y la muerte. La muerte de Jesús es la muerte del grano de trigo, es transformación, es algo nuevo que nacerá. Para llegar a eso nuevo será necesario pasar por la oscuridad de la tierra y lo escondido.

Tus caminos, Señor, no son nuestros caminos... ¡Difícil es abandonarnos a tus criterios y derroteros! Pero, si nos entregamos confiados al cirujano –"Lo que usted diga, doctor"–, ¿cómo no confiar ciegamente en ti? ¡Lógico!...

3 lunes

Dn 13, 1-9. 15-17. 19-30. 33-62; Sal 22, 1-6; **Jn 8, 1-11.**

El que no tenga pecado que arroje la primera piedra.

Jesús fue al monte de los Olivos. Al amanecer volvió al Templo, y todo el pueblo acudía a él. Entonces se sentó y comenzó a enseñarles. Los escribas y los fariseos le trajeron a una mujer que había sido sorprendida en adulterio y, poniéndola en medio de todos, dijeron a Jesús: "Maestro, esta mujer ha sido sorprendida en flagrante adulterio. Moisés, en la Ley, nos ordenó apedrear a esta clase de mujeres. Y tú, ¿qué dices?". Decían esto para ponerlo a prueba, a fin de poder acusarlo. Pero Jesús, inclinándose, comenzó a escribir en el suelo con el dedo. Como insistían, se enderezó y les dijo: "Aquél de ustedes que no tenga pecado, que arroje la primera piedra". E inclinándose nuevamente, siguió escribiendo en el suelo. Al oír estas palabras, todos se retiraron, uno tras otro, comenzando por los más ancianos. Jesús quedó solo con la mujer, que permanecía allí, e incorporándose, le preguntó: "Mujer, ¿dónde están tus acusadores? ¿Nadie te ha condenado?". Ella le respondió: "Nadie, Señor". "Yo tampoco te condeno —le dijo Jesús—. Vete, no peques más en adelante".

Como en el caso de Susana, nadie ha dado a esta mujer la posibilidad de defenderse. Dicen que la han sorprendido en el acto mismo del adulterio, pero no traen a juicio al varón que estaba con ella. Jesús no se presta a esta parodia de juicio, donde la mujer es utilizada sólo para encontrar motivos contra él. Los acusadores son juzgados y desbaratados. Jesús es el único que habla con la mujer, y no pregunta por su pasado, sino que la exhorta a recorrer el camino que tiene por delante.

Jesús, tú quieres salvar, no condenar. Tu justicia es amor, no venganza. Rehabilita y alarga las alas, para volar más alto. Que seamos como tú, no como esos justicieros, hipócritas y tramposos.

4 martes   De la feria

San Isidoro, ob. y dr.

Núm 21, 4-9; Sal 101, 2-3. 16-21; **Jn 8, 21-30.**

> *Cuando hayan levantado al Hijo del hombre,*
> *entonces sabrán que yo soy.*

Jesús dijo a los fariseos: "Yo me voy, y ustedes me buscarán y morirán en su pecado. Adonde yo voy, ustedes no pueden ir". Los judíos se preguntaban: "¿Pensará matarse para decir: 'Adonde yo voy, ustedes no pueden ir'?". Jesús continuó: "Ustedes son de aquí abajo, yo soy de lo alto. Ustedes son de este mundo, yo no soy de este mundo. Por eso les he dicho: 'Ustedes morirán en sus pecados'. Porque si no creen que yo soy, morirán en sus pecados". Los judíos le preguntaron: "¿Quién eres tú?". Jesús les respondió: "Esto es precisamente lo que les estoy diciendo desde el comienzo. De ustedes, tengo mucho que decir, mucho que juzgar. Pero Aquél que me envió es veraz, y lo que aprendí de él es lo que digo al mundo". Ellos no comprendieron que Jesús se refería al Padre. Después les dijo: "Cuando ustedes hayan levantado en alto al Hijo del hombre, entonces sabrán que yo Soy y que no hago nada por mí mismo, sino que digo lo que el Padre me enseñó. El que me envió está conmigo y no me ha dejado solo, porque yo hago siempre lo que le agrada". Mientras hablaba así, muchos creyeron en él.

Jesús proviene de arriba, de la vida y la intimidad con el Padre. Él es el enviado que ha bajado a nuestro mundo, para que nosotros podamos ser elevados. Jesús, levantado en la cruz, inicia desde allí su regreso definitivo al mundo del Pa-

dre. Alzar los ojos a la cruz y reconocer allí a nuestro salvador es elevarnos desde esta realidad nuestra hasta la vida que el Padre nos quiere comunicar.

A Moisés, en la zarza, le dijiste: "YO SOY EL QUE SOY", y lo repetiste a tus paisanos: "En la cruz verán que YO SOY" ¿Qué, un Mesías crucificado? ¡Absurdo! Pero así es. Que te entendamos, Señor, sin ponerte bajo la lupa de nuestras miopías y cegueras...

5 miércoles   De la feria

San Vicente Ferrer, pbro.

Dn 3, 1. 4. 5-6. 8. 12. 14-20. 24-25. 28; [Sal] Dn 3, 52-56; **Jn 8, 31-42.**

Si el Hijo los libera, serán realmente libres.

Jesús dijo a aquellos judíos que habían creído en él: "Si ustedes permanecen fieles a mi palabra, serán verdaderamente mis discípulos: conocerán la verdad y la verdad los hará libres". Ellos le respondieron: "Somos descendientes de Abraham y jamás hemos sido esclavos de nadie. ¿Cómo puedes decir entonces: 'Ustedes serán libres'?". Jesús les respondió: "Les aseguro que todo el que peca es esclavo del pecado. El esclavo no permanece para siempre en la casa; el hijo, en cambio, permanece para siempre. Por eso, si el Hijo los libera, ustedes serán realmente libres. Yo sé que ustedes son descendientes de Abraham, pero tratan de matarme porque mi palabra no penetra en ustedes. Yo digo lo que he visto junto al Padre, y ustedes hacen lo que han aprendido de su padre". Ellos le replicaron: "Nuestro padre es Abraham". Y Jesús les dijo: "Si ustedes fueran hijos de Abraham, obrarían como él. Pero ahora quieren matarme a mí, al hombre que les dice la verdad que ha oído de Dios. Abraham no hizo eso. Pero ustedes obran como su padre". Ellos le dijeron: "Nosotros no hemos nacido de la prostitución; tenemos un solo Padre, que es Dios". Jesús prosiguió: "Si Dios fuera su Padre, ustedes me

amarían, porque yo he salido de Dios y vengo de él. No he venido
por mí mismo, sino que él me envió".

*En las palabras de Jesús aparece la contraposición en-
tre ser libre o esclavo. El pertenecer a un grupo o a una
institución —ser hijos de Abraham o estar en tal o cual iglesia—
no nos garantiza la libertad. La libertad se nos revela en la
verdad de la Palabra. Es el Hijo quien nos da esa libertad, por
la cual dejamos de ser esclavos y somos, también nosotros,
hijos e hijas de Dios.*

Nos hiciste inteligentes para encontrar la verdad y libres para
decidirnos por el bien. Pero el pecado, trastornó la mente,
trabó la voluntad ¡y caímos en horrorosa esclavitud! ¡Sálvanos, Señor, y cantaremos eternamente tus alabanzas!...

6 jueves   De la feria

Gn 17, 1-9; Sal 104, 4-9; **Jn 8, 51-59.**

Abraham, el padre de ustedes, se alegró, pensando ver mi Día.

Jesús dijo a los judíos: "Les aseguro que el que es fiel a mi
palabra no morirá jamás". Los judíos le dijeron: "Ahora sí
estamos seguros de que estás endemoniado. Abraham murió, los
profetas también, y tú dices: 'El que es fiel a mi palabra no morirá
jamás'. ¿Acaso eres más grande que nuestro padre Abraham, el
cual murió? Los profetas también murieron. ¿Quién pretendes ser
tú?". Jesús respondió: "Si yo me glorificara a mí mismo, mi gloria
no valdría nada. Es mi Padre el que me glorifica, el mismo al que
ustedes llaman 'nuestro Dios', y al que, sin embargo, no conocen.
Yo lo conozco y si dijera: 'No lo conozco', sería, como ustedes, un
mentiroso. Pero yo lo conozco y soy fiel a su palabra. Abraham,
el padre de ustedes, se estremeció de gozo, esperando ver mi Día:
lo vio y se llenó de alegría". Los judíos le dijeron: "Todavía no
tienes cincuenta años ¿y has visto a Abraham?". Jesús respondió:

"Les aseguro que desde antes que naciera Abraham, yo soy".
Entonces tomaron piedras para apedrearlo, pero Jesús se escondió y salió del Templo.

Lo que Abraham creyó se ha realizado en Jesús. Dios ha renovado la Alianza con su pueblo, se ha hecho presente en medio de él. Jesús, el enviado, nos trae el testimonio de Dios. Y ese testimonio nos dice que quien cree y guarda la palabra no morirá. El mismo Dios que prometió a Abraham vida y fecundidad nos da a nosotros la vida a través de su Palabra.

Hace cuatro mil años comenzaste a formar un pueblo. Hoy nosotros somos ese pueblo, destinado a ser luz, sal y levadura de un mundo nuevo. Danos, Señor, la fe de Abraham, sin miedos a apedreadas. ¡Tú vienes con nosotros!...

7 viernes   De la feria

San Juan Bautista de la Salle, pbro. Santa María junto a la Cruz.

Jer 20, 10-13; Sal 17, 2-7; Jn 10, 31-42.

Intentaron detenerlo, pero él se les escapó de las manos.

Los judíos tomaron piedras para apedrear a Jesús. Entonces Jesús dijo: "Les hice ver muchas obras buenas que vienen del Padre; ¿por cuál de ellas me quieren apedrear?". Los judíos le respondieron: "No queremos apedrearte por ninguna obra buena, sino porque blasfemas, ya que, siendo hombre, te haces Dios". Jesús les respondió: "¿No está escrito en la Ley de ustedes: 'Yo dije: Ustedes son dioses'? Si la Ley, llama dioses a los que Dios dirigió su Palabra –y la Escritura no puede ser anulada– ¿cómo dicen: 'Tú blasfemas', a quien el Padre santificó y envió al mundo, porque dijo: 'Yo soy Hijo de Dios'? Si no hago las obras de mi Padre, no me crean; pero si las hago, crean en las obras, aunque no me crean a mí. Así reconocerán y sabrán que el Padre está en mí y yo en el Padre": Ellos intentaron nuevamente detenerlo, pero él se les escapó de las manos. Jesús volvió a ir al otro lado del Jordán, al lugar donde Juan Bautista había bautizado, y se quedó allí. Muchos fueron a verlo, y la gente decía: "Juan no ha hecho ningún signo, pero todo lo que dijo de este hombre era verdad". Y en ese lugar muchos creyeron en él.

Crece la oposición contra Jesús; una y otra vez quieren eliminarlo. El motivo de esta oposición son sus obras, las obras buenas, las obras que provienen del Padre. Esas obras no han provocado el reconocimiento, sino la oposición; quienes tienen el corazón cerrado no se convierten ni aún cuando la realidad de la salvación se presenta patente ante sus ojos.

"No hay más ciego que el que no quiere ver". Perdona, Señor, nuestra ceguera y terquedad. Que la luz de tu Palabra y el amor de tus milagros nos tumben, como a Pablo, del caballo de nuestra insensatez y soberbia.

8 sábado   De la feria

Ez 37, 21-28; [Sal] Jer 31, 10-13; **Jn 11, 45-57.**

*...para congregar en la unidad a los hijos de Dios
que estaban dispersos.*

Al ver que Jesús había resucitado a Lázaro, muchos de los judíos que habían ido a casa de María creyeron en él. Pero otros fueron a ver a los fariseos y les contaron lo que Jesús había hecho. Los sumos sacerdotes y los fariseos convocaron un Consejo y dijeron: "¿Qué hacemos? Porque este hombre realiza muchos signos. Si lo dejamos seguir así, todos creerán en él, y los romanos vendrán y destruirán nuestro Lugar santo y nuestra nación". Uno de ellos, llamado Caifás, que era Sumo Sacerdote ese año, les dijo: "Ustedes no comprenden nada. ¿No les parece preferible que un solo hombre muera por el pueblo y no que perezca la nación entera?". No dijo eso por sí mismo, sino que profetizó como Sumo Sacerdote que Jesús iba a morir por la nación, y no solamente por la nación, sino también para congregar en la unidad a los hijos de Dios que estaban dispersos. A partir de ese día, resolvieron que debían matar a Jesús. Por eso él no se mostraba más en público entre los judíos, sino que fue a una región próxima al desierto, a una ciudad llamada Efraím, y allí permaneció con sus discípulos. Como se acercaba la Pascua de los judíos, mucha gente de la región había subido a Jerusalén para purificarse. Buscaban a Jesús y se decían unos a otros en el Templo: "¿Qué les parece, vendrá a la fiesta o no?". Los sumos sacerdotes y los fariseos habían dado orden de que si alguno conocía el lugar donde él se encontraba, lo hiciera saber para detenerlo.

Los jefes ya han decidido dar muerte a Jesús. El evangelista nos revela el sentido de esta muerte: la muerte de Jesús se realiza por todos, por los que están enfrentados, por los que están dispersos, por los que tiran cada uno para su lado. Es una sola muerte para reunir a muchos, es una única muerte para congregar a todos.

Señor, que nuestros intereses no quieran eclipsar el sol de la fe que encendiste en nosotros para iluminar al mundo y congregar a todos en torno a tu cruz...

9 domingo   Domingo de Ramos

Semana 2ª del Salterio.

En la misa: Is 50, 4-7; Sal 21, 8-9. 17-20. 23-24; Flp 2, 6-11; Mc 14, 1—15, 47.

¡Bendito el que viene en nombre del Señor!

Bendición de ramos: Jn 12, 12-16.

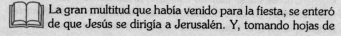

La gran multitud que había venido para la fiesta, se enteró de que Jesús se dirigía a Jerusalén. Y, tomando hojas de

palmera, salieron a su encuentro y lo aclamaban diciendo:
"¡Hosana! ¡Bendito el que viene en nombre del Señor, el rey de
Israel!". Al encontrar un asno, Jesús montó sobre él, conforme a
lo que está escrito: "No temas, hija de Sión; ya viene tu rey, mon-
tado sobre la cría de un asna". Al comienzo, sus discípulos no
comprendieron esto. Pero cuando Jesús fue glorificado, recordaron que todo lo que le había sucedido era lo que estaba escrito
acerca de él.

*Jesús llega como rey en el nombre de Dios. Y el evan-
gelista nos dice que ni siquiera sus discípulos, que parti-
cipaban de este momento, comprendían lo que allí se estaba
revelando. Jesús comienza a mostrarse como rey de un modo
inesperado y misterioso y tan desconcertante que será el título
de Rey el que llevará el cartel que cuelgue de su cruz.*

Señor, eres rey y vienes como humilde y sencillo aldeano, sin
soldados ni armas, ni solemnidad orgullosa: es que quieres
establecer un reino de hermanos en paz y caridad... ¡Hosanna, bendito eres, Jesús! ¡Aleluya!

10 lunes   Lunes Santo

Is 42, 1-7; Sal 26, 1-3. 13-14; **Jn 12, 1-11.**

*Déjala. Ella tenía reservado este perfume
para el día de mi sepultura.*

Seis días antes de la Pascua, Jesús volvió a Betania, donde estaba Lázaro, al que había resucitado. Allí le prepararon una cena: Marta servía y Lázaro era uno de los comensales.
María, tomando una libra de perfume de nardo puro, de mucho
precio, ungió con él los pies de Jesús y los secó con sus cabellos.
La casa se impregnó con la fragancia del perfume. Judas Iscariote,
uno de sus discípulos, el que lo iba a entregar, dijo: "¿Por qué no
se vendió este perfume en trescientos denarios para dárselos a los

pobres?". Dijo esto, no porque se interesaba por los pobres, sino porque era ladrón y, como estaba encargado de la bolsa común, robaba lo que se ponía en ella. Jesús le respondió: "Déjala. Ella tenía reservado este perfume para el día de mi sepultura. A los pobres los tienen siempre con ustedes, pero a mí no me tendrán siempre". Entre tanto, una gran multitud de judíos se enteró de que Jesús estaba allí, y fueron, no sólo por Jesús, sino también para ver a Lázaro, al que había resucitado. Entonces los sumos sacerdotes resolvieron matar también a Lázaro, porque muchos judíos se apartaban de ellos y creían en Jesús, a causa de él.

Jesús dio la vida a Lázaro, y los enemigos quieren darles muerte. El gesto de María anticipa esta muerte, por la que Jesús tendrá que pasar. El ungüento perfumado, con que se ungen los cadáveres lo utiliza ella para ungir al Jesús vivo. Él recibe gustoso este derroche que hace María, porque es una entrega total, sin cálculo, así como la muerte de Jesús será una entrega total. Este texto, leído al iniciarse la Semana Santa, nos exhorta a que toda nuestra vida, como la vida de Jesús, como este perfume, sea un derroche de entrega sin cálculo.

Jesús, ellos te veían como un peligro, y Lázaro era tu gran cartel luminoso. ¡Basta! ¡No nos van a cambiar la religión ni el orden establecido! Los grandes y poderosos de siempre gritan "¡NO!". Que no dudemos en decir siempre "¡SI!", aunque nos amarguen la vida.

11 Martes   Martes Santo

San Estanislao, ob. y mr.

Is 49, 1-6; Sal 70, 1-6. 15. 17; **Jn 13, 21-33. 36-38.**

Uno de ustedes me entregará...
No cantará el gallo antes que me hayas negado tres veces.

Jesús, estando en la mesa con sus discípulos, se estremeció y manifestó claramente: "Les aseguro que uno de ustedes me entregará". Los discípulos se miraban unos a otros, no
sabiendo a quién se refería. Uno de ellos –el discípulo al que Jesús
amaba– estaba reclinado muy cerca de Jesús. Simón Pedro le hizo
una seña y le dijo: "Pregúntale a quién se refiere". Él se reclinó
sobre Jesús y le preguntó: "Señor, ¿quién es?". Jesús le respondió: "Es aquel al que daré el bocado que voy a mojar en el plato".
Y mojando un bocado, se lo dio a Judas, hijo de Simón Iscariote.
En cuanto recibió el bocado, Satanás entró en él. Jesús le dijo
entonces: "Realiza pronto lo que tienes que hacer". Pero ninguno
de los comensales comprendió por qué le decía esto. Como Judas
estaba encargado de la bolsa común, algunos pensaban que Jesús
quería decirle: "Compra lo que hace falta para la fiesta", o bien
que le mandaba dar algo a los pobres. Y en seguida, después de
recibir el bocado, Judas salió. Ya era de noche. Después que Judas salió, Jesús dijo: "Ahora el Hijo del hombre ha sido glorificado
y Dios ha sido glorificado en él. Si Dios ha sido glorificado en él,
también lo glorificará en sí mismo, y lo hará muy pronto. Hijos
míos, ya no estaré mucho tiempo con ustedes. Ustedes me buscarán, pero yo les digo ahora lo mismo que dije a los judíos: 'A
donde yo voy, ustedes no pueden venir'". Simón Pedro le dijo:
"Señor, ¿a dónde vas?". Jesús le respondió: "Adonde yo voy, tú
no puedes seguirme ahora, pero más adelante me seguirás". Pedro le preguntó: "¿Señor, por qué no puedo seguirte ahora? Yo
daré mi vida por ti". Jesús le respondió: "¿Darás tu vida por mí?
Te aseguro que no cantará el gallo antes que me hayas negado
tres veces".

*La hora de Jesús ya se aproxima. El evangelio nos mues-
tra las distintas actitudes de los discípulos frente a esta
hora. Algunos no entienden nada. Pedro quiere expresar una
valentía que luego no podrá sostener. Judas se deja arrastrar
por el poder de las tinieblas. Ante nuestros ojos, el evangelio*

pone también la figura del discípulo amado, el que está cerca, en la intimidad con el Señor, en el diálogo confiado.

El diablo y Judas hicieron lo suyo, y Jesús aceptó las consecuencias de meterse como redentor. ¡Misterio del amor infinito de un dios que da su vida por sus criaturas! Jesús, que también nosotros nos desvivamos por ti en la persona de nuestro prójimo.

12 Miércoles   Miércoles Santo

Is 50, 4-9; Sal 68, 8-10. 21-22. 31. 33-34; Mt 26, 14-25.

El Hijo del hombre se va, como está escrito de él, pero, ¡ay de aquél por quien será entregado!

Uno de los Doce, llamado Judas Iscariote, fue a ver a los sumos sacerdotes y les dijo: "¿Cuánto me darán si se lo entrego?". Y resolvieron darle treinta monedas de plata. Desde ese momento, Judas buscaba una ocasión favorable para entregarlo. El primer día de los Ácimos, los discípulos fueron a preguntar a Jesús: "¿Dónde quieres que te preparemos la comida pascual?". Él respondió: "Vayan a la ciudad, a la casa de tal persona, y díganle: 'El Maestro dice: Se acerca mi hora, voy a celebrar la Pascua en tu casa con mis discípulos'". Ellos hicieron como Jesús le había ordenado y prepararon la Pascua. Al atardecer, estaba a la mesa con los Doce y, mientras comían, Jesús les dijo: "Les aseguro que uno de ustedes me entregará". Profundamente apenados, ellos empezaron a preguntarle uno por uno: "¿Seré yo, Señor?". Él respondió: "El que acaba de servirse de la misma fuente que yo, ése me va a entregar. El Hijo del hombre se va, como está escrito de él, pero ¡ay de aquel por quien el Hijo del hombre será entregado: más le valdría no haber nacido!". Judas, el que lo iba a entregar, le preguntó: "¿Seré yo, Maestro?". "Tú lo has dicho", le respondió Jesús.

En el obrar de Judas se combinan los diversos elementos del poder de las tinieblas. No es solamente a causa de Judas que Jesús irá a la muerte. Las autoridades, que ven en él un peligro a sus propios intereses, confabulan con este discípulo a escondidas. El acuerdo tiene un precio que se mide en dinero. Poder, dinero y traición se conjugan para sacarse del medio al justo inocente.

Jesús, eres un Dios a precio de esclavo... un esclavo de amor por nosotros, un amor que se hace fiesta pascual en la cima del Calvario y sobre nuestros altares de cada día... hasta la pascua eterna del cielo. ¡Bendito seas por siempre, Señor!...

13 Jueves   Jueves Santo de la Cena del Señor

Éx 12, 1-8. 11-14; Sal 115, 12-13. 15-18; 1Cor 11, 23-26; Jn 13, 1-15.

Los amó hasta el fin.

Antes de la fiesta de Pascua, sabiendo Jesús que había llegado su hora de pasar de este mundo al Padre, él, que había amado a los suyos que quedaban en el mundo, los amó hasta el fin. Durante la Cena, cuando el demonio ya había inspirado a Judas Iscariote, hijo de Simón, el propósito de entregarlo, sabiendo Jesús que el Padre había puesto todo en sus manos y que él había venido de Dios y volvía a Dios, se levantó de la mesa, se sacó el manto y tomando una toalla se la ató a la cintura. Luego echó agua en un recipiente y empezó a lavar los pies a los discípulos y a secárselos con la toalla que tenía en la cintura. Cuando se acercó a Simón Pedro, éste le dijo: "¿Tú, Señor, me vas a lavar los pies a mí?". Jesús le respondió: "No puedes comprender ahora lo que estoy haciendo, pero después lo comprenderás". "No, le dijo Pedro, ¡tú jamás me lavarás los pies a mí!". Jesús le respondió: "Si yo no te lavo, no podrás compartir mi suerte". "Entonces, Señor, le dijo Simón Pedro, ¡no sólo los pies, sino también las manos y la cabeza!". Jesús le dijo: "El que se ha bañado no necesita lavarse más que los pies, porque está completamente limpio. Ustedes también están limpios, aunque no todos". Él sabía quién lo iba a entregar, y por eso había dicho: "No todos ustedes están limpios". Después de haberles lavado los pies, se puso el manto, volvió a la mesa y les dijo: "¿comprenden lo que acabo de hacer con ustedes? Ustedes me llaman Maestro y Señor, y tienen razón, porque lo soy. Si yo, que soy el Señor y el Maestro, les he lavado los pies, ustedes también deben lavarse los pies unos a otros. Les he dado el ejemplo, para que hagan lo mismo que yo hice con ustedes".

Lavar los pies era tarea de esclavos y de mujeres, trabajo cotidiano y sin reconocimiento. El Señor y Maestro no considera el lugar que le corresponde, sino que se pone a nuestros pies. El quiere servirnos, porque es allí en el servicio donde se demuestra el amor. Este es el ejemplo que nos deja, tan necesario y tan urgente en estos tiempos: ser capaces de salir de nuestro lugar, de bajarnos a los pies, al polvo y a la suciedad de los otros.

Jesús, vales lo que un sirviente, gozoso de lavarnos lo pies, para que caminemos mejor, y la cabeza, para que seamos como tú... porque ese es el camino del cielo, iconvéncenos de que no hay otro!...

14 Viernes

Viernes Santo

Celebración de la Pasión del Señor

Is 52, 13—53, 12; Sal 30, 2. 6. 12-13. 15-17. 25; Heb 4, 14-16; 5, 7-9; Jn 18, 1—19, 42.

¿A quién buscan? Se apoderaron de Jesús y lo ataron.

Jesús fue con sus discípulos al otro lado del torrente Cedrón. Había en ese lugar un huerto y allí entró con ellos. Judas, el traidor, también conocía el lugar porque Jesús y sus discípulos se reunían allí con frecuencia. Entonces Judas, al frente de un destacamento de soldados y de los guardias designados por los sumos sacerdotes y los fariseos, llegó allí con faroles, antorchas y armas. Jesús, sabiendo todo lo que le iba a suceder, se adelantó y les preguntó: "¿A quién buscan?". Le respondieron: "A Jesús, el Nazareno". Él les dijo: "Soy yo". Judas, el que lo entregaba estaba con ellos. Cuando Jesús les dijo: "Soy yo", ellos retrocedieron y cayeron en tierra. Les preguntó nuevamente: "¿A quién buscan?". Le dijeron: "A Jesús, el Nazareno". Jesús repitió: "Ya les dije que soy yo. Si es a mí a quien buscan, dejen que estos se vayan". Así debía cumplirse la palabra que él había dicho: "No he perdido a ninguno de los que me confiaste". Entonces Simón Pedro, que llevaba una espada, la sacó e hirió al servidor del Sumo Sacerdote, cortándole la oreja derecha. El servidor se llamaba Malco. Jesús dijo a Simón Pedro: "Envaina tu espada. ¿Acaso no beberé el cáliz que me ha dado el Padre?". El destacamento de soldados, con el tribuno y los guardias judíos, se apoderaron de Jesús y lo ataron. Lo llevaron primero ante Anás, porque era suegro de Caifás, Sumo Sacerdote aquel año. Caifás era el que había aconsejado a los judíos: "Es preferible que un solo hombre muera por el pueblo".

Las sucesivas traiciones llevaron al Hijo de Dios hacia la muerte. Traicionado por sus vecinos, por sus compañeros, por las autoridades religiosas, su pasión muestra a un hombre en profunda soledad. Una soledad que se da en la misma muerte. Y en esa soledad, en su intimidad consigo mismo, Jesús reconoce el motivo de su vocación y exclama, en una mezcla de dolor y comprensión definitiva: "Todo está cumplido". Ya nada puede hacerse, ya nada queda por hacer. El plan de Dios ha llegado a su plenitud. La historia ha encontrado su destino. Una muerte solitaria, injusta, que, por ser asumida por el mismo Dios, se abre a la salvación de la humanidad entera.

🕊️ ¡Gran batalla entre la mentira y la verdad del infierno y la sabiduría y la misericordia del Dios-amor: un duelo a muerte! ¿Quién vencerá? Jesús, quiero vivir crucificado contigo, ¡dame las fuerzas que no tengo!...

15 sábado   Sábado Santo. Vigilia pascual

Gn 1, 1—2, 2; Gn 22, 1-18; Éx 14, 15—15, 1; Is 54, 5-14; Is 55, 1-11; Bar 3, 9-15. 32—4, 4; Ez 36, 17-28; Rom 6, 3-11; Sal 117, 1-2. 16-17. 22-23; **Mc 16, 1-8.**

Jesús de Nazaret, el Crucificado, ha resucitado.

📖 Pasado el sábado, María Magdalena, María, la madre de Santiago, y Salomé compraron perfumes para ungir el cuerpo de Jesús. A la madrugada del primer día de la semana, cuando salía el sol, fueron al sepulcro. Y decían entre ellas: "¿Quién nos correrá la piedra de la entrada del sepulcro?". Pero al mirar, vieron que la piedra había sido corrida; era una piedra muy grande. Al entrar al sepulcro, vieron a un joven sentado a la derecha, vestido con una túnica blanca. Ellas quedaron sorprendidas, pero él les dijo: "No teman. Ustedes buscan a Jesús de Nazaret, el Crucificado. Ha resucitado, no está aquí. Miren el lugar donde lo habían puesto. Vayan ahora a decir a sus discípulos y a Pedro que él irá antes que ustedes a Galilea; allí lo verán, como él se lo había dicho". Ellas salieron corriendo del sepulcro, porque estaban temblando y fuera de sí. Y no dijeron nada a nadie, porque tenían miedo.

🕯️ *No hay muchos signos de la resurrección, sólo el sepulcro abierto, un joven sentado y un anuncio de la resurrección. Es que, tanto hoy como en aquel tiempo, la resurrección de Jesús es un hecho que aceptamos por la fe y la transmi-*

sión de la comunidad creyente. Jesús ha vencido a la muerte, ha llevado al final el plan de Dios, ha resucitado. Y eso es lo que hemos recibido. Eso es lo que creemos y proclamamos. Eso es lo que, a la vez, transmitimos con nuestras palabras y nuestras vidas.

Jesús ¿ha sucumbido al pecado?... Pero su madre, que lo acompañó a la cruz y al sepulcro, espera en silencio la hora de la verdad. ¡Virgen Santa!, queremos vivir contigo esta dulce y confiada espera, ahora y en la hora de nuestra muerte. Amén.

16 Domingo   Pascua: Resurrección del Señor. (S)

Hech 10, 34. 37-43; Sal 117, 1-2. 16-17. 22-23; Col 3, 1-4 ó 1Cor 5, 6-8; **Jn 20, 1-9.** *En la misa vespertina:* Lc 24, 13-35.

Él debía resucitar de entre los muertos.

El primer día de la semana, de madrugada, cuando todavía estaba oscuro, María Magdalena fue al sepulcro y vio que la piedra había sido sacada. Corrió al encuentro de Simón Pedro y del otro discípulo al que Jesús amaba, y les dijo: "Se han llevado del sepulcro al Señor y no sabemos dónde lo han puesto". Pedro y el otro discípulo salieron y fueron al sepulcro. Corrían los dos juntos, pero el otro discípulo corrió más rápidamente que Pedro y llegó antes. Asomándose al sepulcro, vio las vendas en el suelo, aunque no entró. Después llegó Simón Pedro, que lo seguía, y entró en el sepulcro; vio las vendas en el suelo, y también el sudario que había cubierto su cabeza; éste no estaba con las vendas, sino enrollado en un lugar aparte. Luego entró el otro discípulo, que había llegado antes al sepulcro: Él también vio y creyó. Todavía no habían comprendido que, según la Escritura, él debía resucitar de entre los muertos.

La carrera de estos dos hombres expresa no sólo la sorpresa o angustia por pensar que se habían robado su

*cuerpo; es un signo de la carrera de quienes quieren encontrar
algo más que una vida sumergida en la nostalgia por el muerto, o la muerte. Ellos corren hacia el sepulcro, van hacia el
signo de la muerte, pero se encuentran con el signo de la vida.
Y como todo signo, no evidencia una sola respuesta. El discípulo a quien amaba, al ver los trapos, "creyó". No había evi-
dencias para creer, sino signos. Así vivimos también nosotros:
los signos nos hablan de la resurrección y, cuanto más creemos, son cada vez más elocuentes.*

¿Cómo convencer al mundo de hoy de que Cristo vive resuci-
tado entre nosotros? ¿Hay o no signos que la evidencien?
"Nuestra fe es lo que vence al mundo", grita el discípulo amado.
Una fe traducida en obras, advierte Santiago.
Jesús, ayúdanos a convencer al mundo.

17 lunes   Lunes de la octava de Pascua

Hech 2, 14. 22-33; Sal 15, 1-2. 5. 7-11; **Mt 28, 8-15.**

Avisen a mis hermanos que vayan a Galilea, y allí me verán.

Las mujeres, que habían ido al sepulcro, después de oír el
anuncio del ángel, se alejaron rápidamente de allí, atemo-
rizadas pero llenas de alegría, y fueron a dar la noticia a los discípulos. De pronto, Jesús salió a su encuentro y las saludó, diciendo: "Alégrense". Ellas se acercaron y, abrazándole los pies, se
postraron delante de él. Y Jesús les dijo: "No teman; avisen a mis
hermanos que vayan a Galilea, y allí me verán". Mientras ellas se
alejaban, algunos guardias fueron a la ciudad para contar a los
sumos sacerdotes todo lo que había sucedido. Éstos se reunieron
con los ancianos y, de común acuerdo, dieron a los soldados una
gran cantidad de dinero, con esta consigna: "Digan así: 'Sus discípulos vinieron durante la noche y robaron su cuerpo, mientras
dormíamos'. Si el asunto llega a oídos del gobernador, nosotros

nos encargaremos de apaciguarlo y de evitarles a ustedes cualquier contratiempo". Ellos recibieron el dinero y cumplieron la consigna. Esta versión se ha difundido entre los judíos hasta el día de hoy.

La alegría de la resurrección quiere ser enturbiada por un acto de corrupción del poder de turno. El silencio es comprado por los agentes de la opresión del pueblo. Sin embargo, el poder de la vida grita por encima de este silencio. Y, aunque se intentó acallar la noticia, ella ha sido transmitida hasta el día de hoy. Esta situación se repite a lo largo de la historia. Muchos intentan silenciar la vida, pero el coraje de muchos hombres y mujeres luchan contra este miedo. Y la vida sigue superando al mal.

Jesús, tu resurrección no quedó en las crónicas del año 33, ¡es la vida nueva que tú nos llamas a vivir contigo! Que sepamos rechazar los sobornos de este mundo. ¡Qué proclamemos, con alma y vida, tu presencia vivificante entre los hombres!

18 martes   Martes de la octava de Pascua

Hech 2, 36-41; Sal 32, 4-5. 18-20. 22; **Jn 20, 11-18.**

He visto al Señor y me ha dicho estas palabras.

María se había quedado afuera, llorando junto al sepulcro. Mientras lloraba, se asomó al sepulcro y vio a dos ángeles vestidos de blanco, sentados uno a la cabecera y otro a los pies del lugar donde había sido puesto el cuerpo de Jesús. Ellos le dijeron: "Mujer, ¿por qué lloras?". María respondió: "Porque se han llevado a mi Señor y no sé dónde lo han puesto". Al decir esto se dio vuelta y vio a Jesús, que estaba allí, pero no lo reconoció. Jesús le preguntó: "Mujer, ¿por qué lloras? ¿A quién buscas?". Ella, pensando que era el cuidador del huerto, le respondió: "Señor, si tú lo has llevado, dime dónde lo has puesto y yo iré a

buscarlo". Jesús le dijo: "¡María!". Ella lo reconoció y le dijo en
hebreo: "¡Raboní!", es decir, "¡Maestro!". Jesús le dijo: "No me
retengas, porque todavía no he subido al Padre. Ve a decir a mis
hermanos: 'Subo a mi Padre y Padre de ustedes; a mi Dios y Dios
de ustedes'". María Magdalena fue a anunciar a los discípulos que
había visto al Señor y que él le había dicho esas palabras.

El relato muestra el encuentro entre dos amigos. Un encuentro cargado de emoción de ambas partes y con mutuas revelaciones. Mientras María reconoce a Jesús como su Maestro, Jesús la reconoce como su hermana. El Padre de Jesús es también ahora el Padre de ella y el de todos nosotros. La pascua de Jesús ha transmitido la relación filial que vivía el Hijo de Dios con el Padre hacia todos los cristianos. Ya no hablamos simplemente de "Dios", él es nuestro Padre.

Desde que Magdalena encontró al "Amor de los amores", jamás volvió a sus primeros amoríos. Jesús, llénanos el alma con tu amor, para que, de lo que esta lleno el corazón, hable la boca.

19 miércoles   Miércoles dela octava de Pascua

Hech 3, 1-10; Sal 104, 1-4. 6-9; Lc 24, 13-35.

Lo reconocieron al partir el pan.

El primer día de la semana, dos de los discípulos iban a un
pequeño pueblo llamado Emaús, situado a unos diez kilómetros de Jerusalén. En el camino hablaban sobre lo que había
ocurrido. Mientras conversaban y discutían, el mismo Jesús se
acercó y siguió caminando con ellos. Pero algo impedía que sus
ojos lo reconocieran. Él les dijo: "¿Qué comentaban por el camino?". Ellos se detuvieron, con el semblante triste, y uno de ellos,
llamado Cleofás, le respondió: "¡Tú eres el único forastero en
Jerusalén que ignora lo que pasó en estos días!". "¿Qué cosa?",
les preguntó. Ellos respondieron: "Lo referente a Jesús, el Naza-

reno, que fue un profeta poderoso en obras y en palabras delante de Dios y de todo el pueblo, y cómo nuestros sumos sacerdotes y nuestros jefes lo entregaron para ser condenado a muerte y lo crucificaron. Nosotros esperábamos que fuera él quien librara a Israel. Pero a todo esto ya van tres días que sucedieron estas cosas. Es verdad que algunas mujeres que están con nosotros nos han desconcertado: ellas fueron de madrugada al sepulcro y al no hallar el cuerpo de Jesús, volvieron diciendo que se les habían aparecido unos ángeles, asegurándoles que él está vivo. Algunos de los nuestros fueron al sepulcro y encontraron todo como las mujeres habían dicho. Pero a él no lo vieron". Jesús les dijo: "¡Hombres duros de entendimiento, cómo les cuesta creer todo lo que anunciaron los profetas! ¿No era necesario que el Mesías soportara esos sufrimientos para entrar en su gloria?". Y comenzando por Moisés y continuando con todos los profetas, les interpretó en todas las Escrituras lo que se refería a él. Cuando llegaron cerca del pueblo adonde iban, Jesús hizo ademán de seguir adelante. Pero ellos le insistieron: "Quédate con nosotros, porque ya es tarde y el día se acaba". Él entró y se quedó con ellos. Y estando a la mesa, tomó el pan y pronunció la bendición; luego lo partió y se lo dio. Entonces los ojos de los discípulos se abrieron y lo reconocieron, pero él había desaparecido de su vista. Y se decían: "¿No ardía acaso nuestro corazón, mientras nos hablaba en el camino y nos explicaba las Escrituras?". En ese mismo momento, se pusieron en camino y regresaron a Jerusalén. Allí encontraron reunidos a los Once y a los demás que estaban con ellos, y éstos les dijeron: "Es verdad, ¡el Señor ha resucitado y se apareció a Simón!". Ellos, por su parte, contaron lo que les había pasado en el camino y cómo lo habían reconocido al partir el pan.

¿Qué impedía a estos dos hombres reconocer a Jesús en el camino? La resurrección era algo absolutamente novedoso. Nadie había tenido esta experiencia antes. Por lo tanto, el autor de este texto quiere mostrarnos que el encuentro con el Resucitado no es algo que pueda reconocerse con los ojos,

sino a partir de un proceso de fe. Es por eso que recién al final,
cuando han compartido "el camino", cuando han "releído" las
Escrituras y cuando han compartido el pan de la eucaristía,
pudieron reconocer al Señor resucitado. La fe no se impone,
no es un acto mágico ni instantáneo, es un proceso que nos
lleva toda nuestra vida.

Jesús, ellos volvían con el ánimo por el suelo y tú no los
abandonaste. Ilumina también nuestra inteligencia, quítanos
dudas y temores y enciende el corazón, para que vivamos la alegre
certeza de tu presencia vivificadora entre nosotros.

20 jueves   Jueves de la octava de Pascua

Hech 3, 11-26; Sal 8, 2. 5-9; Lc 24, 35-48.

Estaba escrito: el Mesías debía sufrir y resucitar
de entre los muertos al tercer día.

Los discípulos, que retornaron de Emaús a Jerusalén, contaron lo que les había pasado en el camino y cómo habían
reconocido a Jesús al partir el pan. Todavía estaban hablando de
esto, cuando Jesús se apareció en medio de ellos y les dijo: "La
paz esté con ustedes". Atónitos y llenos de temor, creían ver un
espíritu, pero Jesús les preguntó: "¿Por qué están turbados y se
les presentan esas dudas? Miren mis manos y mis pies, soy yo
mismo. Tóquenme y vean. Un espíritu no tiene carne ni huesos,
como ven que yo tengo". Y diciendo esto, les mostró sus manos y
sus pies. Era tal la alegría y la admiración de los discípulos, que se
resistían a creer. Pero Jesús les preguntó: "¿Tienen aquí algo para
comer?". Ellos le presentaron un trozo de pescado asado; él lo
tomó y lo comió delante de todos. Después les dijo: "Cuando
todavía estaba con ustedes, yo les decía: Es necesario que se cumpla todo lo que está escrito de mí en la Ley de Moisés, en los
Profetas y en los Salmos". Entonces les abrió la inteligencia para
que pudieran comprender las Escrituras, y añadió: "Así estaba

escrito: el Mesías debía sufrir y resucitar de entre los muertos al tercer día, y comenzando por Jerusalén, en su Nombre debía predicarse a todas las naciones la conversión para el perdón de los pecados. Ustedes son testigos de todo esto".

La presencia de Jesús en medio de la comunidad de los discípulos siempre es reveladora. Él se ha revelado como el crucificado que ha sido resucitado. La resurrección no quita las marcas del dolor. Es el mismo que ha sufrido y padecido la injusticia y la tortura. Quizás muestre estos signos para que la resurrección no nos haga olvidar la realidad del dolor. Encontrarse con el resucitado es encontrarse también con los crucificados de toda la historia y del presente.

Jesús, no tenías hambre, pero necesitamos verte para creer... creer no sólo que estás vivo, sino que, para vivir esa resurrección, primero hay que asumir la cruz de cada día y morir como grano de trigo, confiando ciegamente en tus palabras.

21 viernes   Viernes de la octava de Pascua

San Anselmo, ob. y dr. de la Iglesia.

Hech 4, 1-12; Sal 117, 1-2. 4. 22-27; Jn 21, 1-14.

*Jesús se acercó, tomó el pan y se lo dio,
e hizo lo mismo con el pescado.*

Jesús se apareció otra vez a los discípulos a orillas del mar de Tiberíades. Sucedió así: estaban juntos Simón Pedro, Tomás, llamado el Mellizo, Natanael, el de Caná de Galilea, los hijos de Zebedeo y otros dos discípulos. Simón Pedro les dijo: "Voy a pescar". Ellos le respondieron: "Vamos también nosotros". Salieron y subieron a la barca. Pero esa noche no pescaron nada. Al amanecer, Jesús estaba en la orilla, aunque los discípulos no sabían que era él. Jesús les dijo: "Muchachos, ¿tienen algo para comer?". Ellos respondieron: "No". Él les dijo: "Tiren la red a la derecha de la barca y encontrarán". Ellos la tiraron y se llenó tanto de peces que no podían arrastrarla. El discípulo al que Jesús amaba dijo a Pedro: "¡Es el Señor!". Cuando Simón Pedro oyó que era el Señor, se ciñó la túnica, que era lo único que llevaba puesto, y se tiró al agua. Los otros discípulos fueron en la barca, arrastrando la red con los peces, porque estaban sólo a unos cien metros de la orilla. Al bajar a tierra vieron que había fuego preparado, un pescado sobre las brasas y pan. Jesús les dijo: "Traigan algunos de los pescados que acaban de sacar". Simón Pedro subió a la barca y sacó la red a tierra, llena de peces grandes: eran ciento cincuenta y tres y, a pesar de ser tantos, la red no se rompió. Jesús les dijo: "Vengan a comer". Ninguno de los discípulos se atrevía a preguntarle: "¿Quién eres?", porque sabían que era el Señor. Jesús se acercó, tomó el pan y se lo dio, e hizo lo mismo con el pescado. Esta fue la tercera vez que Jesús resucitado se apareció a sus discípulos.

Los discípulos, luego de la muerte de Jesús, vuelven a sus trabajos habituales, en Galilea. Pero esta actividad humana queda ahora interrumpida para siempre. El Señor se revela y los congrega, los reúne en torno a la comida fraterna. El relato marca, fundamentalmente, este encuentro de amigos. No hay palabras, no hay preguntas ("nadie se atrevió a preguntarle..."), hay simplemente encuentro. Los discípulos sencillamente contemplan a su amigo y maestro que ha resucitado y comen con él. Es importante reconocer nuestra necesidad de "estar simplemente con él", sin calcular, sin proyectar, sin planificar nada. Estar con el resucitado y mirarlo... y agradecer ese momento.

En aquella primera pesca milagrosa Pedro escapó asustado: "¡Soy un pecador!". Ahora, pecador y todo, nada presuroso a tu encuentro: "¡Tú sabes que te amo!". ¿Quién eres, Jesús, para que nos cambies tanto la vida?...

22 sábado   Sábado de la octava de Pascua

Hech 4, 13-21; Sal 117, 1. 14-16. 18-21; **Mc 16, 9-15.**

Vayan por todo el mundo, anuncien la Buena Noticia.

Jesús, que había resucitado a la mañana del primer día de la semana, se apareció primero a María Magdalena, aquélla de quien había echado siete demonios. Ella fue a contarlo a los que siempre lo habían acompañado, que estaban afligidos y lloraban. Cuando la oyeron decir que Jesús estaba vivo y que lo había visto, no le creyeron. Después, se mostró con otro aspecto a dos de ellos, que iban caminando hacia un poblado. Y ellos fueron a anunciarlo a los demás, pero tampoco les creyeron. En seguida, se apareció a los Once, mientras estaban comiendo, y les reprochó su incredulidad y su obstinación porque no habían creído a quienes lo habían visto resucitado. Entonces les dijo: "Vayan por todo el mundo, anuncien la Buena Noticia a toda la creación".

Este texto reúne muchos relatos de los otros evangelios, es como un resumen de los relatos de encuentros con el resucitado. Todos estos relatos terminan con un mandato de Jesús de anunciar la Buena Nueva a todas la creación. La Buena Nueva es el Evangelio. Es una Buena Noticia porque habla de que el Señor ha resucitado. La muerte ya fue vencida y destruida, el pecado ha quedado sometido y los hombres ya han recibido la Gracia de la Salvación. Y todos deben ser destinatarios de esta noticia.

Señor, tantos gritan "¡NO!"... Danos fuerza para vivir proclamando que "¡SÍ!", tú que vives entre nosotros y nos quieres juntos como hermanos y que tu Padre nos espera con los brazos abiertos, y por eso hay que desandar tantos callejones sin salidas y emprender nuevos rumbos detrás de ti...

23 domingo   Domingo 2° de Pascua

Domingo de la Divina Misericordia. San Jorge, mr., san Adalberto, ob. y mr. Semana 2ª del Salterio.

Hech 4, 32-35; Sal 117, 2-4. 16-18. 22-24; 1Jn 5, 1-6; **Jn 20, 19-31.**

Ocho días más tarde, apareció Jesús.

Al atardecer del primer día de la semana, los discípulos se encontraban con las puertas cerradas por temor a los judíos. Entonces llegó Jesús y poniéndose en medio de ellos, les dijo: "¡La paz esté con ustedes!". Mientras decía esto, les mostró sus manos y su costado. Los discípulos se llenaron de alegría cuando vieron al Señor. Jesús les dijo de nuevo: "¡La paz esté con ustedes! Como el Padre me envió a mí, yo también los envío a ustedes". Al decirles esto, sopló sobre ellos y añadió: "Reciban el Espíritu Santo. Los pecados serán perdonados a los que ustedes se los perdonen, y serán retenidos a los que ustedes se los retengan". Tomás, uno de los Doce, de sobrenombre el Mellizo, no estaba con ellos cuando llegó Jesús. Los otros discípulos le dijeron: "¡Hemos visto al Señor!". Él les respondió: "Si no veo la marca de los clavos en sus manos, si no pongo el dedo en el lugar de los clavos y la mano en su costado, no lo creeré". Ocho días más tarde, estaban de nuevo los discípulos reunidos en la casa, y estaba con ellos Tomás. Entonces apareció Jesús, estando cerradas las puertas, se puso en medio de ellos y les dijo: "¡ La paz esté con ustedes!". Luego dijo a Tomás: "Trae aquí tu dedo: aquí están mis manos. Acerca tu mano: métela en mi costado. En adelante no seas incrédulo, sino hombre de fe". Tomás respondió: "¡Señor mío y Dios mío!". Jesús le dijo: "Ahora crees, porque me has visto. ¡Felices los que creen sin haber visto!". Jesús realizó además muchos otros signos en presencia de sus discípulos, que no se encuentran relatados en este Libro. Estos han sido escritos para que ustedes crean que Jesús es el Mesías, el Hijo de Dios, y creyendo, tengan Vida en su Nombre.

Cuando Jesús se hace presente desaparece la inseguridad. Ellos tenían miedo y ahora tienen paz. Es cierto que esta paz quizá no les quite el miedo, pero están seguros de que lo que creyeron era cierto, que habían puesto sus esperanzas en la Verdad.

Jesús, tú que no nos abandonas en nuestras dudas y desconfianzas: ¿nos dejarás tocar tus llagas esperando nuestro "Señor mío y Dios mío"? Danos la gran felicidad de creerte y seguirte, contagiando a todos la esperanza alegre que el mundo no puede dar, pues no la tiene.

24 lunes   De la feria.

San Fidel de Sigmaringen, pbro. y mr. (ML)

Semana 2ª del Salterio.

Hech 4, 23-31; Sal 2, 1-9; Jn 3, 1-8.

El que no nace del agua y del Espíritu
no puede entrar en el reino de Dios.

Había entre los fariseos un hombre llamado Nicodemo, que era uno de los notables entre los judíos. Fue de noche a ver a Jesús y le dijo: "Maestro, sabemos que tú has venido de parte de Dios para enseñar, porque nadie puede realizar los signos que tú haces, si Dios no está con él". Jesús le respondió: "Te aseguro que el que no renace de lo alto no puede ver el reino de Dios". Nicodemo le preguntó: "¿Cómo un hombre puede nacer cuando ya es viejo? ¿Acaso puede entrar por segunda vez en el vientre de su madre y volver a nacer?". Jesús le respondió: "Te, aseguro que el que no nace del agua y del Espíritu no puede entrar en el Reino de Dios. Lo que nace de la carne es carne, lo que nace del Espíritu es espíritu. No te extrañes de que te haya dicho: 'Ustedes tienen que renacer de lo alto'. El viento sopla donde quiere:

tú oyes su voz, pero no sabes de dónde viene ni a dónde va. Lo mismo sucede con todo el que ha nacido del Espíritu".

Nicodemo se presenta como un maestro en búsqueda; no cree que lo sabe todo, ni cree que tiene todo resuelto, por eso va hacia Jesús. Todo lo que podrá entender Nicodemo será por obra del Espíritu Santo y de su nuevo nacimiento. Quien nace de nuevo, por el bautismo, queda lleno del Espíritu Santo, que, al darle vida nueva, lo interna en el mismo misterio de Dios.

Nicodemo tenía dudas. Consciente de su ignorancia, recurre al Maestro. Yo también tengo mis dudas, pero a veces temo enfrentarme con tu verdad y tener que dar el brazo a torcer y convertirme. ¡Que no me gane la dureza de corazón, Señor!...

25 martes   San Marcos, evangelista. (F)

1Ped 5, 5-14; Sal 88, 2-3. 6-7. 16-17; **Mc 16, 15-20.**

Anuncien el Evangelio a toda la creación.

Jesús se apareció a los Once y les dijo: "Vayan por todo el mundo, anuncien el Evangelio a toda la creación. El que crea y se bautice se salvará. El que no crea se condenará. Y estos prodigios acompañarán a los que crean: arrojarán demonios en mi nombre y hablarán nuevas lenguas; podrán tomar a las serpientes con sus manos, y si beben un veneno mortal no les hará ningún daño; impondrán las manos sobre los enfermos y los curarán". Después de decirles esto, el Señor Jesús fue llevado al cielo y está sentado a la derecha de Dios. Ellos fueron a predicar por todas partes, y el Señor los asistía y confirmaba su palabra con los milagros que la acompañaban.

Las últimas palabras del evangelio de Marcos nos recuerdan que Jesús sigue presente en la comunidad, en todo momento, para vencer las dificultades y extender el reino. Esta presencia del Resucitado es la que anima para seguir anunciando la Buena Noticia en toda circunstancia.

Jesús, resucitaste y subiste al cielo, pero nos dejaste tu Espíritu –mucho mejor que tu presencia física palpable- para que realicemos el milagro de reunir a todos en un solo rebaño en torno a ti, el único buen pastor.

26 miércoles   De la feria

Hech 5, 17-26; Sal 33, 2-9; Jn 3, 16-21.

Dios envió a su Hijo para que el mundo se salve por él.

Dijo Jesús: Dios amó tanto al mundo, que entregó a su Hijo único para que todo el que cree en él no muera, sino que tenga Vida eterna. Porque Dios no envió a su Hijo para juzgar al mundo, sino para que el mundo se salve por él. El que cree en él no es condenado, el que no cree ya está condenado, porque no ha creído en el Nombre del Hijo único de Dios. En esto consiste el juicio: la luz vino al mundo, y los hombres prefirieron las tinieblas a la luz, porque sus obras eran malas. Todo el que obra mal odia la luz y no se acerca a ella, por temor de que sus obras sean descubiertas. En cambio, el que obra conforme a la verdad se acerca a la luz, para que se ponga de manifiesto que sus obras han sido hechas en Dios.

El símbolo de la luz es muy fuerte, porque frente a la luz solo puede haber dos reacciones: nos acercamos o nos alejamos. Se alejan quienes consideran que su obras no deben ser descubiertas. Son los agentes del mal, los hijos de las tinieblas. Los que deben ocultarse de todos porque saben que sus obras son malas. Quien obra en la luz, quien no tiene nada que ocultar, se siente libre de mostrar sus acciones y pensamientos. La luz divide, de alguna manera, las aguas del bien y, el mal. Así se presenta Jesús, quien, al querer congregar y unir con su luz, exige opciones que llevan a tomar partido y, por lo tanto, a clarificar posturas. Así, mientras el sentido original es la búsqueda de unidad, el resultado suele ser manifestar la división que ya existía desde antes.

Jesús, LUZ DE Dios que iluminas a todo viviente y le muestras el camino, haz que seamos responsables de ser hijos de la luz y hagamos que los hombres vivamos un permanente mediodía, hasta que lleguemos todos a la luz eterna.

27 jueves   Santo Toribio de Mogrovejo, ob. (F)

1Cor 2, 1-5 ó Col 2, 1-5; Sal 116, 1-2; Mt 28, 16-20.

Vayan, y hagan que todos los pueblos sean mis discípulos.

Después de la resurrección del Señor, los once discípulos fueron a Galilea, a la montaña donde Jesús los había citado. Al verlo, se postraron delante de él; sin embargo, algunos todavía dudaron. Acercándose, Jesús les dijo: "Yo he recibido todo poder en el cielo y en la tierra. Vayan, y hagan que todos los pueblos sean mis discípulos, bautizándolos en el nombre del Padre y del Hijo y del Espíritu Santo, y enseñándoles a cumplir todo lo que yo les he mandado. Y yo estaré con ustedes todos los días hasta el fin del mundo".

El encargo de Jesús a los discípulos, "vayan y anuncien" se continúa hasta el día de hoy en la Iglesia. Ella, que es comunidad evangelizadora, es la encargada de llevar el nombre de Jesucristo hasta los confines de la tierra. En esta tarea no estamos solos, porque Jesucristo ha prometido su presencia hasta el fin.

Los apóstoles, llenos de tu Espíritu, no temieron ni a romanos, ni a griegos, ni a judíos. "Para mí la vida es Cristo —confesaba Pablo- y la muerte una ganancia". Que contigo, hasta el fin, enseñemos a todos a vivir tu Evangelio.

28 viernes   De la feria. San Pedro Chanel,

pbro. y mr. (ML). San Luis María Grignon de Montfort, pbro. (ML)

Hech 5, 34-42; Sal 26, 1. 4. 13-14; Jn 6, 1-15.

Distribuyó a los que estaban sentados,
dándoles todo lo que quisieron.

Jesús atravesó el mar de Galilea, llamado Tiberíades. Lo seguía una gran multitud, al ver los signos que hacía sanando a los enfermos. Jesús subió a la montaña y se sentó allí con sus discípulos. Se acercaba la Pascua, la fiesta de los judíos. Al levantar los ojos, Jesús vio que una gran multitud acudía a él y dijo a Felipe: "¿Dónde compraremos pan para darles de comer?". Él decía esto para ponerlo a prueba, porque sabía bien lo que iba a hacer. Felipe le respondió: "Doscientos denarios no bastarían para que cada uno pudiera comer un pedazo de pan". Uno de sus discípulos, Andrés, el hermano de Simón Pedro, le dijo: "Aquí hay un niño que tiene cinco panes de cebada y dos pescados, pero ¿qué es esto para tanta gente?". Jesús le respondió: "Háganlos sentar". Había mucho pasto en ese lugar. Todos se sentaron y eran uno cinco mil hombres. Jesús tomó los panes, dio gracias y los distribuyó a los que estaban sentados. Lo mismo hizo con los pescados, dándoles todo lo que quisieron. Cuando todos quedaron satisfechos, Jesús dijo a sus discípulos: "Recojan los pedazos que sobran, para que no se pierda nada". Los recogieron y llenaron doce canastas con los pedazos que sobraron de los cinco panes de cebada. Al ver el signo que Jesús acababa de hacer, la gente decía: "Éste es, verdaderamente, el Profeta que debe venir al mundo". Jesús, sabiendo que querían apoderarse de él para hacerlo rey, se retiró otra vez solo a la montaña.

🕯 *Son varios los títulos que se aplican a Jesús en este pequeño texto: "hacedor de signos", "profeta", "rey"...; sin embargo, el contexto intenta mostrarnos que debemos superar todos ellos. Jesús, al final de la escena, huye de todas estas interpretaciones que lo limitan. Su milagro de multiplicar el pan es, en realidad, un signo de algo más grande y trascendente. Más adelante se develará el misterio: Él es el pan de vida.*

🕊 Jesús, más de una vez reprochaste: "Si no ven milagros, no creen"; pero no puedes con tu genio y haces ¡otro milagro más! Sabes cómo somos y harás cualquier cosa por atraernos. Enséñanos a buscar al Dios de los favores, antes que a los favores de Dios.

29 sábado   Santa Catalina de Siena,
vg. y dra. (MO)

Hech 6, 1-7; Sal 32, 1-2. 4-5. 18-19; **Jn 6, 16-21.**

Vieron a Jesús caminando sobre el agua.

📖 Al atardecer de ese mismo día, en que Jesús había multiplicado los panes, los discípulos bajaron a la orilla del mar y se embarcaron, para dirigirse a Cafarnaúm, que está en la otra orilla. Ya era de noche y Jesús aún no se había reunido con ellos. El mar estaba agitado, porque soplaba un fuerte viento. Cuando habían remado unos cinco kilómetros, vieron a Jesús acercarse a la barca caminando sobre el agua, y tuvieron miedo. Él les dijo: "Soy yo, no teman". Ellos quisieron subirlo a la barca, pero ésta tocó tierra en seguida en el lugar adonde iban.

🕯 *La oscuridad y los vientos que "nos mueven el piso" nos provocan temor. Tememos por nuestra vida y dudamos de poder alcanzar aquello que queremos, nuestras metas, nues-*

tros objetivos. En la oscuridad y la incertidumbre, Jesús se hace presente y nos dice: "Soy yo, no teman".

Señor, que te manifestaste poderoso, dominador y señor sobre las aguas, ayúdame a reconocer que en el fondo de tu corazón humano reina también la gloria infinita de tu divinidad.

30 domingo   Domingo 3º de Pascua

San Pío V, papa. Semana 3ª del Salterio.

Hech 3, 13-15. 17-19; Sal 4, 2. 4. 7. 9; 1Jn 2, 1-5; Lc 24, 35-48.

El Mesías debía sufrir y resucitar de entre los muertos al tercer día.

Los discípulos, que retornaron de Emaús a Jerusalén, contaron lo que les había pasado en el camino y cómo lo habían reconocido al partir el pan. Todavía estaban hablando de esto, cuando Jesús se apareció en medio de ellos y les dijo: "La paz esté con ustedes". Atónitos y llenos de temor, creían ver un espíritu, pero Jesús les preguntó: "¿Por qué están turbados y se les presentan esas dudas? Miren mis manos y mis pies, soy yo mismo. Tóquenme y vean. Un espíritu no tiene carne ni huesos, como ven que yo tengo". Y diciendo esto, les mostró sus manos y sus pies. Era tal la alegría y la admiración de los discípulos, que se resistían a creer. Pero Jesús les preguntó: "¿Tienen aquí algo para comer?". Ellos le presentaron un trozo de pescado asado; él lo tomó y lo comió delante de todos. Después les dijo: "Cuando todavía estaba con ustedes, yo les decía: Es necesario que se cumpla todo lo que está escrito de mí en la Ley de Moisés, en los Profetas y en los Salmos". Entonces les abrió la inteligencia para que pudieran comprender las Escrituras, y añadió: "Así estaba escrito: el Mesías debía sufrir y resucitar de entre los muertos al tercer día, y comenzando por Jerusalén, en su Nombre debía predicarse a todas las naciones la conversión para el perdón de los pecados. Ustedes son testigos de todo esto".

La resurrección de Jesús es real. Él no es un fantasma, ni una alucinación. El que había muerto crucificado ahora estaba en medio de ellos, vivo y para siempre. Jesús resucitado lleva las marcas del engaño, de la traición, de la injusticia. No debemos olvidar nunca que su muerte fue una muerte injusta. Aclamar al Resucitado incluye, también, no olvidar al crucificado y los motivos de su muerte.

Pasaron veinte siglos, Jesús, y tu Iglesia sigue anunciando tu muerte y proclamando tu resurrección. Que en medio de tanta tristeza, de males y errores vivamos la alegría de saberte resucitado, dándonos a vivir tu misma vida... ¡Aleluya!...

Mayo

1 lunes   De la feria. San José, obrero. (ML)

Hech 6, 8-15; Sal 118, 23-24. 26-27. 29-30; **Jn 6, 22-29.**

*Trabajen, no por el alimento perecedera,
sino por el que permanece hasta la vida eterna.*

📖 Después que Jesús alimentó a unos cinco mil hombres, sus discípulos lo vieron caminando sobre el agua. Al día siguiente, la multitud que se había quedado en la otra orilla vio que Jesús no había subido con sus discípulos en la única barca que había allí, sino que ellos habían partido solos. Mientras tanto, unas barcas de Tiberíades atracaron cerca del lugar donde habían comido el pan, después que el Señor pronunció la acción de gracias. Cuando la multitud se dio cuenta de que Jesús y sus discípulos no estaban en el lugar donde el Señor había multiplicado los panes, subieron a las barcas y fueron a Cafarnaúm en busca de Jesús. Al encontrarlo en la otra orilla, le preguntaron: "Maestro, ¿cuándo llegaste?". Jesús les respondió: "Les aseguro que ustedes me bus-

can, no porque vieron signos, sino porque han comido pan hasta
saciarse. Trabajen, no por el alimento perecedero, sino por el que
permanece hasta la Vida eterna, el que les dará el Hijo del hombre; porque es él a quien Dios, el Padre, marcó con su sello". Ellos
le preguntaron: "¿Qué debemos hacer para realizar las obras de
Dios?". Jesús les respondió: "La obra de Dios es que ustedes crean
en Aquél que él ha enviado".

*El texto plantea un movimiento, que sorprende, la gente
que sigue a Jesús: van a Tiberíades, no encuentran allí a
Jesús, y luego todos se mueven nuevamente hacia Cafarnaúm.
Este movimiento no es casual. El evangelio quiere mostrarnos el
deseo que tiene la gente de encontrarse con Jesús. Pero este deseo no basta. Ni siquiera alcanza el "moverse" para verlo. Es necesario creer. Es más, para Jesús lo único necesario es creer en él.*

Jesús, hijo de un obrero, que el sudor de nuestra frente bendiga esta tierra, la fecunde y haga producir frutos de fraternidad, solidaridad, paz... y que José nos acompañe y enseñe a trabajar
como lo hizo contigo.

2 martes   San Atanasio, ob. y dr. (MO)

Hech 7, 51—8, 1; Sal 30, 3-4. 6-8. 17. 21; Jn 6, 30-35.

*No es Moisés el que les dio el verdadero pan del cielo,
sino mi Padre.*

La gente preguntó a Jesús: "¿Qué signos haces para que
veamos y creamos en ti? ¿Qué obra realizas? Nuestros
padres comieron el maná en el desierto, como dice la Escritura:
'Les dio de comer el pan bajado del cielo'". Jesús respondió: "Les
aseguro que no es Moisés el que les dio el pan del cielo; mi Padre
les da el verdadero pan del cielo; porque el pan de Dios es el que
desciende del cielo y da Vida al mundo". Ellos le dijeron: "Señor,
danos siempre de ese pan". Jesús les respondió: "Yo soy el pan

de Vida. El que viene a mí jamás tendrá hambre; el que cree en mí jamás tendrá sed".

🕯️ *En definitiva, la respuesta que da Jesús a quienes le piden un signo para creer es simplemente que puedan creer en él. No hay signos sobre los cuales apoyarse. Él mismo es el signo y el alimento verdadero y absoluto. ¿Qué deben hacer si quieren vivir una vida distinta? Ir hacia Jesús, nada más. Los movimientos de escenarios del texto de ayer apuntan ahora al movimiento central: no se trata de ir hacia Jesús porque hizo tal o cual milagro, es necesario ir hacia él porque en él está la Vida verdadera.*

🕊️ Si el dedo señala la estrella, ¡que no quedemos mirando el dedo, Señor! Sí, porque tus milagros nos muestran un Dios de amor infinito, ¡y esto es lo que tenemos que buscar sin descanso, y no afanarnos sólo por lo material y temporal!...

3 miércoles   Santos Felipe y Santiago,
apóstoles. (F)

1Cor 15, 1-8; Sal 18, 2-5; **Jn 14, 6-14.**

> *Hace tanto tiempo que estoy con ustedes,*
> *¿y todavía no me conocen?*

📖 Jesús dijo a Tomás: "Yo soy el camino, y la verdad y la vida. Nadie va al Padre, sino por mí. Si ustedes me conocen, conocerán también a mi Padre. Ya desde ahora lo conocen y lo han visto". Felipe le dijo: "Señor, muéstranos al Padre y eso nos basta". Jesús le respondió: "Felipe, hace tanto tiempo que estoy con ustedes, ¿y todavía no me conocen? El que me ha visto ha visto al Padre. ¿Cómo dices: 'Muéstranos al Padre'? ¿No crees, que yo estoy en el Padre y que el Padre está en mí? Las palabras que digo no son mías: el Padre que habita en mí es el que hace las obras. Créanme: Yo estoy en el Padre y el Padre está en mí. Créanlo, al menos, por las obras. Les aseguro que el que cree en mí hará también las obras que yo hago, y aún mayores, porque yo me voy al Padre. Y yo haré todo lo que ustedes pidan en mi nombre, para que el Padre sea glorificado. en el Hijo. Si ustedes me piden algo en mi nombre, yo lo haré".

Los primeros discípulos no tenían una claridad absoluta sobre la identidad y misión de Jesús. Es por eso que su fe, como vemos hoy en el caso de Felipe, es un proceso humano en el que ha intervenido la duda y el cuestionamiento. Así también es nuestra fe: una fe con altibajos, con dudas, con crecimiento. Es la persona humana, en su integridad, la que cree, y la fe no es ajena al dinamismo humano.

Señor, en el bautismo nos dieron apenas una llamita. Que entendamos que en ti vemos y escuchamos al Padre, que solo tú nos conduces a él... Y que aquella llamita debe crecer y ser llamarada de Cristo para iluminar el mundo.

4 jueves   De la feria

Hech 8, 26-40; Sal 65, 8-9. 16-17. 20; **Jn 6, 44-51.**

Yo soy el pan vivo bajado del cielo.

Jesús dijo a la gente: Nadie puede venir a mí, si no lo atrae el Padre que me envió; y yo lo resucitaré en el último día. Está escrito en el libro de los Profetas: "Todos serán instruidos por Dios". Todo el que oyó al Padre y recibe su enseñanza viene a mí. Nadie ha visto nunca al Padre, sino el que viene de Dios: sólo él ha visto al Padre. Les aseguro que el que cree tiene Vida eterna. Yo soy el pan de Vida. Sus padres, en el desierto, comieron el maná y murieron. Pero éste es el pan que desciende del cielo, para que aquél que lo coma no muera. Yo soy el pan vivo bajado del cielo. El que coma de este pan vivirá eternamente, y el pan que yo daré es mi carne para la Vida del mundo.

Muchos alimentos distintos ha tenido (y tendrá) la humanidad para andar su camino. El evangelio nos presenta a Jesús como el único alimento, como el pan necesario. El pan de Jesús da la vida, porque él, el pan de vida, dio la suya por el mundo. Desde ese momento, su carne, su eucaristía, es el alimento de unidad con él y entre los cristianos.

Jesús, rostro visible del Dios invisible, que te busquemos como el pan de cada día; que te hagamos carne en nuestros pensamientos, sentimientos y obras... y que así, con sólo vivir, prediquemos tu Evangelio.

5 viernes   De la feria

Hech 9, 1-20; Sal 116, 1-2; **Jn 6, 51-59.**

*Mi carne es la verdadera comida
y mi sangre, la verdadera bebida.*

Jesús dijo a los judíos: "Yo soy el pan vivo bajado del cielo. El que coma de este pan vivirá eternamente, y el pan que yo daré es mi carne para la Vida del mundo". Los judíos discutían entre sí, diciendo: "¿Cómo este hombre puede darnos a comer su carne?". Jesús les respondió: "Les aseguro que si no comen la carne del Hijo del hombre y no beben su sangre, no tendrán Vida en ustedes. El que come mi carne y bebe mi sangre tiene Vida eterna, y yo lo resucitaré en el último día. Porque mi carne es la verdadera comida y mi sangre, la verdadera bebida. El que come mi carne y bebe mi sangre permanece en mí y yo en él. Así como yo, que he sido enviado por el Padre que tiene Vida, vivo por el Padre, de la misma manera, el que me come vivirá por mí. Éste es el pan bajado del cielo; no como el que comieron sus padres y murieron. El que coma de este pan vivirá eternamente". Jesús enseñaba todo esto en la sinagoga de Cafarnaúm.

Desde ahora, al participar de la cena del Señor, partici-pamos de la vida eterna. Cristo, resucitado y presente en su comunidad, nos une a sí mismo y entre nosotros. Así, nuestra comunidad, la comunidad eucarística, ya vive las primicias de un mundo nuevo. Es por eso que, muy tristes, al terminar la liturgia, volvemos "a ser los mismos" sin considerar que acabamos de dejar "el cielo" y que somos enviados a impregnar de este cielo el suelo que pisamos.

Hoy, primer viernes, honramos tu Sagrado Corazón. Que, comulgando con tu Cuerpo y Sangre, se realice el milagro de que nuestro corazón sea semejante al tuyo por el amor, obedientes al Padre y desvividos por el prójimo.

6 sábado   De la feria

Hech 9, 31-42; Sal 115, 12-17; **Jn 6, 60-69.**

¿A quién iremos? Tú tienes palabras de Vida eterna.

Después de escuchar la enseñanza de Jesús, muchos de sus discípulos decían: "¡Es duro este lenguaje! ¿Quién puede escucharlo?". Jesús, sabiendo lo que sus discípulos murmuraban, les dijo: "¿Esto los escandaliza? ¿Qué pasará, entonces, cuando vean al Hijo del hombre subir donde estaba antes? El Espíritu es el que da Vida, la carne de nada sirve. Las palabras que les dije son Espíritu y Vida. Pero hay entre ustedes algunos que no creen". En efecto, Jesús sabía desde el primer momento quiénes eran los que no creían y quién era el que lo iba a entregar. Y agregó: "Por eso les he dicho que nadie puede venir a mí, si el Padre no se lo concede". Desde ese momento, muchos de sus discípulos se alejaron de él y dejaron de acompañarlo. Jesús preguntó entonces a los Doce: "¿También ustedes quieren irse?". Simón Pedro le respondió: "Señor, ¿a quién iremos? Tú tienes palabras de Vida eterna. Nosotros hemos creído y sabemos que eres el Santo de Dios".

El mensaje de "comer el cuerpo y beber la sangre" de Jesús sin dudas es imposible de aceptar sin la fe. Pero aún esto es menos difícil que la espera de la restauración definitiva del mundo a partir de la Pascua de Jesús. A veces cuesta reconocer que la pascua de Jesús debería ser el motor de una humanidad nueva. Los cristianos actualmente no tenemos demasiados complejos en aceptar el misterio de la eucaristía, pero ¿creemos que podremos transformar el mundo a partir de nuestra fe en Jesús resucitado?

Ellos querían pan, no sermones, y se fueron a lo suyo. Jesús, que también nosotros comprendamos vivencialmente que, en medio de tanta maldad y mentira, sólo tú tienes palabras de vida y salvación eterna, y lo demás..., es lo demás...

7 domingo   Domingo 4° de Pascua

Semana 4ª del Salterio.

Hech 4, 8-12; Sal 117, 1. 8-9. 21-23. 26. 28-29; 1Jn 3, 1-2; **Jn 10, 11-18.**

El buen Pastor da su vida por las ovejas.

Jesús dijo: "Yo soy el buen Pastor. El buen Pastor da su vida por las ovejas. El asalariado, en cambio, que no es el pastor y al que no pertenecen las ovejas, cuando ve venir al lobo las abandona y huye, y el lobo las arrebata y las dispersa. Como es asalariado, no se preocupa por las ovejas. Yo soy el buen Pastor: conozco a mis ovejas, y mis ovejas me conocen a mí –como el Padre me conoce a mí y yo conozco al Padre– y doy mi vida por las ovejas. Tengo, además, otras ovejas que no son de este corral y a las que debo también conducir: ellas oirán mi voz, y así habrá un solo rebaño y un solo Pastor. El Padre me ama porque yo doy mi vida para recobrarla. Nadie me la quita, sino que la doy por mí mismo. Tengo el poder de darla y de recobrarla: éste es el mandato que recibí de mi Padre".

🕯️ *El pastor cuida, protege, alimenta al rebaño. Nada es más importante que sus ovejas, porque ellas son el sustento de su vida. Pero la imagen que presenta Jesús en este discurso es más atrevida. El pastor Jesús "no necesita las ovejas" para vivir, sino que es a la inversa. El pastor Jesús "ama" a las ovejas, con un amor que le llevará a dar la vida por ellas. Por lo tanto, la imagen del pastor es una comparación que queda superada por Jesús. Quienes sigan a Jesús en el camino del "pastoreo", como se indica a Pedro al final del mismo evangelio de Juan, deberá comprender que también tendrá que dar la vida, como lo hizo Jesús, por el rebaño.*

🕊️ ¡Eso! Pastor para las ovejas, no al revés. ¡Gracias, Jesús!, porque tu amor, desbordado por nosotros, nos alienta a ser pastores unos por otros, sin avivadas egoístas, espantando lobos feroces y hambrientos.

8 lunes   Nuestra Señora de Luján. (S)

Is 35, 1-6. 10; [Sal] Lc 1, 46-55; Ef 1, 3-14; **Jn 19, 25-27.**

Aquí tienes a tu hijo. Aquí tienes a tu madre.

📖 Junto a la cruz de Jesús, estaban su madre y la hermana de su madre, María, mujer de Cleofás, y María Magdalena. Al ver a la madre y cerca de ella al discípulo a quien él amaba, Jesús le dijo: "Mujer, aquí tienes a tu hijo". Luego dijo al discípulo: "Aquí tienes a tu madre". Y desde aquella Hora, el discípulo la recibió como suya.

🕯️ *Jesús, en el momento más dramático de su vida, su muerte inminente, nos entrega a nosotros, sus discípulos amados, a su madre. Así nos transformamos en hermanos de Jesús y conformamos una familia: La Iglesia con María, como madre, y con Cristo, como el hermano que nos precede en la Pascua.*

Madre de Luján, Itatí, San Nicolás y de todas las demás regiones y países, ¡ven con nosotros a caminar! y enséñanos a construir con Cristo esta Patria si queremos con gloria vivir.

O bien: Hech 11, 1-18; Sal 41, 2-3; 42, 3-4; **Jn 10, 1-10.**

Yo soy la puerta de las ovejas.

Jesús dijo a los fariseos: "Les aseguro que el que no entra por la puerta en el corral de las ovejas, sino trepando por otro lado, es un ladrón y un asaltante. El que entra por la puerta es el pastor de las ovejas. El guardián le abre y las ovejas escuchan su voz. Él llama a las suyas por su nombre y las hace salir. Cuando ha sacado todas las suyas, va delante de ellas y las ovejas lo siguen, porque conocen su voz. Nunca seguirán a un extraño, sino que huirán de él, porque no conocen su voz". Jesús les hizo esta comparación, pero ellos no comprendieron lo que les quería decir. Entonces Jesús prosiguió: "Les aseguro que yo soy la puerta de las ovejas. Todos aquellos que han venido antes de mí son ladrones y asaltantes, pero las ovejas no los han escuchado. Yo soy la puerta. El que entra por mí se salvará; podrá entrar y salir, y encontrará su alimento. El ladrón no viene sino para robar, matar y destruir. Pero yo he venido para que las ovejas tengan Vida, y la tengan en abundancia".

A lo largo de este discurso Jesús se compara tanto con el pastor como con la puerta del redil. Él es la puerta que se nos abrió para que entremos a formar parte del rebaño, el pueblo de Dios. Él no nos pone trabas, por el contrario, es la puerta abierta; por él entramos a los pastos de la salvación. Por él entramos a ser de los suyos, somos del pueblo que escucha su voz y lo sigue. "Él es la puerta de Dios, por la que entran Abraham, Isaac y Jacob, los profetas, los apóstoles y la Iglesia" (San Ignacio de Antioquía).

Señor Jesús, quiero entrar en ti, y ser feliz en ese maravilloso lugar, en esa puerta que es un lugar de vida y de alegría, de encuentro y de fiesta; para recibir la vida abundante que me ofreces.

9 martes   De la feria

Hech 11, 19-26; Sal 86, 1-7; **Jn 10, 22-30.**

El Padre y yo somos una sola cosa.

Se celebraba en Jerusalén la fiesta de la Dedicación. Era invierno, y Jesús se paseaba por el Templo, en el Pórtico de Salomón. Los judíos lo rodearon y le preguntaron: "¿Hasta cuándo nos tendrás en suspenso? Si eres el Mesías, dilo abiertamente". Jesús les respondió: "Ya se lo dije, pero ustedes no lo creen. Las obras que hago en nombre de mi Padre dan testimonio de mí, pero ustedes no creen, porque no son de mis ovejas. Mis ovejas escuchan mi voz, yo las conozco y ellas me siguen. Yo les doy Vida eterna: ellas no perecerán jamás y nadie las arrebatará de mis manos. Mi Padre, que me las ha dado, es superior a todos y nadie puede arrebatar nada de las manos de mi Padre. El Padre y yo somos una sola cosa".

Hay una relación íntima, muy particular, entre Jesús y sus ovejas, su rebaño; un conocimiento que supera el conocimiento racional. Es algo que se agita en el corazón y que genera una convicción que no se explica con palabras. Se trata del amor, de la seguridad que da el sentirse amado y amar. Jesús recrimina a quienes ponen sus tradiciones o herencias por encima de este tipo de conocimiento. Quienes escuchan a Jesús y lo siguen son capaces de desprenderse de todo, porque el amor exige grandes renuncias.

Jesús, voz y corazón del Padre, que así como quien te ve y escucha se abre al Padre, que así también nosotros, llenos de ti, seamos testigos tuyos ante tantos ciegos y sordos voluntarios y empecinados en su mal.

10 miércoles   De la feria

Hech 12, 24 — 13, 5; Sal 66, 2-3. 5-6. 8; **Jn 12, 44-50.**

Yo soy la luz y he venido al mundo.

Jesús exclamó: El que cree en mí, en realidad no cree en mí, sino en Aquél que me envió. Y el que me ve ve al que me envió. Yo soy la luz, y he venido al mundo para que todo el que crea en mí no permanezca en las tinieblas. Al que escucha mis palabras y no las cumple, yo no lo juzgo, porque no vine a juzgar al mundo, sino a salvar al mundo. El que me rechaza y no recibe mis palabras, ya tiene quien lo juzgue: la palabra que yo he anunciado es la que lo juzgará en el último día. Porque yo no hablé por mí mismo: el Padre que me ha enviado me ordenó lo que debía decir y anunciar; y yo sé que su mandato es Vida eterna. Las palabras que digo, las digo como el Padre me lo ordenó.

El mundo, para el evangelio de Juan, es un símbolo del dominio del mal. Por eso también lo simboliza con la noche, la oscuridad del pecado y la mentira. Jesús, al venir al mundo, lo colma de su luz, porque lo llena de su verdad. Así, al caminar por este mundo unidos a Jesús, lo hacemos con la seguridad de que él iluminará nuestro camino y que alumbraremos el rumbo de otros hermanos.

Jesús, LUZ DE DIOS, que jamás nos dejemos engañar con luces malas y señales falsas. Que siempre vivamos al resplandor de tus palabras, porque sólo así seremos luz de Cristo en este mundo de tinieblas.

11 jueves   De la feria

Hech 13, 13-25; Sal 88, 2-3. 21-22. 25. 27; **Jn 13, 16-20.**

El que reciba al que yo envíe me recibe a mí.

Antes de la fiesta de Pascua, Jesús lavó los pies a sus discípulos, y les dijo: "Les aseguro que el servidor no es más grande que su señor, ni el enviado más grande que el que lo envía. Ustedes serán felices si, sabiendo estas cosas, las practican. No lo digo por todos ustedes; yo conozco a los que he elegido. Pero es necesario que se cumpla la Escritura que dice: 'El que comparte mi pan se volvió contra mí'. Les digo esto desde ahora, antes que suceda, para que cuando suceda, crean que yo Soy. Les aseguro que el que reciba al que yo envíe me recibe a mí, y el que me recibe, recibe al que me envió".

En el clima íntimo y amistoso de la Última Cena, Jesús anuncia que será traicionado. Pero no es lo único que el autor del evangelio quiere señalar. Jesús, también, exige a los discípulos que obren como él y que sean servidores unos de otros, este evangelista deja ver que existe una misteriosa unidad entre quien es enviado y el que lo envía. En definitiva, a pesar de tantos "beneficios" anunciados, uno de ellos lo traicionará de todos modos. El mensaje de Jesús y sus promesas nunca nos quitarán la libertad de optar. Muchos cristianos siguen aún hoy a Jesús, a pesar de tantas contradicciones y dificultades, y, a la vez, otros tantos lo niegan aunque, en apariencia, estén compartiendo su mesa.

¡Jesús, qué amargo sentirse traicionado a pesar de haber lavado los pies como un esclavo!... Pero a ti nada ni nadie te tuerce el brazo: nos darás tu vida ¡y en abundancia! ¡Bendito seas por siempre, Señor!...

12 viernes   De la feria. Santos Nereo y Aquileo,
mrs. (ML). San Pancracio, mr. (ML)

Hech 13, 26-33; Sal 2, 6-12; **Jn 14, 1-6.**

Yo soy el Camino, la Verdad y la Vida.

A la Hora de pasar de este mundo al Padre, Jesús dijo a sus discípulos: "No se inquieten. Crean en Dios y crean también en mí. En la Casa de mi Padre hay muchas habitaciones; si no fuera así, ¿les habría dicho a ustedes que voy a prepararles un lugar? Y cuando haya ido y les haya preparado un lugar, volveré otra vez para llevarlos conmigo, a fin de que donde yo esté, estén también ustedes. Ya conocen el camino del lugar adonde voy". Tomás le dijo: "Señor, no sabemos adónde vas. ¿Cómo vamos a conocer el camino?". Jesús le respondió: "Yo soy el Camino, la Verdad y la Vida. Nadie va al Padre, sino por mí".

A lo largo de su historia la humanidad no ha dejado de preguntarse: ¿A dónde vamos? También hoy las circunstancias que vivimos como país hacen repetir la pregunta: ¿A dónde nos llevará todo esto, dónde vamos a ir a parar? Y Jesús vuelve a decirnos: "No se inquieten". Con Jesús, que es el camino, vamos hacia el Padre. Este lugar hacia el que vamos, la casa del Padre, es el punto que nos orienta y da sentido a nuestro caminar.

Sí, Jesús, sólo tú, el Verbo del Dios viviente, la luz del mundo, el Buen Pastor que nos guía al Padre, la verdad en persona, el único camino a la resurrección y a la vida sin sombra de muerte... ¡Gloria a ti por siempre, Señor!...

13 sábado   **De la feria.**

Ntra. Sra. de Fátima. (ML)

Hech 13, 44-52; Sal 97, 1-4; **Jn 14, 7-14.**

El que me ha visto ha visto al Padre.

A la Hora de pasar de este mundo al Padre, Jesús dijo a sus discípulos: "Si ustedes me conocen, conocerán también a mi Padre. Ya desde ahora lo conocen y lo han visto". Felipe le dijo: "Señor, muéstranos al Padre y eso nos basta". Jesús le respondió: "Felipe, hace tanto tiempo que estoy con ustedes, ¿y todavía no me conocen? El que me ha visto, ha visto al Padre. ¿Cómo dices: 'Muéstranos al Padre'? ¿No crees que yo estoy en el Padre y que el Padre está en mí? Las palabras que digo no son mías: el Padre que habita en mí es el que hace las obras. Créanme: Yo estoy en el Padre y el Padre está en mí. Créanlo, al menos, por las obras. Les aseguro que el que cree en mí hará también las obras que yo hago, y aún mayores, porque yo me voy al Padre. Y yo haré todo lo que ustedes pidan en mi Nombre, para que el Padre sea glorificado en el Hijo. Si ustedes me piden algo en mi Nombre, yo lo haré".

Jesús realizó entre nosotros las obras del Padre. Cuando volvió al Padre nos envió el Espíritu Santo. Por este Espíritu y en el nombre de Jesús, los creyentes seguimos realizando las obras del Padre. Toda invocación hecha al Padre en nombre de Jesús y movidos por el Espíritu será escuchada. Por eso, ante cada obra que emprendamos, invoquemos a la Santísima Trinidad y así nuestras obras serán testimonio del amor de Dios.

Señor Dios, Padre creador, Hijo salvador y Espíritu santificador, ¡mi Dios y mi todo!, te adoro desde lo profundo de mi nada. Dame hambre y sed de tu divinidad y santidad, tu gloria y felicidad, esperanza y gozo eterno... para la vida del mundo. Amén.

14 domingo   Domingo 5° de Pascua

San Matías, apóstol. Semana 1ª del Salterio.

Hech 9, 26-31; Sal 21, 26-28. 30-32; 1Jn 3, 18-24; **Jn 15, 1-8.**

El que permanece en mí, y yo en él, da mucho fruto.

Durante la última Cena, Jesús dijo a sus discípulos: Yo soy la verdadera vid y mi Padre es el viñador. Él corta todos mis sarmientos que no dan fruto; al que da fruto, lo poda para que dé más todavía. Ustedes ya están limpios por la palabra que yo les anuncié. Permanezcan en mí, como yo permanezco en ustedes. Así como el sarmiento no puede dar fruto si no permanece en la vid, tampoco ustedes, si no permanecen en mí. Yo soy la vid, ustedes los sarmientos. El que permanece en mí, y yo en él, da mucho fruto, porque separados de mí, nada pueden hacer. Pero el que no permanece en mí, es como el sarmiento que se tira y se seca; después se recoge, se arroja al fuego y arde. Si ustedes permanecen en mí y mis palabras permanecen en ustedes, pidan lo que quieran y lo obtendrán. La gloria de mi Padre consiste en que ustedes den fruto abundante, y así sean mis discípulos.

¿Cómo podríamos amar con obras y de verdad con nuestras solas fuerzas? ¿Cómo podríamos amar en el modo en que amó Jesús? La clave es permanecer unidos a él, consolidar la unión entre nosotros y Jesús con lazos fuertes, así como fuertemente se unen las ramas al árbol y fluye por ellas la savia. Sólo unidos así a Jesús, guardando y viviendo su palabra, se producirán los frutos del amor. Sólo así se demostrará que somos realmente sus discípulos.

Jesús, tronco madre: que asumamos la grandiosidad de ser ramas que viven de tu savia divina, pues sólo así produciremos frutos de verdad y justicia, caridad y fraternidad, esperanza y gozo eterno... para la vida del mundo. Amén.

15 lunes   De la feria. San Isidro Labrador. (ML)

Hech 14, 5-18; Sal 113 B, 1-4. 15-16; **Jn 14, 21-26.**

El Paráclito que el Padre enviará les enseñará todo.

A la Hora de pasar de este mundo al Padre, Jesús dijo a sus discípulos: "El que recibe mis mandamientos y los cumple, ése es el que me ama; y el que me ama será amado por mi Padre, y yo lo amaré y me manifestaré a él". Judas –no el Iscariote– le dijo: "Señor, ¿por qué te vas a manifestar a nosotros y no al mundo?". Jesús le respondió: "El que me ama será fiel a mi palabra, y mi Padre lo amará; iremos a él y habitaremos en él. El que no me ama no es fiel a mis palabras. La palabra que ustedes oyeron no es mía, sino del Padre que me envió. Yo les digo estas cosas mientras permanezco con ustedes. Pero el Paráclito, el Espíritu Santo, que el Padre enviará en mi Nombre, les enseñará todo y les recordará lo que les he dicho".

Amar a Jesús y guardar la Palabra son dos aspectos de nuestra vida cristiana que van totalmente unidos. Porque amamos a Jesús creemos en su Palabra y queremos vivir de acuerdo a ella. Y a su vez, el conocer la Palabra, gustarla, meditarla, nos lleva a amar a Jesús. El fruto que surge de esto es inmenso: por su Palabra y su amor, Dios habita dentro de cada uno de nosotros.

Jesús, amor de Dios, corazón en mano: ayúdanos a descubrir más y más tu misterio, prendidos de tu persona, obedientes a tu palabra, sin jamás soltarnos de ti, gozosos de ser cosa y posesión tuya, de aquí a la eternidad.

16 martes   De la feria

Hech 14, 19-28; Sal 144, 10-13. 21; **Jn 14, 27-31.**

Mi paz les doy.

A la Hora de pasar de este mundo al Padre, Jesús dijo a sus discípulos: "Les dejo la paz, les doy mi paz, pero no como la da el mundo. ¡No se inquieten ni teman! Me han oído decir: 'Me voy y volveré a ustedes'. Si me amaran, se alegrarían de que vuelva junto al Padre, porque el Padre es más grande que yo. Les he dicho esto antes que suceda, para que cuando se cumpla, ustedes crean. Ya no hablaré mucho más con ustedes, porque está por llegar el Príncipe de este mundo: él nada puede hacer contra mí, pero es necesario que el mundo sepa que yo amo al Padre y obro como él me ha ordenado".

Como tantas otras veces a lo largo del evangelio de Juan, se menciona aquí la oposición del mundo a Jesús y a sus seguidores. El Príncipe de este mundo no tiene poder para vencer a Jesús y, por lo tanto, tampoco lo tendrá para vencer a los creyentes. El Príncipe de este mundo no puede dar la paz. Jesús da a los creyentes la paz que hace serenarse el corazón, la paz que nace de experimentar que Dios habita dentro de cada uno de nosotros.

Jesús, amor y paz de Dios, que nos quieres UNO contigo y el Padre en el Espíritu Santo, que no dudemos ni temamos jugarnos por ti y tu Evangelio en este mundo desquiciado, porque sólo tú eres la resurrección y la vida.

17 miércoles   De la feria

Hech 15, 1-6; Sal 121, 1-5; **Jn 15, 1-8.**

El que permanece en mí, y yo en él, da mucho fruto.

A la Hora de pasar de este mundo al Padre, Jesús dijo a sus discípulos: Yo soy la verdadera vid y mi Padre es el viñador. Él corta todos mis sarmientos que no dan fruto; al que da fruto, lo poda para que dé más todavía. Ustedes ya están limpios por la palabra que yo les anuncié. Permanezcan en mí, como yo permanezco en ustedes. Así como el sarmiento no puede dar fruto si no permanece en la vid, tampoco ustedes, si no permanecen en mí. Yo soy la vid, ustedes los sarmientos. El que permanece en mí, y yo en él, da mucho fruto, porque separados de mí, nada pueden hacer. Pero el que no permanece en mí, es como el sarmiento que se tira y se seca; después se recoge, se arroja al fuego y arde. Si ustedes permanecen en mí y mis palabras permanecen en ustedes, pidan lo que quieran y lo obtendrán. La gloria de mi Padre consiste en que ustedes den fruto abundante, y así sean mis discípulos.

El fruto de la vid, la uva, es un fruto dulce, refrescante, jugoso, nutritivo. Así es la vida que nos comunica Jesús, no es amargura ni sequedad, sino vida que se saborea con placer. Para disfrutar de esta vida sólo hace falta permanecer unidos a él, porque él la comunica fluidamente, internamente, como la savia que corre por adentro del árbol. Así será posible que esta vida sabrosa que él nos comunica nosotros la multipliquemos en frutos para nuestros hermanos y hermanas, y así su vida sea más dulce y gustosa.

Jesús, que así como eres la vid de Dios que nos endulza, así también nosotros, llenos de ti y bien unidos en tu Iglesia, acerquemos a tantos amargados la dulzura de tus palabras, el gozo de tu amor, la paz de tu presencia, tu gracia y tu poder.

18 jueves   De la feria. San Juan I, papa y mr. (ML)

Hech 15, 7-21; Sal 95, 1-3. 10; Jn 15, 9-11.

Permanezcan en mi amor,
para que el gozo de ustedes sea perfecto.

A la Hora de pasar de este mundo al Padre, Jesús dijo a sus discípulos: Como el Padre me amó, también yo los he amado a ustedes. Permanezcan en mi amor. Si cumplen mis mandamientos, permanecerán en mi amor, como yo cumplí los mandamientos de mi Padre y permanezco en su amor. Les he dicho esto para que mi gozo sea el de ustedes, y ese gozo sea perfecto.

Como el sarmiento permanece unido a la vid para tener vida, así debemos permanecer en el amor de Dios para tener vida. La palabra "permanecer" no significa un simple "estar pasivo", sino que es el permanecer de las ramas por donde corre la savia y la vida fluye. En ese permanecer dinámico del amor que, como la savia, comunica vida, encontramos la alegría.

Jesús, que nos das en abundancia lo que vives con tu Padre en el Espíritu Santo, haz que comprendamos que sólo por el camino de tus palabras podremos "entrar a participar de esa vida divina", ya desde ahora, a pesar de los infinitos sobresaltos de este mundo.

19 viernes   De la feria

Hech 15, 22-31; Sal 56, 8-12; Jn 15, 12-17.

Lo que yo les mando es que se amen los unos a los otros.

A la Hora de pasar de este mundo al Padre, Jesús dijo a sus discípulos: Éste es mi mandamiento: Ámense los unos

a los otros, como yo los he amado. No hay amor más grande que
dar la vida por los amigos. Ustedes son mis amigos si hacen lo que
yo les mando. Ya no los llamo servidores, porque el servidor ignora lo que hace su señor; yo los llamo amigos, porque les he dado
a conocer todo lo que oí de mi Padre. No son ustedes los que me
eligieron a mí, sino yo el que los elegí a ustedes, y los destiné para
que vayan y den fruto, y ese fruto sea duradero. Así todo lo que
pidan al Padre en mi Nombre, él se lo concederá. Lo que yo les
mando es que se amen los unos a los otros.

*Jesús resume todo mandato en este único: el amor mu-
tuo. Amor que tiene como referencia excluyente el modo
en que Jesús lo plenificó: hasta dar la vida. Él, la vid, comunica la vida a los sarmientos de modo fluido y constante; es su
amor: dinámico, generador de vida, repartido. Éste es el amor
al que Jesús nos exhorta, así de jugoso y fluido como la savia,
así de comunicador y unificante, generador de vida para los
hermanos.*

Jesús, terminabas de lavarles los pies como un esclavo –"ejemplo les doy para que sean esclavos de amor unos con otros"–
firmando tu testamento final antes de entregarlo todo en la cruz.
Danos comenzar ya a cumplirlo, sin esperar a mañana.

20 sábado   De la feria.

San Bernardino de Siena, pbro. (ML)

Hech 16, 1-10; Sal 99, 1-3. 5; Jn 15, 18-21.

Ustedes no son del mundo, sino que yo los elegí y los saqué de él.

A la Hora de pasar de este mundo al Padre, Jesús dijo a
sus discípulos: Si el mundo los odia, sepan que antes me
ha odiado a mí. Si ustedes fueran del mundo, el mundo los amaría
como cosa suya. Pero como no son del mundo, sino que yo los
elegí y los saqué de él, el mundo los odia. Acuérdense de lo que les

dije: el servidor no es más grande que su señor. Si me persiguieron a mí, también los perseguirán a ustedes; si fueron fieles a mi
palabra, también serán fieles a la de ustedes. Pero los tratarán así
a causa de mi Nombre, porque no conocen al que me envió.

*Seguimos los pasos del Maestro. Su anuncio y su cohe-
rencia de vida le acarrearon el odio del mundo, de ese
mundo que no quiere recibir ni reconocer a Dios porque prefiere la tiniebla. Si nuestra palabra es la de Jesús, si nuestro estilo
de vida es el de él, no esperemos la aprobación del mundo.
Quienes prefieren la tiniebla no quieren recibir ni a Jesús ni a
sus discípulos.*

Jesús, a veces quieren convencernos de aguar tu Evangelio
para no ser tachados de fundamentalistas, discriminadores,
fanáticos y demás. No queremos avergonzarnos de ti: danos el santo orgullo de pertenecerte totalmente, al estilo de Pablo: "¡Mi vivir
es Cristo!".

21 domingo   Domingo 6° de Pascua

Stos. Cristóbal Magallanes, pbro., y comps., mrs. Semana 2ª del Salterio.

Hech 10, 25-26. 34-36. 43-48; Sal 97, 1-4; 1Jn 4, 7-10; **Jn 15, 9-17.**

No hay amor más grande que dar la vida por los amigos.

Durante la última Cena, Jesús dijo a sus discípulos: Como
el Padre me amó, también yo los he amado a ustedes.
Permanezcan en mi amor. Si cumplen mis mandamientos, permanecerán en mi amor, como yo cumplí los mandamientos de mi
Padre y permanezco en su amor. Les he dicho esto para que mi
gozo sea el de ustedes, y ese gozo sea perfecto. Éste es mi mandamiento: Ámense los unos a los otros, como yo los he amado. No
hay amor más grande que dar la vida por los amigos. Ustedes son
mis amigos si hacen lo que yo les mando. Ya no los llamo servido-

res, porque el servidor ignora lo que hace su señor; yo los llamo amigos, porque les he dado a conocer todo lo que oí de mi Padre. No son ustedes los que me eligieron a mí, sino yo el que los elegí a ustedes, y los destiné para que vayan y den fruto, y ese fruto sea duradero. Así todo lo que pidan al Padre en mi Nombre, él se lo concederá. Lo que yo les mando es que se amen los unos a los otros.

Fuimos elegidos para vivir en el amor. Para esto Jesús nos ha unido a él, como el sarmiento a la vid. Esta elección que Jesús ha hecho con nosotros nos congrega junto a él, para que de esa unión nazcan frutos abundantes. Los frutos son los actos del amor que ofrecemos, única garantía de que permanecemos unidos a Jesús.

Señor Jesús, que nos eliges como tus amigos íntimos y nos revelas la sabiduría y el amor de Dios –¡qué lotería celestial!–, haz que jamás miremos para otro lado: que seamos ciegos, sordos y paralíticos ante la tentación de amigarnos con el enemigo y los suyos.

22 lunes   De la feria.

Santa Rita de Cascia, rel. (ML)

Hech 16, 11-15; Sal 149, 1-6. 9; Jn 15, 26 — 16, 4.

El Espíritu de la verdad dará testimonio de mí.

A la Hora de pasar de este mundo al Padre, Jesús dijo a sus discípulos: Cuando venga el Paráclito que yo les enviaré desde el Padre, el Espíritu de la Verdad que proviene del Padre, él dará testimonio de mí. Y ustedes también dan testimonio, porque están conmigo desde el principio. Les he dicho esto para que no se escandalicen. Serán echados de las sinagogas, más aún, llegará la hora en que los mismos que les den muerte pensarán que tributan culto a Dios. Y los tratarán así porque no han conocido ni al Padre ni a mí. Les he advertido esto para que cuando llegue esa hora, recuerden que ya lo había dicho. No les dije estas cosas desde el principio, porque yo estaba con ustedes.

La comunidad a la cual va dirigido este evangelio sufrió circunstancias donde las palabras profetizadas por Jesús ya eran realidad. Los seguidores de Jesús de origen judío experimentaban el rechazo de parte de sus hermanos. Una división se había producido ya entre los judíos que reconocieron a Jesús como enviado del Padre y aquellos que no. Para esa situación de rechazo y para tantas otras que los cristianos sufrirían a lo largo de la historia, Jesús prometió la presencia del Espíritu Santo.

Señor, hay quienes nada quieren saber de ti. ¡No saben lo que se pierden! Que mi fe alegre y perseverante por tus cosas les haga descubrir el tesoro de tu reino y lo necio de seguir pateando aguijones de punta, como el Pablo comecristianos...

23 martes   De la feria

Hech 16, 22-34; Sal 137, 1-3. 7-8; **Jn 16, 5-11.**

Si no me voy, el Paráclito no vendrá a ustedes.

A la Hora de pasar de este mundo al Padre, Jesús dijo a sus discípulos: Ahora me voy al que me envió, y ninguro de ustedes me pregunta: "¿A dónde vas?". Pero al decirles est , ustedes se han entristecido. Sin embargo, les digo la verdad: l s conviene que yo me vaya, porque si no me voy, el Paráclito n vendrá a ustedes. Pero si me voy, se lo enviaré. Y cuando él venga, probará al mundo dónde está el pecado, dónde está la justicia y cuál es el juicio. El pecado está en no haber creído en mí. La justicia, en que yo me voy al Padre y ustedes ya no me verán. Y el juicio, en que el Príncipe de este mundo ya ha sido condenado.

Nosotros vivimos en este tiempo en que Jesús no está ya físicamente; es, por lo tanto, el tiempo del Espíritu. Guiados por el Espíritu tendremos el discernimiento necesario para juzgar, para diferenciar entre lo que viene del mundo y lo que viene de Dios. Guiados por el Espíritu no caemos en el pecado, porque el Espíritu nos comunica la vida de Jesús y nos hace conocerlo y amarlo.

Jesús, cómo envidiamos a tus apóstoles: queremos verte, tocarte, escucharte... Danos aceptar que es mejor así, experimentarte con los cinco sentidos de la fe, felices de creerte y caminar a tu lado sin verte, pero con el milagro patente de tu amor en el alma.

24 miércoles   De la feria.

María, auxilio de los cristianos. (ML)

Hech 17, 15. 22—18, 1; Sal 148, 1-2. 11-14; Jn 16, 12-15.

El Espíritu de la verdad les hará conocer toda la verdad.

A la Hora de pasar de este mundo al Padre, Jesús dijo a sus discípulos: Todavía tengo muchas cosas que decirles, pero ustedes no las pueden comprender ahora. Cuando venga el Espíritu de la Verdad, él los introducirá en toda la verdad, porque no hablará por sí mismo, sino que dirá lo que ha oído y les anunciará lo que irá sucediendo. El me glorificará, porque recibirá de lo mío y se lo anunciará á a ustedes. Todo lo que es del Padre es mío. Por eso les digo: "Recibirá de lo mío y se lo anunciará a ustedes".

El Espíritu Santo es el espíritu de la verdad que revela la Palabra sólida, la Palabra que permanece para siempre. Por eso mismo el Espíritu es guía, es quien nos procura el discernimiento para que en nuestra vida, la Palabra se convierta en camino hacia el Padre. No estamos solos cuando la leemos

*ni estamos solos cuando caminamos por la vida; es el Espíritu
quien nos conduce.*

Jesús, que tengamos tanta fe en ti que no necesitemos comprender todo desde el principio, confiados en que tu Espíritu
nos ilumina paso a paso, invariablemente. ¡Eso sí!: que no nos apar-
temos de su resplandor ni caigamos en tinieblas...

25 jueves   De la feria. San Beda el Venerable,

pbro. y dr. (ML). San Gregorio VII, papa. (ML).
Santa María Magdalena de Pazzi, vg. (ML)

Hech 18, 1-8; Sal 97, 1-4; **Jn 16, 16-20.**

*Ustedes estarán tristes,
pero esa tristeza se convertirá en gozo.*

A la Hora de pasar de este mundo al Padre, Jesús dijo a
sus discípulos: "Dentro de poco, ya no me verán, y poco
después, me volverán a ver". Entonces algunos de sus discípulos
comentaban entre sí: "¿Qué significa esto que nos dice: 'Dentro de
poco ya no me verán, y poco después, me volverán a ver'? ¿Y qué
significa: 'Yo me voy al Padre'?". Decían: "¿Qué es este poco de
tiempo? No entendemos lo que quiere decir". Jesús se dio cuenta
de que deseaban interrogarlo y les dijo: "Ustedes se preguntan entre sí qué significan mis palabras: 'Dentro de poco, ya no me verán,
y poco después, me volverán a ver'. Les aseguro que ustedes van a
llorar y se van a lamentar; el mundo, en cambio, se alegrará. Ustedes estarán tristes, pero esa tristeza se convertirá en gozo".

*La incomprensión y la duda de los discípulos nos puede
ocurrir también a nosotros. En tantas ocasiones podemos llegar a sentir que Dios no está, que no notamos su presencia, que nos parece que él se ha alejado del mundo... y,
como Magdalena junto al sepulcro, lloramos. El Señor nos pro-*

*mete que nuestro llanto se convertirá en alegría. Él quiere que
lo veamos, él se nos manifestará. Y eso será cuando miremos
con otros ojos, cuando seamos capaces de reconocerlo, como
les pasó a los discípulos y a Magdalena después de la resurrección.*

🕊 Jesús, ellos sufrieron tu ausencia visible y palpable. Nosotros
nacimos y vivimos sin ella, pero igual... En este día, danos
mucha fe para ver y comprender que –sobre todo en las dificultades–
tú Espíritu nos lleva de la mano en la construcción de una Patria de
hermanos.

26 viernes   San Felipe Neri, pbro. (MO)

Hech 18, 9-18; Sal 46, 2-7; **Jn 16, 20-23.**

Ustedes tendrán una alegría que nadie les podrá quitar.

📖 A la Hora de pasar de este mundo al Padre, Jesús dijo a
sus discípulos: Les aseguro que ustedes van a llorar y se
van a lamentar; el mundo, en cambio, se alegrará. Ustedes estarán tristes, pero esa tristeza se convertirá en gozo. La mujer, cuando
va a dar a luz, siente angustia porque le llegó la hora; pero cuando
nace el niño, se olvida de su dolor, por la alegría que siente al ver
que ha venido un hombre al mundo. También ustedes ahora están
tristes, pero yo los volveré a ver, y tendrán una alegría que nadie
les podrá quitar. Aquel día no me harán más preguntas.

🕯 *Jesús nos habla de una alegría que nadie puede quitar.
Evidentemente, esta alegría no puede consistir en cosas
materiales o externas a nosotros –que pueden ser robadas o
estropeadas–, sino en algo que reside en el corazón. Cuando
Jesús envía el Espíritu, la Trinidad viene a morar a nuestro
corazón. Y en eso reside la alegría que anima y estimula nuestro vivir, y que nadie puede robarnos porque está en lo más
profundo de nuestro interior.*

Tú prometes un gozo que eclipsa tristezas. Pero no es fácil, y tú lo sabes Jesús: el mundo nos tienta a darnos todos los gustos en vida, ¡y a veces caemos! Que vivamos ilusionados por lo que nos espera más allá de los montes y el mar...

27 sábado   De la feria.

San Agustín de Cantórbery, ob. (ML)

Hech 18, 23-28; Sal 46, 2-3. 8-10; Jn 16, 23-28.

El Padre los ama, porque ustedes me aman y han creído.

A la Hora de pasar de este mundo al Padre, Jesús dijo a sus discípulos: Les aseguro que todo lo que pidan al Padre en mi Nombre, él se lo concederá. Hasta ahora, no han pedido nada en mi Nombre. Pidan y recibirán, y tendrán una alegría que será perfecta. Les he dicho todo esto por medio de parábolas. Llega la hora en que ya no les hablaré por medio de parábolas, sino que les hablaré claramente del Padre. Aquel día ustedes pedirán en mi Nombre; y no será necesario que yo ruegue al Padre por ustedes, ya que él mismo los ama, porque ustedes me aman y han creído que yo vengo de Dios. Salí del Padre y vine al mundo. Ahora dejo el mundo y voy al Padre.

¡El Padre mismo nos ama, por eso escucha nuestra oración! Jesús nos exhorta a que oremos al Padre con confianza, quien nos dará lo que pidamos en nombre de su Hijo y, sobre todo, nos brindará la alegría de sabernos hijos e hijas suyos, amados y amadas por él.

Padre Dios, que tanto nos amas que nos diste a tu Hijo único, danos conocer y asumir ese amor infinito que, como dice María en Medjugorje, lloremos de alegría como quienes sacaron la gran lotería celestial...

28 domingo   Ascensión del Señor. (S)

Hech 1, 1-11; Sal 46, 2-3. 6-9; Ef 1, 17-23 ó Ef 4, 1-6. 11-13; **Mc 16, 15-20.**

Fue llevado al cielo y está sentado a la derecha de Dios.

Jesús resucitado se apareció a los Once y les dijo: "Vayan por todo el mundo, anuncien la Buena Noticia a toda la creación. El que crea y se bautice, se salvará. El que no crea, se condenará. Y estos prodigios acompañarán a los que crean: arrojarán a los demonios en mi Nombre y hablarán nuevas lenguas; podrán tomar a las serpientes con sus manos, y si beben un veneno mortal no les hará ningún daño; impondrán las manos sobre los enfermos y los sanarán". Después de decirles esto, el Señor Jesús fue llevado al cielo y está sentado a la derecha de Dios. Ellos fueron a predicar por todas partes, y el Señor los asistía y confirmaba su palabra con los milagros que la acompañaban.

El final del evangelio de Marcos puede leerse como un complemento de la primera lectura: ¿qué podrían haber hecho los discípulos una vez que vieron que Jesús "fue llevado al cielo"? Marcos lo aclara: predicaron en todos los lugares y hacían milagros. Ellos predicaron, es decir, con sus palabras anunciaban que había pasado algo diferente en el mundo y querían que otros compartieran su alegría. Pero también hacían milagros, confirmaban con sus actos lo que decían con sus palabras. Su vida entera estaba comprometida hacia los demás.

Jesús, que te fuiste pero te quedaste dándonos cuerda para todo lo verdadero y justo, lo bueno y santo, el amor y la paz; ruega al Padre, para que nuestra palabra y testimonio convenzan al mundo de sus mentiras y maldades ¡y alcance también la salvación!...

29 lunes   De la feria

Semana 7ª de Pascua. Semana 3ª del Salterio.

Hech 19, 1-8; Sal 67, 2-7; **Jn 16, 29-33.**

Tengan valor: Yo he vencido al mundo.

A la Hora de pasar de este mundo al Padre, los discípulos le dijeron a Jesús: "Por fin hablas claro y sin parábolas. Ahora conocemos que tú lo sabes todo y no hace falta hacerte preguntas. Por eso creemos que tú has salido de Dios". Jesús les respondió: "¿Ahora creen? Se acerca la hora, y ya ha llegado, en que ustedes se dispersarán cada uno por su lado, y me dejarán solo. Pero no, no estoy solo, porque el Padre está conmigo. Les digo esto para que encuentren la paz en mí. En el mundo tendrán que sufrir; pero tengan valor: Yo he vencido al mundo".

La confesión de fe de los discípulos no satisface a Jesús, no alcanza. Jesús les demuestra cómo reaccionarán ante su muerte. No basta con creer, hay que seguir a Cristo hasta el final, hasta su cruz. Y el signo de que no lo seguirán es la dispersión. Luego de su muerte, deberán buscar caminos de unidad y de comunidad. La Iglesia ha comenzado en la convocatoria a estos hombres. Jesús los ha llamado, y hoy nos vuelve a recordar que el signo de que lo seguimos hasta el final es la unidad y no la dispersión.

Jesús, el mundo no tiene paz. Sólo da guerra, tristeza y muerte. Lo vemos a diario. Sólo en ti encontramos vida, amor y esperanza. Y esta fe nuestra es la que vence al mundo. Ayúdanos a traducirla en obras.

30 martes   De la feria

Hech 20, 17-27; Sal 67, 10-11. 20-21; Jn 17, 1-11.

Padre, glorifica a tu Hijo.

A la Hora de pasar de este mundo al Padre, Jesús levantó los ojos al cielo, orando así: Padre, ha llegado la Hora: glorifica a tu Hijo para que el Hijo te glorifique a ti, ya que le diste autoridad sobre todos los hombres, para que él diera Vida eterna a todos los que tú les has dado. Ésta es la Vida eterna: que te conozcan a ti, el único Dios verdadero, y a tu Enviado, Jesucristo. Yo te he glorificado en la tierra, llevando a cabo la obra que me encomendaste. Ahora, Padre, glorifícame junto a ti, con la gloria que yo tenía contigo antes que el mundo existiera. Manifesté tu Nombre a los que separaste del mundo para confiármelos. Eran tuyos y me los diste, y ellos fueron fieles a tu palabra. Ahora saben que todo lo que me has dado viene de ti, porque les comuniqué las palabras que tú me diste: ellos han reconocido verdaderamente que yo salí de ti, y han creído que tú me enviaste. Yo ruego por ellos: no ruego por el mundo, sino por los que me diste, porque son tuyos. Todo lo mío es tuyo y todo lo tuyo es mío, y en ellos he sido glorificado. Ya no estoy más en el mundo, pero ellos están en él; y yo vuelvo a ti.

Ante la cercanía de su pasión, Jesús no ora por él solamente. Tiene un lugar especial para orar por nosotros. Su vida, su pasión y muerte y su resurrección fueron para que recibamos la revelación plena del amor de Dios. Jesús nos dio todo, ha entregado todo, se entregó a sí mismo.

Jesús, sólo quien te conoce y acepta puede gozar de tu amor y obedecerte. Y tú quieres que los hombres te descubran en nuestras palabras y obras, y en la alegría que brota del alma en paz contigo y con los hermanos. ¡Ayúdanos!

31 miércoles   Visitación de santa María Virgen. (F)

Sof 3, 14-18 ó Rom 12, 9-16; [Sal] Is 12, 2-6; **Lc 1, 39-56.**

¿Quién soy yo, para que la madre de mi
Señor venga a visitarme?

En aquellos días, María partió y fue sin demora a un pueblo de la montaña de Judá. Entró en la casa de Zacarías y saludó a Isabel. Apenas ésta oyó el saludo de María, el niño saltó de alegría en su seno, e Isabel, llena del Espíritu Santo, exclamó: "¡Tú eres bendita entre todas las mujeres y bendito es el fruto de tu vientre! ¿Quién soy yo, para que la madre de mi Señor venga a visitarme? Apenas oí tu saludo, el niño saltó de alegría en mi seno. Feliz de ti por haber creído que se cumplirá lo que te fue anunciado de parte del Señor". María dijo entonces: "Mi alma canta la grandeza del Señor, y mi espíritu se estremece de gozo en Dios, mi Salvador, porque miró con bondad la pequeñez de su servidora. En adelante todas las generaciones me llamarán feliz, porque el Todopoderoso ha hecho en mí grandes cosas. Su nombre es santo, y su misericordia se extiende de generación en generación sobre los que le temen. Desplegó la fuerza de su brazo, dispersó a los soberbios de corazón. Derribó del trono a los poderosos, y elevó a los humildes, colmó de bienes a los hambrientos y despidió a los ricos con las manos vacías. Socorrió a Israel, su servidor, acordándose de su misericordia –como lo había prometido a nuestros padres– en favor de Abraham y de su descendencia para siempre". María permaneció con Isabel unos tres meses, y luego regresó a su casa.

En el Magnificat María expresa tanto su alegría personal como la alegría de todo un pueblo que se reconoce elegido y amado por Dios. Él encarnado en María es el cumplimiento de la promesa, presencia salvadora que instaura el reino desde los pobres y los hambrientos elevados al primer lugar.

María, la jovencita anónima de un pueblito olvidado, nos re-
cuerda que Dios no se olvida de sus pequeños.

¡Feliz de ti, María!, sagrario viviente del Señor, que corres a
visitar y ayudar a Isabel... y con ella te deshaces en alabanzas
al cielo; danos tu santo orgullo de ser la humilde esclava y tu disponibilidad alegre al servicio de Dios y de los hombres.

Junio

1 jueves

San Justino, mr. (MO)

Hech 22, 30; 23, 6-11; Sal 15, 1-2. 5. 7-11; **Jn 17, 20-26.**

Que sean perfectamente uno.

A la Hora de pasar de este mundo al Padre, Jesús levantó los ojos al cielo, y oró diciendo: Padre santo, no ruego solamente por ellos, sino también por los que, gracias a su palabra, creerán en mí. Que todos sean uno: como tú, Padre, estás en mí y yo en ti, que también ellos sean uno en nosotros, para que el mundo crea que tú me enviaste. Yo les he dado la gloria que tú me diste, para que sean uno, como nosotros somos uno –yo en ellos y tú en mí– para que sean perfectamente uno y el mundo conozca que tú me has enviado, y que los has amado a ellos como me amaste a mí. Padre, quiero que los que tú me diste estén conmigo donde yo esté, para que contemplen la gloria que me has dado, porque ya me amabas antes de la creación del mundo. Padre justo, el mundo no te ha conocido, pero yo te conocí, y ellos reconocieron que tú me enviaste. Les di a conocer tu Nombre, y se lo seguiré dando a conocer, para que el amor con que tú me amaste esté en ellos, y yo también esté en ellos.

El llamado "discurso sacerdotal" de Jesús, que abarca todo el capítulo 17 del evangelio de san Juan, termina desarrollando un tema que había sido anunciado en el mismo discurso: la unidad de los discípulos. Jesús dice que la unidad entre los discípulos depende de la unidad de él mismo con ellos y que, a la vez, esta unidad proviene de su unidad con el Padre. No estamos unidos por una creencia, o por un proyecto o un ideal, ni siquiera estamos unidos porque creemos en el mismo Jesús. Estamos unidos porque participamos de la unidad que se da en la Trinidad. Estamos "dentro" de la misma Trinidad, porque el Señor nos ha unido al Padre a través suyo.

Jesús, nos cuesta cantar juntos como hermanos... porque la realidad nos cachetea y nos quiere convencer de que somos "lobos contra lobos"... ¡Que jamás el pecado pueda frenar tu proyecto de unidad en la verdad y el amor!

2 viernes   De la feria. Santos Marcelino
y Pedro, mrs. (ML)

Hech 25, 13-21; Sal 102, 1-2. 11-12. 19-20; Jn 21, 15-19.

Apacienta mis corderos, apacienta mis ovejas.

Después de la aparición a la orilla del lago, Jesús resucitado dijo a Simón Pedro: "Simón, hijo de Juan, ¿me amas más que éstos?". Él le respondió: "Sí, Señor, tú sabes que te quiero". Jesús le dijo: "Apacienta mis corderos". Le volvió a decir por segunda vez: "Simón, hijo de Juan, ¿me amas?". Él le respondió: "Sí, Señor, sabes que te quiero". Jesús le dijo: "Apacienta mis ovejas". Le preguntó por tercera vez: "Simón, hijo de Juan, ¿me quieres?". Pedro se entristeció de que por tercera vez le preguntara si lo quería, y le dijo: "Señor, tú lo sabes todo; sabes que te quiero". Jesús le dijo: "Apacienta mis ovejas. Te aseguro que cuando eras joven, tú mismo te vestías e ibas a donde querías. Pero cuando seas viejo, extenderás tus brazos, y otro te atará y te llevará a donde no quieras". De esta manera, indicaba con qué muerte Pedro debía glorificar a Dios. Y después de hablar así, le dijo: "Sígueme".

Como una reparación a las tres negaciones, Pedro tiene que demostrar su fidelidad en tres confesiones de amor a Jesús. Para asumir el pastoreo de los cristianos, deberá confesar que ama al Pastor y reconocer también que el verdadero pastor de las ovejas es Jesús. Pedro asumirá un ministerio de servicio a favor de las ovejas del Señor.

Jesús, tú que desafiaste a Pedro, "¿te jugarías por mí?"... Que nuestro amor nos lleve a arriesgarnos por un mundo nuevo, basado en tu Evangelio, sin quedarnos en sentimentalismos o formalismos, como esos "¡Sí, juro!"...

3 sábado   Santos Carlos Lwanga y comps., mrs. (MO)

Hech 28, 16-20. 30-31; Sal 10, 4-5. 7; **Jn 21, 19-25.**

> *Este mismo discípulo ha escrito estas cosas,*
> *y su testimonio es verdadero.*

Jesús resucitado había anunciado con qué muerte Pedro debía glorificar a Dios. Pedro, volviéndose, vio que lo seguía el discípulo al que Jesús amaba, el mismo que durante la Cena se había reclinado sobre Jesús y le había preguntado: "Señor, ¿quién es el que te va a entregar?". Cuando Pedro lo vio, preguntó a Jesús: "Señor, ¿y qué será de éste?". Jesús le respondió: "Si yo quiero que él quede hasta mi venida, ¿qué te importa? Tú sígueme". Entonces se divulgó entre los hermanos el rumor de que aquel discípulo no moriría, pero Jesús no había dicho a Pedro: "Él no morirá", sino: "Si yo quiero que él quede hasta mi venida, ¿qué te importa?". Este mismo discípulo es el que da testimonio de estas cosas y el que las ha escrito, y sabemos que su testimonio es verdadero. Jesús hizo también muchas otras cosas. Si se las relatara detalladamente, pienso que no bastaría todo el mundo para contener los libros que se escribirían.

¿Quién es este discípulo que seguía a Jesús y a Pedro? ¿Quién será este hombre que recibe un amor de predilección de parte de Jesús y que seguirá presente hasta su vuelta? No podría tratarse simplemente de un hombre, ya que el mismo Juan se preocupa en aclarar que "no dijo que no iba a morir". Ningún discípulo de Jesús está aún vivo, esperando la vuelta de Jesús. En el lenguaje tan simbólico del evangelio de Juan, podríamos suponer que sí existe un discípulo que permanecerá hasta la vuelta del Señor. La comunidad de Jesús sigue a Jesús en la historia, detrás de Pedro y del Pastor, no deja de ser fiel a su seguimiento y al amor que Jesús le muestra cada día. El discípulo que sigue a Jesús y a Pedro somos cada uno de nosotros, es la Iglesia que camina en el mundo.

Jesús, tu vida y tu palabra son "el único camino al Padre". Que tus discípulos, bien unidos en tu Iglesia, peregrinemos con entusiasmo, animando a todos a poner su mejor buena voluntad, sin desalientos, hasta el fin.

4 domingo   Pentecostés. (S)

Hech 2, 1-11; Sal 103, 1. 24. 29-31. 34; 1 Cor 12, 3-7. 12-13 ó Gál 5, 16-25; **Jn 20, 19-23.**

Como el Padre me envió a mí, yo también los envío a ustedes.
Reciban el Espíritu Santo.

Al atardecer del primer día de la semana, los discípulos se encontraban con las puertas cerradas por temor a los judíos. Entonces llegó Jesús y poniéndose en medio de ellos, les dijo: "¡La paz esté con ustedes!". Mientras decía esto, les mostró sus manos y su costado. Los discípulos se llenaron de alegría cuando vieron al Señor. Jesús les dijo de nuevo: "¡La paz esté con ustedes! Como el Padre me envió a mí, yo también los envío a ustedes". Al decirles esto, sopló sobre ellos y añadió: "Reciban el Espíritu Santo. Los pecados serán perdonados a los que ustedes se los perdonen, y serán retenidos a los que ustedes se los retengan".

El don del Espíritu es la expresión de que una nueva creación ha comenzado. Jesús "sopla", entregando a sus discípulos la vida nueva de la Pascua, así como el Espíritu "aleteaba" sobre las aguas al comienzo de la vida (Gn 1, 1). Y este Espíritu tiene consecuencias visibles en la comunidad: "perdonar los pecados", como una responsabilidad de esta nueva creación. Los cristianos ya no podemos regirnos por la Ley del Talión, ni por la venganza, ni por el odio. La nueva creación comenzó con Cristo, que dio el perdón a todos los hombres. Y así nosotros, desde ahora, receptores de su Espíritu, transmitimos también ese perdón a la humanidad.

Jesús, tu Padre "infló" de vida divina los pulmones de Adán, y tú "soplas" tu Espíritu sobre nosotros. ¡Que también nosotros ventilemos el "buen perfume de Cristo", neutralizando tantos malos olores...!

5 lunes   María, Madre de la Iglesia. (MO)

Semana 9ª durante el año. Semana 1ª del Salterio.

Gn 3, 9-15. 20 ó bien Hech 1, 12-14; [Sal] Jdt 13, 18-19; **Jn 19, 25-27.**

Aquí tienes a tu hijo. Aquí tienes a tu madre.

Junto a la cruz de Jesús, estaban su madre y la hermana de su madre, María, mujer de Cleofás, y María Magdalena. Al ver a la madre y cerca de ella al discípulo a quien él amaba, Jesús le dijo: "Mujer, aquí tienes a tu hijo". Luego dijo al discípulo: "Aquí tienes a tu madre". Y desde aquella Hora, el discípulo la recibió como suya.

El discípulo amado aparece como un símbolo de los cristianos que, al pie de la cruz, acompañan a Jesús hasta el último momento. En su persona, estamos todos representados, recibiendo a la Madre del Señor como nuestra Madre, y llevándola a casa, pero no como una reliquia, ni como un adorno, ni como un fetiche, sino como nuestra madre. Es decir, ella sigue enseñando, acompañando y enviando a sus hijos al mundo. Ella no espera adoración (solo a Dios adoramos), ni ser idolatrada. La verdadera devoción a nuestra Madre es recibirla y seguir su ejemplo de abandono en la Providencia, como lo hizo frente al ángel, de solidaridad con los necesitados, como fue en su atención a Isabel, de espera paciente y generosa en la liberación de los pobres, como lo cantó en el Magnificat. Aceptar a María en nuestra casa, como madre, es una gran responsabilidad, tan grande como ser verdaderamente cristianos.

"Porque Cristo es nuestro hermano, tú eres nuestra Madre: ¡María, alégrate!... Porque en medio de este valle, tú eres la esperanza: ¡María, alégrate! ¡Aleluya, aleluya, aleluya!".

O bien: San Bonifacio, ob. y mr. (MO)

2 Ped 1, 2-7; Sal 90, 1-2. 14-16; **Mc 12, 1-12.**

*Apoderándose del hijo amado,
lo mataron y lo arrojaron fuera de la viña.*

Jesús se puso a hablar en parábolas a los sumos sacerdotes, los escribas y los ancianos, y les dijo: "Un hombre plantó una viña, la cercó, cavó un lagar y construyó una torre de vigilancia. Después la arrendó a unos viñadores y se fue al extranjero. A su debido tiempo, envió a un servidor para percibir de los viñadores la parte de los frutos que le correspondía. Pero ellos lo tomaron, lo golpearon y lo echaron con las manos vacías. De nuevo les envió a otro servidor, y a éste también lo maltrataron y lo llenaron de ultrajes. Envió a un tercero, y a éste lo mataron. Y también golpearon o mataron a muchos otros. Todavía le quedaba alguien, su hijo, a quien quería mucho, y lo mandó en último término, pensando: 'Respetarán a mi hijo'. Pero los viñadores se dijeron: 'Éste es el heredero: vamos a matarlo y la herencia será nuestra'. Y apoderándose de él, lo mataron y lo arrojaron fuera de la viña. ¿Qué hará el dueño de la viña? Vendrá, acabará con los viñadores y entregará la viña a otros. ¿No han leído este pasaje de la Escritura: 'La piedra que los constructores rechazaron ha llegado a ser la piedra angular: ésta es la obra del Señor, admirable a nuestros ojos'?". Entonces buscaban la manera de detener a Jesús, porque comprendían que esta parábola la había dicho por ellos, pero tenían miedo de la multitud. Y dejándolo, se fueron.

Las autoridades, los encargados de cuidar la viña, no han dado su fruto. Se han apropiado de la viña como posesión personal, no han reconocido que su autoridad era para servir a ese pueblo que el Señor les confió. Sin embargo, a pesar de estos malos encargados, la viña no dejará de dar frutos. El plan de Dios seguirá adelante a pesar de todas las oposiciones.

Señor, libérame de mis falsas seguridades, no dejes que me quede envuelto y asfixiado en mis propios proyectos que no me dejan ver tu luz, que no me permiten escuchar esa palabra que me llama a la entrega, al cambio, a la vida nueva.

6 martes   De la feria. San Norberto, ob. (ML)

2Ped 3, 11-15. 17-18; Sal 89, 2-4. 10. 14. 16; **Mc 12, 13-17.**

Den al César lo que es del César, y a Dios lo que es de Dios.

Le enviaron a Jesús unos fariseos y herodianos para sorprenderlo en alguna de sus afirmaciones. Ellos fueron y le dijeron: "Maestro, sabemos que eres sincero y no tienes en cuenta la condición de las personas, porque no te fijas en la categoría de nadie, sino que enseñas con toda fidelidad el camino de Dios. ¿Está permitido pagar el impuesto al César o no? ¿Debemos pagarlo o no?". Pero él, conociendo su hipocresía, les dijo: "¿Por qué me tienden una trampa? Muéstrenme un denario". Cuando se lo mostraron, preguntó: "¿De quién es esta figura y esta inscripción?". Respondieron: "Del César". Entonces Jesús les dijo: "Den al César lo que es del César, y a Dios, lo que es de Dios". Y ellos quedaron sorprendidos por la respuesta.

Los distintos grupos políticos y religiosos quieren encontrar motivos para condenar a Jesús. Con astucia, le presentan cuestiones que lo harían quedar mal con uno o con otro. Los fariseos estaban en contra de los impuestos romanos, los herodianos, en cambio, estaban acomodados con los ocupantes. La respuesta de Jesús "les tapó la boca" a ambos. Muchas interpretaciones se han buscado para esta respuesta de Jesús. Frente a las pretensiones del Imperio, vale la pena recordar que lo primero que es "de Dios" es el pueblo, que se reconoce a sí mismo como pueblo de Dios.

Creador y Padre providente de cuanto existe, que jamás antepongamos nada a tu justicia y caridad. Que rechacemos toda tentación de creernos dioses y decidir qué es bueno y qué verdadero. ¡Sólo tú, Dios, absolutamente!

7 miércoles   De la feria

2Tim 1, 1-3. 6-12; Sal 122, 1-2; **Mc 12, 18-27.**

Dios no es un Dios de muertos, sino de vivientes.

Se acercaron a Jesús unos saduceos, que son los que niegan la resurrección, y le propusieron este caso: "Maestro, Moisés nos ha ordenado lo siguiente: 'Si alguien está casado y muere sin tener hijos, que su hermano, para darle descendencia, se case con la viuda'. Ahora bien, había siete hermanos. El primero se casó y murió sin tener hijos. El segundo se casó con la viuda y también murió sin tener hijos; lo mismo ocurrió con el tercero; y así ninguno de los siete dejó descendencia. Después de todos ellos, murió la mujer. Cuando resuciten los muertos, ¿de quién será esposa, ya que los siete la tuvieron por mujer?". Jesús les dijo: "¿No será que ustedes están equivocados por no comprender las Escrituras ni el poder de Dios? Cuando resuciten los muertos, ni los hombres ni las mujeres se casarán, sino que serán como ángeles en el cielo. Y con respecto a la resurrección de los muertos, ¿no han leído en el Libro de Moisés, en el pasaje de la zarza, lo que Dios le dijo: 'Yo soy el Dios de Abraham, el Dios de Isaac y el Dios de Jacob'? Él no es un Dios de muertos, sino de vivientes. Ustedes están en un grave error".

Frente a quienes niegan la resurrección, Jesús proclama la supremacía del Dios de la vida: un Dios de vivos y no de muertos. Abraham, Isaac, Jacob... y podríamos continuar con la lista de todos nuestros muertos. Ellos y ellas no están muertos para Dios, y un día todos gozaremos de esa vida plena en la resurrección.

Jesús, ¡qué error el nuestro! Ayúdanos a comprender que resucitar no es volver a lo de antes, sino vivir en plenitud a tu imagen y semejanza: lo que tus discípulos veían en el Tabor y la resurrección, ¡y no podían creer!...

8 jueves   De la feria

2Tim 2, 8-15; Sal 24, 4-5. 8-10. 14; **Mc 12, 28-34.**

No hay otro mandamiento más grande que éstos.

Un escriba que oyó discutir a Jesús con los saduceos; al ver que les había respondido bien, se acercó y le preguntó: "¿Cuál es el primero de los mandamientos?". Jesús respondió: "El primero es: 'Escucha, Israel: el Señor nuestro Dios es el único Señor; y tú amarás al Señor, tu Dios, con todo tu corazón y con toda tu alma, con todo tu espíritu y con todas tus fuerzas'. El segundo es: 'Amarás a tu prójimo como a ti mismo'. No hay otro mandamiento más grande que éstos". El escriba le dijo: "Muy bien, Maestro, tienes razón al decir que hay un solo Dios y no hay otro más que él, y que amarlo con todo el corazón, con toda la inteligencia y con todas las fuerzas, y amar al prójimo como a sí mismo, vale más que todos los holocaustos y todos los sacrificios". Jesús, al ver que había respondido tan acertadamente, le dijo: "Tú no estás lejos del reino de Dios". Y nadie se atrevió a hacerle más preguntas.

El Antiguo Testamento contiene el principio fundamental para nuestra vida: amar a Dios y al prójimo. Más allá de toda discusión sobre normas, preceptos o reglamentaciones, se destaca este único mandamiento: el del amor. Ésta es la clave para participar del reino.

Dios de amor total, que en Jesús te muestras todo corazón y nos mandas amarnos unos a otros en el servicio y la solidaridad, la paciencia y la abnegación, el perdón y la reconciliación, la plegaria por los pecadores, la alegría por el bien ajeno... ¡ayúdanos a no ceder al egoísmo reinante!

9 viernes   De la feria. San Efrén, diác. y dr. (ML)

2Tim 3, 10-17; Sal 118, 157. 160-161. 165-166. 168; **Mc 12, 35-37.**

¿Cómo pueden decir que el Mesías es hijo de David?

Jesús se puso a enseñar en el Templo y preguntaba: "¿Cómo pueden decir los escribas que el Mesías es hijo de David? El mismo David ha dicho, movido por el Espíritu Santo: 'Dijo el Señor a mi Señor: Siéntate a mi derecha, hasta que ponga a tus enemigos debajo de tus pies'. Si el mismo David lo llama 'Señor', ¿cómo puede ser hijo suyo?". La multitud escuchaba a Jesús con agrado.

El Mesías, el ungido que Dios enviaría, sería descendiente de la familia de David. Pero su obra salvadora lo pondría por encima de David. Por su resurrección, Jesús, exaltado por Dios, ha sido colocado por encima de todo y recibe el título de Señor.

Jesús, Dios de Dios, que te hiciste "hijo de David" y ahora reinas junto al Padre, intercediendo por nosotros... que todos, viendo como te imitamos, crean en ti y "juntos como hermanos" glorifiquemos al Padre, desde aquí hasta el cielo...

10 sábado   De la feria. Santa María en sábado

2Tim 4, 1-8; Sal 70, 8-9. 14-17. 22; **Mc 12, 38-44.**

Esta pobre viuda ha puesto más que cualquiera de los otros.

Jesús enseñaba a la multitud: "Cuídense de los escribas, a quienes les gusta pasearse con largas vestiduras, ser saludados en las plazas y ocupar los primeros asientos en las sinagogas y los banquetes; que devoran los bienes de las viudas y fingen hacer largas oraciones. Éstos serán juzgados con más severidad".

Jesús se sentó frente a la sala del tesoro del Templo y miraba cómo la gente depositaba su limosna. Muchos ricos daban en abundancia. Llegó una viuda de condición humilde y colocó dos pequeñas monedas de cobre. Entonces él llamó a sus discípulos y les dijo: "Les aseguro que esta pobre viuda ha puesto más que cualquiera de los otros, porque todos han dado de lo que les sobraba, pero ella, de su indigencia, dio todo lo que poseía, todo lo que tenía para vivir".

Dos figuras opuestas: los escribas y la viuda pobre. Los escribas sabían leer y escribir, se destacaban por su conocimiento de la Ley, y por esto eran consultados en todo lo referente a la aplicación de las leyes judías. Esto les daba un prestigio que a veces se transformaba en soberbia. La viuda pobre, por el contrario, no tenía ningún prestigio ni privilegio. Entre la multitud del Templo, Jesús resalta el gesto generoso de entrega total de la viuda.

Jesús, todo lo que somos y tenemos lo hemos recibido gratuita y generosamente de tu amor y providencia. ¡Que no nos apropiemos con avaricia de tus dones, y que con ellos cooperemos al bien común, para tu gloria y honor. Amén.

11 domingo   Santísima Trinidad. (S)

San Bernabé, apóstol.

Deut 4, 32-34. 39-40; Sal 32, 4-6. 9. 18-20. 22; Rom 8, 14-17; **Mt 28, 16-20.**

...bautizándolos en el nombre del Padre y del Hijo y del Espíritu Santo.

Después de la Resurrección del Señor, los once discípulos fueron a Galilea, a la montaña donde Jesús los había citado. Al verlo, se postraron delante de él; sin embargo, algunos todavía dudaban. Acercándose, Jesús les dijo: "Yo he recibido todo poder en el cielo y en la tierra. Vayan, y hagan que todos los pueblos sean mis discípulos, bautizándolos en el nombre del Padre y del Hijo y del Espíritu Santo, y enseñándoles a cumplir todo lo que yo les he mandado. Y yo estaré con ustedes todos los días hasta el fin del mundo".

El mandato misionero de Jesús ha sido recibido por la comunidad y nos ha llegado hasta el día de hoy. Somos producto de esa evangelización y de ese bautismo, y somos la continuidad de aquellos hombres que recibieron el mandato de evangelizar y bautizar en el nombre de Dios Uno y Trino, en el nombre de la Trinidad. Nosotros hoy, como comunidad, también estamos llamados a evangelizar y a bautizar en el nombre de la Trinidad, es decir, a formar comunidad en torno al Padre, al Hijo y al Espíritu Santo.

Jesús, que rezaste así: "Padre, que ellos sean uno en nosotros...", introdúcenos en el torrente de vida eterna que recircula entre ti y el Padre, en la unidad del Espíritu Santo... y que convierte este infierno en antesala del paraíso.

12 lunes   De la feria

Semana 10ª durante el año. Semana 2ª del Salterio.

1Rey 17, 1-6; Sal 120, 1-8; Mt 4, 25—5, 12.

Felices los que tienen alma de pobres.

Seguían a Jesús grandes multitudes que llegaban de Galilea, de la Decápolis, de Jerusalén, de Judea y de la Transjordania. Al ver la multitud, Jesús subió a la montaña, se sentó, y sus discípulos se acercaron a él. Entonces tomó la palabra y comenzó a enseñarles, diciendo: "Felices los que tienen alma de pobres, porque a ellos les pertenece el reino de los cielos. Felices los afligidos, porque serán consolados. Felices los pacientes, porque re-

cibirán la tierra en herencia. Felices los que tienen hambre y sed
de justicia, porque serán saciados. Felices los misericordiosos,
porque obtendrán misericordia. Felices los que tienen el corazón
puro, porque verán a Dios. Felices los que trabajan por la paz,
porque serán llamados hijos de Dios. Felices los que son perseguidos por practicar la justicia, porque a ellos les pertenece el reino
de los cielos. Felices ustedes, cuando sean insultados y perseguidos, y cuando se los calumnie en toda forma a causa de mí. Alégrense y regocíjense entonces, porque ustedes tendrán una gran
recompensa en el cielo; de la misma manera persiguieron a los
profetas que los precedieron".

*El evangelio es "contracultural". Esto significa que, mien-
tras muchas voces nos proponen un bienestar a costa de
nuestra integridad moral, Cristo nos exige una conducta en la
cual el centro es la justicia, el abandono a la Providencia, el
amor y la misericordia. Esta conducta puede llevarnos a ser
"perseguidos por practicar la justicia". Y allí es donde demos-
tramos nuestra capacidad de opción: el Evangelio o nosotros
mismos.*

Jesús, ¡qué distinto piensa el mundo! Ayúdanos a no conta-
giarnos de sus criterios de muerte, y que con nuestras mejores palabras y ejemplos lo convenzamos de que sólo tú eres la ver-
dad-verdadera y que lo demás no.

13 martes   San Antonio de Padua, pbro. y dr. (MO)

1Rey 17, 7-16; Sal 4, 2-5. 7-8; Mt 5, 13-16.

Ustedes son la luz del mundo.

Jesús dijo a sus discípulos: Ustedes son la sal de la tierra.
Pero si la sal pierde su sabor, ¿con qué se la volverá a
salar? Ya no sirve para nada, sino para ser tirada y pisada por los
hombres. Ustedes son la luz del mundo. No se puede ocultar una

ciudad situada en la cima de una montaña. Y no se enciende una lámpara para meterla debajo de un cajón, sino que se la pone sobre el candelero para que ilumine a todos los que están en la casa. Así debe brillar ante los ojos de los hombres la luz que hay en ustedes, a fin de que ellos vean sus buenas obras y glorifiquen a su Padre que está en el cielo.

La fe del cristiano no es individualista, ni intimista, ni reservada para "ciertas ocasiones", ni para demostrarse "en momentos propicios, cuando hay tiempo y posibilidades". Somos sal, es decir, damos sabor a las cosas de este mundo. No nos alejamos de él, sino que hacemos más grata la vida en él. Somos luz porque descubrimos, con nuestra presencia, actitudes y palabras, lo bueno y lo malo que hay en él. Y esto hacemos y vivimos todos los días, casi sin darnos cuenta, como si para nosotros fuera tan natural como respirar.

¡Antonio! Tú querías dar la vida por Cristo en Marruecos, pero el Señor te quiso predicador entre cristianos. Ruega al Señor, niño en tus brazos, para que inspire a muchos jóvenes el deseo de consagrarse a trabajar en su viña.

14 miércoles   De la feria

1Rey 18, 20-39; Sal 15, 1-2. 5. 8. 11; **Mt 5, 17-19.**

No he venido a abolir, sino a dar cumplimiento.

Jesús dijo a sus discípulos: No piensen que vine para abolir la Ley o los Profetas: Yo no he venido a abolir, sino a dar cumplimiento. Les aseguro que no quedarán ni una i ni una coma de la Ley, sin cumplirse, antes que desaparezcan el cielo y la tierra. El que no cumpla el más pequeño de estos mandamientos, y enseñe a los otros a hacer lo mismo, será considerado el menor en el reino de los cielos. En cambio, el que los cumpla y enseñe, será considerado grande en el reino de los cielos.

Dios ha sido y es el mismo, en los tiempos del Antiguo Testamento y en la llegada de Jesús. Su revelación, por lo tanto, no se puede contradecir. El pueblo creyente fue conociendo y comprendiendo a Dios paso a paso a lo largo de su historia. Jesús viene, no para borrar todo lo que Dios había hecho antes, sino para darle perfecto cumplimiento. Él no desecha el Antiguo Testamento, sino que, por el contrario, lo lee y lo conoce. A partir de lo que ya estaba dicho en el Antiguo Testamento, Jesús, en su predicación, mostrará el camino del amor.

¡Tu palabra, Señor, es la verdad y la luz de mis ojos!... Tu ley es perfecta, descanso del alma, seguridad entre tanta falsedad y confusión, garantía de paz y libertad... ¡Sólo tú tienes palabras de vida eterna!...

15 jueves   De la feria

1Rey 18, 1-2. 41-46; Sal 64, 10-13; **Mt 5, 20-26.**

Todo aquél que se enoja contra su hermano, merece ser condenado por un tribunal.

Jesús dijo a sus discípulos: Les aseguro que si la justicia de ustedes no es superior a la de los escribas y fariseos, no entrarán en el reino de los cielos. Ustedes han oído que se dijo a los antepasados: No matarás, y el que mata debe ser llevado ante el tribunal. Pero Yo les digo que todo aquél que se enoja contra su hermano merece ser condenado por un tribunal. Y todo aquél que lo insulta merece ser castigado por el Tribunal. Y el que lo maldice merece el infierno. Por lo tanto, si al presentar tu ofrenda en el altar, te acuerdas de que tu hermano tiene alguna queja contra ti, deja tu ofrenda ante el altar, ve a reconciliarte con tu hermano, y sólo entonces vuelve a presentar tu ofrenda. Trata de llegar en seguida a un acuerdo con tu adversario, mientras vas caminando con él, no sea que el adversario te entregue al juez, y el juez al guardia, y te pongan preso. Te aseguro que no saldrás de allí hasta que hayas pagado el último centavo.

En el presente discurso, que se extiende hasta el final del capítulo 5, Jesús se presenta como un maestro judío que reinterpreta la Ley de Moisés. En esto se parece a tantos otros rabinos de su época, pero parece marcar una diferencia: Lleva la letra de la Ley a situaciones más radicales y profundas. Para Jesús el problema del asesinato radica en el corazón del hombre, de donde nace el odio, un odio capaz de ser tan asesino como aquél que quita la vida violentamente. Es el interior del hombre lo que se debe curar, porque, de otra manera, no hay Ley que pueda liberar del odio.

Jesús, manso y humilde, ten piedad de mi soberbia y egoísmo, de mi individualismo y cerrazón. Ayúdame a descubrir la maravilla de tu amor y misericordia. Quítame este amor propio que tanto mal provoca a mi alrededor...

16 viernes   De la feria

1Rey 19, 9. 11-16; Sal 26, 7-9. 13-14; **Mt 5, 27-32.**

El que mira a una mujer deseándola ya cometió adulterio.

Jesús dijo a sus discípulos: Ustedes han oído que se dijo: "No cometerás adulterio". Pero yo les digo: El que mira a una mujer deseándola ya cometió adulterio con ella en su corazón. Si tu ojo derecho es para ti una ocasión de pecado, arráncalo y arrójalo lejos de ti: es preferible que se pierda uno solo de tus miembros, y no que todo tu cuerpo sea arrojado al infierno. Y si tu mano derecha es para ti una ocasión de pecado, córtala y arrójala lejos de ti: es preferible que se pierda uno solo de tus miembros, y no que todo tu cuerpo sea arrojado al infierno. También se dijo: "El que se divorcia de su mujer debe darle una declaración de divorcio". Pero yo les digo: El que se divorcia de su mujer, excepto en caso de unión ilegal, la expone a cometer adulterio; y el que se casa con una mujer abandonada por su marido comete adulterio.

La moral de Jesús busca mantener la vida matrimonial en la unidad, pero una unidad que depende de los corazones y de las decisiones. No expone problemas matrimoniales, sino que afirma que existe en nosotros la posibilidad de evitar el adulterio. Nos hace responsables de nuestros deseos, de nuestras opciones y de nuestros cuerpos. No hay excusas. El pecado comienza ya cuando en el corazón se abandonó la fidelidad al ser amado.

Señor, hoy todo es descartable –"use y tire"–. Que tu amor dé valor y grandeza al amor de los esposos... ese amor que a veces es tocar el cielo con las manos, pero otras, es sacrificio y cruz... ¡pero que es el único que lleva al amor eterno!

17 sábado   De la feria. Santa María en sábado

1Rey 19, 19-21; Sal 15, 1-2. 5. 7-10; **Mt 5, 33-37.**

Yo les digo que no juren de ningún modo.

Jesús dijo a sus discípulos: Ustedes han oído que se dijo a los antepasados: "No jurarás falsamente, y cumplirás los juramentos hechos al Señor". Pero yo les digo que no juren de ningún modo: ni por el cielo, porque es el trono de Dios; ni por la tierra, porque es el estrado de sus pies; ni por Jerusalén, porque es la Ciudad del gran Rey. No jures tampoco por tu cabeza, porque no puedes convertir en blanco o negro uno solo de tus cabellos. Cuando ustedes digan "sí", que sea sí, y cuando digan "no", que sea no. Todo lo que se dice de más, viene del Maligno.

El juramento exige un testigo, y el cristiano no puede poner por testigo a Dios. El cristiano se hace cargo de sus palabras, porque su vida misma es un testimonio. Poner a Dios de testigo es des-responsabilizarse de lo que se afirma. El cristiano, con su vida, da autoridad a sus palabras.

DIOS mío, ¡cuántos juramentos falsos! Que jamás nos contagiemos de tanta hipocresía. Que tu palabra se haga carne viva en nuestros pensamientos y criterios, nuestros sentimientos, conductas y obras. ¡Que seamos evangelio viviente!

18 domingo   Santísimo Cuerpo y Sangre
                                          de Cristo. (S)

Éx 24, 3-8; Sal 115, 12-13. 15-18; Heb 9, 11-15; **Mc 14, 12-16. 22-26.**

Esto es mi Cuerpo. Ésta es mi Sangre.

El primer día de la fiesta de los panes ácimos, cuando se inmolaba la víctima pascual, los discípulos dijeron a Jesús: "¿Dónde quieres que vayamos a prepararte la comida pascual?". Él envió a dos de sus discípulos, diciéndoles: "Vayan a la ciudad; allí se encontrarán con un hombre que lleva un cántaro de agua. Síganlo, y díganle al dueño de la casa donde entre: El Maestro dice: '¿Dónde está mi sala, en la que voy a comer el cordero pascual con mis discípulos?'. El les mostrará en el piso alto una pieza grande, arreglada con almohadones y ya dispuesta; prepárennos allí lo necesario". Los discípulos partieron y, al llegar a la ciudad, encontraron todo como Jesús les había dicho y prepararon la Pascua. Mientras comían, Jesús tomó el pan, pronunció la bendición, lo partió y lo dio a sus discípulos, diciendo: "Tomen, esto es mi Cuerpo". Después tomó una copa, dio gracias y se la entregó, y todos bebieron de ella. Y les dijo: "Ésta es mi Sangre, la Sangre de la Alianza, que se derrama por muchos. Les aseguro que no beberé más del fruto de la vid hasta el día en que beba el vino nuevo en el reino de Dios".

Jesús revela anticipadamente lo que su sangre derrama-da en la cruz realizará: es sangre de la Alianza. Es, por lo tanto, la sangre que nos une con nuestro Dios en amor y en exclusividad. Todo aquel que se deje purificar por esta sangre entra a formar parte del pueblo de Dios y a vivir la vida del reino, ya desde aquí, con la esperanza de disfrutarlo plena-mente cuando el Señor haga nuevas todas las cosas.

Tú dijiste, Jesús, que nadie ama más que el que da su vida, iy tú la diste por nosotros hasta la última gota! Y así, tu Cuerpo y Sangre son verdadera comida y bebida que dan valor para desvivir-nos también nosotros por los demás.

19 lunes   De la feria. San Romualdo, abad. (ML)

Semana 11ª durante el año. Semana 3ª del Salterio

1Rey 21, 1-19; Sal 5, 2-3. 5-7; **Mt 5, 38-42.**

Yo les digo que no hagan frente al que les hace mal.

Jesús dijo a sus discípulos: Ustedes han oído que se dijo: "Ojo por ojo y diente por diente". Pero yo les digo que no hagan frente al que les hace mal: al contrario, si alguien te da una bofetada en la mejilla derecha, preséntale también la otra. Al que quiere hacerte un juicio para quitarte la túnica, déjale también el manto; y si te exige que lo acompañes un kilómetro, camina dos con él. Da al que te pide, y no le vuelvas la espalda al que quiere pedirte algo prestado.

Esta enseñanza de Jesús está directamente ligada a la bienaventuranza que proclama: "Felices los que trabajan por la paz". Responder al mal con más mal sólo crea una espi-ral de violencia incontenible, como tantas veces lo ha demos-trado la historia de la humanidad. Los que trabajan por la paz no responden al mal con más mal; lo absurdo que aparece ante

nuestros ojos el "poner la otra mejilla" es, más que una orden
a cumplir literalmente, la invitación a un cambio de actitud.

Jesús, nos diste ejemplo: soportaste el beso traidor y trataste
de "amigo" a Judas; "Guarda tu espada", dijiste a Pedro y cu-
raste a Malco la oreja cortada; al que te abofeteó le hiciste ver su
error... iy terminaste pidiendo perdón por tus verdugos...! ¿Podríamos nosotros tener excusas?

20 martes   De la feria

1Rey 21, 17-29; Sal 50, 3-6. 11. 16; **Mt 5, 43-48.**

Amen a sus enemigos.

Jesús dijo a sus discípulos: Ustedes han oído que se dijo:
"Amarás a tu prójimo" y odiarás a tu enemigo. Pero yo
les digo: Amen a sus enemigos, rueguen por sus perseguidores;
así serán hijos del Padre que está en el cielo, porque él hace salir
el sol sobre malos y buenos y hace caer la lluvia sobre justos e
injustos. Si ustedes aman solamente a quienes los aman, ¿qué
recompensa merecen? ¿No hacen lo mismo los publicanos? Y si
saludan solamente a sus hermanos, ¿qué hacen de extraordinario? ¿No hacen lo mismo los paganos? Por lo tanto, sean perfectos como es perfecto el Padre que está en el cielo.

"Hemos sido llamados por Dios a seguir su ejemplo y,
confiando en él, arriesgarnos a hacer lo que parece como
humanamente imposible. Jesús lo realiza en la superación de
todos los límites, en el triunfo de una conducta gobernada por
la ley y la justicia, en la superación de todas las anteriores
reglas de conducta establecidas por los hombres. Éste es el
significado de sus instrucciones extremas o, como podríamos
decir, sus exigencias 'radicales' que penetran hasta las raíces
del corazón humano" (R. Schnakenburg, Todo es posible para el
que cree).

🕊 Señor Jesús, que nos llamaste a la fe y a la vida cristiana para ser sal y levadura de vida nueva y nos envías a construir tu reino en el amor, la paz, la fraternidad... desde hace veinte siglos... Ayúdanos a entrar en acción de una vez por todas.

21 miércoles   San Luis Gonzaga, religioso. (MO)

2Rey 2, 1. 6-14; Sal 30, 20-21. 24; Mt 6, 1-6. 16-18.

Tu Padre, que ve en lo secreto, te recompensará.

📖 Jesús dijo a sus discípulos: Tengan cuidado de no practicar su justicia delante de los hombres para ser vistos por ellos: de lo contrario, no recibirán ninguna recompensa del Padre que está en el cielo. Por lo tanto, cuando des limosna, no lo vayas pregonando delante de ti, como hacen los hipócritas en las sinagogas y en las calles, para ser honrados por los hombres. Les aseguro que ellos ya tienen su recompensa. Cuando tú des limosna, que tu mano izquierda ignore lo que hace la derecha, para que tu limosna quede en secreto; y tu Padre, que ve en lo secreto, te recompensará. Cuando ustedes oren, no hagan como los hipócritas: a ellos les gusta orar de pie en las sinagogas y en las esquinas de las calles, para ser vistos. Les aseguro que ellos ya tienen su recompensa. Tú, en cambio, cuando ores, retírate a tu habitación, cierra la puerta y ora a tu Padre que está en lo secreto; y tu Padre, que ve en lo secreto, te recompensará. Cuando ustedes ayunen, no pongan cara triste, como hacen los hipócritas, que desfiguran su rostro para que se note que ayunan. Les aseguro que con eso, ya han recibido su recompensa. Tú, en cambio, cuando ayunes, perfuma tu cabeza y lava tu rostro, para que tu ayuno no sea conocido por los hombres, sino por tu Padre que está en lo secreto; y tu Padre, que ve en lo secreto, te recompensará.

🕯 *En una época de tanto exhibicionismo como la que vivimos, las palabras de Jesús se convierten en una denun-*

cia sobre aquello que debería hacerse en secreto y, por el contrario, se proclama a los cuatro vientos. Vemos y escuchamos campañas supuestamente solidarias, en las que empresas aprovechan para hacer publicidad y se ofrecen recompensas y premios a cambio de un alimento o participar de tal campaña. El reino de Dios, que es semilla, pasa por lo oculto; y no por ser pequeño y escondido es menos efectivo en su verdadero objetivo: que cada hombre y cada mujer vivan como hijos e hijas de Dios.

Dios de amor y ternura, que tanto haces por nosotros, en silencio y tan escondido que casi no lo notamos, que nuestro esfuerzo por los demás sea igual, sin aspavientos, sin pasar facturas, gozando de hacer bien a todos, a tu imagen y semejanza.

22 jueves   De la feria. San Paulino de Nola,
ob. (ML). Santos Juan Fisher, ob. y
Tomás Moro, mrs. (ML)

Eclo 48, 1-14; Sal 96, 1-7; Mt 6, 7-15.

Ustedes oren de esta manera.

Jesús dijo a sus discípulos: Cuando oren, no hablen mucho, como hacen los paganos: ellos creen que por mucho hablar serán escuchados. No hagan como ellos, porque el Padre que está en el cielo sabe bien qué es lo que les hace falta, antes de que se lo pidan. Ustedes oren de esta manera: Padre nuestro, que estás en el cielo, santificado sea tu Nombre, que venga tu reino, que se haga tu voluntad en la tierra como en el cielo. Danos hoy nuestro pan de cada día. Perdona nuestras ofensas, como nosotros perdonamos a los que nos han ofendido. No nos dejes caer en la tentación, sino líbranos del mal. Si perdonan sus faltas a los demás, el Padre que está en el cielo también los perdonará a ustedes. Pero si no perdonan a los demás, tampoco el Padre los perdonará a ustedes.

🕯 *Antes de decirnos cómo hay que orar, Jesús nos dice cómo no debemos orar. En esto nos da una sola indicación: que no nos vayamos en mucha palabrería. La oración es comunicación con Dios, y por eso, igual que la comunicación entre los seres humanos, no pasa por acumular palabras, sino por conectarse de corazón a corazón.*

🕊 Tu "Padre Nuestro" debemos hacerlo plan de vida, ley de convivencia, constitución nacional, tradición y cultura... Jesús, que no nos contentemos con recitarlo de memoria, casi mecánicamente, o como fórmula mágica. ¡Que lo hagamos historia diaria!...

23 viernes   Sagrado Corazón de Jesús. (S)

Os 11, 1. 3-4. 8-9; [Sal] Is 12, 3-6; Ef 3, 8-12. 14-19; **Jn 19, 31-37.**

Le atravesó el costado, y brotó sangre y agua.

📖 Era el día de la Preparación de la Pascua. Los judíos pidieron a Pilato que hiciera quebrar las piernas de los crucificados y mandara retirar sus cuerpos, para que no quedaran en la cruz durante el sábado, porque ese sábado era muy solemne. Los soldados fueron y quebraron las piernas a los dos que habían sido crucificados con Jesús. Cuando llegaron a él, al ver que ya estaba muerto, no le quebraron las piernas, sino que uno de los soldados le atravesó el costado con la lanza, y en seguida brotó sangre y agua. El que vio esto lo atestigua: su testimonio es verdadero y él sabe que dice la verdad, para que también ustedes crean. Esto sucedió para que se cumpliera la Escritura que dice: "No le quebrarán ninguno de sus huesos". Y otro pasaje de la Escritura, dice: "Verán al que ellos mismos traspasaron".

🕯 *El costado abierto de Jesús es símbolo de la entrega de su corazón, y de ese amor inconmensurable que lo llevó hasta dar la vida. La sangre es símbolo de la Alianza, Alianza por la cual somos parte del nuevo pueblo de Dios. Y el agua es símbolo de la nueva vida que Jesús nos regala.*

"Tanto los ama mi Padre...", decías, Jesús, a Nicodemo... ¡Y tú eres el corazón palpitante del mismo Dios-Amor!... Tu Madre asegura que si comprendiéramos esto, lloraríamos de alegría. Danos descubrir tanto fuego e incendiarnos en él, para quemar tanto egoísmo y rencor a nuestro alrededor...

24 sábado   Nacimiento de san Juan Bautista. (S)

Is 49, 1-6; Sal 138, 1-3. 13-15; Hech 13, 22-26; **Lc 1, 57-66. 80.**

Su nombre es Juan.

Cuando llegó el tiempo en que Isabel debía ser madre, dio a luz un hijo. Al enterarse sus vecinos y parientes de la gran misericordia con que Dios la había tratado, se alegraban con ella. A los ocho días, se reunieron para circuncidar al niño, y querían llamarlo Zacarías, como su padre; pero la madre dijo: "No, debe llamarse Juan". Ellos le decían: "No hay nadie en tu familia que lleve ese nombre". Entonces preguntaron por señas al padre qué nombre quería que le pusieran. Éste pidió una pizarra y escribió: "Su nombre es Juan". Todos quedaron admirados. Y en ese mismo momento, Zacarías recuperó el habla y comenzó a alabar a Dios. Este acontecimiento produjo una gran impresión entre la gente de los alrededores, y se comentaba en toda la región montañosa de Judea. Todos los que se enteraron guardaban este recuerdo en su corazón y se decían: "¿Qué llegará a ser este niño?". Porque la mano del Señor estaba con él. El niño iba creciendo y se fortalecía en su espíritu; y vivió en lugares desiertos hasta el día en que se manifestó a Israel.

¿Qué será de este niño? La respuesta a esta pregunta está encerrada en el nombre que el ángel indicó. Juan significa "Dios hace la gracia". Juan será el encargado de anun-

ciar esta gracia, este regalo que Dios viene a hacernos al dar-
nos el reino en Jesús.

Nada bueno es imposible para ti, Señor: una anciana da a luz,
un padre mudo te alaba y bendice, un profeta nace para preparar camino al Redentor... ¡Qué admirable es tu nombre en toda la
tierra!

25 domingo   Domingo 12° durante el año

Semana 12ª durante el año. Semana 4ª del Salterio.

Job 38, 1. 8-11; Sal 106, 23-26. 28-31; 2Cor 5, 14-17; **Mc 4, 35-41.**

¿Quién es éste que hasta el viento y el mar le obedecen?

Un día, al atardecer, Jesús dijo a sus discípulos: "Cruce-
mos a la otra orilla". Ellos, dejando a la multitud, lo llevaron en la barca, así como estaba. Había otras barcas junto a la
suya. Entonces se desató un fuerte vendaval, y las olas entraban
en la barca, que se iba llenando de agua. Jesús estaba en la popa,
durmiendo sobre el cabezal. Lo despertaron y le dijeron: "¡Maestro! ¿No te importa que nos ahoguemos?". Despertándose, él increpó al viento y dijo al mar: "¡Silencio! ¡Cállate!". El viento se
aplacó y sobrevino una gran calma. Después les dijo: "¿Por qué
tienen miedo? ¿Cómo no tienen fe?". Entonces quedaron atemo-
rizados y se decían unos a otros: "¿Quién es éste, que hasta el
viento y el mar le obedecen?".

Los discípulos iban conociendo a Jesús lentamente. La
recriminación sobre su poca fe muestra la humanidad y
la limitación de estos hombres, tan cercanos a nosotros, que
vacilamos ante la primera tormenta que se nos presenta. La
presencia de Jesús en nuestra vida, en nuestra barca, nos da la
seguridad de que podemos enfrentar los problemas o las terri-
bles situaciones que nos toquen vivir. No siempre la solución
será la que esperamos, pero no estaremos solos en esta lucha.

Ellos te iban conociendo, Jesús. Que también nosotros te reconozcamos a nuestro lado. Que tengamos tanta fe como para
soportar esas tormentas que nos mueven el piso, pero nos obligan a
confiar más en ti...

26 lunes   De la feria

2Rey 17, 5-8. 13-15. 18; Sal 59, 3-5. 12-14; **Mt 7, 1-5.**

Saca primero la viga de tu ojo.

Jesús dijo a sus discípulos: No juzguen, para no ser juzgados. Porque con el criterio con que ustedes juzguen se los
juzgará, y la medida con que midan se usará para ustedes. ¿Por
qué te fijas en la paja que está en el ojo de tu hermano y no
adviertes la viga que está en el tuyo? ¿Cómo puedes decirle a tu
hermano: "Deja que te saque la paja de tu ojo", si hay una viga en
el tuyo? Hipócrita, saca primero la viga de tu ojo, y entonces
verás claro para sacar la paja del ojo de tu hermano.

*¡Cuán fácil vemos los defectos y pecados de los demás!
Las palabras de Jesús son, nuevamente, una exhortación
a la mirada simple: mirarnos primero a nosotros mismos, tal
cual somos, con una mirada limpia y luego de entonces, con
esa misma sencillez de mirada, poder ayudar a nuestros hermanos. El único juez es Dios, y sabemos que él juzga con misericordia a quienes son misericordiosos.*

Ojalá tengamos siempre muy buena vista para descubrir y
sacar los troncos de nuestros ojos... y miopía para no escudri-
ñar morbosamente y con lupa la basurita de los ojos ajenos... ¿No te
parece, Señor?

27 martes   De la feria.

San Cirilo de Alejandría, ob. y dr. (ML)

2Rey 19, 9-11. 14-21. 31-36; Sal 47, 2-4. 10-11; Mt 7, 6. 12-14.

Todo lo que deseen que los demás hagan por ustedes,
háganlo por ellos.

Jesús dijo a sus discípulos: No den las cosas sagradas a los perros, ni arrojen sus perlas a los cerdos, no sea que las pisoteen y después se vuelvan contra ustedes para destrozarlos. Todo lo que deseen que los demás hagan por ustedes, háganlo por ellos: en esto consiste la Ley y los Profetas. Entren por la puerta estrecha, porque es ancha la puerta y espacioso el camino que lleva a la perdición, y son muchos los que van por allí. Pero es angosta la puerta y estrecho el camino que lleva a la Vida, y son pocos los que lo encuentran.

Las exigencias del evangelio son grandes, y, por lo tanto, no es simple vivir de acuerdo con el mensaje del Señor. La mayor de las responsabilidades es una vigilancia atenta sobre las opciones y las actitudes hacia los demás.

Señor Jesús, danos inteligencia para comprender el abismo infernal en que nos hunde el pecado. Danos fuerza y valentía para dar todo por *el todo* –que eres tú– con tal de salir a flote. ¡Que tomemos muy en serio el negocio de nuestra salvación!...

28 miércoles   San Ireneo, ob. y mr. (MO)

2Rey 22, 8. 10-13; 23, 1-3; Sal 118, 33-36. 39-40; Mt 7, 15-20.

Por sus frutos los reconocerán.

Jesús dijo a sus discípulos: Tengan cuidado de los falsos profetas, que se presentan cubiertos con pieles de ovejas, pero por dentro son lobos rapaces. Por sus frutos los reconocerán. ¿Acaso se recogen uvas de los espinos o higos de los cardos? Así, todo árbol bueno produce frutos buenos y todo árbol malo produce frutos malos. Un árbol bueno no puede producir frutos malos, ni un árbol malo, producir frutos buenos. Al árbol que no produce frutos buenos se lo corta y se lo arroja al fuego. Por sus frutos, entonces, ustedes los reconocerán.

Tanto dentro como fuera de nuestra Iglesia aparecen cada día predicadores, sanadores, profetas verdaderos y también charlatanes. ¿Cómo discernir quiénes son de Dios? Jesús habla de los frutos, y esos frutos son las actitudes en las cuales insiste todo el sermón de la montaña: la misericordia, la pobreza, el construir la paz y la justicia, el amor a todos, no hacer alarde de las propias obras y el desapego al dinero, las cuales son señales de que una persona quiere vivir el reino.

Señor, que nos envías como testigos y profetas tuyos en esta selva de mentiras y errores, guíanos para proclamar siempre tu verdad en todo lugar y momento. No queremos ser perros mudos ni campañas que llaman pero no van a misa...

29 jueves   Santos Pedro y Pablo, apóstoles. (S)

Hech 12, 1-11; Sal 33, 2-9; 2Tim 4, 6-8. 17-18; **Mt 16, 13-19.**

Tú eres Pedro, y te daré las llaves del reino de los cielos.

Al llegar a la región de Cesarea de Filipo, Jesús preguntó a sus discípulos: "¿Qué dice la gente sobre el Hijo del hombre? ¿Quién dicen que es?". Ellos le respondieron: "Unos dicen que es Juan el Bautista; otros, Elías; y otros, Jeremías o alguno de los profetas". "Y ustedes, les preguntó, ¿quién dicen que soy?". Tomando la palabra, Simón Pedro respondió: "Tú eres el Mesías, el Hijo de Dios vivo". Y Jesús le dijo: "Feliz de ti, Simón, hijo de Jonás, porque esto no te lo ha revelado ni la carne ni la sangre, sino mi Padre que está en el cielo. Y yo te digo: Tú eres Pedro, y sobre esta piedra edificaré mi Iglesia, y el poder de la muerte no prevalecerá contra ella. Yo te daré las llaves del reino de los cielos. Todo lo que ates en la tierra, quedará atado en el cielo, y todo lo que desates en la tierra, quedará desatado en el cielo".

Jesús quiere edificar la Iglesia. Edificar nos da la idea de muchos elementos, muchos ladrillos, con algo que los une, les da solidez y los mantiene. El Señor es el que edifica, y lo viene haciendo desde que designó a los apóstoles como la base, el cimiento sobre el cual no ha dejado de construir a lo largo de los siglos. Celebrar a los apóstoles es también revivir ese vínculo, esa "argamasa" que nos mantiene unidos a todos los que formamos la Iglesia.

Somos un cuerpo, ¡y tú eres la cabeza, Señor! Que, edificados sobre la fe de tus apóstoles, continuemos construyendo tu reino en la verdad de tu palabra, en la obediencia fiel al Padre, en el amor fraterno, en la esperanza que no defrauda... Amén.

30 viernes   De la feria. Primeros santos mártires

de la Iglesia de Roma. (ML)

2Rey 25, 1-12; Sal 136, 1-6; Mt 8, 1-4.

Si quieres, puedes purificarme.

Cuando Jesús bajó de la montaña, lo siguió una gran multitud. Entonces un leproso fue a postrarse ante él y le dijo: "Señor, si quieres, puedes purificarme". Jesús extendió la mano y lo tocó, diciendo: "Lo quiero, queda purificado". Y al instante quedó purificado de su lepra. Jesús le dijo: "No se lo digas a nadie, pero ve a presentarte al sacerdote y entrega la ofrenda que ordenó Moisés para que les sirva de testimonio".

Quien tocara a un leproso quedaba impuro. Para curar a este leproso, el procedimiento que Jesús elige es, justamente, tocarlo. Y así nos enseña que esas realidades y esos dolores de la marginalidad y la exclusión sólo se curan si entramos en contacto con las personas, si las tocamos y, a la vez, nos dejamos tocar por ellas. San Francisco de Asís cuenta en su testamento lo importante que fue en su vida el encuentro con un leproso: "Y el Señor me condujo entre ellos y yo tuve misericordia con ellos... Y después de esto demoré poco para abandonar el mundo".

Jesús, que tocaste tanto dolor y muerte para dar vida... También Francisco se bajó del caballo y abrazó al leproso, iy, de repente, todo cambió en dulzura de alma y cuerpo! Anímanos a que hagamos la prueba como él, como Teresa en Calcuta, como tantísimos otros.

Julio

1 sábado

De la feria. Santa María en sábado

Lam 2, 2. 10-14. 18-19; Sal 73, 1-7. 20-21; **Mt 8, 5-17.**

Muchos vendrán de Oriente y de Occidente
y se sentarán a la mesa con Abraham, Isaac y Jacob.

Al entrar en Cafarnaúm, se acercó a Jesús un centurión, rogándole: "Señor, mi sirviente está en casa enfermo de parálisis y sufre terriblemente". Jesús le dijo: "Yo mismo iré a sanarlo". Pero el centurión respondió: "Señor, no soy digno de que entres en mi casa; basta que digas una palabra y mi sirviente se sanará. Porque cuando yo, que no soy más que un oficial subalterno, digo a uno de los soldados que están a mis órdenes: 'Ve', él va, y a otro: 'Ven', él viene; y cuando digo a mi sirviente: 'Tienes que hacer esto', él lo hace". Al oírlo, Jesús quedó admirado y dijo a los que lo seguían: "Les aseguro que no he encontrado a nadie en Israel que tenga tanta fe. Por eso les digo que muchos vendrán de Oriente y de Occidente, y se sentarán a la mesa con Abraham, Isaac y Jacob, en el reino de los cielos; en cambio, los herederos del reino serán arrojados afuera, a las tinieblas, donde habrá llantos y rechinar de dientes". Y Jesús dijo al centurión: "Ve, y que suceda como has creído". Y el sirviente se sanó en ese mismo momento. Cuando Jesús llegó a la casa de Pedro, encontró a la suegra de éste en cama con fiebre. Le tocó la mano y se le pasó la fiebre. Ella se levantó y se puso a servirlo. Al atardecer, le llevaron muchos endemoniados, y él, con su palabra, expulsó a los espíritus y sanó a todos los que estaban enfermos, para que se cumpliera lo que había sido anunciado por el profeta Isaías: "Él tomó nuestras debilidades y cargó sobre sí nuestras enfermedades".

Las curaciones eran un signo de la presencia del reino de Dios que Cristo había traído. El evangelio nos dice que, para que este reino esté presente en toda su plenitud, actúe, se necesita, creer en que puede actuar, que puede manifestarse.

Hisiste milagros por todas partes, Jesús, pero tu mayor milagro es que, con tu gracia, los hombres dejamos pecados y muertes y resucitamos a la vida de hijos de tu Padre y hermanos en ti. Sin éste, ¿de qué servirían los otros? Que lo entendamos de una vez.

2 domingo   Domingo 13° durante el año

Semana 13ª durante el año. Semana 1ª del Salterio.

Sab 1, 13-15; 2, 23-24; Sal 29, 2. 4-6. 11-13; 2Cor 8, 7. 9. 13-15; **Mc 5, 21-43.**

¡Niña, yo te lo ordeno, levántate!

Cuando Jesús regresó en la barca a la otra orilla, una gran multitud se reunió a su alrededor, y él se quedó junto al mar. Entonces llegó uno de los jefes de la sinagoga, llamado Jairo, y al verlo, se arrojó a sus pies, rogándole con insistencia:

"Mi hijita se está muriendo; ven a imponerle las manos, para que se sane y viva". Jesús fue con él y lo seguía una gran multitud que lo apretaba por todos lados. Se encontraba allí una mujer que desde hacía doce años padecía de hemorragias. Había sufrido mucho en manos de numerosos médicos y gastado todos sus bienes sin resultado; al contrario, cada vez estaba peor. Como había oído hablar de Jesús, se le acercó por detrás, entre la multitud, y tocó su manto, porque pensaba: "Con sólo tocar su manto quedaré sanada". Inmediatamente cesó la hemorragia, y ella sintió en su cuerpo que estaba sanada de su mal. Jesús se dio cuenta en seguida de la fuerza que había salido de él, se dio vuelta y, dirigiéndose a la multitud, preguntó: "¿Quién tocó mi manto?". Sus discípulos le dijeron: "¿Ves que la gente te aprieta por todas partes y preguntas quién te ha tocado?". Pero Él seguía mirando a su alrededor, para ver quién había sido. Entonces la mujer, muy asustada y temblando, porque sabía bien lo que le había ocurrido, fue a arrojarse a sus pies y le confesó toda la verdad. Jesús le dijo: "Hija, tu fe te ha salvado. Vete en paz, y queda sanada de tu enfermedad". Todavía estaba hablando, cuando llegaron unas personas de la casa del jefe de la sinagoga y le dijeron: "Tu hija ya murió; ¿para qué vas a seguir molestando al Maestro?". Pero Jesús, sin tener en cuenta esas palabras, dijo al jefe de la sinagoga: "No temas, basta que creas". Y sin permitir que nadie lo acompañara, excepto Pedro, Santiago y Juan, el hermano de Santiago, fue a casa del jefe de la sinagoga. Allí vio un gran alboroto, y gente que lloraba y gritaba. Al entrar, les dijo: "¿Por qué se alborotan y lloran? La niña no está muerta, sino que duerme". Y se burlaban de él. Pero Jesús hizo salir a todos, y tomando consigo al padre y a la madre de la niña, y a los que venían con él, entró donde ella estaba. La tomó de la mano y le dijo: "Talitá kum", que significa: "¡Niña, yo te lo ordeno, levántate!". En seguida la niña, que ya tenía doce años, se levantó y comenzó a caminar. Ellos, entonces, se llenaron de asombro, y él les mandó insistentemente que nadie se enterara de lo sucedido. Después dijo que dieran de comer a la niña.

La presencia de Jesús provoca cambios en la gente que se le acerca, pero estos justamente dependen de la fe. Ambos personajes de este relato (el jefe de la sinagoga y la mujer enferma) creyeron en Jesús antes de que fueran beneficiados. ¿Cómo nos acercamos a Jesús? Es posible que nuestro acercamiento sea buscando algún beneficio. Pero tengamos en cuenta que los beneficios recibidos deben llevarnos a creer en él, como le pasó a esta mujer, a quien, luego de ser curada, Jesús le dijo: "Tu fe te ha salvado".

"yo tengo fe que todo cambiará"... Pero, Jesús, más que guitarrear yo quiero comprometerme y jugarme por ese cambio. ¡Esa es la fe capaz de mover tanta montaña de angustia y desesperanza, tristeza y perdición.

3 lunes   Santo Tomás, apóstol. (F)

Ef 2, 19-22; Sal 116, 1-2; **Jn 20, 24-29.**

"¡Señor mío y Dios mío!".

Tomás, uno de los Doce, de sobrenombre el Mellizo, no estaba con ellos cuando llegó Jesús. Los otros discípulos le dijeron: "Hemos visto al Señor!". Él les respondió: "Si no veo la marca de los clavos en sus manos, si no pongo el dedo en el lugar de los clavos y la mano en su costado, no lo creeré". Ocho días más tarde estaban de nuevo los discípulos reunidos en la casa, y estaba con ellos Tomás. Entonces apareció Jesús, estando cerradas las puertas, se puso en medio de ellos y les dijo: "¡La paz esté con ustedes!". Luego dijo a Tomás: "Trae aquí tu dedo: aquí están mis manos. Acerca tu mano: métela en mi costado. En adelante no seas incrédulo, sino hombre de fe".Tomás respondió: "¡Señor mío y Dios mío!". Jesús le dijo: "Ahora crees, porque me has visto. ¡Bienaventurados los que creen sin haber visto!"

Tomás representa toda la duda humana frente a un misterio tan grande como la resurrección. Las palabras que Jesús le dirige nos tienen a nosotros como destinatarios. Nosotros no hemos tenido el contacto histórico y físico con Jesús, sólo lo vemos con los ojos de la fe. Nuestra felicidad no está, entonces, en buscar pruebas, sino en creer sin haber visto.

Querido Tomás, san Agustín bendecía tu incredulidad: si tú no hubieras visto y tocado, ¡pobres nuestras dudas!... Alcánzanos de Jesús esa alegría que lo proclama "Señor y Dios", sin necesidad de ver y tocar.

4 martes   De la feria. Santa Isabel de Portugal. (ML)

Am 3, 1-8; 4, 11-12; Sal 5, 5-8; **Mt 8, 23-27.**

Levantándose, increpó al viento y al mar,
y sobrevino una gran calma.

Jesús subió a la barca y sus discípulos lo siguieron. De pronto se desató en el mar una tormenta tan grande, que las olas cubrían la barca. Mientras tanto, Jesús dormía. Acercándose a él, sus discípulos lo despertaron, diciéndole: "¡Sálvanos, Señor, nos hundimos!". Él les respondió: "¿Por qué tienen miedo, hombres de poca fe?". Y levantándose, increpó al viento y al mar, y sobrevino una gran calma. Los hombres se decían entonces, llenos de admiración: "¿Quién es éste, que hasta el viento y el mar le obedecen?".

Y ahora, a Cristo, que duerme entre nosotros, con todo el sentimiento de nuestro corazón, con la voz de nuestra fe, con nuestras cristianas lágrimas, con nuestro penetrante gemido, con los clamores de los apóstoles, despertémoslo y digamos: "Señor, sálvanos, que perecemos". Y porque esta página conviene adecuadamente a nuestra época, en que el ven-

daval amenaza producir el naufragio del mundo entero, grite-
mos sin cesar: "Señor, sálvanos que perecemos" (San Pedro Crisólogo, Sermón XX).

Te creemos dormido y despreocupado de nuestras tormen
tas... ¿o es nuestra fe la soñolienta y apagada? Tú prometiste,
Jesús, estar hasta el fin con nosotros. Que nuestra esperanza viva
anclada en lo profundo de tu bondad y misericordia. Amén.

5 miércoles   De la feria.

San Antonio María Zaccaría, pbro. (ML)

Am 5, 14-15. 21-24; Sal 49, 7-13. 16-17; Mt 8, 28-34.

¿Has venido aquí para atormentar a los demonios antes de tiempo?

Cuando Jesús llegó a la otra orilla del lago, a la región de
los gadarenos, fueron a su encuentro dos endemoniados
que salían de los sepulcros. Eran tan feroces, que nadie podía
pasar por ese camino. Y comenzaron a gritar: "¿Qué quieres de
nosotros, Hijo de Dios? ¿Has venido aquí para atormentarnos
antes de tiempo?". A cierta distancia había una gran piara de
cerdos paciendo. Los demonios suplicaron a Jesús: "Si vas a ex-
pulsarnos, envíanos a esa piara". Él les dijo: "Vayan". Ellos salieron y entraron en los cerdos: éstos se precipitaron al mar desde lo
alto del acantilado, y se ahogaron. Los cuidadores huyeron y fueron a la ciudad para llevar la noticia de todo lo que había sucedido
con los endemoniados. Toda la ciudad salió al encuentro de Jesús
y, al verlo, le rogaron que se fuera de su territorio.

Los milagros realizados por Jesús son signo de que el
reino de Dios está llegando, pero no todos interpretan
esos signos. En este caso, la reacción ante el milagro no es la
alegría de que haya dos endemoniados menos, sino el deseo de
que Jesús se vaya de allí. Jesús es rechazado en medio de es-

tos, a quienes ha hecho el bien. Los milagros, entonces, no son
actos mágicos frente a los cuales todos creerán asombrados,
sino signos que requieren ser interpretados desde la fe.

"Si no ven milagros...", nos reprochaste, Jesús, ¡y a pesar de
verlos!... Lo esencial del milagro es tu verdad luminosa, más
que el sol, y tu amor todopoderoso que cambia infierno por cielo. Y
esto es invisible a los ojos...

6 jueves   De la feria.

Santa María Goretti, vg. y mr. (ML)

Am 7, 10-17; Sal 18, 8-11; Mt 9, 1-8.

Glorificaban a Dios por haber dado semejante poder a los hombres.

Jesús subió a la barca, atravesó el lago y regresó a su
ciudad. Entonces le presentaron a un paralítico tendido
en una camilla. Al ver la fe de esos hombres, Jesús dijo al paralítico: "Ten confianza, hijo, tus pecados te son perdonados". Algunos escribas pensaron: "Este hombre blasfema". Jesús, leyendo
sus pensamientos, les dijo: "¿Por qué piensan mal? ¿Qué es más
fácil decir: 'Tus pecados te son perdonados', o 'Levántate y camina'? Para que ustedes sepan que el Hijo del hombre tiene sobre la
tierra el poder de perdonar los pecados –dijo al paralítico– levántate, toma tu camilla y vete a tu casa". Él se levantó y se fue a su
casa. Al ver esto, la multitud quedó atemorizada y glorificaba a
Dios por haber dado semejante poder a los hombres.

Jesús muestra su poder de perdonar los pecados y de
curar al paralítico. Pero su poder no viene de su humani-
dad, sino de Dios. Así termina justamente la confesión de fe:
"Al ver esto, la multitud quedó atemorizada y glorificaba a
Dios por haber dado semejante poder a los hombres".

¿De qué sirve curar un cuerpo sin sanar el alma? Y tú, Jesús, quieres redimirnos de raíz. Ilumina la inteligencia y endereza nuestros sentimientos. Danos hambre y sed de ti, por encima de nuestros esquemas y veleidades autosuficientes...

7 viernes   De la feria

Am 8, 4-6. 9-12; Sal 118, 2. 10. 20. 30. 40. 131; **Mt 9, 9-13.**

No son los sanos los que tienen necesidad del médico; prefiero la misericordia al sacrificio.

Jesús vio a un hombre llamado Mateo, que estaba sentado a la mesa de recaudación de impuestos, y le dijo: "Sígueme". Él se levantó y lo siguió. Mientras Jesús estaba comiendo en la casa, acudieron muchos publicanos y pecadores, y se sentaron a comer con él y sus discípulos. Al ver esto, los fariseos dijeron a los discípulos: "¿Por qué su Maestro come con publicanos y pecadores?". Jesús, que había oído, respondió: "No son los sanos los que tienen necesidad del médico, sino los enfermos. Vayan y aprendan qué significa: 'Yo quiero misericordia y no sacrificios'. Porque no he venido a llamar a justos, sino a pecadores".

Jesús retoma el mensaje de los profetas. Ya Oseas, 800 años antes, había proclamado que Dios prefiere la misericordia a todos los actos de culto. Los fariseos, cuidadosos cumplidores del culto, no podían comprender el misericordioso amor de Dios que, en Jesús, sale a encontrarse con cada pecador para ofrecerle la posibilidad de una nueva vida. Ésta es la misericordia a la que somos exhortados, también hoy, rechazando el pecado pero acercándonos con la Buena Noticia a los pecadores.

 PADRE DE MISERICORDIA, que entendamos que para ti todos somos hijos del alma y que no quieres que ninguno se pierda, sino que todos, todos, volvamos a ti y gocemos eternamente de tu amor y felicidad. ¡Ayúdanos también a ser buenos hermanos de todos-todos!

8 sábado   De la feria. Santa María en sábado

Am 9, 11-15; Sal 84, 9. 11-14; **Mt 9, 14-17.**

¿Acaso pueden estar tristes mientras el esposo está con ellos?

Se acercaron los discípulos de Juan Bautista y le dijeron: "¿Por qué tus discípulos no ayunan, como lo hacemos nosotros y los fariseos?". Jesús les respondió: "¿Acaso los amigos del esposo pueden estar tristes mientras el esposo está con ellos? Llegará el momento en que el esposo les será quitado, y entonces ayunarán. Nadie usa un pedazo de género nuevo para remendar un vestido viejo, porque el pedazo añadido tira del vestido y la rotura se hace más grande. Tampoco se pone vino nuevo en odres viejos, porque los odres revientan, el vino se derrama y los odres se pierden. ¡No, el vino nuevo se pone en odres nuevos, y así ambos se conservan!".

El reino es novedad absoluta en la relación de la humanidad con Dios y de los hombres y mujeres entre sí, es descubrir a un Dios Padre que quiere celebrar su fiesta con nosotros. Para esto, hace falta tener un corazón nuevo. No sirve poner "parches" para cambiar tal o cual práctica religiosa. Toda nuestra vida debe quedar transformada en vistas al reino.

Ayunos, abstinencias y mortificaciones no son la religión, sino medios para fortalecer la voluntad, ser más dueños de nosotros mismos, bien religados a ti, Señor, y a el prójimo. Que sepamos aprovecharlos, como atletas que se entrenan sin descanso para ganar el premio.

9 domingo   Domingo 14° durante el año

Nuestra Señora de Itatí.
Semana 14ª durante el año. Semana 2ª del Salterio.

Ez 2, 2-5; Sal 122, 1-4; 2Cor 12, 7-10; Mc 6, 1-6.

Un profeta es despreciado solamente en su pueblo.

Jesús se dirigió a su pueblo, seguido de sus discípulos. Cuando llegó el sábado, comenzó a enseñar en la sinagoga, y la multitud que lo escuchaba estaba asombrada y decía: "¿De dónde saca todo esto? ¿Qué sabiduría es ésa que le ha sido dada y esos grandes milagros que se realizan por sus manos? ¿No es acaso el carpintero, el hijo de María, hermano de Santiago, de José, de Judas y de Simón? ¿Y sus hermanas no viven aquí entre nosotros?". Y Jesús era para ellos un motivo de escándalo. Por eso les dijo: "Un profeta es despreciado solamente en su pueblo, en su familia y en su casa". Y no pudo hacer allí ningún milagro, fuera de sanar a unos pocos enfermos, imponiéndoles las manos. Y él se asombraba de su falta de fe.

Jesús siguió el camino de los profetas. Muchos de los que lo escucharon no dejaron que su corazón se conmoviera y así se cerraron a recibir el mensaje de vida. Estos corazones duros no se ablandaron ni por la palabra de vida ni por los signos milagrosos. Que esto le ocurra a Jesús, precisamente en su pueblo, entre los suyos, nos recuerda que no hay ninguna "pertenencia" que asegure qué tan dispuesto estará nuestro corazón: ni la pertenencia a la Iglesia, ni a tal grupo o país determinado.

Jesús, profeta del Padre, que nos envías a anunciar tu evangelio: que, "empezando por casa" y a pesar de cualquier menosprecio, demos la cara por ti, fieles a tu palabra pero sin cascotear a nadie con ella, alegres y humildes, con el corazón en las manos...

10 lunes   De la feria. San Agustín Zhao Rong,
pbro., y comps., mrs. (ML)

Os 2, 16-18. 21-22; Sal 144, 2-9; Mt 9, 18-26.

Mi hija acaba de morir, pero ven y vivirá.

Se presentó a Jesús un alto jefe y, postrándose ante él, le dijo: "Señor, mi hija acaba de morir, pero ven a imponerle tu mano y vivirá". Jesús se levantó y lo siguió con sus discípulos. Entonces se le acercó por detrás una mujer que padecía de hemorragias desde hacía doce años, y le tocó los flecos de su manto, pensando: "Con sólo tocar su manto, quedaré sana". Jesús se dio vuelta, y al verla, le dijo: "Ten confianza, hija, tu fe te ha salvado". Y desde ese instante la mujer quedó sana. Al llegar a la casa del jefe, Jesús vio a los que tocaban música fúnebre y a la gente que gritaba, y dijo: "Retírense, la niña no está muerta, sino que duerme". Y se reían de él. Cuando hicieron salir a la gente, él entró, la tomó de la mano, y ella se levantó. Y esta noticia se divulgó por aquella región.

Hay un punto en común entre estos dos milagros: ambos se producen por el contacto físico. La mujer toca el manto de Jesús; él toma a la niña de la mano. Jesús, el Dios encarnado, hace de los cuerpos canal de salvación; salvación que se manifiesta en los cuerpos vivos, sanos, en estos dos cuerpos de mujeres, una adulta y la otra adolescente, que en el contacto con Jesús recuperan la vida.

Señor Jesús, lejos de ti todo es dolor y muerte. Que nuestra fe en ti y en tu palabra llene de vida eterna nuestra cabecita loca, nuestras palabras y acciones, ¡y que los hombres, al vernos, crean también y resuciten!

11 martes

San Benito, abad. (MO)

Os 4, 1; 8, 4-7. 11-13; Sal 113B, 3-7. 8-10; **Mt 9, 32-38.**

La cosecha es abundante, pero los trabajadores son pocos.

Le presentaron a Jesús un mudo que estaba endemoniado. El demonio fue expulsado y el mudo comenzó a hablar. La multitud, admirada, comentaba: "Jamás se vio nada igual
en Israel". Pero los fariseos decían: "Él expulsa a los demonios
por obra del Príncipe de los demonios". Jesús recorría todas las
ciudades y los pueblos, enseñando en las sinagogas, proclamando
la Buena Noticia del reino y sanando todas las enfermedades y
dolencias. Al ver a la multitud, tuvo compasión, porque estaban
fatigados y abatidos, como ovejas que no tienen pastor. Entonces
dijo a sus discípulos: "La cosecha es abundante, pero los trabajadores son pocos. Rueguen al dueño de los sembrados que envíe
trabajadores para la cosecha".

*El evangelio de Mateo agrupó varios milagros de Jesús a
lo largo de los capítulos 8 y 9, y aquí concluye todos
ellos. Jesús es la expresión de la misericordia de Dios y quien
se ha compadecido de toda debilidad y dolencia humana. Pero
aún hay muchas necesidades que atender. Como a los discípulos, el evangelio nos exhorta a ser obreros del reino, haciendo
que nuestra compasión ante todo dolor se transforme en acciones concretas y efectivas, para restablecer en la vida a los
hermanos y hermanas.*

"Dejen un pueblo sin sacerdote, y allí adorarán a las bestias",
decía el Cura de Ars. Jesús, Buen Pastor, ruega al Padre nos de
muchos y santos sacerdotes, religiosos y misioneros que nos predi-
quen tu palabra y nos santifiquen con tus sacramentos.

12 miércoles   De la feria

Os 10, 1-3. 7-8. 12; Sal 104, 2-7; **Mt 10, 1-7.**

Vayan a las ovejas perdidas del pueblo de Israel.

Jesús convocó a sus doce discípulos y les dio el poder de expulsar a los espíritus impuros y de sanar cualquier enfermedad o dolencia. Los nombres de los doce Apóstoles son: en primer lugar, Simón, de sobrenombre Pedro, y su hermano Andrés; luego, Santiago, hijo de Zebedeo, y su hermano Juan; Felipe y Bartolomé; Tomás y Mateo, el publicano; Santiago, hijo de Alfeo, y Tadeo; Simón, el Cananeo, y Judas Iscariote, el mismo que lo entregó. A estos Doce, Jesús los envió con las siguientes instrucciones: "No vayan a regiones paganas, ni entren en ninguna ciudad de los samaritanos. Vayan, en cambio, a las ovejas perdidas del pueblo de Israel. Por el camino, proclamen que el reino de los cielos está cerca. Sanen a los enfermos, resuciten a los muertos, purifiquen a los leprosos, expulsen a los demonios. Ustedes han recibido gratuitamente, den también gratuitamente".

La misión de los Doce es bien clara. Si bien para Mateo el evangelio debe ser predicado dentro de los límites de Israel, se proclamará luego en todo el mundo, rompiendo todas las barreras culturales y nacionales. Los Doce tienen, además, la responsabilidad de liberar a los hombres del mal, de expulsar todo aquello que impida la felicidad y el bienestar, de romper las ataduras que opriman a los hijos de Dios.

Dios Padre nos creó para una eternidad feliz. Su hijo vino a salvarnos de este infierno. El Espíritu Santo nos congrega en un solo rebaño camino al cielo. Señor, que no mezquinemos ni tiempo ni esfuerzo en anunciar a todos tu amor y verdad, con palabras y buenas obras.

13 jueves   De la feria. San Enrique. (ML)

Os 11, 1-4. 8-9; Sal 79, 2-3. 15-16; **Mt 10, 7-15.**

Ustedes han recibido gratuitamente, den también gratuitamente.

Jesús envió a sus doce apóstoles, diciéndoles: Por el camino, proclamen que el reino de los cielos está cerca. Sanen a los enfermos, resuciten a los muertos, purifiquen a los leprosos, expulsen a los demonios. Ustedes han recibido gratuitamente, den también gratuitamente. No lleven encima oro ni plata, ni monedas, ni provisiones para el camino, ni dos túnicas, ni calzado, ni bastón; porque el que trabaja merece su sustento. Cuando entren en una ciudad o en un pueblo, busquen a alguna persona respetable y permanezcan en su casa hasta el momento de partir. Al entrar en la casa, salúdenla invocando la paz sobre ella. Si esa casa lo merece, que la paz descienda sobre ella; pero si es indigna, que esa paz vuelva a ustedes. Y si no los reciben ni quieren escuchar sus palabras, al irse de esa casa o de esa ciudad, sacudan hasta el polvo de sus pies. Les aseguro que, en el día del Juicio, Sodoma y Gomorra serán tratadas menos rigurosamente que esa ciudad.

Los discípulos y discípulas de Jesús continuamos su misión de hacer presente el reino. El reino viene, y esto es lo que hay que anunciar con las palabras y con las obras. Es gratis, porque no hay ningún mérito de nuestra parte por el cual el Padre nos haga participar de su fiesta. No esperemos, por tanto, encontrarnos con quienes sean "justos" o "dignos" del reino para ofrecerles la Buena Noticia; llevémosla a todos con el mismo amor desbordante con que Dios nos lo ha comunicado a nosotros.

 Señor, llénanos el alma con tu Espíritu, para que no perdamos tiempo en cosas que no aprovechan, conscientes de que nues-

tro esfuerzo o nuestra desidia influyen bien o mal en los demás, itú
nos pedirás cuenta de ello!

14 viernes   De la feria.

San Camilo de Lelis, pbro. (ML)

Os 14, 2-10; Sal 50, 3-4. 8-9. 12-14. 17; Mt 10, 16-23.

No serán ustedes que hablarán,
sino el Espíritu de su Padre.

Jesús dijo a sus apóstoles: Yo los envío como a ovejas en
medio de lobos: sean entonces astutos como serpientes y
sencillos como palomas. Cuídense de los hombres, porque los
entregarán a los tribunales y los azotarán en las sinagogas. A causa de mí, serán llevados ante gobernadores y reyes, para dar testimonio delante de ellos y de los paganos. Cuando los entreguen,
no se preocupen de cómo van a hablar o qué van a decir: lo que
deban decir se les dará a conocer en ese momento, porque no
serán ustedes los que hablarán, sino que el Espíritu de su Padre
hablará en ustedes. El hermano entregará a su hermano para que
sea condenado a muerte, y el padre a su hijo; los hijos se rebelarán contra sus padres y los harán morir. Ustedes serán odiados
por todos a causa de mi Nombre, pero aquél que persevere hasta
el fin se salvará. Cuando los persigan en una ciudad, huyan a otra.
Les aseguro que no acabarán de recorrer las ciudades de Israel,
antes de que llegue el Hijo del hombre.

Desde sus inicios hasta hoy, la Iglesia ha sufrido persecu-
ción en algún rincón de la tierra, y así seguirá siendo
hasta que Cristo vuelva. ¿Quién sostiene a la Iglesia en medio
de tantos dolores y enfrentamientos? El Espíritu Santo, el gran
animador que vive en la comunidad cristiana. Pidámosle que
sea él quien sostenga nuestras luchas por el reino de Dios y
nuestra esperanza de su instauración definitiva.

Señor, nos diste inteligencia y libertad para que, unidos a ti, fuéramos tu imagen y semejanza... Pero malversamos toda gracia y caímos esclavos del error y el pecado. Queremos desandar el camino, de la mano de Jesús y contra todo viento y marea. ¡Ayúdanos!...

15 sábado   San Buenaventura, ob. y dr. (MO)

Is 6, 1-8; Sal 92, 1-2. 5; **Mt 10, 24-33.**

No teman a los que matan el cuerpo.

Jesús dijo a sus apóstoles: El discípulo no es más que el maestro ni el servidor más que su dueño. Al discípulo le basta ser como su maestro y al servidor como su dueño. Si al dueño de casa lo llamaron Belzebul, ¡cuánto más a los de su casa! No los teman. No hay nada oculto que no deba ser revelado, y nada secreto que no deba ser conocido. Lo que yo les digo en la oscuridad, repítanlo en pleno día; y lo que escuchen al oído, proclámenlo desde lo alto de las casas. No teman a los que matan el cuerpo, pero no pueden matar el alma. Teman más bien a aquél que puede arrojar el alma y el cuerpo al infierno. ¿Acaso no se vende un par de pájaros por unas monedas? Sin embargo, ni uno solo de ellos cae en tierra, sin el consentimiento del Padre de ustedes. También ustedes tienen contados todos sus cabellos. No teman entonces, porque valen más que muchos pájaros. Al que me reconozca abiertamente ante los hombres, yo lo reconoceré ante mi Padre que está en el cielo. Pero yo renegaré ante mi Padre que está en el cielo de aquél que reniegue de mí ante los hombres.

Leíamos hace pocos días que hasta los milagros, obras de bien y de salvación, fueron motivo de rechazo hacia Jesús. Los continuadores de la obra del Maestro debemos estar preparados para sufrir las mismas circunstancias que él sufrió. Él nos transmite su misión y nos da el Espíritu para llevarla adelante, y nos advierte que el discípulo no es más que su maestro. No esperemos misiones triunfalistas, pero actuemos confiados en Aquel que nos sostiene.

Jesús, tú reconociste y obedeciste al Padre hasta la cruz. Que también nosotros no temamos dar la cara por ti, aunque nos trompeen y quieran amargarnos la vida... ¡que tu Padre nos resucitará contigo para siempre!

16 domingo   Domingo 15° durante el año

Nuestra Señora del Carmen.
Semana 15ª durante el año. Semana 3ª del Salterio.

Am 7, 12-15; Sal 84, 9-14; Ef 1, 3-14; **Mc 6, 7-13.**

Los envió.

Jesús llamó a los Doce y los envió de dos en dos, dándoles poder sobre los espíritus impuros. Y les ordenó que no llevaran para el camino más que un bastón; ni pan, ni provisiones, ni dinero; que fueran calzados con sandalias y que no tuvieran dos túnicas. Les dijo: "Permanezcan en la casa donde les den alojamiento hasta el momento de partir. Si no los reciben en un lugar y la gente no los escucha, al salir de allí, sacudan hasta el polvo de sus pies, en testimonio contra ellos". Entonces fueron a predicar, exhortando a la conversión; expulsaron a muchos demonios y sanaron a numerosos enfermos, ungiéndolos con óleo.

Los Doce son llamados por Jesús para continuar anunciando el reino. El estilo, la obras y las palabras de la esta misión están en consonancia con lo que hace Jesús: con pocos recursos, porque se confía más en el poder del reino que en las fuerzas humanas, lleva la salvación con la palabra y con los gestos. Como Amós, como los Doce, todos los bautizados y bautizadas hemos recibido el carácter profético en nuestro bau-

tismo. *Continuemos entonces, anunciando y realizando los sig-*
nos del reino.

"¡Sean mis testigos!", nos dices, Jesús. Que nuestras pala
bras y obras jamás contradigan tu enseñanza de verdad y caridad, justicia y santidad... seguros de que tú vives con nosotros,
dándonos ilusión y valor para construir tu reino.

17 lunes   De la feria

Is 1, 10-17; Sal 49, 8-9. 16-17. 21. 23; **Mt 10, 34—11, 1.**

No vine a traer la paz, sino la espada.

Jesús dijo a sus apóstoles: "No piensen que he venido a
traer la paz sobre la tierra. No vine a traer la paz, sino la
espada. Porque he venido a enfrentar al hijo con su padre, a la
hija con su madre y a la nuera con su suegra; y así, el hombre
tendrá como enemigos a los de su propia casa. El que ama a su
padre o a su madre más que a mí no es digno de mí; y el que ama
a su hijo o a su hija más que a mí no es digno de mí. El que no
toma su cruz y me sigue no es digno de mí. El que encuentre su
vida la perderá; y el que pierda su vida por mí la encontrará. El
que los recibe a ustedes me recibe a mí; y el que me recibe, recibe
a Aquél que me envió. El que recibe a un profeta por ser profeta
tendrá la recompensa de un profeta; y el que recibe a un justo por
ser justo tendrá la recompensa de un justo. Les aseguro que cualquiera que dé a beber, aunque sólo sea un vaso de agua fresca, a
uno de estos pequeños por ser mi discípulo no quedará sin recompensa". Cuando Jesús terminó de dar estas instrucciones a sus
doce discípulos, partió de allí, para enseñar y predicar en las ciudades de la región.

*Ésta es la última parte de las instrucciones sobre la mi-
sión que Jesús nos dejó a sus discípulos y discípulas, y
aborda uno de los aspectos más dolorosos que pueda sufrir un*

creyente: el rechazo y la oposición en su propia familia. La
fidelidad al reino de Dios y al estilo de Jesús puede provocar
muchas veces la incomprensión de los más cercanos, pero no
por esto los discípulos quedarán sin familia. La comunidad
creyente será el nuevo ámbito de relaciones, donde todos puedan llamarse hermano y hermana.

Jesús, tú nos muestras cómo subir al Padre en un mundo que
cae cuesta abajo, alejándose de él. Que no temamos la
correntada en contra: tú vienes con nosotros y, a veces, nos llevas
en brazos.

18 martes   De la feria

Is 7, 1-9; Sal 47, 2-8; Mt 11, 20-24.

*En el día del juicio, Tiro, Sidón y la tierra de Sodoma serán tratadas
menos rigurosamente que ustedes.*

Jesús comenzó a recriminar a aquellas ciudades donde
había realizado más milagros, porque no se habían convertido. "¡Ay de ti, Corozaín! ¡Ay de ti, Betsaida! Porque si los
milagros realizados entre ustedes se hubieran hecho en Tiro y en
Sidón, hace tiempo que se habrían convertido, poniéndose cilicio
y cubriéndose con ceniza. Yo les aseguro que, en el día del Juicio,
Tiro y Sidón serán tratadas menos rigurosamente que ustedes. Y
tú, Cafarnaúm, ¿acaso crees que serás elevada hasta el cielo? No,
serás precipitada hasta el infierno. Porque si los milagros realizados en ti se hubieran hecho en Sodoma, esa ciudad aún existiría.
Yo les aseguro que, en el día del Juicio, la tierra de Sodoma será
tratada menos rigurosamente que tú".

*Corazan y Betsaida son ciudades de Galilea, la provin-
cia donde creció Jesús. Su actitud es contrapuesta a Tiro
y Sidón, dos ciudades extranjeras que no habían conocido la
revelación. Las ciudades de Galilea representan la indiferencia*

y el escepticismo de quienes creen ya conocer todo, quienes, por haber recibido la revelación, ya están acostumbrados al mensaje y se sienten seguros con su cumplimiento. Esta pasividad de quienes ya se creen convertidos debe ser sacudida para que el evangelio pueda resonar como palabra nueva, palabra que invita constantemente a la conversión.

Francisco de Asís, con las llagas de Jesús en su cuerpo, decía: "Comencemos a hacer algo bueno que, hasta ahora..." Jesús, ¡qué nos queda a nosotros!... Sacúdenos la conciencia y haz que nunca nos estanquemos pensando que ya basta con lo buenos que creemos ser.

19 miércoles   De la feria

Is 10, 5-7. 13-16; Sal 93, 5-10. 14-15; **Mt 11, 25-27.**

Has revelado estas cosas a los pequeños.

Jesús dijo: Te alabo, Padre, Señor del cielo y de la tierra, porque, habiendo ocultado estas cosas a los sabios y a los prudentes, las has revelado a los pequeños. Sí, Padre, porque así lo has querido. Todo me ha sido dado por mi Padre, y nadie conoce al Hijo sino el Padre, así como nadie conoce al Padre sino el Hijo y aquél a quien el Hijo se lo quiera revelar.

Al igual que en la lectura de ayer, nuevamente Jesús señala dos actitudes contrapuestas: En este caso, la de los sabios y la de los pequeños. Aquellos que en su inteligencia y sabiduría creen ya saberlo todo, no dejan lugar para que Dios se les manifieste; las cosas de Dios les quedan ocultas. Por el contrario, el Padre se complace en revelarse a los pequeños; ellos son los que entran en comunión con Dios.

Jesús, qué pronto perdemos la capacidad de asombro... ¡cuánta suficiencia, creyendo que te conocemos de pe a pa! Y ¡qué confianzudos nos ponemos frente a tus exigencias! Por favor, ¡quítanos del alma tanta soberbia y vanidad!

20 jueves   De la feria. San Apolinar, ob. y mr. (ML)

Is 26, 7-9. 12. 16-19; Sal 101, 13-21; **Mt 11, 28-30.**

Soy paciente y humilde de corazón.

Jesús tomó la palabra y dijo: Vengan a mí todos los que están afligidos y agobiados, y yo los aliviaré. Carguen sobre ustedes mi yugo y aprendan de mí, porque soy paciente y humilde de corazón, y así encontrarán alivio. Porque mi yugo es suave y mi carga liviana.

Jesús nos está invitando, cada día de nuestra vida, a seguirlo, a vivir como él, a estar con él. A veces multiplicamos actos y esfuerzos para sentirnos más cerca o más merecedoras de su Gracia; sin embargo, pocas nos acercamos a él como reposo, como sosiego, como remanso en medio del trajinar diario. Pocas veces le dejamos que lleve nuestra vida porque nos sentimos vencidos por tanto peso. Intentemos, alguna vez, ponernos en su íntima presencia y decirle: "Jesús, toma vida y cárgala...es mucho peso para mí...".

Jesús, hemos visto la película "La Pasión" y nos hizo pensar en tu empeño y sacrificio hasta el final... con tu Madre a tu lado... "Cuando el dolor nos oprime y la ilusión ya no brilla, Madre de todos los hombres, enséñanos a decir Amén.

21 viernes   De la feria.

San Lorenzo de Brindis, pbro. y dr. (ML)

Is 38, 1-6. 22. 7-8. 21; [Sal] Is 38, 10-12. 16; **Mt 12, 1-8.**

El Hijo del hombre es dueño del sábado.

Jesús atravesaba unos sembrados y era un día sábado. Como sus discípulos sintieron hambre, comenzaron a arrancar y a comer las espigas. Al ver esto, los fariseos le dijeron: "Mira que tus discípulos hacen lo que no está permitido en sábado". Pero él les respondió: "¿No han leído lo que hizo David, cuando él y sus compañeros tuvieron hambre, cómo entró en la Casa de Dios y comieron los panes de la ofrenda, que no les estaba permitido comer ni a él ni a sus compañeros, sino solamente a los sacerdotes? ¿Y no han leído también en la Ley, que los sacerdotes, en el Templo, violan el descanso del sábado, sin incurrir en falta? Ahora bien, yo les digo que aquí hay alguien más grande que el Templo. Si hubieran comprendido lo que significa 'prefiero la misericordia al sacrificio', no condenarían a los inocentes. Porque el Hijo del hombre es dueño del sábado".

Cualquier ley debe estar al servicio de las necesidades humanas. Jesús hace una relectura y re-ubicación de la ley. Cumplir la ley (tanto civil como religiosa) simplemente porque existe puede llevar a matar. Jesús no es un infractor de las leyes religiosas o civiles de su tiempo, simplemente es capaz de discernir y cuidar a la persona por encima de todas las cosas. Claro, para este discernimiento se necesita madurez y a eso estamos comprometidos y llamados.

DIOS creador, que "descansaste" y no quieres que nos convirtamos en máquinas de producción continua, sino que nos hagamos tiempo para abrirnos a ti, en familia y comunidad... pero hoy, ¡qué sábado ni domingo!... Y así andamos...

22 sábado   Santa María Magdalena. (MO)

Cant 3, 1-4 ó 2Cor 5, 14-17; Sal 62, 2-6. 8-9; **Jn 20, 1-2. 11-18.**

Mujer, ¿por qué lloras? ¿A quién buscas?

El primer día de la semana, de madrugada, cuando todavía estaba oscuro, María Magdalena fue al sepulcro y vio que la piedra había sido sacada. Corrió al encuentro de Simón Pedro y del otro discípulo al que Jesús amaba, y les dijo: "Se han llevado del sepulcro al Señor y no sabemos dónde lo han puesto". María se había quedado afuera, llorando junto al sepulcro. Mientras lloraba, se asomó al sepulcro y vio a dos ángeles vestidos de blanco, sentado uno a la cabecera y otro a los pies del lugar donde había sido puesto el cuerpo de Jesús. Ellos le dijeron: "Mujer, ¿por qué lloras?". María respondió: "Porque se han llevado a mi Señor y no sé dónde lo han puesto". Al decir esto se dio vuelta y vio a Jesús, que estaba allí, pero no lo reconoció. Jesús le preguntó: "Mujer, ¿por qué lloras? ¿A quién buscas?". Ella, pensando que era el cuidador del huerto, le respondió: "Señor, si tú lo has llevado, dime dónde lo has puesto y yo iré a buscarlo". Jesús le dijo: "¡María!". Ella lo reconoció y le dijo en hebreo: "¡Raboní!", es decir, "¡Maestro!". Jesús le dijo: "No me retengas, porque todavía no he subido al Padre. Ve a decir a mis hermanos: 'Subo a mi Padre y Padre de ustedes; a mi Dios y Dios de ustedes'". María Magdalena fue a anunciar a los discípulos que había visto al Señor y que él le había dicho esas palabras.

Palabra y gestos llevan a María Magdalena a reconocer a su amigo, ya no por la imagen ni la apariencia, sino por aquellos recuerdos que tocaron su corazón y no su retina. Es el corazón el que le dice a María que se trata de su Maestro. La pregunta de Jesús retoma lo que veíamos en la lectura: "¿A quién buscas?", una pregunta que también había sido dirigida, en el comienzo del evangelio, a los primeros discípulos (Jn 1,

38), y que es la pregunta fundamental al espíritu humano. María Magdalena encontró lo que buscaba, pero de una manera nueva, gloriosa, sorprendente. Aquello que buscamos no siempre es evidente, debemos estar dispuestos a dejarnos sorprender por ese encuentro.

Magdalena... habías encontrado al Amor en persona y no te resignabas a perderlo. Ruega a Jesús, para que también nosotros descubramos en él al amor que da vida y nunca más busquemos amoríos que matan.

23 domingo   Domingo 16° durante el año

San Charbel Makhlüf, pbro., Santa Brígida, rel.
Semana 16ª durante el año. Semana 4ª del Salterio.

Jer 23, 1-6; Sal 22, 1-6; Ef 2, 13-18; Mc 6, 30-34.

Eran como ovejas sin pastor.

Al regresar de su misión, los Apóstoles se reunieron con Jesús y le contaron todo lo que habían hecho y enseñado. Él les dijo: "Vengan ustedes solos a un lugar desierto, para descansar un poco". Porque era tanta la gente que iba y venía, que no tenían tiempo ni para comer. Entonces se fueron solos en la barca a un lugar desierto. Al verlos partir, muchos los reconocieron, y de todas las ciudades acudieron por tierra a aquel lugar y llegaron antes que ellos. Al desembarcar, Jesús vio una gran muchedumbre y se compadeció de ella, porque eran como ovejas sin pastor, y estuvo enseñándoles largo rato.

A pesar de lo anunciado por Jeremías en la primera lectura, varios siglos después de la denuncia de este profeta, el pueblo sigue teniendo una dirigencia corrupta. Es por eso que Jesús prefiere considerar que este pueblo "no tiene pastor", y asume el lugar que deben asumir los dirigentes: atender a los necesitados y enseñarles. ¿Qué enseñaría Jesús en este pasaje? Queda en el silencio del relato. No podemos arriesgar que solamente les hablara de Dios de un modo abstracto. Para el judío de entonces, la palabra 'enseñanza' hace referencia al vivir cotidiano, a la aplicación de la fe a la vida, a buscar vivir en la felicidad. Jesús les enseñaría, entonces, a ser felices.

Jesús, vivimos como rebaño sin rumbo y a merced de lobos hambrientos. ¡Ten piedad del pueblo que redimiste con tu sangre! y ayúdanos a ser también nosotros buenos pastores de tantos que viven al borde del abismo...

24 lunes   San Francisco Solano, pbro. (MO)

Miq 6, 1-4. 6-8; Sal 49, 1. 5-6. 8-9. 16-17. 21. 23; **Mt 12, 38-42.**

En el día del Juicio, la Reina del Sur se levantará contra esta generación.

Algunos escribas y fariseos dijeron a Jesús: "Maestro, queremos que nos hagas ver un signo". Él les respondió: "Esta generación malvada y adúltera reclama un signo, pero no se le dará otro que el del profeta Jonás. Porque así como Jonás estuvo tres días y tres noches en el vientre del pez, así estará el Hijo del hombre en el seno de la tierra tres días y tres noches. El día del Juicio, los hombres de Nínive se levantarán contra esta generación y la condenarán, porque ellos se convirtieron por la predicación de Jonás, y aquí hay Alguien que es más que Jonás. El día del Juicio, la Reina del Sur se levantará contra esta generación y la condenará, porque ella vino de los confines de la tierra para escuchar la sabiduría de Salomón, y aquí hay Alguien que es más que Salomón".

El signo de Jonás tiene un doble significado: en primer lugar, el profeta no desea predicar a una ciudad pecadora (Nínive) y se escapa de la mirada de Dios. En su fuga, es tragado por un gran pez y, luego de tres días, expulsado. En segundo lugar, al decidirse a predicar, descubre que la ciudad pecadora se ha convertido a Dios y su religiosidad es puesta como ejemplo para el pueblo de Israel. Jesús retoma estos signos. Los fariseos y escribas se creen los únicos capacitados de recibir a Dios; sin embargo, Jesús les demostrará que aquellos que son considerados pecadores serán más fieles a su mensaje que ellos. Nadie puede estar seguro de "tener" a Dios, y nadie puede asegurar que alguien no podrá convertirse de su vida pecadora.

Francisco Solano dejó su Andalucía por nuestras pampas y montañas, ¡y Dios lo hizo profeta y pastor de su pueblo! Llevaba a Cristo en el alma, ¡y eso convence a cualquiera! Jesús, danos ser como él, con o sin violín...

25 martes   Santiago, apóstol. (F)

2Cor 4, 7-15; Sal 125, 1-6; **Mt 20, 20-28.**

Ustedes beberán mi cáliz.

La madre de los hijos de Zebedeo se acercó a Jesús, junto con sus hijos, y se postró ante él para pedirle algo. "¿Qué quieres?", le preguntó Jesús. Ella le dijo: "Manda que mis dos hijos se sienten en tu reino, uno a tu derecha y el otro a tu izquierda". "No saben lo que piden", respondió Jesús. "¿Pueden beber el cáliz que yo beberé?". "Podemos", le respondieron. "Está bien", les dijo Jesús, "ustedes beberán mi cáliz. En cuanto a sentarse a mi derecha o a mi izquierda, no me toca a mí concederlo, sino que esos puestos son para quienes se los ha destinado mi Padre". Al oír esto, los otros diez se indignaron contra los dos hermanos. Pero Jesús los llamó y les dijo: "Ustedes saben que los jefes de las naciones dominan sobre ellas y los poderosos les hacen sentir su autoridad. Entre ustedes no debe suceder así. Al contrario, el que quiera ser grande, que se haga servidor de ustedes; y el que quiera ser el primero, que se haga su esclavo: como el Hijo del hombre, que no vino para ser servido, sino para servir y dar su vida en rescate por una multitud".

La madre de Santiago y Juan deseaba que su hijos triun-faran en la vida. Un deseo, por otro lado, común a toda madre. Jesús los interroga sobre la capacidad de beber el cáliz, haciendo referencia a su muerte. Con un arranque de ingenui-dad, los hijos de esta mujer responden que sí. Ellos también querían triunfar, aunque eso les costara la vida. Pero Jesús tiene una sorpresa; les toma la palabra sobre la muerte, pero deja en una incógnita este "triunfo". El triunfo del seguidor de Jesús no está en tener un puesto de poder, sino en morir como Cristo.

Quisieron ganar de mano a los otros... aunque nadie entendía nada de nada... Jesús, danos comprender que ser discípulos tuyos es sacar la gran lotería, pero que el premio mayor vendrá luego de regastarnos humildemente en el servicio mutuo, como tú, que no viniste a ser servido...

26 miércoles   Santos Joaquín y Ana,
padres de la Virgen María. (MO)

Eclo 44, 1. 10-15; Sal 131, 11. 13-14. 17-18; **Mt 13, 16-17.**

Muchos profetas y justos desearon ver lo que ustedes ven.

Jesús dijo a sus discípulos: "Felices los ojos de ustedes, porque ven; felices sus oídos, por que oyen. Les aseguro que muchos profetas y justos desearon ver lo que ustedes ven y no lo vieron; oír lo que ustedes oyen y no lo oyeron".

Las señales sólo descubren su sentido a quien las mira con fe. Las parábolas sólo revelan su significado a quien las escucha con fe. El que se cree que ya tiene todo sabido se

queda sin nada. Por el contrario, quien vive su fe con humil-
dad la acrecienta, porque cada nueva señal y cada nueva pala-
bra lo fortalecen en la fe. Para eso es necesario vivir con ojos y
oídos abiertos y con ternura de corazón, para que éste no se
endurezca.

Felices los que creen sin ver... no cualquier cosa, sino lo que tu palabra de verdad nos enseña. Danos, Señor, distinguir claramente esa tu verdad, sin ilusionarnos con espejismos, fruto de nuestra imaginación o de las fantasías del mundo.

27 jueves   De la feria

Jer 2, 1-3. 7-8. 12-13; Sal 35, 6-11; **Mt 13, 10-17.**

A ustedes se les ha concedido conocer
los misterios del reino de los cielos, pero a ellos no.

Los discípulos se acercaron a Jesús y le dijeron: "¿Por qué le hablas a la multitud por medio de parábolas?". Él les respondió: "A ustedes se les ha concedido conocer los misterios del reino de los cielos, pero a ellos no. Porque a quien tiene, se le dará más todavía y tendrá en abundancia, pero al que no tiene, se le quitará aun lo que tiene. Por eso les hablo por medio de parábolas: porque miran y no ven, oyen y no escuchan ni entienden. Y así se cumple en ellos la profecía de Isaías, que dice: 'Por más que oigan, no comprenderán, por más que vean, no conocerán. Porque el corazón de este pueblo se ha endurecido, tienen tapados sus oídos y han cerrado sus ojos, para que sus ojos no vean, y sus oídos no oigan, y su corazón no comprenda, y yo no los sane'. Felices, en cambio, los ojos de ustedes, porque ven; felices sus oídos, porque oyen. Les aseguro que muchos profetas y justos desearon ver lo que ustedes ven, y no lo vieron; oír lo que ustedes oyen, y no lo oyeron".

La respuesta de Jesús parece despreciar la capacidad de entender de la gente. Es que Jesús no habla de cosas que se puedan entender fácilmente. Los discípulos están capacitados para la comprensión, pero no porque estén más instruidos, sino porque comparten con él la vida y lo ven actuar. El mensaje de Jesús se comprende sólo desde una amistad con él.

Gracias, Señor, por el don de la fe; que su luz brille bien alto para que todos, al verla, te conozcan y te amen, te obedezcan y glorifiquen con sus buenas obras, de aquí al cielo...

28 viernes   De la feria

Jer 3, 14-17; [Sal] Jer 31, 10-13; **Mt 13, 18-23.**

El que escucha la Palabra y la comprende produce fruto.

Jesús dijo a sus discípulos: Escuchen lo que significa la parábola del sembrador. Cuando alguien oye la Palabra del reino y no la comprende, viene el Maligno y arrebata lo que había sido sembrado en su corazón: éste es el que recibió la semilla al borde del camino. El que la recibe en terreno pedregoso es el hombre que, al escuchar la Palabra, la acepta en seguida con alegría, pero no la deja echar raíces, porque es inconstante: en cuanto sobreviene una tribulación o una persecución a causa de la Palabra, inmediatamente sucumbe. El que recibe la semilla entre espinas es el hombre que escucha la Palabra, pero las preocupaciones del mundo y la seducción de las riquezas la ahogan, y no puede dar fruto. Y el que la recibe en tierra fértil es el hombre que escucha la Palabra y la comprende. Éste produce fruto, ya sea cien, ya sesenta, ya treinta por uno.

Jesús da una explicación sobre la parábola del sembrador. En ella nos describe las distintas actitudes frente a la Palabra. Con esto nos advierte, para que ni las tribulaciones y circunstancias de la vida ni las preocupaciones por las cosas materiales ocupen en nosotros el lugar que debe ocupar la Palabra. Así, nuestro corazón estará libre como tierra limpia para recibir la Palabra.

Señor Jesús, divino sembrador, ¿qué clase de terreno soy? ¿Cascote, yuyal, desierto salobre?.. Ayúdame a ser tierra buena, donde tu palabra dé mucho fruto... cuidando mi plantío de sequías y quemazones, de plagas y cizañas.

29 sábado   Santa Marta. (MO)

1Jn 4, 7-16; Sal 33, 2-11; Jn 11, 19-27.

Creo que tú eres el Mesías, el Hijo de Dios.

Muchos judíos habían ido a consolar a Marta y a María, por la muerte de su hermano. Al enterarse de que Jesús llegaba, Marta salió a su encuentro, mientras María permanecía en la casa. Marta dijo a Jesús: "Señor, si hubieras estado aquí, mi hermano no habría muerto. Pero yo sé que aun ahora, Dios te concederá todo lo que le pidas". Jesús le dijo: "Tu hermano resucitará". Marta le respondió: "Sé que resucitará en la resurrección del último día". Jesús le dijo: "Yo soy la resurrección y la vida. El que cree en mí, aunque muera, vivirá; y todo el que vive y cree en mí no morirá jamás. ¿Crees esto?". Ella le respondió: "Sí, Señor, creo que tú eres el Mesías, el Hijo de Dios, el que debía venir al mundo".

Marta cree en Jesús, no sólo porque es su amigo, sino porque se presenta como algo más que un simple hombre. La respuesta ante el problema de la muerte de su hermano es una confesión de fe, que trasciende a la resurrección esperada de Lázaro y apunta directamente a Jesús, que es la verdadera resurrección y la verdadera vida. La esperanza se centra, entonces, en Cristo, y todo tiene en él su respuesta.

Lázaro está muerto y enterrado, pero Marta y su hermana se abandonan en tus manos... Jesús, vida y resurrección nuestra, que confiemos en ti, convencidos de que quien cree en ti alcanza la vida eterna.

30 domingo   Domingo 17° durante el año

San Pedro Crisólogo, ob. y dr.
Semana 17ª durante el año. Semana 1ª del Salterio.

2Rey 4, 42-44; Sal 144, 10-11. 15-18; Ef 4, 1-6; **Jn 6, 1-15.**

Los distribuyó a los que estaban sentados,
dándoles todo lo que quisieron.

Jesús atravesó el mar de Galilea, llamado Tiberíades. Lo seguía una gran multitud, al ver los signos que hacía sanando a los enfermos. Jesús subió a la montaña y se sentó allí con sus discípulos. Se acercaba la Pascua, la fiesta de los judíos. Al levantar los ojos, Jesús vio que una gran multitud acudía a él y dijo a Felipe: "¿Dónde compraremos pan para darles de comer?". Él decía esto para ponerlo a prueba, porque sabía bien lo que iba a hacer. Felipe le respondió: "Doscientos denarios no bastarían para que cada uno pudiera comer un pedazo de pan". Uno de sus discípulos, Andrés, el hermano de Simón Pedro, le dijo: "Aquí hay un niño que tiene cinco panes de cebada y dos pescados, pero ¿qué es esto para tanta gente?". Jesús le respondió: "Háganlos sentar". Había mucho pasto en ese lugar. Todos se sentaron y eran unos cinco mil hombres. Jesús tomó los panes, dio gracias y los distribuyó a los que estaban sentados. Lo mismo hizo con los pescados, dándoles todo lo que quisieron. Cuando todos quedaron satisfechos, Jesús dijo a sus discípulos: "Recojan los pedazos que sobran, para que no se pierda nada". Los recogieron y llenaron doce canastas con los pedazos que sobraron de los cinco panes de cebada. Al ver el signo que Jesús acababa de hacer, la gente decía: "Éste es, verdaderamente, el Profeta que debe venir al mundo". Jesús, sabiendo que querían apoderarse de él para hacerlo rey, se retiró otra vez solo a la montaña.

La acción de Jesús nos recuerda la primera lectura de este domingo. También los participantes de este relato recordaron ese pasaje, ya que exclamaron "éste es el profeta que tenía que venir al mundo", en alusión justamente al milagro de Eliseo. Sin embargo, Jesús huye, porque no desea ser considerado "hacedor de milagros". En la misma línea de Eliseo, él quisiera que sus acciones se consideren como "palabra de Dios" y no como sustituto de alimento físico. Jesús no vino a ser un rey a modo humano, ni a ejercer un poder político, sino a reinar de un modo distinto. Su final confirmará que su reinado será desde la cruz y desde su muerte.

Señor, tú eres el Pan que Dios da para saciar todas las hambres del alma: hambre de verdad y vida, de sabiduría y amor, de paz y consuelo... Lo demás, ya nos lo has dado en abundancia; haz que sepamos compartirlo.

31 lunes   San Ignacio de Loyola, pbro. (MO)

Jer 13, 1-11; [Sal] Deut 32, 18-21; **Mt 13, 31-35.**

El grano de mostaza se convierte en un arbusto, de tal manera que los pájaros del cielo van a cobijarse en sus ramas.

Jesús propuso a la gente esta parábola: "El reino de los cielos se parece a un grano de mostaza que un hombre sembró en su campo. En realidad, ésta es la más pequeña de las semillas, pero cuando crece es la más grande de las hortalizas y se convierte en un arbusto, de tal manera que los pájaros del cielo van a cobijarse en sus ramas". Después les dijo esta otra parábola: "El reino de los cielos se parece a un poco de levadura que una mujer mezcla con gran cantidad de harina, hasta que fermenta toda la masa". Todo esto lo decía Jesús a la muchedumbre por medio de parábolas, y no les hablaba sin ellas, para que se cumpliera lo anunciado por el Profeta: "Hablaré en parábolas, anunciaré cosas que estaban ocultas desde la creación del mundo".

Jesús utiliza ejemplos muy cotidianos para hablar del reino. Eso es sabido. Pero también es importante que nos detengamos en qué tipo de ejemplos se utilizan aquí. Se trata de cosas realmente pequeñas: una semilla o un poco de levadura; y, sobre todo, se trata de la acción: el crecimiento. En síntesis, Jesús quiere mostrar que el reino crece desde lo pequeño y transforma la realidad desde dentro. No esperemos "fundar" grandes cosas para cambiar desde arriba. Lo que está cerca nuestro, a nuestro alcance, necesita ser cuidado para crecer.

Donde abunda el pecado, sobreabunda tu gracia, Señor, aunque no parezca. Que descubramos la poderosísima eficacia de la levadura de tu Evangelio y la pongamos en acción... Muchos lo verán y se animarán a creerte y seguirte.

Agosto

1 martes

San Alfonso María de Ligorio, ob. y dr. (MO)

Jer 14, 17-22; Sal 78, 8-9. 11. 13; **Mt 13, 36-43.**

Así como se arranca la cizaña y se la quema en el fuego, de la misma manera sucederá al fin del mundo.

Dejando a la multitud, Jesús regresó a la casa; sus discípulos se acercaron y le dijeron: "Explícanos la parábola de la cizaña en el campo". Él les respondió: "El que siembra la buena semilla es el Hijo del hombre; el campo es el mundo; la buena semilla son los que pertenecen al reino; la cizaña son los que pertenecen al Maligno, y el enemigo que la siembra es el demonio; la cosecha es el fin del mundo y los cosechadores son los ángeles. Así como se arranca la cizaña y se la quema en el fuego, de la misma manera sucederá al fin del mundo. El Hijo del hombre enviará a sus ángeles, y éstos quitarán de su reino todos los escándalos y a los que hicieron el mal, y los arrojarán en el horno ardiente: allí habrá llanto y rechinar de dientes. Entonces los justos resplandecerán como el sol en el reino de su Padre. ¡El que tenga oídos, que oiga!".

Así como Jesús en la parábola del trigo y la cizaña usó todo el simbolismo del campo, también para explicar la parábola sigue usando un rico lenguaje lleno de signos: horno, rechinar de dientes, resplandor del sol. Con esto contrapone lo que será el final para la cizaña y para el trigo. La cizaña no da ningún fruto, se quema, se termina allí su vida. Así el mal se terminará, será extinguido, ya no tendrá lugar. En cambio, el trigo es recogido con alegría: los justos y sus buenas obras resplandecerán sin apagarse.

Jesús, sembrador de la mejor semilla, danos continuar sembrando, sin temor a cizañeros. Eso sí, que no nos ganen en entusiasmo y perseverancia, que no le dejemos el campo libre y que nuestro buen ejemplo los convenza de su error y maldad.

2 miércoles   De la feria. San Eusebio de Vercelli, ob. (ML). San Pedro Julián Eymard, pbro. (ML)

Jer 15, 10. 16-21; Sal 58, 2-4. 10-11. 17-18; Mt 13, 44-46.

Vende todo lo que posee y compra el campo.

Jesús dijo a la multitud: El reino de los cielos se parece a un tesoro escondido en un campo; un hombre lo encuentra, lo vuelve a esconder, y lleno de alegría, vende todo lo que posee y compra el campo. El reino de los cielos se parece también a un negociante que se dedicaba a buscar perlas finas; y al encontrar una de gran valor, fue a vender todo lo que tenía y la compró.

Las dos parábolas son muy semejantes, tienen la misma estructura: encuentro, venta de lo que se posee y compra de lo que se encuentra. De dos maneras se quiere decir lo mismo. Cuando nos encontramos con Dios, ya no nos interesa lo anterior que nos hacía feliz, y no nos cuesta dejarlo; simplemente descubrimos que Dios es más grande y nos plenifica más que lo que teníamos hasta ese momento.

Nadie ama y obedece a quien no conoce, Señor. Que descubramos y valoremos cada día más el tesoro infinito de vivir en ti, y que con generosidad compartamos toda riqueza con los muchos pobres sin fe, sin tu amor, sin horizonte, huérfanos de esperanza y felicidad...

3 jueves   De la feria

Jer 18, 1-6; Sal 145, 1-6; **Mt 13, 47-53.**

Recogen lo bueno en canastas y tiran lo que no sirve.

Jesús dijo a la multitud: "El reino de los cielos se parece a una red que se echa al mar y recoge toda clase de peces. Cuando está llena, los pescadores la sacan a la orilla y, sentándose, recogen lo bueno en canastas y tiran lo que no sirve. Así sucederá al fin del mundo: vendrán los ángeles y separarán a los malos de entre los justos, para arrojarlos en el horno ardiente. Allí habrá llanto y rechinar de dientes. ¿Comprendieron todo esto?". "Sí", le respondieron. Entonces agregó: "Todo escriba convertido en discípulo del reino de los cielos se parece a un dueño de casa que saca de sus reservas lo nuevo y lo viejo".

La predicación, la enseñanza y el mensaje de Jesús no estuvieron aisladas de la fe de Israel que había comenzado con Abraham. Por eso Jesús hace referencia al escriba, que es capaz de incorporar la novedad de la predicación del reino, que ya está presente, a la tradición de su pueblo, que esperaba el reino de Dios.

🕊 Jesús, hay quienes piensan que tu evangelio ya pasó de moda. ¡Pobres ciegos rumbo al abismo! Danos creatividad para mostrarles tu permanente juventud y la inalterable novedad de tu buena noticia, no sea que se hundan para siempre en la nada.

4 viernes   San Juan María Vianney, pbro. (MO)

Jer 26, 1-9; Sal 68, 5. 8-10. 14; Mt 13, 54-58.

¿No es éste el hijo del carpintero?
¿De dónde le vendrá todo esto?

📖 Al llegar a su pueblo, Jesús se puso a enseñar a la gente en la sinagoga, de tal manera que todos estaban maravillados. "¿De dónde le vienen, decían, esta sabiduría y ese poder de hacer milagros? ¿No es éste el hijo del carpintero? ¿Su madre no es la que llaman María? ¿Y no son hermanos suyos Santiago, José, Simón y Judas? ¿Y acaso no viven entre nosotros todas sus hermanas? ¿De dónde le vendrá todo esto?". Y Jesús era para ellos un motivo de escándalo. Entonces les dijo: "Un profeta es despreciado solamente en su pueblo y en su familia". Y no hizo allí muchos milagros, a causa de la falta de fe de esa gente.

🕯 *Jesús no era una persona a la cual le gustaba alardear; su vida era simple, sencilla, como la de sus vecinos. Es por eso que cuando se ponía a enseñar, muchos se admiraban, a veces de un modo positivo y otras desprestigiándolo. Jesús puede parecernos un maestro que enseña un modo de vida; sin embargo, es más que eso: es la misma Palabra de Dios hecha carne. Y para escuchar de su boca la misma Palabra de Dios es necesario un corazón abierto a la fe.*

🕊 Jesús, hoy te habrían tildado de "cabecita negra", carpinterito de mala muerte... También a nosotros. Seguirte es avanzar contra corriente, entre parientes y vecinos o en el extranjero. Que no temamos ni tengamos vergüenza, ¡tú nos darás un día la razón!

5 sábado   De la feria.

Dedicación de la Basílica de Santa María. (ML)

Jer 26, 11-15. 24; Sal 68, 15-16. 30-31. 33-34; **Mt 14, 1-12.**

Herodes mandó decapitar a Juan, y sus discípulos
fueron a informar a Jesús.

La fama de Jesús llegó a oídos del tetrarca Herodes, y él
dijo a sus allegados: "Éste es Juan el Bautista; ha resucitado de entre los muertos, y por eso se manifiestan en él poderes
milagrosos". Herodes, en efecto, había hecho arrestar, encadenar
y encarcelar a Juan, a causa de Herodías, la mujer de su hermano
Felipe, porque Juan le decía: "No te es lícito tenerla". Herodes
quería matarlo, pero tenía miedo del pueblo, que consideraba a
Juan un profeta. El día en que Herodes festejaba su cumpleaños,
su hija, también llamada Herodías, bailó en público, y le agradó
tanto a Herodes que prometió bajo juramento darle lo que pidie-
ra. Instigada por su madre, ella dijo: "Tráeme aquí sobre una bandeja la cabeza de Juan el Bautista". El rey se entristeció, pero a
causa de su juramento y por los convidados, ordenó que se la
dieran y mandó decapitar a Juan en la cárcel. Su cabeza fue llevada sobre una bandeja y entregada a la joven, y ésta la presentó a
su madre. Los discípulos de Juan recogieron el cadáver, lo sepultaron y después fueron a informar a Jesús.

La muerte del Bautista estaba anunciada en su misma
postura. Quien denunció la corrupción del poder no po-
día esperar otra suerte para su vida. Sin embargo, Juan no
claudicó en su actitud. Nada se nos dice de sus sentimientos,
miedos o esperanzas ante la muerte; simplemente estaba ahí,
como una víctima silenciosa, que dependía del capricho de los
poderosos y sus intrigas palaciegas. No abandonó su lugar. El
jugarse por la verdad, incluyó entregar su vida.

JUAN, tú preparaste el camino al Mesías y te arriesgaste por él. Los Herodes de hoy lo corrompen todo, asesinan inocentes en el seno materno, destruyen familias, fabulan triunfos que son fracasos de muerte... Que tu ejemplo nos anime a imitarte.

6 domingo   Transfiguración del Señor. (F)

Dan. 7, 9-10. 13-14; Sal 96, 1-2. 5-6. 9; 2Ped 1, 16-19; **Mc 9, 2-10.**

Éste es mi Hijo muy querido.

Jesús tomó a Pedro, Santiago y Juan, y los llevó a ellos solos a un monte elevado. Allí se transfiguró en presencia de ellos. Sus vestiduras se volvieron resplandecientes, tan blancas como nadie en el mundo podría blanquearlas. Y se les aparecieron Elías y Moisés, conversando con Jesús. Pedro dijo a Jesús: "Maestro, ¡qué bien estamos aquí! Hagamos tres carpas, una para ti, otra para Moisés y otra para Elías". Pedro no sabía qué decir, porque estaban llenos de temor. Entonces una nube los cubrió con su sombra, y salió de ella una voz: "Éste es mi Hijo muy querido, escúchenlo". De pronto miraron a su alrededor y no vieron a nadie, sino a Jesús solo con ellos. Mientras bajaban del monte, Jesús les prohibió contar lo que habían visto, hasta que el Hijo del hombre resucitara de entre los muertos. Ellos cumplieron la orden, pero se preguntaban qué significaría "resucitar de entre los muertos".

La teofanía del monte que relata Marcos tiene un final extraño. Si bien los discípulos testigos gozan con la visión de la Gloria, son advertidos acerca de no hablar sobre esto hasta que no ocurra la resurrección. Porque la Gloria de Jesús no está en este momento, sino en su proceso pascual: su muerte y resurrección. En ese misterio radica el Amor salvador del Padre, que envió a su Hijo al mundo. No podemos quedarnos con la imagen de una Gloria en el mundo, cuando el proceso culmina más allá: en la Gloria junto al Padre.

🕊 Jesús, tu Padre nos llama a escucharte y seguirte, pero ¡cuántos prefieren aturdirse con charlatanerías y fantasías cual más estúpida, aunque con disfraz de ciencia y actualidad... Que los tuyos seamos cuerdos.

7 lunes   De la feria. Santos Sixto II, papa y comp.,
mrs. (ML). San Cayetano, pbro. (ML)

Semana 18ª durante el año. Semana 2ª del Salterio.

Jer 28, 1-17; Sal 118, 29. 43. 79-80. 95. 102; **Mt 14, 13-21.**

Levantando los ojos al cielo, pronunció la bendición y dio los panes a sus discípulos, y ellos los distribuyeron entre la multitud.

📖 Al enterarse de la muerte de Juan el Bautista, Jesús se alejó en una barca a un lugar desierto para estar a solas. Apenas lo supo la gente, dejó las ciudades y lo siguió a pie. Cuando desembarcó, Jesús vio una gran muchedumbre y, compadeciéndose de ella, sanó a los enfermos. Al atardecer, los discípulos se acercaron y le dijeron: "Éste es un lugar desierto y ya se hace tarde; despide a la multitud para que vaya a las ciudades a comprarse alimentos". Pero Jesús les dijo: "No es necesario que se vayan, denles de comer ustedes mismos". Ellos respondieron: "Aquí no tenemos más que cinco panes y dos pescados". "Tráiganmelos aquí", les dijo. Y después de ordenar a la multitud que se sentara sobre el pasto, tomó los cinco panes y los dos pescados, y levantando los ojos al cielo, pronunció la bendición, partió los panes, los dio a sus discípulos, y ellos los distribuyeron entre la multitud. Todos comieron hasta saciarse y con los pedazos que sobraron se llenaron doce canastas. Los que comieron fueron unos cinco mil hombres, sin contar las mujeres y los niños.

🕯 *La actitud de Jesús parece comprensible: después de la muerte de Juan necesita estar solo. Quizá para pensar sobre la validez del compromiso o sobre la suerte que le tocará*

correr si sigue en su postura. Sin embargo, la gente lo saca de
sí mismo para obligarlo a volver su mirada hacia ella. Jesús ve
al pueblo desamparado, necesitado y enfermo, y eso mismo
obliga a continuar con su opción. Las opciones no se toman de
un modo abstracto, sino desde la realidad. Y la realidad fre-
cuentemente se impone sobre lo que pensamos que sería lo
mejor para nosotros.

Jesús, tu gran opción fue asumir nuestra pequeñez y pobreza, y así -codo a codo- enseñarnos a vivir cómo hijos de tu
Padre, felices de obedecerle, y hermanos en ti; solidarios y muy
fraternos. Si hubiera algo mejor, lo habrías dicho, ¿no?...

8 martes   Santo Domingo, pbro. (MO)

Jer 30, 1-2. 12-15. 18-22; Sal 101, 16-21. 29. 22-23; **Mt 14, 22-36.**

Mándame ir a tu encuentro sobre el agua.

Después de la multiplicación de los panes, Jesús obligó a
los discípulos que subieran a la barca y pasaran antes que
él a la otra orilla, mientras él despedía a la multitud. Después,
subió a la montaña para orar a solas. Y al atardecer, todavía estaba allí, solo. La barca ya estaba muy lejos de la costa, sacudida por
las olas, porque tenían viento en contra. A la madrugada, Jesús
fue hacia ellos, caminando sobre el mar. Los discípulos, al verlo
caminar sobre el mar, se asustaron. "Es un fantasma", dijeron, y
llenos de temor se pusieron a gritar. Pero Jesús les dijo: "Tranqui-
lícense, soy yo; no teman". Entonces Pedro le respondió: "Señor,
si eres tú, mándame ir a tu encuentro sobre el agua". "Ven", le
dijo Jesús. Y Pedro, bajando de la barca, comenzó a caminar sobre el agua en dirección a él. Pero, al ver la violencia del viento,
tuvo miedo, y como empezaba a hundirse, gritó: "Señor, sálvame". En seguida, Jesús le tendió la mano y lo sostuvo, mientras le
decía: "Hombre de poca fe, ¿por qué dudaste?". En cuanto subieron a la barca, el viento se calmó. Los que estaban en ella se

postraron ante él, diciendo: "Verdaderamente, tú eres el Hijo de Dios". Al llegar a la otra orilla, fueron a Genesaret. Cuando la gente del lugar lo reconoció, difundió la noticia por los alrededores, y le llevaban a todos los enfermos, rogándole que los dejara tocar tan sólo los flecos de su manto, y todos los que lo tocaron quedaron sanados.

El texto nos presenta a Jesús con gran poder sobre los fenómenos naturales; sin embargo, este acontecimiento no debe ocultarnos el centro del relato: la actitud de Pedro, como un referente de nuestro seguimiento a Jesús. Su camino por el mar es un símbolo del camino espiritual hacia Jesús. Cuando salimos tras él con entusiasmo, no medimos que debemos seguirlo en medio de tormentas y dificultades, ocultada por la noche y la confusión. Es allí, cuando nada se ve, cuando todo es contrario a nuestras expectativas, que es necesario seguir caminando. El hecho es que Jesús está en la tormenta, esperando, porque ha hecho el camino mucho antes que nosotros.

Vivimos a los saltos, Señor. ¡Si sabremos de tormentas! ... Pero también sabemos (a veces olvidamos)que jamás nos abandonas a la deriva, sino que caminas a nuestro lado ¡y que a veces, nos llevas al hombro, como Buen Pastor! Que, con nuestro prójimo, seamos como tú.

9 miércoles   De la feria.

Santa Teresa Benedicta de la Cruz, vg. y mr. (ML)

Jer 31, 1-7; [Sal] Jer 31, 10-13; Mt 15, 21-28.

Mujer, ¡qué grande es tu fe!

Jesús partió de allí y se retiró al país de Tiro y de Sidón. Entonces una mujer cananea, que procedía de esa región, comenzó a gritar: "¡Señor, Hijo de David, ten piedad de mí! Mi hija está terriblemente atormentada por un demonio". Pero él no le respondió nada. Sus discípulos se acercaron y le pidieron: "Señor, atiéndela, porque nos persigue con sus gritos". Jesús respondió: "Yo he sido enviado solamente a las ovejas perdidas del pueblo de Israel". Pero la mujer fue a postrarse ante él y le dijo: "¡Señor, socórreme!". Jesús le dijo: "No está bien tomar el pan de los hijos, para tirárselo a los cachorros". Ella respondió: " ¡Y sin embargo, Señor, los cachorros comen las migas que caen de la mesa de sus dueños!". Entonces Jesús le dijo: "Mujer, ¡qué grande es tu fe! ¡Que se cumpla tu deseo!".Y en ese momento su hija quedó sana.

La misión de Jesús, el Mesías, ¿debía limitarse a los judíos que esperaban al Mesías? "Este relato muestra tres características muy particulares que lo hacen de vital importancia. Este texto es la única controversia donde una persona 'le gana' a Jesús, y es una mujer, ¡una mujer pagana! Este texto (...) lleva una confesión a Jesús como el Señor. Y en tercer lugar es la única curación en todos los evangelios, donde una argumentación brillante, 'la palabra' de la mujer, es la razón por la cual Jesús sana. (...) Esta palabra de la mujer muestra que la abundancia en la mesa del reino es tan grande que alcanza para todas las personas, judías y paganas; y pueden comer al mismo tiempo" (Ute Seibert-Cuadra).

Señor, la mesa de tu verdad y caridad es infinitamente más larga que lo que alcanzamos a ver con nuestra mirada egoísta... Danos anteojos de fe y benevolencia que corrijan nuestra miopía, y fuerza para nunca quedarnos cortos en atenderlas.

10 jueves   San Lorenzo, diácono y mr. (F)

2Cor 9, 6-10; Sal 111, 1-2. 5-9; Jn 12, 24-26.

El que quiera servirme será honrado por mi Padre.

Jesús dijo a sus discípulos: "Les aseguro que si el grano de trigo que cae en la tierra no muere, queda solo; pero si

muere, da mucho fruto. El que ama su vida la perderá; pero el que
odia su vida en este mundo la conservará para la vida eterna. El
que quiera servirme, que me siga, y donde yo esté, estará también
mi servidor. El que quiera servirme será honrado por mi Padre".

Los discípulos y discípulas de Jesús estamos llamados a algo más que a dar nuestros bienes. Estamos llamados a entregar nuestra propia vida al servicio de los demás. Sólo ofreciendo lo que tenemos haremos una vida fecunda.

Época de bárbaros la de Lorenzo, cocinado a fuego lento... También hoy, sin parrillas o hienas hambrientas, hay cristianos dispuestos a darlo todo por Cristo y su Iglesia. ¡Bendito seas, Señor, por tus mártires! Que su ejemplo nos anime a serte siempre fieles.

11 viernes   Santa Clara, vg. (MO)

Nah. 2, 1. 3; 3, 1-3. 6-7; [Sal] Deut 32, 35-36. 39. 41; **Mt 16, 24-28.**

¿Qué podrá dar el hombre a cambio de su vida?

Jesús dijo a sus discípulos: El que quiera seguirme, que renuncie a sí mismo, que cargue con su cruz y me siga. Porque el que quiera salvar su vida, la perderá; y el que pierda su vida a causa de mí, la encontrará. ¿De qué le servirá al hombre ganar el mundo entero si pierde su vida? ¿Y qué podrá dar el hombre a cambio de su vida? Porque el Hijo del hombre vendrá en la gloria de su Padre, rodeado de sus ángeles, y entonces pagará a cada uno de acuerdo con sus obras. Les aseguro que algunos de los que están aquí presentes no morirán antes de ver al Hijo del hombre, cuando venga en su reino.

"Perder la vida" es darla como lo hizo Jesús; es morir al propio interés, sin morir a las riquezas o potencialidades personales. No se trata de negar lo que tenemos, sino ponerlo

al servicio de los demás. Jesús, el Hijo de Dios, no negó quién era; tampoco no usó su condición para obtener gloria, sino para salvar a la humanidad. Así también nosotros, al reconocer nuestra condición, debemos morir a nuestro propio interés, para entregar lo mejor de nosotros a los hermanos.

Clarita observaba a su vecino y se entusiasmaba por sus ideales de evangelio y santa pobreza. Y escapó de su casa por la puerta de los muertos, ¡quería vivir siendo toda de Jesús! Señor, esposo de nuestras almas, danos esa santa locura de Francisco y Clara.

12 sábado   De la feria.

Santa Juana Francisca de Chantal, rel. (ML).
Santa María en sábado

Hab. 1, 12—2, 4; Sal 9, 8-13; **Mt 17, 14-20.**

Si tuvieran fe, nada sería imposible para ustedes.

Un hombre se acercó a Jesús y, cayendo de rodillas, le dijo: "Señor, ten piedad de mi hijo, que es epiléptico y está muy mal: frecuentemente cae en el fuego y también en el agua. Yo lo llevé a tus discípulos, pero no lo pudieron sanar". Jesús respondió: "¡Generación incrédula y perversa! ¿Hasta cuándo estaré con ustedes? ¿Hasta cuándo tendré que soportarlos? Tráiganmelo aquí". Jesús increpó al demonio, y éste salió del niño, que desde aquel momento, quedó sano. Los discípulos se acercaron entonces a Jesús y le preguntaron en privado: "¿Por qué nosotros no pudimos expulsarlo?". "Porque ustedes tienen poca fe", les dijo. "Les aseguro que si tuvieran fe del tamaño de un grano de mostaza, dirían a esta montaña: 'Trasládate de aquí a allá', y la montaña se trasladaría; y nada sería imposible para ustedes".

El demonio es signo del mal. Cuando pensamos que es imposible vencer al mal, ya hemos sido vencidos por él. Nuestra condición de cristianos nos da esperanza, nos fortale-

*ce para hacer proyectos, nos anima a caminar y a vencer obstá-
culos. El espíritu cristiano se demuestra en la fuerza que enfrenta las adversidades.*

Jesús, vencedor de infiernos y muertes, que la fe que encendiste en nuestro bautismo nos empuje a remar río arriba sin
desanimarnos por la correntada en contra, sin soltar los remos. Podemos conseguir todo lo bueno cuando tú nos confortas!...

13 domingo   Domingo 19° durante el año

Santos Ponciano, papa, e Hipólito, pbro., mrs.
Semana 19ª durante el año. Semana 3ª del Salterio.

1Rey 19, 1-8; Sal 33, 2-9; Ef 4, 30—5, 2; **Jn 6, 41-51.**

Yo soy el pan vivo bajado del cielo.

Los judíos murmuraban de Jesús, porque había dicho: "Yo
soy el pan bajado del cielo". Y decían: "¿Acaso este no es
Jesús, el hijo de José? Nosotros conocemos a su padre y a su
madre. ¿Cómo puede decir ahora: 'Yo he bajado del cielo?'". Jesús tomó la palabra y les dijo: "No murmuren entre ustedes. Nadie puede venir a mí, si no lo atrae el Padre que me envió; y yo lo
resucitaré en el último día. Está escrito en el libro de los Profetas:
'Todos serán instruidos por Dios'. Todo el que oyó al Padre y
recibe su enseñanza, viene a mí. Nadie ha visto nunca al Padre,
sino el que viene de Dios: sólo él ha visto al Padre. Les aseguro
que el que cree, tiene Vida eterna. Yo soy el pan de Vida. Sus
padres, en el desierto, comieron el maná y murieron. Pero éste es
el pan que desciende del cielo, para que aquél que lo coma no
muera. Yo soy el pan vivo bajado del cielo. El que coma de este
pan vivirá eternamente, y el pan que yo daré es mi carne para la
Vida del mundo".

*Jesús recurre a la historia y a la experiencia del pueblo
para explicar su misión. Si los padres se han alimentado*

con el maná, ahora él es el pan verdadero. Si el maná era don de Dios, ahora él es el regalo de Dios que no sacia el hambre físico, sino que lleva a la Vida Eterna. Todo lo anterior era como una preparación para este momento culminante de la historia de salvación.

Jesús, multiplicaste pan como signo de tu misma persona entregada para saciar el hambre del corazón humano. Ayúdanos a tener hambre y sed de ti, por encima de las otras cosas... que, a veces pan para hoy y hambre para mañana.

14 lunes San Maximiliano María Kolbe, pbro. y mr. (MO)

Ez 1, 2-5. 24-28; Sal 148, 1-2. 11-14; Mt 17, 22-27.

Lo matarán y resucitará. Los hijos están exentos del impuesto.

Mientras estaban reunidos en Galilea, Jesús dijo a sus discípulos: "El Hijo del hombre va a ser entregado en manos de los hombres: lo matarán y al tercer día resucitará". Y ellos quedaron muy apenados. Al llegar a Cafarnaúm, los cobradores del impuesto del Templo se acercaron a Pedro y le preguntaron: "¿El Maestro de ustedes no paga el impuesto?". "Sí, lo paga", respondió. Cuando Pedro llegó a la casa, Jesús se adelantó a preguntarle: "¿Qué te parece, Simón? ¿De quiénes perciben los impuestos y las tasas los reyes de la tierra, de sus hijos o de los extraños?". Y como Pedro respondió: "De los extraños", Jesús le dijo: "Eso quiere decir que los hijos están exentos. Sin embargo, para no escandalizar a esta gente, ve al lago, echa el anzuelo, toma el primer pez que salga y ábrele la boca. Encontrarás en ella una moneda de plata: tómala, y paga por mí y por ti".

El texto resulta extraño. Tenemos la idea de que Jesús se oponía al imperio y a sus exigencias. Sin embargo,

Jesús no es un simple rebelde político. Él tiene conciencia de su señorío sobre todo el mundo y sobre todo imperio. Pero no se trata de imponer un imperio sobre otro o someter a otros bajo un nuevo poder. El poder y el reinado de Jesús muestran su dominio en el no renunciar a la libertad y a la dignidad. Él podrá pagar los impuestos, porque vive en medio del mundo, pero no se impone como un poder terreno.

Ellos esperaban quien los librara del imperialismo romano, ¡y tú les hablas de tu muerte! Y, para peor, ahí están los odiosos cobradores de impuestos, y tú muestras que no es pecado pagarlos: el pecado está en los corruptos que malversan y roban lo recaudado.

15 martes   Asunción de la Virgen María. (S)

Apoc 11, 19; 12, 1-6. 10; Sal 44, 10-12. 15-16; 1Cor 15, 20-27; **Lc 1, 39-56.**

El Todopoderoso ha hecho en mí grandes cosas;
elevó a los humildes.

Durante su embarazo, María partió y fue sin demora a un pueblo de la montaña de Judá. Entró en la casa de Zacarías y saludó a Isabel. Apenas ésta oyó el saludo de María, el niño saltó de alegría en su vientre, e Isabel, llena del Espíritu Santo, exclamó: "¡Tú eres bendita entre todas las mujeres y bendito es el fruto de tu vientre! ¿Quién soy yo, para que la madre de mi Señor venga a visitarme? Apenas oí tu saludo, el niño saltó de alegría en mi vientre. Feliz de ti por haber creído que se cumplirá lo que te fue anunciado de parte del Señor". María dijo entonces: "Mi alma canta la grandeza del Señor, y mi espíritu se estremece de gozo en Dios, mi Salvador, porque él miró con bondad la pequeñez de su servidora. En adelante todas las generaciones me llamarán feliz, porque el Todopoderoso ha hecho en mí grandes cosas: ¡su Nombre es santo! Su misericordia se extiende de generación en generación sobre aquéllos que lo temen. Desplegó la fuerza de su brazo, dispersó a los soberbios de corazón. Derribó a los poderosos de su trono y elevó a los humildes. Colmó de bienes a los hambrientos y despidió a los ricos con las manos vacías. Socorrió a Israel, su servidor, acordándose de su misericordia, como lo había prometido a nuestros padres, en favor de Abraham y de su descendencia para siempre". María permaneció con Isabel unos tres meses y luego regresó a su casa.

María no está lejos de las necesidades de los hombres y mujeres. María, que está en el trono de Dios, sigue siendo portadora de Jesús; al hacerlo inunda de alegría la casa que la recibe. Ella sigue estando presente en las necesidades del pueblo y haciendo más liviano cualquier peso.

MADRE SANTA, esclava del Señor y reina de cielo y tierra... desde tu gozo eterno sigues recorriendo el mundo, conduciéndonos tras los pasos de tu Hijo y enseñándonos a hacer siempre lo que él nos diga, hasta la hora de nuestra muerte. Amén.

16 miércoles   De la feria. San Roque. (ML).

San Esteban de Hungría. (ML)

Ez 9, 1-7; 10, 18-22; Sal 112, 1-6; Mt 18, 15-20.

Si te escucha, habrás ganado a tu hermano.

Jesús dijo a sus discípulos: Si tu hermano peca contra ti, ve y corrígelo en privado. Si te escucha, habrás ganado a tu hermano. Si no te escucha, busca una o dos personas más, para que el asunto se decida por la declaración de dos o tres testigos. Si se niega a hacerles caso, dilo a la comunidad. Y si tampoco quiere escuchar a la comunidad, considéralo como pagano o publicano. Les aseguro que todo lo que ustedes aten en la tierra, quedará atado en el cielo, y lo que desaten en la tierra, quedará desatado en el cielo. También les aseguro que si dos de ustedes se unen en la tierra para pedir algo, mi Padre que está en el cielo se lo concederá. Porque donde hay dos o tres reunidos en mi Nombre, yo estoy presente en medio de ellos.

La comunidad tiene un poder sobre el perdón y la exclusión del pecador. Pero para eso hay que cumplir ciertos requisitos: no se permite el rumor, ni la condena individual, ni el rencor. Si alguien es considerado pecador, la primera actitud es hacerlo volver de su error y pecado. Es decir, la primera reacción es la caridad hacia el pecador, algo que necesitamos practicar en nuestra convivencia comunitaria.

Jesús bendito, el pecado ciega la mente y traba el corazón. ¡Cómo cuesta vivir como hermanos! Quédate a nuestro lado y enciende en nosotros ese amor que quema egoísmos y desentendimientos, orgullos y envidias, rencores y todas esas cosas...

17 jueves   De la feria

Ez 12, 1-12; Sal 77, 56-59. 61-62; **Mt 18, 21—19, 1**

No perdones sólo siete veces, sino setenta veces siete.

Se acercó Pedro y le preguntó a Jesús: "Señor, ¿cuántas veces tendré que perdonar a mi hermano las ofensas que me haga? ¿Hasta siete veces?". Jesús le respondió: "No te digo hasta siete veces, sino hasta setenta veces siete. Por eso, el reino de los cielos se parece a un rey que quiso arreglar las cuentas con sus servidores. Comenzada la tarea, le presentaron a uno que debía diez mil talentos. Como no podía pagar, el rey mandó que fuera vendido junto con su mujer, sus hijos y todo lo que tenía, para saldar la deuda. El servidor se arrojó a sus pies, diciéndole: 'Dame un plazo y te pagaré todo'. El rey se compadeció, lo dejó ir y, además, le perdonó la deuda. Al salir, este servidor encontró a uno de sus compañeros que le debía cien denarios y, tomándolo del cuello hasta ahogarlo, le dijo: 'Págame lo que me debes'. El otro se arrojó a sus pies y le suplicó: 'Dame un plazo y te pagaré la deuda'. Pero él no quiso, sino que lo hizo poner en la cárcel hasta que pagara lo que debía. Los demás servidores, al ver lo que había sucedido, se apenaron mucho y fueron a contarlo a su señor. Éste lo mandó llamar y le dijo: '¡Miserable! Me suplicaste, y te perdoné la deuda. ¿No debías también tú tener compasión de tu compañero, como yo me compadecí de ti?'. E indignado, el rey lo entregó en manos de los verdugos hasta que pagara todo lo que debía. Lo mismo hará también mi Padre celestial con ustedes, si no perdonan de corazón a sus hermanos". Cuando Jesús terminó de decir estas palabras, dejó la Galilea y fue al territorio de Judea, más allá del Jordán.

El ejemplo que presenta Jesús es una ilustración al planteo de Pedro, que está preocupado por el límite del perdón al hermano. Pedro tiene un concepto humano del perdón, y desde este punto de vista, su pregunta no es errada. Nadie puede perdonar a cada rato a quien nos ofende constantemente. Eso no es humano. Pero el perdón de Dios tampoco es humano, y lo que él nos ha perdonado es totalmente desproporcionado comparado con los pequeños perdones que muchas veces negamos a nuestros hermanos.

A veces, muy tranquilos decimos: "Que Dios te perdone...". ¿Y yo? Jesús, que entienda que, así como yo necesito ser perdonado, también sepa perdonar de corazón, generosa y humildemente, sin creerme con derecho a tirar la primera piedra a nadie.

18 viernes   De la feria

Ez 16, 1-15. 60. 63; [Sal:] Is 12, 2-6; **Mt 19, 3-12.**

Moisés les permitió divorciarse de su mujer, debido a la dureza del corazón de ustedes; pero al principio no era así.

Se acercaron a Jesús algunos fariseos y, para ponerlo a prueba, le dijeron: "¿Es lícito al hombre divorciarse de su mujer por cualquier motivo?". Él respondió: "¿No han leído ustedes que el Creador, desde el principio, 'los hizo varón y mujer'; y que dijo: 'Por eso, el hombre dejará a su padre y a su madre para unirse a su mujer, y los dos no serán sino una sola carne'? De manera que ya no son dos, sino una sola carne. Que el hombre no separe lo que Dios ha unido". Le replicaron: "Entonces, ¿por qué Moisés prescribió entregar una declaración de divorcio cuando uno se separa?". Él les dijo: "Moisés les permitió divorciarse de su mujer, debido a la dureza del corazón de ustedes, pero al principio no era así. Por lo tanto, yo les digo: El que se divorcia de su mujer, a no ser en caso de unión ilegal, y se casa con otra, comete adulterio". Sus discípulos le dijeron: "Si ésta es la situación del hombre con respecto a su mujer, no conviene casarse". Y él les respondió: "No todos entienden este lenguaje, sino sólo aquellos a quienes se les ha concedido. En efecto, algunos no se casan, porque nacieron impotentes del seno de su madre; otros, porque fueron castrados por los hombres; y hay otros que decidieron no casarse a causa del reino de los cielos. ¡El que pueda entender, que entienda!".

El matrimonio se funda en el proyecto original de Dios: la unión del amor de la pareja. El corazón humano puede tener dificultades para perseverar en esa alianza, es por eso que todo pacto tiene como garantía al mismo Dios, que ha otorgado su bendición.

Señor, que nos hiciste esposo y esposa: que vivamos nuestro matrimonio y familia no a flor de piel sino íntimamente unidos en tu amor, sin soltarnos jamás de tu mano, alegres y generosos, dando ejemplo a tantos empantanados al borde del camino...

19 sábado

De la feria.

San Juan Eudes, pbro. (ML)

Ez 18, 1-10. 13. 30-32; Sal 50, 12-15. 18-19; **Mt 19, 13-15.**

No impidan a los niños que vengan a mí, porque el reino de los
cielos pertenece a los que son como ellos.

Trajeron a unos niños a Jesús para que les impusiera las manos y orara sobre ellos. Los discípulos los reprendieron, pero Jesús les dijo: "Dejen a los niños, y no les impidan que vengan a mí, porque el reino de los cielos pertenece a los que son como ellos". Y después de haberles impuesto las manos, se fue de allí.

Jesús quiere estar cerca de los niños porque "de los que son como estos es el reino". Un niño, en tiempo de Jesús, no era considerado persona con derechos y era un impuro mientras todavía no tuviera uso de razón para comprender la Ley. Los niños, por lo tanto, forman parte de esos pequeños que no tienen ni el poder ni la sabiduría humana y en cuya pequeñez Dios tiene lugar para obrar. Al imponerles las manos, Jesús los hace partícipes de la vida de la comunidad.

Jesús, naciste bebé y creciste al amparo de María y José hasta el momento de salir a anunciar el evangelio, pero gozabas alzando y besando niños. Que también nosotros nos desvelemos por ellos y –¡sobre todo!– los eduquemos en la fe con las mejores palabras y ejemplos.

20 domingo   **Domingo 20° durante el año**

San Bernardo, abad y dr.
Semana 20ª durante el año. Semana 4ª del Salterio.

Prov 9, 1-6; Sal 33, 2-3. 10-15; Ef 5, 15-20; **Jn 6, 51-59.**

Mi carne es la verdadera comida
y mi sangre, la verdadera bebida.

Jesús dijo a los judíos: "Yo soy el pan vivo bajado del cielo. El que coma de este pan vivirá eternamente, y el pan que yo daré es mi carne para la Vida del mundo". Los judíos discutían entre sí, diciendo: "¿Cómo este hombre puede darnos a comer su carne?". Jesús les respondió: "Les aseguro que si no comen la carne del Hijo del hombre y no beben su sangre, no tendrán Vida en ustedes. El que come mi carne y bebe mi sangre tiene Vida eterna, y yo lo resucitaré en el último día. Porque mi carne es la verdadera comida y mi sangre, la verdadera bebida. El que come mi carne y bebe mi sangre permanece en mí y yo en él. Así como yo, que he sido enviado por el Padre que tiene Vida, vivo por el Padre, de la misma manera, el que me come vivirá por mí. Éste es el pan bajado del cielo; no como el que comieron sus padres y murieron. El que coma de este pan vivirá eternamente". Jesús enseñaba todo esto en la sinagoga de Cafarnaúm.

La sabiduría prometida por Dios en el Antiguo Testamento nos llega en Jesucristo. Él se ofrece a los hombres como comida y bebida. Sólo con ese alimento tenemos la vida y podemos caminar. Delante de nosotros está la opción de comer o no comer, aceptarlo o rechazarlo. Para quien lo come, para quien lo acepta, se abre el camino de la vida que lleva al Padre. Para los faltos de sabiduría, esto es incomprensible: "¿Cómo puede éste darnos a comer su carne?". Pidamos a Dios la sabiduría para apreciar el alimento que nos da y para discernir sus caminos.

Jesús mío, ¡qué misterio éste de darte a nosotros en comida y bebida! Pero, si tú lo dices, ¡basta! Ayúdanos a comerte con alma y vida, con la mente y el corazón... y que tu vida nos vivifique en cuerpo y alma.

21 lunes   San Pío X, papa. (MO)

Ez 24, 15-24; [Sal] Deut 32, 18-21; **Mt 19, 16-22.**

Si quieres ser perfecto, vende todo lo que tienes: así tendrás un tesoro en el cielo.

Se acercó un hombre a Jesús y le preguntó: "Maestro, ¿qué obras buenas debo hacer para conseguir la Vida eterna?". Jesús le dijo: "¿Cómo me preguntas acerca de lo que es bueno? Uno solo es el Bueno. Si quieres entrar en la Vida eterna, cumple los Mandamientos". "¿Cuáles?", preguntó el hombre. Jesús le respondió: "No matarás, no cometerás adulterio, no robarás, no darás falso testimonio, honrarás a tu padre y a tu madre, y amarás a tu prójimo como a ti mismo". El joven dijo: "Todo esto lo he cumplido: ¿qué me queda por hacer?". "Si quieres ser perfecto, le dijo Jesús, ve, vende todo lo que tienes y dalo a los pobres: así tendrás un tesoro en el cielo. Después, ven y sígueme". Al oír estas palabras, el joven se retiró entristecido, porque poseía muchos bienes.

Toda la iniciativa estaba en el joven. Él primero preguntó, después inquirió por los mandamientos, más adelante no se conformó con la respuesta y preguntó: "¿Qué más me falta?". Y resulta extraño que, después de tanta búsqueda e insistencia, se haya vuelto atrás. ¿Qué respuesta esperaba? El camino que Jesús le presenta exige ser asumido en libertad, sin ataduras a los bienes materiales, para poder seguirlo con alegría.

Seguirte, Jesús, es lo más sabio. Y cuanto más aligeremos la carga que frena ese seguimiento, ¡mejor! Danos viveza y decisión si nos llamas a seguirte... Pero, ¿acaso no nos llamas constantemente? ¿Somos sordos o tenemos miedo?

22 martes   Santa María, Reina. (MO)

Is 9, 1-6; Sal 112, 1-8; Lc 1, 26-38.

Concebirás y darás a luz un hijo.

El ángel Gabriel fue enviado por Dios a una ciudad de Galilea, llamada Nazaret, a una virgen que estaba comprometida con un hombre perteneciente a la familia de David, llamado José. El nombre de la virgen era María. El ángel entró en su casa y la saludó, diciendo: "¡Alégrate, llena de gracia, el Señor está contigo!". Al oír estas palabras, ella quedó desconcertada y se preguntaba qué podía significar ese saludo. Pero el ángel le dijo: "No temas, María, porque Dios te ha favorecido. Concebirás y darás a luz un hijo, y le pondrás por nombre Jesús; él será grande y será llamado Hijo del Altísimo. El Señor Dios le dará el trono de David, su padre, reinará sobre la casa de Jacob para siempre y su reino no tendrá fin". María dijo al ángel: "¿Cómo puede ser eso, si yo no tengo relación con ningún hombre?". El ángel le respondió: "El Espíritu Santo descenderá sobre ti y el poder del Altísimo te cubrirá con su sombra. Por eso el niño será Santo y será llamado Hijo de Dios. También tu parienta Isabel concibió un hijo a pesar de su vejez, y la que era considerada estéril, ya se encuentra en su sexto mes, porque no hay nada imposible para Dios". María dijo entonces: "Yo soy la servidora del Señor, que se haga en mí según tu palabra". Y el ángel se alejó.

El ángel anuncia a María las características del niño que nacerá: se llamará Jesús, será grande, Hijo del Altísimo, engendrado por el Espíritu, Hijo de Dios, santo, ocupará el trono de David y reinará sobre su pueblo por los siglos. María recibe este anuncio, lo cree en su corazón y lo encarna en su sangre. El Rey y Señor de la historia llegará hasta nosotros por el asentimiento de una jovencita pobre de una pequeña aldea.

Jesús, Rey y Señor de cielo y tierra, que coronas a tu Madre como Reina y Señora, danos la alegría de vivir bajo su amparo y obedecerle cuando nos dice: "Hagan todo lo que Jesús les diga".

23 miércoles   De la feria

Ez 34, 1-11; Sal 22, 1-6; Mt 19, 30—20, 16.

¿Por qué tomas a mal que yo sea bueno?

Jesús dijo a sus discípulos: Muchos de los primeros serán los últimos, y muchos de los últimos serán los primeros. Porque el reino de los cielos se parece a un propietario que salió muy de madrugada a contratar obreros para trabajar en su viña. Trató con ellos un denario por día y los envío a su viña. Volvió a salir a media mañana y, al ver a otros desocupados en la plaza, les dijo: "Vayan ustedes también a mi viña y les pagaré lo que sea justo". Y ellos fueron. Volvió a salir al mediodía y a media tarde, e hizo lo mismo. Al caer la tarde salió de nuevo y, encontrando todavía a otros, les dijo: "¿Cómo se han quedado todo el día aquí, sin hacer nada?". Ellos les respondieron: "Nadie nos ha contratado". Entonces les dijo: "Vayan también ustedes a mi viña". Al terminar el día, el propietario llamó a su mayordomo y le dijo: "Llama a los obreros y págales el jornal, comenzando por los últimos y terminando por los primeros". Fueron entonces los que habían llegado al caer la tarde y recibieron cada uno un denario. Llegaron después los primeros, creyendo que iban a recibir algo más, pero recibieron igualmente un denario. Y al recibirlo, protestaban contra el propietario, diciendo: "Estos últimos trabajaron nada más que una hora, y tú les das lo mismo que a nosotros, que hemos soportado el peso del trabajo y el calor durante toda la jornada". El propietario respondió a uno de ellos: "Amigo, no soy injusto contigo, ¿acaso no habíamos tratado en un denario? Toma lo que es tuyo y vete. Quiero dar a éste que llega último lo mismo que a ti. ¿O no tengo derecho a disponer de mis bienes como me parece? ¿Por qué tomas a mal que yo sea bueno?". Así, los últimos serán los primeros y los primeros serán los últimos.

Dios es bueno. Esta afirmación que parece tan sencilla de comprender se convierte en escandalosa cuando Dios no obra según los criterios de la justicia humana. No nos da "más premio" porque trabajamos más en su obra o estamos en la Iglesia desde toda la vida. Él reparte su gracia con generosidad; la salvación no es merecimiento de nuestra parte, sino gratuidad de parte de él.

Señor, tú jamás nos pasas la factura por la inmensidad de tu amor y salvación. Haz que nuestra vida sea respuesta agradecida a tanta bondad y que te alabemos con nuestros labios y las obras de nuestras manos.

24 jueves   San Bartolomé, apóstol. (F)

Apoc 21, 9-14; Sal 144, 10-13. 17-18; **Jn 1, 45-51.**

Éste es un verdadero israelita, un hombre sin doblez.

Felipe encontró a Natanael y le dijo: "Hemos hallado a Aquél de quien se habla en la Ley de Moisés y en los Profetas. Es Jesús, el hijo de José de Nazaret". Natanael le preguntó: "¿Acaso puede salir algo bueno de Nazaret?". "Ven y verás", le dijo Felipe. Al ver llegar a Natanael, Jesús dijo: "Éste es un verdadero israelita, un hombre sin doblez". "¿De dónde me conoces?", le preguntó Natanael. Jesús le respondió: "Yo te vi antes que Felipe te llamara, cuando estabas debajo de la higuera". Natanael le respondió: "Maestro, tú eres el Hijo de Dios, tú eres el Rey de Israel". Jesús continuó: "Porque te dije: 'Te vi debajo de la higuera', crees. Verás cosas más grandes todavía". Y agregó: "Les aseguro que verán el cielo abierto, y a los ángeles de Dios subir y bajar sobre el Hijo del hombre".

El diálogo entre Jesús y Natanael se centra en el tema del hijo de Dios y del rey de Israel. Natanael, presentado como un fiel judío, tenía, al igual que muchos judíos de entonces, la esperanza de que el hijo de Dios trajera por fin el reino a la tierra. Con sólo escuchar a Jesús este hombre se da cuenta de que su esperanza ha sido cumplida.

¡Bartolomé santo!, ¿qué podías pensar de un nazareno? Pero, cuando conociste a Jesús, la cosa cambió. Ruégale que nosotros lo conozcamos a fondo, como tú, y por él seamos capaces de darlo todo, como tú, hasta el pellejo.

25 viernes   De la feria. San Luis,

rey de Francia. (ML). San José de Calasanz, pbro. (ML)

Ez 37, 1-14; Sal 106, 2-9; Mt 22, 34-40.

Amarás al Señor, tu Dios, y a tu prójimo como a ti mismo.

Cuando los fariseos se enteraron de que Jesús había hecho callar a los saduceos, se reunieron con él, y uno de ellos, que era doctor de la Ley, le preguntó para ponerlo a prueba: "Maestro, ¿cuál es el mandamiento más grande de la Ley?". Jesús le respondió: "Amarás al Señor, tu Dios, con todo tu corazón, con toda tu alma y con todo tu espíritu. Éste es el más grande y el primer mandamiento. El segundo es semejante al primero: Amarás a tu prójimo como a ti mismo. De estos dos mandamientos dependen toda la Ley y los Profetas".

🕯️ ¿Cómo debemos interpretar toda la Biblia? ¿Qué es lo más importante cuando la leemos? Jesús toma dos preceptos que estaban en el Antiguo Testamento y que son clave de interpretación: amar a Dios y al prójimo. Cada párrafo de la Biblia está ensanchando nuestro corazón, para crecer en el amor a Dios y a los hermanos y hermanas. Si lo que leemos nos mueve a este amor, podemos tener la tranquilidad de que estamos interpretando bien el mensaje.

🕊️ DIOS de amor, que por amor inspiraste a escribir la Biblia y en sus páginas nos muestras esa ternura y bondad y nos llamas a hacer otro tanto... que la leamos constantemente y entendamos que "amor con amor se paga".

26 sábado   De la feria. Santa María en sábado

Ez 40, 1. 3; 43, 1-7; Sal 84, 9-14; **Mt 23, 1-12.**

No hacen lo que dicen.

📖 Jesús dijo a la multitud y a sus discípulos: Los escribas y fariseos ocupan la cátedra de Moisés; ustedes hagan y cumplan todo lo que ellos les digan, pero no se guíen por sus obras, porque no hacen lo que dicen. Atan pesadas cargas, difíciles de llevar, y las ponen sobre los hombros de los demás, mientras que ellos no quieren moverlas ni siquiera con el dedo. Todo lo hacen para que los vean: agrandan las filacterias y alargan los flecos de sus mantos; les gusta ocupar los primeros puestos en los banquetes y los primeros asientos en las sinagogas, ser saludados en las plazas y oírse llamar "mi maestro" por la gente. En cuanto a ustedes, no se hagan llamar "maestro", porque no tienen más que un Maestro y todos ustedes son hermanos. A nadie en el mundo llamen "padre", porque no tienen sino uno, el Padre celestial. No se dejen llamar tampoco "doctores", porque sólo tienen un Doctor, que es el Mesías. El mayor entre ustedes será el que los sirve, porque el que se eleva será humillado, y el que se humilla será elevado.

En el reino, uno solo es el que está por encima y mere-ce los honores: el Padre de todos y todas. Entre noso-tros somos hermanos y hermanas, y aún quien tiene funciones de jerarquía o de conducción, de enseñanza, o ejerce cualquier tipo de autoridad no deja por eso de ser un hermano más. Además aquí Jesús señala, especialmente para quienes ense-ñan, la exigencia de vivir aquello de lo cual hablan.

Jesús, que dijiste "me llaman Maestro y Señor, pues lo soy. Aprendan de mí a amar y servirse como hermanos, sin creerse más que nadie." Ya que todo lo hemos recibido de ti, que no caiga-mos en tontas vanaglorias...

27 domingo   Domingo 21° durante el año

Santa Mónica.
Semana 21ª durante el año. Semana 1ª del Salterio.

Jos 24, 1-2. 15-18; Sal 33, 2-3. 16-23; Ef 5, 21-33; Jn 6, 60-69.

¿A quién iremos? Tú tienes palabras de vida eterna.

Después de escuchar la enseñanza de Jesús, muchos de sus discípulos decían: "¡Es duro este lenguaje! ¿Quién puede escucharlo?". Jesús, sabiendo lo que sus discípulos murmu-raban, les dijo: "¿Esto los escandaliza? ¿Qué pasará, entonces, cuando vean al Hijo del hombre subir donde estaba antes? El Es-píritu es el que da Vida, la carne de nada sirve. Las palabras que les dije son Espíritu y Vida. Pero hay entre ustedes algunos que no creen". En efecto, Jesús sabía desde el primer momento quiénes eran los que no creían y quién era el que lo iba a entregar. Y agregó: "Por eso les he dicho que nadie puede venir a mí, si el Padre no se lo concede". Desde ese momento, muchos de sus discípulos se alejaron de él y dejaron de acompañarlo. Jesús preguntó entonces a los Doce: "¿También ustedes quieren irse?". Simón Pedro le respondió: "Señor, ¿a quién iremos? Tú tienes palabras de Vida eterna. Nosotros hemos creído y sabemos que eres el Santo de Dios".

Al final del discurso sobre el pan de vida, los seguidores de Jesús descubren que deben hacer su opción. Para algunos, la propuesta de vida que trae Jesús no resulta atractiva, la encuentran difícil. ¿Será, tal vez, porque exige compromiso? Quienes deciden quedarse con Jesús manifiestan con sus palabras y obras este seguimiento. Elegimos seguirlo a él porque creemos en su palabra, aunque a veces nos resulte dura. Elegimos seguirlo a él porque queremos la vida y la libertad, aunque a veces la esclavitud parezca más cómoda. Y elegimos quedarnos en su grupo, en su comunidad, porque nuestro compromiso con él es también compromiso con los hermanos.

¡Ay, Jesús!, ellos no te conocían mucho, pero nosotros ¡cómo dudamos a la hora de seguirte y jugarnos por tu evangelio! Pedro proclamó: "¡Sólo tú, Jesús, el santo de Dios!". Que tampoco nosotros nos quedemos en lindas declaraciones...

28 lunes   San Agustín, ob. y dr. (MO)

2Tes 1, 1-5. 11-12; Sal 95, 1-5; Mt 23, 13-22.

¡Ay de ustedes, guías ciegos!

Jesús habló diciendo: "¡Ay de ustedes, escribas y fariseos hipócritas, que cierran a los hombres el reino de los cielos! Ni entran ustedes, ni dejan entrar a los que quisieran. ¡Ay de ustedes, escribas y fariseos hipócritas, que recorren mar y tierra para conseguir un prosélito, y cuando lo han conseguido lo hacen dos veces más digno del infierno que ustedes! ¡Ay de ustedes, guías ciegos, que dicen: 'Si se jura por el santuario, el juramento no vale; pero si se jura por el oro del santuario, entonces sí que vale'! ¡Insensatos y ciegos! ¿Qué es más importante: el oro o el santuario que hace sagrado el oro? Ustedes dicen también: 'Si se jura por el altar, el juramento no vale, pero vale si se jura por la ofrenda que está sobre el altar'. ¡Ciegos! ¿Qué es más importante, la ofrenda o el altar que hace sagrada esa ofrenda? Ahora bien, jurar por el altar, es jurar por él y por todo lo que está sobre él. Jurar por el santuario, es jurar por él y por Aquél que lo habita. Jurar por el cielo, es jurar por el trono de Dios y por Aquél que está sentado en él".

¿Quiénes cierran a los hombres el acceso al reino de los cielos? Esos mismos que sólo cargan sobre los hombros de los demás pesadas cargas, en vez de mostrarles el amor gratuito y misericordioso de Dios. Quieren hacerse dueños de la salvación, y por eso acomodan y reinventan las leyes en su propio beneficio. Toda su predicación para "conseguir adeptos" no anuncia la salvación, sino que hace a la gente más infeliz.

Jesús, viniste a enseñarnos la verdad de tu amor y a compartir tu misma vida con nosotros, ¡mucho, ¿no?! Pero a veces creemos saberte todo y de memoria... y hacemos telarañas con tu evangelio, ¡y cuántos quedan prendidos!...

29 martes   Martirio de san Juan Bautista. (MO)

Jer 1, 17-19; Sal 70, 1-6. 15. 17; **Mc 6, 17-29.**

"Quiero que me traigas ahora mismo, sobre una bandeja, la cabeza de Juan el Bautista".

Herodes, había hecho arrestar y encarcelar a Juan a causa de Herodías, la mujer de su hermano Felipe, con la que se había casado. Porque Juan decía a Herodes: "No te es lícito tener a la mujer de tu hermano". Herodías odiaba a Juan e intentaba matarlo, pero no podía, porque Herodes lo respetaba, sabiendo que era un hombre justo y santo, y lo protegía. Cuando lo oía, quedaba perplejo, pero lo escuchaba con gusto. Un día se presentó la ocasión favorable. Herodes festejaba su cumpleaños, ofreciendo un banquete a sus dignatarios, a sus oficiales y a los notables de Galilea. Su hija, también llamada Herodías, salió a bailar, y agradó tanto a Herodes y a sus convidados, que el rey dijo a la joven: "Pídeme lo que quieras y te lo daré". Y le aseguró bajo juramento: "Te daré cualquier cosa que me pidas, aunque sea la mitad de mi reino". Ella fue a preguntar a su madre: "¿Qué debo pedirle?". "La cabeza de Juan el Bautista", respondió ésta. La joven volvió rápidamente adonde estaba el rey y le hizo este pedido: "Quiero que me traigas ahora mismo, sobre una bandeja, la cabeza de Juan el Bautista". El rey se entristeció mucho, pero a causa de su juramento, y por los convidados, no quiso contrariarla. En seguida mandó a un guardia que trajera la cabeza de Juan. El guardia fue a la cárcel y le cortó la cabeza. Después la trajo sobre una bandeja, la entregó a la joven y ésta se la dio a su madre. Cuando los discípulos de Juan lo supieron, fueron a recoger el cadáver y lo sepultaron.

La escena nos muestra lo engañoso del poder de Herodes, un poder que se sustenta en el que dirán, en las influencias y en la negación de las propias convicciones. Herodes no actúa desde lo que él considera la verdad, sino desde lo que su entorno espera de él. Esta veleidad de Herodes se contrapone con la coherencia de vida de Juan Bautista. Hacer hoy memoria del martirio de Juan es celebrar junto con él a todos los que se mantienen fieles a la Palabra de Dios, aún cuando esto signifique ir contra lo que los "notables" postulan.

Juan, voz que clama en el desierto de un mundo que no quiere escuchar la verdad y se aturde con charlatanerías infernales... tú te jugaste por Cristo Verdad y Vida; que a la hora de la verdad seamos como tú, aunque nos cueste la cabeza.

30 miércoles

Santa Rosa de Lima, vg.;

patrona de América Latina. (F)

2Cor 10, 17—11, 2; Sal 148, 1-2. 11-14; **Mt 13, 44-46.**

Vende todo lo que posee y compra el campo.

Jesús dijo a la multitud: "El reino de los cielos se parece a un tesoro escondido en un campo; un hombre lo encuentra, lo vuelve a esconder, y lleno de alegría, vende todo lo que posee y compra el campo. El reino de los cielos se parece también a un negociante que se dedicaba a buscar perlas finas; y al encontrar una de gran valor, fue a vender todo lo que tenía y la compró".

El hombre que encuentra el tesoro y el vendedor que encuentra la perla no se distraen con otras cosas: ponen todo su empeño, sus acciones y sus bienes en conseguir ese tesoro y esa perla. El reino es así, ese tesoro que vale más que nada y esa perla preciosa que, una vez encontrada, no se quiere dejar. Sólo por el reino vale la pena que otras cosas sean relegadas. Sólo encontrando el reino se encuentra esa alegría que otras cosas no pueden procurar.

Rosa santa, que encontraste el tesoro que tan pocos descubren, el de vivir "por Cristo, con él y en él para gloria del Padre", ruega a tu Divino Esposo por esta América, para que jamás se divorcie del Señor que la hizo nacer cristiana.

31 jueves

1Cor 1, 1-9; Sal 144, 2-7; **Mt 24, 42-51.**

Estén preparados.

Jesús habló diciendo: "Estén prevenidos, porque ustedes no saben qué día vendrá su Señor. Entiéndanlo bien: si el dueño de casa supiera a qué hora de la noche va a llegar el ladrón, velaría y no dejaría perforar las paredes de su casa. Ustedes también estén preparados, porque el Hijo del hombre vendrá a la hora menos pensada. ¿Cuál es, entonces, el servidor fiel y previsor, a quien el Señor ha puesto al frente de su personal, para distribuir el alimento en el momento oportuno? Feliz aquel servidor a quien su señor, al llegar, encuentre ocupado en este trabajo. Les aseguro que lo hará administrador de todos sus bienes. Pero si es un mal servidor que piensa: 'Mi señor tardará', y se dedica a golpear a sus compañeros, a comer y a beber con los borrachos, su señor llegará el día y la hora menos pensada, y lo castigará. Entonces él correrá la misma suerte que los hipócritas. Allí habrá llanto y rechinar de dientes".

Durante varios días las lecturas nos recordaron las palabras de Jesús hacia los dirigentes religiosos. Esta parábola se dirige también a quienes tienen algún tipo de responsabilidad sobre la comunidad: ellos deben estar atentos, no sólo por ellos mismos, sino por toda la comunidad que tienen a su cargo. Su autoridad no es para abusarse de los demás, sino para sostener a todos en la vigilancia. Así, toda la comunidad vive expectante por la llegada del Señor.

Señor Jesús, que nos llamas a tu lado y nos encomiendas vigilar por el bien de tu rebaño: que no seamos perros mudos ante los lobos hambrientos. Que bien despiertos y unidos a ti demos ejemplo de fidelidad a ti, nuestro Buen Pastor.

1 Viernes   De la feria

1Cor 1, 17-25; Sal 32, 1-2. 4-5. 10-11; **Mt 25, 1-13.**

Ya viene el esposo, salgan a su encuentro.

📖 Jesús dijo a sus discípulos esta parábola: El reino de los cielos será semejante a diez jóvenes que fueron con sus lámparas al encuentro del esposo. Cinco de ellas eran necias y cinco, prudentes. Las necias tomaron sus lámparas, pero sin proveerse de aceite, mientras que las prudentes tomaron sus lámparas y también llenaron de aceite sus frascos. Como el esposo se hacía esperar, les entró sueño a todas y se quedaron dormidas. Pero a medianoche se oyó un grito: "Ya viene el esposo, salgan a su encuentro". Entonces las jóvenes se despertaron y prepararon sus lámparas. Las necias dijeron a las prudentes: "¿Podrían darnos un poco de aceite, porque nuestras lámparas se apagan?". Pero éstas les respondieron: "No va a alcanzar para todas. Es mejor que vayan a comprarlo al mercado". Mientras tanto, llegó el esposo: las que estaban preparadas entraron con él en la sala nupcial y se cerró la puerta. Después llegaron las otras jóvenes y dijeron: "Señor, señor, ábrenos", pero él respondió: "Les aseguro que no las conozco". Estén prevenidos, porque no saben el día ni la hora.

La parábola no intenta mostrar que las jóvenes que tenían aceite fueron unas egoístas con las otras por no darles lo que necesitaban sus lámparas. La parábola nos exige atención hacia la actitud de las prudentes. El ambiente de bodas nos hace pensar en la imagen de la llegada del reino de Dios, y frente a él hay que estar preparados, atentos. Cuando llegue el reino debemos presentarnos con lo que tenemos y lo que no tenemos. Ya no hay otra oportunidad, es el último plazo. Es por eso que la parábola quiere que pongamos la atención en la actitud de vigilancia constante durante este tiempo.

Señor, esposo amante de tu pueblo y de cada alma: que nuestra respuesta no quede en palabras y sentimientos, sino que se concrete en un compromiso a fondo. Nada ni nadie fuera de ti: tú eres el centro absoluto de nuestra vida.

2 sábado   De la feria. Santa María en sábado

1Cor 1, 26-31; Sal 32, 12-13. 18-21; Mt 25, 14-30.

*Respondiste fielmente en lo poco:
entra a participar del gozo de tu Señor.*

Jesús dijo a sus discípulos esta parábola: El reino de los cielos es como un hombre que, al salir de viaje, llamó a sus servidores y les confió sus bienes. A uno le dio cinco talentos, a otro dos, y uno solo a un tercero, a cada uno según su capacidad; y después partió. En seguida, el que había recibido cinco talentos fue a negociar con ellos y ganó otros cinco. De la misma manera, el que recibió dos ganó otros dos; pero el que recibió uno solo hizo un pozo y enterró el dinero de su señor. Después de un largo tiempo, llegó el señor y arregló las cuentas con sus servidores. El que había recibido los cinco talentos se adelantó y le presentó otros cinco. "Señor"; le dijo, "me has confiado cinco talentos: aquí están los otros cinco que he ganado". "Está bien, servidor bueno y fiel", le dijo su señor, "ya que respondiste fielmente en lo poco, te encargaré de mucho más: entra a participar del gozo de tu señor". Llegó luego el que había recibido dos talentos y le dijo: "Señor, me has confiado dos talentos: aquí están los otros dos que he ganado". "Está bien, servidor bueno y fiel; ya que respondiste fielmente en lo poco, te encargaré de mucho más: entra a participar del gozo de tu señor". Llegó luego el que había recibido un solo talento. "Señor", le dijo, "sé que eres un hombre exigente: cosechas donde no has sembrado y recoges donde no has esparcido. Por eso tuve miedo y fui a enterrar tu talento: ¡aquí tienes lo tuyo!". Pero el señor le respondió: "Servidor malo y perezoso, si sabías que cosecho donde no he sembrado y recojo donde no he esparcido, tendrías que haber colocado el dinero en el banco, y así, a mi regreso, lo hubiera recuperado con intereses. Quítenle el talento para dárselo al que tiene diez, porque a quien tiene, se le dará y tendrá de más, pero al que no tiene, se le quitará aun lo que tiene. Echen afuera, a las tinieblas, a este servidor inútil; allí habrá llanto y rechinar de dientes".

El hombre que salió de viaje reprochó al servidor que no multiplicó sus bienes, porque no aceptó el riesgo. Su miedo y su inseguridad le impidieron jugarse en el negocio. Esta parábola es una imagen de la vida cristiana, que exige arriesgarse, jugarse, poner los talentos y capacidades personales a favor del crecimiento del reino.

Jesús, tu amor infinito te llevó a cometer la locura de la cruz, sin medir costos. Contágianos tu santa imprudencia: que seamos los locos que se gastan sin reservas por ti y tus sapientísimos proyectos.

3 domingo   **Domingo 22° durante el año**

San Gregorio Magno, papa y dr.
Semana 22ª durante el año. Semana 2ª del Salterio.

Deut 4, 1-2. 6-8; Sal 14, 2-5; Sant 1, 17-18. 21-22. 27; Mc 7, 1-8. 14-15. 21-23.

Dejan de lado el mandamiento de Dios,
por seguir la tradición de los hombres.

Los fariseos con algunos escribas llegados de Jerusalén se
acercaron a Jesús, y vieron que algunos de sus discípulos
comían con las manos impuras, es decir, sin lavar. Los fariseos, en
efecto, y los judíos en general, no comen sin lavarse antes cuidadosamente las manos, siguiendo la tradición de sus antepasados;
y al volver del mercado, no comen sin hacer primero las abluciones. Además, hay muchas otras prácticas, a las que están aferrados por tradición, como el lavado de los vasos, de las jarras, de la
vajilla de bronce y de las camas. Entonces los fariseos y los escribas preguntaron a Jesús: "¿Por qué tus discípulos no proceden de
acuerdo con la tradición de nuestros antepasados, sino que comen con las manos impuras?". Él les respondió: "¡Hipócritas! Bien
profetizó de ustedes Isaías, en el pasaje de la Escritura que dice:
'Este pueblo me honra con los labios, pero su corazón está lejos
de mí. En vano me rinde culto: las doctrinas que enseñan no son
sino preceptos humanos'. Ustedes dejan de lado el mandamiento
de Dios, por seguir la tradición de los hombres". Y Jesús, llamando otra vez a la gente, les dijo: "Escúchenme todos y entiéndanlo
bien. Ninguna cosa externa que entra en el hombre puede mancharlo; lo que lo hace impuro es aquello que sale del hombre.
Porque es del interior, del corazón de los hombres, de donde provienen las malas intenciones, las fornicaciones, los robos, los homicidios, los adulterios, la avaricia, la maldad, los engaños, las
deshonestidades, la envidia, la difamación, el orgullo, el desatino.
Todas estas cosas malas proceden del interior y son las que manchan al hombre".

Jesús es duro con aquellos que, argumentando sobre tradiciones de maestros y sabios, han desvirtuado la Ley de Dios, apartando al pueblo de lo fundamental. Y vuelve a poner las cosas en su lugar, corrige esa tendencia tan humana de poner normas, consignas y preceptos. Nos hace volver la mirada a lo más importante: la que tenemos en el corazón. Sólo desde el fondo del corazón es de donde puede brotar lo puro, lo agradable a Dios: un amor sincero a él y a los hermanos.

Naciste desnudo, sin techo ni abrigo. Nosotros hacemos bellísimos pesebres y jugosas fiestas. Nos llamas a la conversión, al amor de Dios y al prójimo, la verdad y la justicia. Nosotros encuadernamos lujosos "Santos Evangelios". Diste tu sangre en una cruz horrorosa. Nosotros la adornamos con oro y brillantes. ¡Señor, que no malversemos tus talentos!...

4 lunes   De la feria

1Cor 2, 1-5; Sal 118, 97-102; Lc 4, 16-30.

> *Él me envió a llevar la Buena Noticia a los pobres...*
> *Ningún profeta es bien recibido en su tierra.*

Jesús fue a Nazaret, donde se había criado; el sábado entró como de costumbre en la sinagoga y se levantó para hacer la lectura. Le presentaron el libro del profeta Isaías y, abriéndolo, encontró el pasaje donde estaba escrito: "El Espíritu del Señor está sobre mí, porque me ha consagrado por la unción. Él me envió a llevar la Buena Noticia a los pobres, a anunciar la liberación a los cautivos y la vista a los ciegos, a dar la libertad a los oprimidos y proclamar un año de gracia del Señor". Jesús cerró el Libro, lo devolvió al ayudante y se sentó. Todos en la sinagoga tenían los ojos fijos en él. Entonces comenzó a decirles: "Hoy se ha cumplido este pasaje de la Escritura que acaban de oír". Todos daban testimonio a favor de él y estaban llenos de admiración por las palabras de gracia que salían de su boca. Y decían: "¿No es éste el hijo de José?". Pero él les respondió: "Sin duda ustedes me citarán el refrán: 'Médico, sánate a ti mismo'. Realiza también aquí, en tu patria, todo lo que hemos oído que sucedió en Cafarnaúm". Después agregó: "Les aseguro que ningún profeta es bien recibido en su tierra. Yo les aseguro que había muchas viudas en Israel en el tiempo de Elías, cuando durante tres años y seis meses no hubo lluvia del cielo y el hambre azotó a todo el país. Sin embargo, a ninguna de ellas fue enviado Elías, sino a una viuda de Sarepta, en el país de Sidón. También había muchos leprosos en Israel, en el tiempo del profeta Eliseo, pero ninguno de ellos fue sanado, sino Naamán, el sirio". Al oír estas palabras, todos los que estaban en la sinagoga se enfurecieron y, levantándose, lo empujaron fuera de la ciudad, hasta un lugar escarpado de la colina sobre la que se levantaba la ciudad, con intención de despeñarlo. Pero Jesús, pasando en medio de ellos, continuó su camino.

Jesús viene a realizar la salvación ya, hoy. Y esa salvación es, en primer lugar, para quienes más la necesitan: los pobres, los ciegos, los oprimidos, los que están lejos. El corazón de Jesús es grande, como fue el de los profetas: primero ve a quien está más lejos y más necesitado, no importa que sea extranjero, no importa que tenga otra religión. Esta amplitud del corazón de Jesús nos cuestiona en nuestras actitudes hacia "los de afuera": los inmigrantes, los que no tienen nuestras creencias y todos los que viven de un modo distinto al nuestro. ¿Cómo llegará a ellos la Buena Noticia?

Jesús, profeta del Padre para todos los hombres de buena voluntad: danos entusiasmo para asumir con valor tus enseñanzas, sin miedo a que nos crean desubicados, sin temor a ser marginados como indeseables y subversivos peligrosos.

5 martes   De la feria

1Cor 2, 10-16; Sal 144, 8-14; Lc 4, 31-37.

Sé quién eres: el Santo de Dios.

Jesús bajó a Cafarnaúm, ciudad de Galilea, y enseñaba los sábados. Y todos estaban asombrados de su enseñanza, porque hablaba con autoridad. En la sinagoga había un hombre que estaba poseído por el espíritu de un demonio impuro; y comenzó a gritar con fuerza: "¿Qué quieres de nosotros, Jesús Nazareno? ¿Has venido para acabar con nosotros? Ya sé quién eres: el Santo de Dios". Pero Jesús lo increpó, diciendo: "Cállate y sal de este hombre". El demonio salió de él, arrojándolo al suelo en medio de todos, sin hacerle ningún daño. El temor se apoderó de todos, y se decían unos a otros: "¿Qué tiene su palabra? ¡Manda con autoridad y poder a los espíritus impuros, y ellos salen!". Y su fama se extendía por todas partes en aquella región.

En el desierto, Satanás había tentado a Jesús para ser adorado. Aquí es el demonio el que reconoce quién es Jesús: el Santo de Dios. La misión de Jesús se desarrolla en enfrentamientos con Satanás, que será derrotado. El poder para vencerlo está en la palabra de Jesús: por medio de ésta, él libera al hombre de toda atadura. Que la lectura de su palabra nos transforme, cada día, en personas más libres de toda forma de mal.

Jesús, Dios de Dios y hombre verdadero, que jamás olvidemos lo que Pablo escribía: "Si Dios está con nosotros...", no teniendo miedo al infierno entero. Que sigamos ganando terreno al "príncipe de este mundo", porque tú ya lo has vencido.

6 miércoles   De la feria

1Cor 3, 1-9; Sal 32, 12-15. 20-21; **Lc 4, 38-44.**

> *También a las otras ciudades debo anunciar el Evangelio,*
> *porque para eso he sido enviado.*

Al salir de la sinagoga, Jesús entró en la casa de Simón. La suegra de Simón tenía mucha fiebre, y le pidieron que hiciera algo por ella. Inclinándose sobre ella, Jesús increpó a la fiebre y ésta desapareció. En seguida, ella se levantó y se puso a servirlos. Al atardecer, todos los que tenían enfermos afectados de diversas dolencias se los llevaron, y él, imponiendo las manos sobre cada uno de ellos, los sanaba. De muchos salían demonios, gritando: "¡Tú eres el Hijo de Dios!". Pero él los increpaba y no los dejaba hablar, porque ellos sabían que era el Mesías. Cuando amaneció, Jesús salió y se fue a un lugar desierto. La multitud comenzó a buscarlo y, cuando lo encontraron, querían retenerlo para que no se alejara de ellos. Pero él les dijo: "También a las otras ciudades debo anunciar la Buena Noticia del reino de Dios, porque para eso he sido enviado". Y predicaba en las sinagogas de toda la Judea.

El poder del reino se extiende con la obra de Jesús. Él enseña, sana y expulsa demonios. En el desierto, Satanás había tentado a Jesús para que convirtiera las piedras en panes. Parece una solución fácil para conseguir alimento, pero Jesús tiene otro camino. La suegra de Pedro, levantada de su enfermedad, se pone al servicio de la comunidad, servicio que incluye también, como en toda ama de casa, poner el pan en la mesa. La solución a ciertos problemas no está en tener la varita mágica, sino en suscitar actitudes de servicio.

Jesús, tú nos enseñas a poner en acción los talentos que tu Padre puso en nosotros, sirviendo a todos con inteligencia y creatividad, con alegría y entusiasmo, con coraje y confianza: ¡todo para todos!...

7 jueves   De la feria

1Cor 3, 18-23; Sal 23, 1-6; **Lc 5, 1-11.**

Abandonándolo todo, lo siguieron.

En una oportunidad, la multitud se amontonaba alrededor de Jesús para escuchar la Palabra de Dios, y él estaba de pie a la orilla del lago de Genesaret. Desde allí vio dos barcas junto a la orilla del lago; los pescadores habían bajado y estaban limpiando las redes. Jesús subió a una de las barcas, que era de Simón, y le pidió que se apartara un poco de la orilla; después se sentó, y enseñaba a la multitud desde la barca. Cuando terminó de hablar, dijo a Simón: "Navega mar adentro, y echen las redes". Simón le respondió: "Maestro, hemos trabajado la noche entera y no hemos sacado nada, pero si tú lo dices, echaré las redes". Así lo hicieron, y sacaron tal cantidad de peces, que las redes estaban a punto de romperse. Entonces hicieron señas a los compañeros de la otra barca para que fueran a ayudarlos. Ellos acudieron, y llenaron tanto las dos barcas, que casi se hundían. Al ver esto, Simón Pedro se echó a los pies de Jesús y le dijo: "Aléjate de mí, Señor, porque soy un pecador". El temor se había apoderado de él y de los que lo acompañaban, por la cantidad de peces que habían recogido; y lo mismo les pasaba a Santiago y a Juan, hijos de Zebedeo, compañeros de Simón. Pero Jesús dijo a Simón: "No temas, de ahora en adelante serás pescador de hombres". Ellos atracaron las barcas a la orilla y, abandonándolo todo, lo siguieron.

Nuestros proyectos, nuestras tareas, a veces no salen bien y nos desalentamos, remamos solos. Jesús propone algo en lo cual embarcarnos juntos. El reino, como red, sostiene y liga, congrega, como aquí, que junta un montón de peces. En el reino no remamos solos: con Jesús y con los hermanos estamos en la misma red y tiramos para el mismo lado.

A Pedro le pediste: "tira de nuevo la red", y tú hiciste el milagro. Después les dijiste: "Síganme", y los convertiste en pescadores de hombres. Que yo ponga toda mi mejor buena voluntad -
no menos, como María, la esclava, y tú, Señor, podrás hacer maravillas!...

8 viernes   Natividad de santa María Virgen. (F)

Miq 5, 1-4 ó Rom 8, 28-30; Sal 12, 6; **Mt 1, 1-16. 18-23.**

*Lo que ha sido engendrado en ella
proviene del Espíritu Santo.*

Genealogía de Jesucristo, hijo de David, hijo de Abraham. Abraham fue padre de Isaac; Isaac, padre de Jacob;
Jacob, padre de Judá y de sus hermanos. Judá fue padre de Fares
y de Zará, y la madre de éstos fue Tamar. Fares fue padre de
Esrón; Esrón padre de Arám; Arám, padre de Aminadab;
Aminadab, padre de Naasón; Naasón, padre de Salmón. Salmón
fue padre de Booz, y la madre de este fue Rahab. Booz fue padre
de Obed, y la madre de éste fue Rut. Obed fue padre de Jesé;
Jesé, padre del rey David. David fue padre de Salomón, y la madre de éste fue la que había sido mujer de Urías. Salomón fue
padre de Roboám; Roboám, padre de Abías; Abías, padre de Asá;
Asá, padre de Josafat; Josafat, padre de Jorám; Jorám, padre de
Ozías. Ozías fue padre de Joatám; Joatám, padre de Acaz; Acaz,
padre de Ezequías; Ezequías, padre de Manasés. Manasés fue padre de Amón; Amón, padre de Josías; Josías, padre de Jeconías y
de sus hermanos, durante el destierro en Babilonia. Después del
destierro en Babilonia: Jeconías fue padre de Salatiel; Salatiel,
padre de Zorobabel; Zorobabel, padre de Abiud; Abiud, padre de
Eliacím; Eliacím, padre de Azor. Azor fue padre de Sadoc; Sadoc,
padre de Aquím; Aquím, padre de Eliud; Eliud, padre de Eleazar;
Eleazar, padre de Matán; Matán, padre de Jacob. Jacob fue padre
de José, el esposo de María, de la cual nació Jesús, que es llama-

do Cristo. Jesucristo fue engendrado así: María, su madre, estaba comprometida con José y, cuando todavía no habían vivido juntos, concibió un hijo por obra del Espíritu Santo. José, su esposo, que era un hombre justo y no quería denunciarla públicamente, resolvió abandonarla en secreto. Mientras pensaba en esto, el ángel del Señor se le apareció en sueños y le dijo: "José, hijo de David, no temas recibir a María, tu esposa, porque lo que ha sido engendrado en ella proviene del Espíritu Santo. Ella dará a luz un hijo, a quien pondrás el nombre de Jesús, porque él salvará a su Pueblo de todos sus pecados". Todo esto sucedió para que se cumpliera lo que el Señor había anunciado por el Profeta: "La Virgen concebirá y dará a luz un hijo a quien pondrán el nombre de Emmanuel", que traducido significa: 'Dios con nosotros'".

Esta genealogía recuerda a otras mujeres, además de María, que fueron madres de una manera que sobrepasó la expectativa humana, para que se cumpliera el plan de Dios. Tamar, repudiada y extranjera; Rajab, prostituta y extranjera; Ruth, viuda y extranjera; la mujer de Urías, adúltera y extranjera; todas ellas, aún siendo extranjeras, se hicieron parte del resto fiel de Israel, y su maternidad posibilitó la descendencia de la cual nacería el Mesías. María es parte de este grupo de mujeres, en las cuales Dios obró para realizar su salvación. Que todas ellas intercedan por nosotros y que colaboremos activamente en el plan de Dios, aún cuando no podamos comprenderlo humanamente.

¡Qué árbol genealógico, hay de todo! Es que no viniste a un mundo ideal, y en él te encarnaste para sanearlo desde adentro... pero quisiste nacer de "María, la llena de gracia". ¡Bien hecho, Jesús! Y mil gracias por dárnosla como madre.

9 sábado   De la feria. San Pedro Claver, pbro. (ML)

1Cor 4, 6-16; Sal 144, 17-21; Lc 6, 1-5.

¿Por qué ustedes hacen lo que no está permitido en sábado?

Un sábado, en que Jesús atravesaba unos sembrados, sus discípulos arrancaban espigas y, frotándolas entre las manos, las comían. Algunos fariseos les dijeron: "¿Por qué ustedes hacen lo que no está permitido en sábado?". Jesús les respondió: "¿Ni siquiera han leído lo que hizo David cuando él y sus compañeros tuvieron hambre, cómo entró en la Casa de Dios y, tomando los panes de la ofrenda, que sólo pueden comer los sacerdotes, comió él y dio de comer a sus compañeros?". Después les dijo: "El Hijo del hombre es dueño del sábado".

Para Jesús toda necesidad humana está antes que cualquier ley. El que pasa hambre no puede esperar ni sabe de calendarios. Frente al hermano hambriento, no podemos presentar demoras ni excusas. Frente al hambriento, no se pueden presentar privilegios de "éste come, éste no", como bien ilustra Jesús con el ejemplo de los panes que sólo podían comer los sacerdotes. Si las leyes y los privilegios no permiten que haya comida para todos, quienes quedan afuera son nuestros hermanos y hermanas hambrientos.

Señor, el pecado atrofia la mente y el corazón, destruyendo toda verdad y bondad; nos aleja de ti y nos hunde en una ciénaga de contrasentidos. Convéncenos de que sólo tú eres "el camino", y así vivamos tu Evangelio en Iglesia y para el mundo.

10 domingo   Domingo 23° durante el año

Is 35, 4-7; Sal 145, 7-10; Sant 2, 1-7; **Mc 7, 31-37.**

Hace oír a los sordos y hablar a los mudos.

Cuando Jesús volvía de la región de Tiro, pasó por Sidón y fue hacia el mar de Galilea, atravesando el territorio de la Decápolis. Entonces le presentaron a un sordomudo y le pidieron que le impusiera las manos. Jesús lo separó de la multitud y, llevándolo aparte, le puso los dedos en las orejas y con su saliva le tocó la lengua. Después, levantando los ojos al cielo, suspiró y le dijo: "Efatá", que significa: "Ábrete". Y en seguida se abrieron sus oídos, se le soltó la lengua y comenzó a hablar normalmente. Jesús les mandó insistentemente que no dijeran nada a nadie, pero cuanto más insistía, ellos más lo proclamaban y, en el colmo de la admiración, decían: "Todo lo ha hecho bien: hace oír a los sordos y hablar a los mudos".

Jesús está en tierra pagana, allí donde la revelación aún no ha llegado del mismo modo que llegó a Israel. Le piden por un sordomudo, imposibilitado de comunicarse con la palabra. Jesús entra en contacto con él desde el cuerpo —sus dedos, su saliva— y, sobre su acción corporal y sanadora, pone una palabra: "Ábrete"; y este hombre comienza a comunicarse. Salvado por el gesto y la palabra de Jesús, comienza también, a ser un portavoz de la Palabra. Allí, en tierra pagana, donde la Palabra aún no se había manifestado, ahora ella está en boca de quien fue sordo y mudo. Así también el gesto y la palabra se multiplicarán en varios ámbitos paganos, si aquellos que hemos sido salvados la proclamamos.

Muchos han oído tan sólo el eco de tu voz o quizá nada. Pero nosotros —¡por tu gracia!— fuimos acunados con tu Evangelio.

¿Un privilegio? Sí, pero para compartido con los demás. ¡Tú, Señor, no das puntada sin nudo!...

11 lunes   De la feria

1Cor 5, 1-8; Sal 5, 5-7. 12; **Lc 6, 6-11.**

Observaban atentamente a Jesús para ver si sanaba en sábado.

Un sábado, Jesús entró en la sinagoga y comenzó a enseñar. Había allí un hombre que tenía la mano derecha paralizada. Los escribas y los fariseos observaban atentamente a Jesús para ver si sanaba en sábado, porque querían encontrar algo de qué acusarlo. Pero Jesús, conociendo sus intenciones, dijo al hombre que tenía la mano paralizada: "Levántate y quédate de pie delante de todos". Él se levantó y permaneció de pie. Luego les dijo: "Yo les pregunto: ¿Está permitido en sábado, hacer el bien o el mal, salvar una vida o perderla?". Y dirigiendo una mirada a todos, dijo al hombre: "Extiende tu mano". Él la extendió y su mano quedó sana. Pero ellos se enfurecieron, y deliberaban entre sí para ver qué podían hacer contra Jesús.

El relato nos ubica en la sinagoga, lugar de oración y estudio de la Ley. La descripción de la escena nos acerca a una situación de conflicto: en este ambiente, en el que se busca cumplir la Ley, Jesús desafía a los maestros sin entrar en una discusión sobre el cumplimiento, sino buscando salvar y proteger la dignidad de la vida humana.

Cuántas veces repetiste: "¡El sábado es para el hombre, no al revés!", pero no hay más torpe que quien no quiere entender. Y nosotros, ¿cómo andamos? Por favor, Jesús, sigue teniendo "santa paciencia" con nosotros...

12 martes   De la feria.

El santísimo nombre de María. (ML)

1Cor 6, 1-11; Sal 149, 1-6. 9; Lc 6, 12-19.

Pasó toda la noche en oración.
Eligió a los que dio el nombre de apóstoles.

Jesús se retiró a una montaña para orar, y pasó toda la noche en oración con Dios. Cuando se hizo de día, llamó a sus discípulos y eligió a doce de ellos, a los que dio el nombre de Apóstoles: Simón, a quien puso el sobrenombre de Pedro, Andrés, su hermano, Santiago, Juan, Felipe, Bartolomé, Mateo, Tomás, Santiago, hijo de Alfeo, Simón, llamado el Zelote, Judas, hijo de Santiago, y Judas Iscariote, que fue el traidor. Al bajar con ellos se detuvo en una llanura. Estaban allí muchos de sus discípulos y una gran muchedumbre que había llegado de toda la Judea, de Jerusalén y de la región costera de Tiro y Sidón, para escucharlo y hacerse sanar de sus enfermedades. Los que estaban atormentados por espíritus impuros quedaban sanos; y toda la gente quería tocarlo, porque salía de él una fuerza que sanaba a todos.

Jesús comienza a organizar la comunidad, eligiendo de entre todos sus discípulos a algunos que serán apóstoles. Apóstol significa "enviado". A ellos enviará Jesús a proclamar la Buena Noticia. Continuadores de esa misión somos cada uno de nosotros, cuando hacemos resonar en nuestro tiempo y en nuestro lugar el mensaje del evangelio.

Jesús, orante nocturno, que nos muestras la necesidad absoluta de vivir en contacto con tu Padre como con el celular prendido al oído, sobre todo para escucharlo: que lo atendamos y así evitemos tantos errores a la hora de las decisiones importantes...

13 miércoles   San Juan Crisóstomo, ob. y dr. (MO)

1Cor 7, 25-31; Sal 44, 11-12. 14-17; Lc 6, 20-26.

¡Felices ustedes, los pobres! ¡Ay de ustedes, los ricos!

Jesús, fijando la mirada en sus discípulos, dijo: ¡Felices ustedes, los pobres, porque el reino de Dios les pertenece! ¡Felices ustedes, los que ahora tienen hambre, porque serán saciados! ¡Felices ustedes, los que ahora lloran, porque reirán! ¡Felices ustedes, cuando los hombres los odien, los excluyan, los insulten y proscriban el nombre de ustedes, considerándolos infames a causa del Hijo del hombre! ¡Alégrense y llénense de gozo en ese día, porque la recompensa de ustedes será grande en el cielo! ¡De la misma manera los padres de ellos trataban a los profetas! Pero ¡ay de ustedes los ricos, porque ya tienen su consuelo! ¡Ay de ustedes, los que ahora están satisfechos, porque tendrán hambre! ¡Ay de ustedes, los que ahora ríen, porque conocerán la aflicción y las lágrimas! ¡Ay de ustedes cuando todos los elogien! ¡De la misma manera los padres de ellos trataban a los falsos profetas!

La primera bienaventuranza es para los pobres. Ellos, que no pueden aferrarse a ningún poder humano (ni al dinero, ni al poder, ni a las influencias), son los que dejan lugar para que se manifieste el poder de Dios. Por eso, de ellos es el reino. Tampoco se aferran a su autosuficiencia. Gracias a esta Dios puede reinar en ellos, ejerciendo con toda su fuerza el despliegue de su amor. El rico ya está satisfecho con todo lo que tiene y con eso se siente seguro, entonces ¿para qué necesita a Dios?

Jesús, nos enseñas a hacer de Dios el mayor tesoro inimaginable: danos valorar los bienes de este mundo como lo que son y no más, pues al cielo sólo llevaremos las buenas obras que con ellos hubiéramos realizado en bien del prójimo.

14 jueves   Exaltación de la santa Cruz. (F)

Núm 21, 4-9; Sal 77, 1-2. 34-38; Flp 2, 6-11; **Jn 3, 13-17.**

Es necesario que el Hijo del hombre sea levantado en alto.

Jesús dijo a Nicodemo: "Nadie ha subido al cielo, sino el que descendió del cielo, el Hijo del hombre que está en el cielo. De la misma manera que Moisés levantó en alto la serpiente en el desierto, también es necesario que el Hijo del hombre sea levantado en alto, para que todos los que creen en él tengan Vida eterna. Sí, Dios amó tanto al mundo, que entregó a su Hijo único para que todo el que cree en él no muera, sino que tenga Vida eterna. Porque Dios no envió a su Hijo para juzgar al mundo, sino para que el mundo se salve por él".

Exaltar la cruz de Cristo es recordar que nuestra salvación se ha realizado venciendo a la muerte. A ese signo, que es la cruz, miramos para vivir santificados. En torno a ella nos congregamos como pueblo de Dios. "Jesús fue clavado en la cruz a fin de alzar bandera por los siglos, por medio de su resurrección, entre sus santos y fieles, ya vengan de los judíos, ya de los paganos, aunados en un solo cuerpo de su Iglesia" (San Ignacio de Antioquía, Carta a los Esmirnenses).

"Quien quiera seguirme, que tome su cruz de cada día", la de amar y obedecerte aún sobre mí mismo; la de desvivirme por todo prójimo, también por el enemigo; la de vencer mi soberbia y ambiciones equivocadas. Jesús, mi Cireneo, ¡ayúdame, que solo no puedo!...

15 viernes   Nuestra Señora de los dolores. (MO)

Heb 5, 7-9; Sal 30, 2-6. 15-16. 20; Lc 2, 33-35.

Cuánto se dolía y padecía esa piadosa Madre,
contemplando las penas de su hijo.

El padre y la madre de Jesús estaban admirados por lo que oían decir de él. Simeón, después de bendecirlos, dijo a María, la madre: "Este niño será causa de caída y de elevación para muchos en Israel; será signo de contradicción, y a ti misma una espada te atravesará el corazón. Así se manifestarán claramente los pensamientos íntimos de muchos".

María no fue una simple espectadora de la obra salvífica realizada por Jesús. Ella también, como mujer y como creyente, en cada momento de su vida fue haciendo el discernimiento de la voluntad de Dios que se iba manifestando en la obra de Jesús. Y sabemos que no siempre era fácil comprender las acciones novedosas y desconcertantes de este hijo suyo. Seguir a Jesús, señal de contradicción, es ser capaces, como María, de hacer cada día el discernimiento en nuestro corazón.

MADRE, ¡qué dolor al escuchar a Simeón! Y así fuiste comprendiendo con José que tu Jesús había venido a dar su vida por nosotros... y como él también dijiste: "Aquí estoy, Padre, para hacer tu voluntad"... Madre de dolores, enséñanos a decir Amén.

16 sábado   Santos Cornelio, papa,

y Cipriano, ob., mrs. (MO)

1Cor 10, 14-22; Sal 115, 12-13. 17-18; Lc 6, 43-49.

¿Por qué me llaman "Señor, Señor",
y no hacen lo que les digo?

📖 Jesús decía a sus discípulos: No hay árbol bueno que dé frutos malos, ni árbol malo que dé frutos buenos: cada árbol se reconoce por su fruto. No se recogen higos de los espinos ni se cosechan uvas de las zarzas. El hombre bueno saca el bien del tesoro de bondad que tiene en su corazón. El malo saca el mal de su maldad, porque de la abundancia del corazón habla su boca. ¿Por qué ustedes me llaman: "Señor, Señor", y no hacen lo que les digo? Yo les diré a quién se parece todo aquél que viene a mí, escucha mi palabras y las practica. Se parece a un hombre que, queriendo construir una casa, cavó profundamente y puso los cimientos sobre la roca. Cuando vino la inundación, las aguas se precipitaron con fuerza contra esa casa, pero no pudieron derribarla, porque estaba bien construida. En cambio, el que escucha la Palabra y no la pone en práctica se parece a un hombre que construyó su casa sobre tierra, sin cimientos. Cuando las aguas se precipitaron contra ella, en seguida se derrumbó, y el desastre que sobrevino a esa casa fue grande.

🕯 *Jesús dice que no juzguemos y no condenemos a los demás, pero no por eso nos pide que vivamos en una tonta ingenuidad donde todo dé igual. Sepamos reconocer los frutos buenos, las buenas obras: allí hay corazones buenos, allí hay un tesoro. La coherencia entre palabras buenas y obras buenas nos permite reconocer al buen corazón, del que obtendremos buen alimento para vivir.*

🕊 "Tu palabra, Señor, es la verdad y la luz de mis ojos"... Que pasemos del canto a la vida al compromiso de fe, al amor en acción, a la esperanza perseverante, al buen ejemplo que arrastre a cuantos escuchen nuestra música...

17 domingo   Domingo 24° durante el año

San Roberto Belarmino, ob. y dr.
Semana 24ª durante el año. Semana 4ª del Salterio.

Is 50, 5-9; Sal 114, 1-6. 8-9; Sant 2, 14-18; Mc 8, 27-35.

Tú eres el Mesías... El Hijo del hombre debe sufrir mucho.

Jesús salió con sus discípulos hacia los poblados de Cesarea de Filipo, y en el camino les preguntó: "¿Quién dice la gente que soy yo?". Ellos le respondieron: "Algunos dicen que eres Juan el Bautista; otros, Elías; y otros, alguno de los profetas". "Y ustedes, ¿quién dicen que soy yo?". Pedro respondió: "Tú eres el Mesías". Jesús les ordenó terminantemente que no dijeran nada acerca de él. Y comenzó a enseñarles que el Hijo del hombre debía sufrir mucho y ser rechazado por los ancianos, los sumos sacerdotes y los escribas; que debía ser condenado a muerte y resucitar después de tres días; y les hablaba de esto con toda claridad. Pedro, llevándolo aparte, comenzó a reprenderlo. Pero Jesús, dándose vuelta y mirando a sus discípulos, lo reprendió, diciendo: "¡Retírate, ve detrás de mí, Satanás! Porque tus pensamientos no son los de Dios, sino los de los hombres". Entonces Jesús, llamando a la multitud, junto con sus discípulos, les dijo: "El que quiera venir detrás de mí, que renuncie a sí mismo, que cargue con su cruz y me siga. Porque el que quiera salvar su vida, la perderá; y el que pierda su vida por mí y por la Buena Noticia, la salvará".

Jesús es reconocido como Mesías. Él mismo nos muestra qué clase de Mesías es: no el del éxito aparente, sino el que, como el servidor de Yavé, sufrirá el rechazo y la oposición. Jesús es fiel y coherente con su misión, aún cuando esto traiga como consecuencia el ataque de los poderosos. Como Pedro, también nosotros muchas veces nos vemos tentados de abandonar el camino del reino, para no tener que sufrir el re-

chazo. *Que la cruz sea la consecuencia de ser fieles al reino no es un fracaso, sino que es camino para la vida.*

"Tú eres el Mesías"... Mesías de la vida nueva en verdad, caridad, fraternidad... no la "gran vida", vieja y caduca, que el mundo ofrece con guerras de dinero, orgías de odio, fantasías y vanidades, nueva era, placeres de dolor y muerte... ¡Que no nos engañemos, Señor!

18 lunes   De la feria

1Cor 11, 17-26. 33; Sal 39, 7-10. 17; **Lc 7, 1-10.**

Ni siquiera en Israel encontré una fe semejante.

Jesús entró en Cafarnaúm. Había allí un centurión que tenía un sirviente enfermo, a punto de morir, al que estimaba mucho. Como había oído hablar de Jesús, envió a unos ancianos judíos para rogarle que viniera a sanar a su servidor. Cuando estuvieron cerca de Jesús, le suplicaron con insistencia, diciéndole: "Él merece que le hagas este favor, porque ama a nuestra nación y nos ha construido la sinagoga". Jesús fue con ellos, y cuando ya estaba cerca de la casa, el centurión le mandó decir por unos amigos: "Señor, no te molestes, porque no soy digno de que entres en mi casa; por eso no me consideré digno de ir a verte personalmente. Basta que digas una palabra y mi sirviente se sanará. Porque yo –que no soy más que un oficial subalterno, pero tengo soldados a mis órdenes– cuando digo a uno: 'Ve', él va; y a otro: 'Ven', él viene; y cuando digo a mi sirviente: '¡Tienes que hacer esto!', él lo hace". Al oír estas palabras, Jesús se admiró de él y, volviéndose a la multitud que lo seguía, dijo: "Yo les aseguro que ni siquiera en Israel he encontrado tanta fe". Cuando los enviados regresaron a la casa, encontraron al sirviente completamente sano.

*En la ciudad de Cafarnaúm se encuentra un importan-
te destacamento de soldados romanos. El centurión,
hombre venido de otra cultura y otra religión, es presentado
como alguien bueno y respetuoso de las costumbres judías. No
sólo es un hombre bueno, sino también una persona de una
tremenda fe y humildad. Con su actitud, nos muestra que la fe
no es un privilegio que tengan "de antemano" algunos, por
pertenecer a un grupo elegido, sino que la fe está en el sincero
reconocimiento demostrado hacia Jesús.*

Verbo de Dios, que bajaste a ser hombre entre hombres,
chapaleando en nuestro barrial con tal de devolvernos al Padre... no somos dignos; pero ven a nuestra pequeñez y pobreza, llénanos de tu vida; danos hambre de Dios, sed de santidad y salvación... Amén.

19 martes   De la feria. San Jenaro, ob. y mr. (ML)

1Cor 12, 12-14. 27-31; Sal 99, 1-5; Lc 7, 11-17.

Joven, yo te lo ordeno, levántate.

Jesús se dirigió a una ciudad llamada Naím, acompañado
de sus discípulos y de una gran multitud. Justamente cuando se acercaba a la puerta de la ciudad, llevaban a enterrar al hijo
único de una mujer viuda, y mucha gente del lugar la acompaña-
ba. Al verla, el Señor se conmovió y le dijo: "No llores". Después
se acercó y tocó el féretro. Los que lo llevaban se detuvieron y
Jesús dijo: "Joven, yo te lo ordeno, levántate". El muerto se incor-
poró y empezó a hablar. Y Jesús se lo entregó a su madre. Todos
quedaron sobrecogidos de temor y alababan a Dios, diciendo: "Un
gran profeta ha aparecido en medio de nosotros y Dios ha visita-
do a su Pueblo". El rumor de lo que Jesús acababa de hacer se
difundió por toda la Judea y en toda la región vecina.

Actualizando un gesto que había realizado el mismo Elías (1Rey 17, 17) con el hijo de la viuda de Sarepta, Jesús es aclamado como "un gran profeta". Jesús, de esta manera, no quiere demostrar solamente un poder sobrenatural, sino que confirma que ha llegado el tiempo en que Dios cumpla definitivamente su plan de salvación.

Jesús, no puedes soportar el llanto de una madre viuda... ¡y el milagro de tu amor triunfa sobre la desesperanza y la muerte! Crúzate en nuestro vía crucis de cada día y repite el milagro de darnos tu misma vida, en abundancia y para siempre.

20 miércoles — Santos Andrés Kim Taegón, pbro., Pablo Chong Hasang y comps., mrs. (MO)

1Cor 12, 31—13, 13; Sal 32, 2-5. 12. 22; Lc 7, 31-35.

¡Les tocamos la flauta, y no bailaron!
¡Entonamos cantos fúnebres, y no lloraron!

Dijo el Señor: ¿Con quién puedo comparar a los hombres de esta generación? ¿A quién se parecen? Se parecen a esos muchachos que están sentados en la plaza y se dicen entre ellos: ¡Les tocamos la flauta, y ustedes no bailaron! ¡Entonamos cantos fúnebres, y no lloraron! Porque llegó Juan el Bautista, que no come pan ni bebe vino, y ustedes dicen: "¡Tiene un demonio!". Llegó el Hijo del hombre, que come y bebe, y dicen: "¡Es un glotón y un borracho, amigo de publicanos y pecadores!". Pero la Sabiduría ha sido reconocida como justa por todos sus hijos.

Nunca el mensaje de Jesús podrá ser aceptado por todos por igual. Es más, el mensaje no puede ni debe conformar a todos. Siempre habrá motivos o excusas para evitarlo. El proceso de evangelización, a la vez que tiene que procurar los mejores caminos de acercamiento, debe también contar con la negación o la oposición de mucha gente.

✍ ¡¿Quién entiende nuestras chiquilinadas y contradicciones?!
Sólo tu sabiduría y amor, tu paciencia sin límite. Que a tu
ejemplo, Señor, aprendamos a ser mansos y humildes: ¡danos un
corazón semejante al tuyo!

21 jueves   San Mateo, apóstol y evangelista. (F)

Ef 4, 1-7. 11-13; Sal 18, 2-5; **Mt 9, 9-13.**

"Sígueme".
Él se levantó y lo siguió.

Jesús, al pasar, vio a un hombre llamado Mateo, que estaba sentado a la mesa de recaudación de impuestos, y le
dijo: "Sígueme". Él se levantó y lo siguió. Mientras Jesús estaba
comiendo en la casa, acudieron muchos publicanos y pecadores,
y se sentaron a comer con él y sus discípulos. Al ver esto, los
fariseos dijeron a los discípulos: "¿Por qué su Maestro come con
publicanos y pecadores?". Jesús, que había oído, respondió: "No
son los sanos los que tienen necesidad del médico, sino los enfermos. Vayan y aprendan qué significa: 'Prefiero la misericordia al
sacrificio'. Porque yo no he venido a llamar a los justos, sino a los
pecadores".

*Los publicanos eran judíos que trabajaban como recau-
dadores de impuestos para Roma. Para el resto de los
judíos, especialmente para las personas religiosas, no sólo eran
traidores, sino también impuros pecadores, por su contacto
con los extranjeros. Jesús no quiere que nadie quede fuera del
reino, por eso se acerca también a los publicanos. La comida
de fiesta en casa de Mateo es signo de la fiesta del reino, donde
todos estamos invitados. Jesús viene a invitarnos a todos y
todas a estar con él en su mesa de fiesta.*

✍ "Quien esté sin pecado..." Que tu advertencia nos baje el
copete soberbio y autosuficiente, y tomemos conciencia de

que sin ti, Jesús, nada somos ni nada bueno podemos. Pecados más, pecados menos, todos necesitamos tu perdón y misericordia.

22 viernes   De la feria

1Cor 15, 12-20; Sal 16, 1. 6-8. 15; **Lc 8, 1-3.**

Los apóstoles y algunas mujeres acompañaban a Jesús.

Jesús recorría las ciudades y los pueblos, predicando y anunciando la Buena Noticia del reino de Dios. Lo acompañaban los Doce y también algunas mujeres que habían sido sanadas de malos espíritus y enfermedades: María, llamada Magdalena, de la que habían salido siete demonios; Juana, esposa de Cusa, intendente de Herodes, Susana y muchas otras, que los ayudaban con sus bienes.

El interés de Lucas por mencionar que ya en tiempos de Jesús había mujeres que lo acompañaban como verdaderas discípulas y lo servían (diekónoun), puede muy bien ser el recuerdo de la comunidad hacia este primer grupo de mujeres diaconisas, o puede ser una forma de defender este ministerio femenino de la oposición que seguramente habrá tenido en muchas iglesias" (María G. Ladislado, Las mujeres en la Biblia, p. 71, Ed. San Pablo, 1993).

Jesús, que entienda lo tremendo del pecado que tanto divide, enfrenta y destruye. Que descubra y valore tu presencia en cada prójimo, varón o mujer, sin machismos ni feminismos... que, junto al Padre, todos seremos como ángeles de Dios...

23 sábado   San Pío de Pietrelcina, pbro. (MO)

1Cor 15, 35-38. 42-49; Sal 55, 10-14; Lc 8, 4-15.

Lo que cayó en tierra fértil son los que retienen la palabra
y dan fruto gracias a su constancia.

Como se reunía una gran multitud y acudía a Jesús gente de todas las ciudades, él les dijo, valiéndose de una parábola: "El sembrador salió a sembrar su semilla. Al sembrar, una parte de la semilla cayó al borde del camino, donde fue pisoteada y se la comieron los pájaros del cielo. Otra parte cayó sobre las piedras y, al brotar, se secó por falta de humedad. Otra cayó entre las espinas, y éstas, brotando al mismo tiempo, la ahogaron. Otra parte cayó en tierra fértil, brotó y produjo fruto al ciento por uno". Y una vez que dijo esto, exclamó: "¡El que tenga oídos para oír, que oiga!". Sus discípulos le preguntaron qué significaba esta parábola, y Jesús les dijo: "A ustedes se les ha concedido conocer los misterios del reino de Dios; a los demás, en cambio, se les habla en parábolas, para que miren sin ver y oigan sin comprender. La parábola quiere decir esto: La semilla es la Palabra de Dios. Los que están al borde del camino son los que escuchan, pero luego viene el diablo y arrebata la Palabra de sus corazones, para que no crean y se salven. Los que están sobre las piedras son los que reciben la Palabra con alegría, apenas la oyen; pero no tienen raíces: creen por un tiempo, y en el momento de la tentación se vuelven atrás. Lo que cayó entre espinas son los que escuchan, pero con las preocupaciones, las riquezas y los placeres de la vida, se van dejando ahogar poco a poco, y no llegan a madurar. Lo que cayó en tierra fértil son los que escuchan la Palabra con un corazón bien dispuesto, la retienen, y dan fruto gracias a su constancia".

Puede parecer extraño que Jesús tenga que explicar una parábola, cuando en realidad la parábola en sí misma es un modo de transmitir un mensaje. No es que los discípulos no tuvieran la capacidad de interpretarla, o que fueran "duros de entenderla", como muchas veces se pretende justificar esta acción de Jesús. La parábola tiene una explicación para nosotros y una aplicación para nuestra vida desde nuestra propia posibilidad de sembrar, además de nuestro lugar de sembrados. Si somos hoy nosotros los sembrados, debemos tener en claro que no hay lugar para elegir dónde sembrar: todo terreno debe ser tomado por la semilla, tal como lo hizo este sembrador inconsciente. Es cierto que "racionalmente" es un desperdicio tirar granos entre las piedras, pero este sembrador confió hasta en ese poco resto de tierra que podría abrigar una esperanza. No somos nosotros quienes decidimos dónde ha de crecer la semilla, sino simplemente aceptar con alegría la responsabilidad de esparcirla.

DIVINO SEMBRADOR, quiero ser tierra buena, surco húmedo y abonado y que tu semilla produzca en mí el ciento por uno. Ayúdame a quitar tanto cascote y yuyo, a regar tu siembra con oración, a cuidarla de plagas y cizañas... ¡tu granero espera mis espigas!

24 domingo   Domingo 25° durante el año

Nuestra Señora de la Merced.
Semana 25ª durante el año. Semana 1ª del Salterio.

Sab 2, 12. 17-20; Sal 53, 3-6. 8; Sant 3, 16—4, 3; Mc 9, 30-37.

El Hijo del hombre va a ser entregado.
El que quiera ser el primero debe hacerse el servidor de todos.

Jesús atravesaba la Galilea junto con sus discípulos y no quería que nadie lo supiera, porque enseñaba y les decía: "El Hijo del hombre va a ser entregado en manos de los hombres; lo matarán y tres días después de su muerte, resucitará". Pero los discípulos no comprendían esto y temían hacerle preguntas. Llegaron a Cafarnaúm y, una vez que estuvieron en la casa, les preguntó: "¿De qué hablaban en el camino?". Ellos callaban, porque habían estado discutiendo sobre quién era el más grande. Entonces, sentándose, llamó a los Doce y les dijo: "El que quiere ser el primero, debe hacerse el último de todos y el servidor de todos". Después, tomando a un niño, lo puso en medio de ellos y, abrazándolo, les dijo: "El que recibe a uno de estos pequeños en mi Nombre, me recibe a mí, y el que me recibe, no es a mí al que recibe, sino a Aquél que me ha enviado".

La niñez es puesta por Jesús como modelo de comportamiento ante la discusión "madura" de los discípulos. Ellos, con deseos de poder, quieren competir por quién sería el más grande. En medio del relato se lee una recomendación del Señor: la grandeza no se mide por el poder que se ejerce sino por el servicio y la disponibilidad al resto. La historia nos ha mostrado cuántos hombres y mujeres son recordados y tomados por ejemplo por su entrega incondicional a la humanidad. Ellos son los verdaderos grandes.

"Yo no soy sirviente de nadie", y vivimos peleándonos por el poder... Jesús, que no viniste a ser servido –ial contrario!–, danos alma de niños y -itambién esto!- que jamás les contagiemos nuestras soberbias, arrogancias, supremacías...

25 lunes   De la feria

Prov 3, 27-34; Sal 14, 2-5; **Lc 8, 16-18.**

La lámpara se coloca sobre un candelero, para que los que entren vean la luz.

Jesús dijo a sus discípulos: No se enciende una lámpara para cubrirla con un recipiente o para ponerla debajo de la cama, sino que se la coloca sobre un candelero, para que los que entren vean la luz. Porque no hay nada oculto que no se descubra algún día, ni nada secreto que no deba ser conocido y divulgado. Presten atención y oigan bien, porque al que tiene, se le dará, pero al que no tiene, se le quitará hasta lo que cree tener.

Muchos hombres y mujeres se escudan en las tinieblas para cometer actos en contra de sus hermanos. Disfrazados muchas veces de "luminarias", sus obras son oscuras. En estas condiciones, quienes son víctimas de la oscuridad padecen, además, la desesperanza y el desconcierto. Las obras de los personajes oscuros, en algún momento, saldrán a la luz, se manifestará su oscuridad ante la luz del día; es sólo cuestión de tiempo.

Jesús, encendiste tu luz en nosotros: que no se apague por culpa nuestra o por los vendavales del mundo. Tú eres el sol que nace de lo alto: que, como la luna, reflejemos tu luz y aclaremos tanta tiniebla de mentiras y errores. ¡Contigo todo es posible!

26 martes   De la feria.

Santos Cosme y Damián, mrs. (ML)

Prov 21, 1-6. 10-13; Sal 118, 1. 27. 30. 34-35. 44; Lc 8, 19-21.

Mi madre y mis hermanos son los que escuchan la Palabra de Dios y la practican.

La madre y los hermanos de Jesús fueron a verlo, pero no pudieron acercarse a causa de la multitud. Entonces le anunciaron a Jesús: "Tu madre y tus hermanos están ahí afuera y quieren verte". Pero él les respondió: "Mi madre y mis hermanos son los que escuchan la Palabra de Dios y la practican".

Sin explicarnos el motivo, Lucas nos cuenta que la familia de Jesús se acerca a verlo. Sin embargo, sorpresivamente, pareciera que Jesús desplaza a sus parientes con tono despectivo. ¿Podemos pensar que Jesús no quería estar cerca de su madre o de sus parientes? No hay dudas de que María escuchó la Palabra de Dios y la puso en práctica. Debemos suponer que también sus parientes más cercanos provenían de un ambiente religioso comprometido. Jesús no desacredita a sus parientes, sino que nos quiere ubicar a nosotros en la misma categoría de parientes, reconociéndonos como su madre y sus hermanos.

"Somos la familia de Jesús..." con María y José de la mano y con tantísimos cristianos en estos dos mil años de Iglesia... Somos un rebaño y tú, Jesús, el Buen Pastor, Rey y Señor, que nos conduces a la casa del Padre, ¡nada mejor! ¡Aleluya!

27 miércoles   San Vicente de Paul, pbro. (MO)

Prov 30, 5-9; Sal 118, 29. 72. 89. 101. 104. 163; Lc 9, 1-6.

Los envió a proclamar el reino de Dios y a sanar a los enfermos.

Jesús convocó a los Doce y les dio poder y autoridad para expulsar a toda clase de demonios y para sanar las enfermedades. Y los envió a proclamar el reino de Dios y a sanar a los enfermos, diciéndoles: "No lleven nada para el camino, ni bastón, ni provisiones, ni pan, ni dinero, ni tampoco dos túnicas cada uno. Permanezcan en la casa donde se alojen, hasta el momento de partir. Si no los reciben, al salir de esa ciudad sacudan hasta el polvo de sus pies, en testimonio contra ellos". Fueron entonces de pueblo en pueblo, anunciando la Buena Noticia y sanando enfermos en todas partes.

El mandato de Jesús es suficiente claro, ir allí en dónde esté el mal. La imagen de expulsar demonios o curar enfermedades debe considerarse, de manera amplia, como el envío de liberación de todo mal. El enviado no puede ir donde no se necesite, sino justamente donde haya carencia de liber-

tad y bien. Desde una opción de pobreza de medios, anunciará una vida diferente y bienaventurada.

Jesús, no viniste a ser servido, ni a perder tiempo, de brazos cruzados o haciendo turismo... ¡viniste a desvivirte por nosotros!, y nos envías a hacer otro tanto. ¡Gracias por la confianza!, ayúdanos a no defraudarte.

28 jueves De la feria. San Wenceslao, mr. (ML).

Santos Lorenzo Ruiz y comps., mrs. (ML)

Ecl 1, 2-11; Sal 89, 3-6. 12-14. 17; Lc 9, 7-9.

A Juan lo hice decapitar.
¿Quién es éste del que oigo decir semejantes cosas?

El tetrarca Herodes se enteró de todo lo que Jesús hacía y enseñaba, y estaba muy desconcertado porque algunos decían: "Es Juan, que ha resucitado". Otros decían: "Es Elías, que se ha aparecido", y otros: "Es uno de los antiguos profetas que ha resucitado". Pero Herodes decía: "A Juan lo hice decapitar. Entonces, ¿quién es éste del que oigo decir semejantes cosas?". Y trataba de verlo.

Una antiguo tradición judía consideraba que el profeta Elías (que había sido arrebatado en un carro de fuego) volvería al fin de los tiempos e inauguraría el triunfo de Dios sobre todos los poderes. También se esperaba lo mismo de alguno de los grandes profetas. Así se entienden las diversas respuestas que pretenden explicar la identidad de Jesús, y ninguna de ellas podrá responder quién es realmente. El Señor supera cualquier expectativa humana.

"¿Quién eres tú?", preguntaban los discípulos luego de la tormenta, la gente que repetía "todo lo hace bien" y los que comieron hasta saciarse; Pilatos, Herodes, los que te crucificaron... También nosotros queremos conocerte a fondo, amarte y obedecerte sin dudar, hasta el fin.

29 viernes — Santos Miguel, Gabriel y Rafael, arcángeles. (F)

Dn 7, 9-10. 13-14 ó Apoc 12, 7-12; Sal 137, 1-5; **Jn 1, 47-51.**

Verán a los ángeles de Dios subir y bajar sobre el Hijo del hombre.

Al ver llegar a Natanael, Jesús dijo: "Éste es un verdadero israelita, un hombre sin doblez". "¿De dónde me conoces?", le preguntó Natanael. Jesús le respondió: "Yo te vi antes que Felipe te llamara, cuando estabas debajo de la higuera". Natanael respondió: "Maestro, tú eres el Hijo de Dios, tú eres el Rey de Israel". Jesús continuó: "Porque te dije: 'Te vi debajo de la higuera', crees. Verás cosas más grandes todavía". Y agregó: "Les aseguro que verán el cielo abierto, y a los ángeles de Dios subir y bajar sobre el Hijo del hombre".

La respuesta de Jesús a Natanael nunca fue considerada una respuesta que deba entenderse en forma literal. Jesús hace alusión a todo el misterio de su muerte y resurrección, a su ascensión al cielo y al encuentro con el Padre. Y nosotros, como se dice aquí a los discípulos, contemplamos ese misterio de Jesús que ya está con el Padre, y al hacerlo, somos testigos de lo más grande: la salvación.

¡MIGUEL, RAFAEL, GABRIEL!, ustedes alaban y sirven a Dios en bien de los hombres. Nos cuesta entenderlo, pero ¡bendito el Señor, que nos revela su infinita sabiduría y poder! Acompañen nuestro peregrinar, un día nos veremos junto a él.

30 sábado   San Jerónimo, pbro. y dr. (MO)

Ecl 11, 9—12, 8; Sal 89, 3-6. 12-14. 17; Lc 9, 43-45.

El Hijo del hombre va a ser entregado.
Temían interrogar a Jesús acerca de esto.

Mientras todos se admiraban por las cosas que hacía, Jesús dijo a sus discípulos: "Escuchen bien esto que les digo: El Hijo del hombre va a ser entregado en manos de los hombres". Pero ellos no entendían estas palabras: su sentido les resultaba oscuro, de manera que no podían comprenderlas, y temían interrogar a Jesús acerca de esto.

Jesús no se deja llevar por la aclamación popular; no cree en un falso mesianismo ni siquiera en su mesianismo, si éste se limitara solamente a circunstancias históricas o a solución de problemas. El mesianismo de Jesús verá su plenitud en la muerte y resurrección. Eso, que a los contemporáneos les costaba entender, sigue siendo hoy un desafío. Seguimos a Jesús no porque nos resuelva problemas, sino porque es quien nos ha salvado.

Tu mesianismo, Jesús, no encajaba en sus expectativas; no estaban dispuestos a recibir un Mesías sufriente... Nosotros, con veinte siglos de Iglesia, tal como ellos: ¿queremos un cristianismo ligth, nueva era?... ¡Ayúdanos a no equivocarnos tanto!

Octubre

1 domingo

Domingo 26° durante el año

Santa Teresa del Niño Jesús, vg. y dra. de la Iglesia.
Semana 26ª durante el año. Semana 2ª del Salterio.

Núm 11, 16-17. 24-29; Sal 18, 8. 10. 12-14; Sant 5, 1-6; **Mc 9, 38-43. 45. 47-48.**

El que no está contra nosotros está con nosotros.
Si tu mano es para ti ocasión de pecado, córtala.

Juan dijo a Jesús: "Maestro, hemos visto a uno que expulsaba demonios en tu Nombre, y tratamos de impedírselo porque no es de los nuestros". Pero Jesús les dijo: "No se lo impidan, porque nadie puede hacer un milagro en mi Nombre y luego hablar mal de mí. Y el que no está contra nosotros, está con nosotros. Les aseguro que no quedará sin recompensa el que les dé de beber un vaso de agua por el hecho de que ustedes pertenecen a Cristo. Si alguien llegara a escandalizar a uno de estos pequeños que tienen fe, sería preferible para él que le ataran al cuello una

piedra de moler y lo arrojaran al mar. Si tu mano es para ti ocasión de pecado, córtala, porque más te vale entrar en la Vida
manco, que ir con tus dos manos al infierno, al fuego inextinguible. Y si tu pie es para ti ocasión de pecado, córtalo, porque más
te vale entrar lisiado en la Vida, que ser arrojado con tus dos pies
al infierno. Y si tu ojo es para ti ocasión de pecado, arráncalo,
porque más te vale entrar con un solo ojo en el reino de Dios, que
ser arrojado con tus dos ojos al infierno, donde el gusano no muere y el fuego no se apaga".

*La reacción de los discípulos en los primeros versículos
de este texto nos recuerda a lo que leíamos en la primer
lectura. Parece una constante: un grupo siempre considera que
debe acaparar la verdad e incluso al mismo Dios. Sin embargo,
una y otra vez, el Señor nos exige humildad y reconocimiento.
Estamos acostumbrados a sentirnos superiores a quienes "no
son de los nuestros" y discriminar, quizá, su palabra o hasta su
vida. Por suerte Dios no depende de nuestras opciones o teolo-
gías reductivas.*

El pecado nos marcó: ¡Yo siempre el primero! Y tú vienes como
el último, sirviente a la mesa, lava pie de todos... Ayúdanos,
Jesús, a cortar sin piedad tanto egoísmo, aunque nos duela y sangre-
mos: que la gangrena no nos llegue al alma.

2 lunes   Santos Ángeles Custodios. (MO)

Éx 23, 20-23; Sal 90, 1-6. 10-11; Mt 18, 1-5. 10.

*Sus ángeles en el cielo están constantemente
en presencia de mi Padre celestial.*

En aquel momento, los discípulos se acercaron a Jesús
para preguntarle: "¿Quién es el más grande en el reino de
los cielos?". Jesús llamó a un niño, lo puso en medio de ellos y
dijo: "Les aseguro que si no cambian o no se hacen como niños,

no entrarán en el reino de los cielos. Por lo tanto, el que se haga pequeño como este niño será el más grande en el reino de los cielos. El que recibe a uno de estos pequeños en mi nombre me recibe a mí mismo. Cuídense de despreciar a cualquiera de estos pequeños, porque les aseguro que sus ángeles en el cielo están constantemente en presencia de mi Padre celestial".

Los pequeños son un modelo para quienes deseen entrar al reino. Su dependencia, su impotencia o su condición social de excluidos los acerca a la categoría de "los pobres de Yavé". Dios protege a estos pobres, sus ángeles claman por ellos y él hará justicia a quienes los violenten.

"Ángel de mi guarda, dulce compañía, no me desampares ni de noche ni de día...". ¿Cuentos para niños? ¿O nos creemos tan grandes y desmitificados? Gracias por tus ángeles, Señor; haz que seamos dóciles a sus inspiraciones y cuidados, lo que sería un acto de gran sensatez.

3 martes   De la feria

Jb 3, 1-3. 11-17. 20-23; Sal 87, 2-8; **Lc 9, 51-56.**

Se encaminó decididamente hacia Jerusalén.

Cuando estaba por cumplirse el tiempo de su elevación al cielo, Jesús se encaminó decididamente hacia Jerusalén y envió mensajeros delante de él. Ellos partieron y entraron en un pueblo de Samaría para prepararle alojamiento. Pero no lo recibieron porque se dirigía a Jerusalén. Cuando sus discípulos Santiago y Juan vieron esto, le dijeron: "Señor, ¿quieres que mandemos caer fuego del cielo para consumirlos?". Pero él se dio vuelta y los reprendió. Y se fueron a otro pueblo.

Los discípulos nuevamente aparecen sin comprender el misterio y el ministerio de Jesús; creen que por estar

con el Señor pueden decidir sobre la vida y la muerte de los
otros y tienen un gran sentimiento de superioridad y omnipo-
tencia. Jesús sigue reprendiendo a aquellos discípulos que quie-
ren "quemar" a quienes no los reciben o aceptan.

¡Y dale con el superego colectivo! ¡Qué paciencia la tuya con
los engreídos!... Señor, ayúdanos a reconocer la inmadurez del
orgullo y amor propio que nos domina, tú, que en la cruz nos muestras la madurez y plenitud de tu amor.

4 miércoles   San Francisco de Asís. (MO)

Jb 9, 1-12. 14-16; Sal 87, 10-15; **Lc 9, 57-62.**

Te seguiré adonde vayas.

Mientras iban caminando, alguien le dijo a Jesús: "¡Te
seguiré adonde vayas!". Jesús le respondió: "Los zorros
tienen sus cuevas y las aves del cielo sus nidos, pero el Hijo del
hombre no tiene dónde reclinar la cabeza". Y dijo a otro: "Sígueme". Él respondió: "Señor, permíteme que vaya primero a enterrar a mi padre". Pero Jesús le respondió: "Deja que los muertos
entierren a sus muertos; tú ve a anunciar el reino de Dios". Otro le
dijo: "Te seguiré, Señor, pero permíteme antes despedirme de los
míos". Jesús le respondió: "El que ha puesto la mano en el arado
y mira hacia atrás no sirve para el reino de Dios".

El seguimiento a Jesús no acepta cálculos ni posterga-
ciones, porque no puede medirse con criterios huma-
nos. No se trata de "un trabajo más" o de tiempos medidos. El
Señor nos pide un seguimiento que abarque toda la vida. Des-
de las diferentes opciones (vida religiosa, matrimonio, etc.),
cada uno de nosotros recibimos un llamado al que debemos
responder. En definitiva, se trata de evaluar si queremos vivir
nuestra fe cristiana como una opción que condicione, además,
el resto de nuestras opciones.

FRANCISCO, un día abriste el Evangelio y aparecieron tres consejos como el de hoy: dejar todo, seguir a Jesús y empuñar el arado sin mirar atrás; y al final él te selló con sus cinco llagas: ¡aprobado! Ruégale nos dé fuerzas para seguir tu ejemplo.

5 jueves   De la feria

Jb 19, 21-27; Sal 26, 7-9. 13-14; Lc 10, 1-12.

Esa paz reposará sobre él.

El Señor designó a otros setenta y dos, además de los Doce, y los envió de dos en dos para que lo precedieran en todas las ciudades y sitios adonde él debía ir. Y les dijo: "La cosecha es abundante, pero los trabajadores son pocos. Rueguen al dueño de los sembrados que envíe trabajadores para la cosecha. ¡Vayan! Yo los envío como a ovejas en medio de lobos. No lleven dinero, ni provisiones, ni calzado, y no se detengan a saludar a nadie por el camino. Al entrar en una casa, digan primero: '¡Que descienda la paz sobre esta casa!'. Y si hay allí alguien digno de recibirla, esa paz reposará sobre él; de lo contrario, volverá a ustedes. Permanezcan en esa misma casa, comiendo y bebiendo de lo que haya, porque el que trabaja merece su salario. No vayan de casa en casa. En las ciudades donde entren y sean recibidos, coman lo que les sirvan; sanen a sus enfermos y digan a la gente: 'El reino de Dios está cerca de ustedes'. Pero en todas las ciudades donde entren y no los reciban, salgan a las plazas y digan: '¡Hasta el polvo de esta ciudad que se ha adherido a nuestros pies, lo sacudimos sobre ustedes! Sepan, sin embargo, que el reino de Dios está cerca'. Les aseguro que en aquel Día, Sodoma será tratada menos rigurosamente que esa ciudad".

La misión de anunciar la Buena Noticia es compartida por toda la comunidad. No sólo los doce apóstoles, sino también un total de setenta y dos discípulos son enviados por el Señor. El mensaje que van llevando es de paz, que no tiene su sostén en los recursos humanos –bolsa con dinero–, sino en el poder del reino que llega.

Ayer Francisco, hoy su saludo y lema: "Paz y bien", lo que tú, Jesús, nos mandas anunciar a todo hombre de buena voluntad. La "shalóm" que sólo tú puedes darnos y el bien que nace del corazón que vive de tu amor y verdad...

6 viernes   De la feria. San Bruno, pbro. (ML)

Jb 38, 1. 12-21; 40, 3-5; Sal 138, 1-3. 7-10. 13-14; **Lc 10, 13-16.**

El que me rechaza rechaza a Aquél que me envió.

Jesús dijo: ¡Ay de ti, Corozaín! ¡Ay de ti, Betsaida! Por que si en Tiro y en Sidón se hubieran hecho los milagros realizados entre ustedes, hace tiempo que se habrían convertido, poniéndose cilicio y sentándose sobre ceniza. Por eso Tiro y Sidón, en el día del Juicio, serán tratadas menos rigurosamente que ustedes. Y tú, Cafarnaúm, ¿acaso crees que serás elevada hasta el cielo? No, serás precipitada hasta el infierno. El que los escucha a ustedes me escucha a mí: el que los rechaza a ustedes me rechaza a mí; y el que me rechaza rechaza a Aquél que me envió.

La palabra de Dios busca un lugar en dónde anidar y crecer. Los discípulos de Jesús salieron a sembrarla en medio del pueblo de Israel. Sin embargo, muchos no aceptaron este mensaje. Hoy también esa palabra sigue buscando casas y campos en donde habitar y crecer. Posiblemente nuestro corazón no la esté recibiendo o no quiera abrir sus puertas, aunque tengamos el título de "portadores de la Palabra".

¡Qué necios y contradictorios nos vuelve el pecado! Necesitamos sí o sí de Dios, pero rechazamos su verdad y amor salvador, muriendo de hambre y sed, en total desamparo... ¡Tú conoces, Señor, mi corazón; tú conoces el fondo de mi alma...! ¡Sálvame de mí mismo!

7 sábado   Nuestra Señora del Rosario. (MO)

Hech 1, 12-14; [Sal] Lc 1, 46-55; Lc 1, 26-38.

Concebirás y darás a luz un hijo.

El ángel Gabriel fue enviado por Dios a una ciudad de Galilea, llamada Nazaret, a una virgen que estaba comprometida con un hombre perteneciente a la familia de David, llamado José. El nombre de la virgen era María. El ángel entró en su casa y la saludó, diciendo: "¡Alégrate, llena de gracia, el Señor está contigo!". Al oír estas palabras, ella quedó desconcertada y se preguntaba qué podía significar ese saludo. Pero el ángel le dijo: "No temas, María, porque Dios te ha favorecido. Concebirás y darás a luz un hijo, y le pondrás por nombre Jesús; él será grande y será llamado Hijo del Altísimo. El Señor Dios le dará el trono de David, su padre, reinará sobre la casa de Jacob para siempre y su reino no tendrá fin". María dijo al ángel: "¿Cómo puede ser eso, si yo no tengo relación con ningún hombre?". El ángel le respondió: "El Espíritu Santo descenderá sobre ti y el poder del Altísimo te cubrirá con su sombra. Por eso el niño será Santo y será llamado Hijo de Dios. También tu parienta Isabel concibió un hijo a pesar de su vejez, y la que era considerada estéril, ya se encuentra en su sexto mes, porque no hay nada imposible para Dios". María dijo entonces: "Yo soy la servidora del Señor, que se haga en mí según tu palabra". Y el ángel se alejó.

María escucha la Palabra. Escuchar es una forma de oración: permitimos que Dios nos hable y nos dejamos inundar por su mensaje. Con esta actitud de escucha orante, María es "inundada" y queda llena de Jesús. Así también la oración hecha con el corazón abierto nos llena de Dios.

🕊 Madre del Rosario, que lo recemos y recemos hasta que, como tú dices, se nos vuelva una necesidad y un placer impostergable... y que jamás olvidemos que "familia que reza unida, permanece unida y ¡la bendice Dios!".

8 domingo   Domingo 27° durante el año

Semana 27ª durante el año. Semana 3ª del Salterio.

Gn 2, 4. 7. 18-24; Sal 127, 1-6; Heb 2, 9-11; Mc 10, 2-16.

Que el hombre no separe lo que Dios ha unido.

📖 Se acercaron a Jesús algunos fariseos y, para ponerlo a prueba, le plantearon esta cuestión: "¿Es lícito al hombre divorciarse de su mujer?". Él les respondió: "¿Qué es lo que Moisés les ha ordenado?". Ellos dijeron: "Moisés permitió redactar una declaración de divorcio y separarse de ella". Entonces Jesús les respondió: "Si Moisés les dio esta prescripción fue debido a la dureza del corazón de ustedes. Pero desde el principio de la creación, 'Dios los hizo varón y mujer'. 'Por eso, el hombre dejará a su padre y a su madre, y los dos no serán sino una sola carne'. De manera que ya no son dos, "sino una sola carne". Que el hombre no separe lo que Dios ha unido". Cuando regresaron a la casa, los discípulos le volvieron a preguntar sobre esto. Él les dijo: "El que se divorcia de su mujer y se casa con otra, comete adulterio contra aquélla; y si una mujer se divorcia de su marido y se casa con otro, también comete adulterio". Le trajeron entonces a unos niños para que los tocara, pero los discípulos los reprendieron. Al ver esto, Jesús se enojó y les dijo: "Dejen que los niños se acerquen a mí y no se lo impidan, porque el reino de Dios pertenece a los que son como ellos. Les aseguro que el que no recibe el reino de Dios como un niño, no entrará en él". Después los abrazó y los bendijo, imponiéndoles las manos.

Como hacían los rabinos de su época, Jesús se muestra intérprete de la Ley. En esta condición, explica que el divorcio, vigente en su tiempo, no pertenecía al proyecto original de Dios: el amor y la unidad. El hombre y la mujer, con sus actos, deberán hacer crecer ese proyecto de unidad, alimentando cada día esta relación.

Señor, que nuestro buen ejemplo convenza a esta sociedad despistada que la unión matrimonial no es un juego, sino que debe reflejar tu amor por nosotros hasta la cruz; y que, con tu ayuda, es también gloria, éxito y felicidad sin límites.

9 lunes   De la feria. Santos Dionisio, ob., y comps.,

mrs. (ML). San Juan Leonardi, pbro. (ML). San Héctor Valdivielso Sáez, mr. (ML)

Gál 1, 6-12; Sal 110, 1-2. 7-10; Lc 10, 25-37.

¿Quién es mi prójimo?

Un doctor de la Ley se levantó y le preguntó a Jesús para ponerlo a prueba: "Maestro, ¿qué tengo que hacer para heredar la Vida eterna?". Jesús le preguntó a su vez: "¿Qué está escrito en la Ley? ¿Qué lees en ella?". Él le respondió: "Amarás al Señor, tu Dios, con todo tu corazón, con toda tu alma, con todas tus fuerzas y con todo tu espíritu, y a tu prójimo como a ti mismo". "Has respondido exactamente, le dijo Jesús; obra así y alcanzarás la vida". Pero el doctor de la Ley, para justificar su intervención, le hizo esta pregunta: "¿Y quién es mi prójimo?". Jesús volvió a tomar la palabra y le respondió: "Un hombre bajaba de Jerusalén a Jericó y cayó en manos de unos ladrones, que lo despojaron de todo, lo hirieron y se fueron, dejándolo medio muerto. Casualmente bajaba por el mismo camino un sacerdote: lo vio y siguió de largo. También pasó por allí un levita: lo vio y siguió su

camino. Pero un samaritano que viajaba por allí, al pasar junto a
él, lo vio y se conmovió. Entonces se acercó y vendó sus heridas,
cubriéndolas con aceite y vino; después lo puso sobre su propia
montura, lo condujo a un albergue y se encargó de cuidarlo. Al
día siguiente, sacó dos denarios y se los dio al dueño del albergue,
diciéndole: 'Cuídalo, y lo que gastes de más, te lo pagaré al volver'. ¿Cuál de los tres te parece que se portó como prójimo del
hombre asaltado por los ladrones?". "El que tuvo compasión de
él", le respondió el doctor. Y Jesús le dijo: "Ve, y procede tú de la
misma manera".

*La actitud del samaritano generó en el pobre hombre
asaltado un nuevo sentimiento: el amor a alguien que
antes era su enemigo. Para este hombre, el prójimo ahora no
tiene un rótulo de nacionalidad o religión. Sino un rostro y es
quien lo ha ayudado. El "enemigo" lo ha socorrido. El "enemigo" se convirtió en salvación. Es por eso que deberá replantear
sus posturas, sus convicciones, sus tradiciones. Quien ha sido
abandonado por quienes se presentaban como representantes
de la fe, ahora debe pensar que el auxilio puede venir del lado
más inesperado.*

"Todo hombre es mi hermano", ¿quién podría no ser mi prójimo, Señor? Tú que te hiciste hermano nuestro, haz que aprendamos a pensar con tus criterios, a amar con tu corazón, a desvivir-
nos unos por otros... Somos tu familia, ¿no?

10 martes   De la feria

Gál 1, 13-24; Sal 138, 1-3. 13-15; Lc 10, 38-42.

Marta lo recibió en su casa. María eligió la mejor parte.

Jesús entró en un pueblo, y una mujer que se llamaba
Marta lo recibió en su casa. Tenía una hermana llamada
María, que sentada a los pies del Señor escuchaba su Palabra.

Marta, que estaba muy ocupada con los quehaceres de la casa, dijo a Jesús: "Señor, ¿no te importa que mi hermana me deje sola con todo el trabajo? Dile que me ayude". Pero el Señor le respondió: "Marta, Marta, te inquietas y te agitas por muchas cosas, y sin embargo, una sola cosa es necesaria. María eligió la mejor parte, que no le será quitada".

Jesús no descalifica a Marta por su actitud activa; después de todo, ella lo había recibido en su casa. De haber obrado así, sería en verdad un desagradecido y estaría despreciando la hospitalidad, una importante virtud y precepto entre los judíos. El texto intenta rescatar una actitud fundamental en todo creyente: escuchar la Palabra del Señor. La actividad sin contemplación es un simple activismo, y ni aún llevando el nombre de servicio al Señor puede ser válida si falta la escucha. María escuchaba al Señor, y seguramente desde esa actitud actuaría luego en sus propios quehaceres. Nosotros tenemos muchas actividades. No se nos pide que las dejemos para dedicarnos a la actividad contemplativa, sino que contemplemos al Señor y lo escuchemos, y así nuestra actividad estará inspirada por el él.

Jesús, tú te cansabas tras las ovejas dispersas, pero también pasabas las noches en oración. Que no sólo el domingo paremos la máquina sino que a diario sepamos consagrar momentos para estar con los cincos sentidos a solas contigo...

11 miércoles   De la feria

Gál 2, 1-3. 6-14; Sal 116, 1-2; Lc 11, 1-4.

Señor, enséñanos a orar.

Un día, Jesús estaba orando en cierto lugar, y cuando terminó, uno de sus discípulos le dijo: "Señor, enséñanos a orar, así como Juan enseñó a sus discípulos". Él les dijo entonces: "Cuando oren, digan: Padre, santificado sea tu Nombre, que venga tu reino, danos cada día nuestro pan cotidiano; perdona nuestros pecados, porque también nosotros perdonamos a aquellos que nos ofenden; y no nos dejes caer en la tentación".

La oración más simple, más plena y más antigua de nuestra fe cristiana surgió por un pedido de la gente. Uno de los discípulos de Jesús buscaba un nuevo modo de oración. No es que no supiera rezar; por el contrario, los judíos tenían mucha experiencia y tradición en eso. Buscaba algo distinto. ¿Qué es lo nuevo y distinto de esta oración? Probablemente lo nuevo no sea tanto la formalidad de las palabras, ya presentes en diversas oraciones judías de entonces, sino la relación que se entabla con Dios en esta oración. Dios no es un Dios o un Padre lejano. Jesús nos transmite su experiencia personal de una intimidad con Dios que sólo se da con él, su Hijo. La oración del "Padrenuestro" nos hace considerar la naturaleza de nuestra condición de hijos de Dios.

Jesús, me imagino que tus discípulos te espiaban y envidiaban viéndote arrobado a solas con tu Padre... Que al rezar nosotros tu "Padrenuestro" lo hagamos de cara al Padre: él escuchará con complacencia tus mismas palabras desde nuestros labios.

12 jueves   De la feria.

Nuestra Señora del Pilar. (ML)

Gál 3, 1-5; [Sal] Lc 1, 69-75; Lc 11, 5-13.

Pidan y se les dará.

Jesús dijo a sus discípulos: Supongamos que alguno de ustedes tiene un amigo y recurre a él a medianoche, para decirle: "Amigo, préstame tres panes, porque uno de mis amigos llegó de viaje y no tengo nada que ofrecerle", y desde adentro él le responde: "No me fastidies; ahora la puerta está cerrada, y mis

hijos y yo estamos acostados. No puedo levantarme para dárte-
los". Yo les aseguro que aunque él no se levante para dárselos por
ser su amigo, se levantará al menos a causa de su insistencia y le
dará todo lo necesario. También les aseguro: pidan y se les dará,
busquen y encontrarán, llamen y se les abrirá. Porque el que pide,
recibe; el que busca, encuentra; y al que llama, se le abrirá. ¿Hay
entre ustedes algún padre que da a su hijo una serpiente cuando le
pide un pescado? ¿Y si le pide un huevo, le dará un escorpión? Si
ustedes, que son malos, saben dar cosas buenas a sus hijos, ¡cuánto más el Padre del cielo dará el Espíritu Santo a aquellos que se lo
pidan!

*El evangelista nos invita a considerar la oración en la
necesidad. Oramos porque necesitamos, porque no tenemos. Es cierto que no podemos limitar la oración solamente
a la súplica; sin embargo, la oración, en este sentido, nos hace
considerar nuestra pobreza y pequeñez. Somos orantes porque
somos pobres.*

Señor, lo que somos y tenemos nos lo diste antes de conocerte. Que ahora comprendamos que sólo tú eres el todo de nuestra nada. Que siempre recurramos a ti, como el sediento al manan-
tial. Que vivamos agradecidos por tu amor de Padre creador y providente.

13 viernes   De la feria

Gál 3, 7-14; Sal 110, 1-6; Lc 11, 15-26.

*Si expulso a los demonios con el poder de Dios, quiere decir que el
reino de Dios ha llegado a ustedes.*

Habiendo Jesús expulsado un demonio, algunos de entre
la muchedumbre decían: "Éste expulsa a los demonios por
el poder de Belzebul, el Príncipe de los demonios". Otros, para
ponerlo a prueba, exigían de él un signo que viniera del cielo.

Jesús, que conocía sus pensamientos, les dijo: "Un reino donde hay luchas internas va a la ruina y sus casas caen una sobre otra. Si Satanás lucha contra sí mismo, ¿cómo podrá subsistir su reino? Porque –como ustedes dicen– yo expulso a los demonios con el poder de Belzebul. Si yo expulso a los demonios con el poder de Belzebul, ¿con qué poder los expulsan los discípulos de ustedes? Por eso, ustedes los tendrán a ellos como jueces. Pero si yo expulso a los demonios con la fuerza de Dios, quiere decir que el reino de Dios ha llegado a ustedes. Cuando un hombre fuerte y bien armado hace guardia en su palacio, todas sus posesiones están seguras, pero si viene otro más fuerte que él y lo domina, le quita las armas en las que confiaba y reparte sus bienes. El que no está conmigo está contra mí; y el que no recoge conmigo desparrama. Cuando el espíritu impuro sale de un hombre, vaga por lugares desiertos en busca de reposo, y al no encontrarlo, piensa: 'Volveré a mi casa, de donde salí'. Cuando llega, la encuentra barrida y ordenada. Entonces va a buscar a otros siete espíritus peores que él; entran y se instalan allí. Y al final, ese hombre se encuentra peor que al principio".

Los actos o hechos de Jesús (¡y de tantos otros!) pueden ser interpretados de diversas maneras. El mismo hecho de liberar del mal puede ser considerado como un signo de la presencia de Dios o del demonio. ¿Cómo puede ser esto? Es que no depende del hecho en sí, sino del corazón de quien lee los acontecimientos. Jesús no se mostró "evidente", sino que siempre dejó lugar a la decisión del hombre. Aún hoy debemos abrir nuestro corazón para juzgar la realidad, teniendo mucho cuidado, porque quizás aquello que hoy condenamos puede ser un signo del reino.

Jesús, muchos no están contigo porque no te conocen. ¡Y... con tanto diablo suelto...! Danos recoger a tu lado a cuantos buscan verdad y amor verdaderos, paz y bien, justicia y felicidad... Que seamos testigos y misioneros de tu reino.

14 sábado   De la feria.

San Calixto I, papa y mr. (ML)

Gál 3, 22-29; Sal 104, 2-7; **Lc 11, 27-28.**

¡Feliz el vientre que te llevó!
Felices, más bien, los que escuchan la Palabra de Dios.

Jesús estaba hablando y una mujer levantó la voz en medio de la multitud y le dijo: "¡Feliz el vientre que te llevó y los pechos que te amamantaron!". Jesús le respondió: "Felices más bien los que escuchan la Palabra de Dios y la practican".

Un diálogo muy corto para una verdad muy profunda. No se es grande por haber tenido un lugar importante en el plan de salvación, sino por haber conservado y llevado a la vida concreta la Palabra de Dios. La importancia en la comunidad no radica en el rol, el lugar o el cargo, sino en brindar en el corazón un lugar a la Palabra que nos busca.

¡Bendita la madre que te trajo al mundo! Bendita también porque no deja de conducirnos a ti, Jesús, con todo su maternal amor. Bendita porque también nos llama a ayudarla en esta misión. ¡Que no la dejemos esperando!...

15 domingo   Domingo 28° durante el año

Santa Teresa de Ávila, vg. y dra.
Semana 28ª durante el año. Semana 4ª del Salterio.

Sab 7, 7-11; Sal 89, 12-17; Heb 4, 12-13; **Mc 10, 17-30.**

Vende lo que tienes y sígueme.

Jesús se puso en camino. Un hombre corrió hacia él y, arrodillándose, le preguntó: "Maestro bueno, ¿qué debo hacer para heredar la Vida eterna?". Jesús le dijo: "¿Por qué me llamas bueno? Sólo Dios es bueno. Tú conoces los mandamientos: No matarás, no cometerás adulterio, no robarás, no darás falso testimonio, no perjudicarás a nadie, honra a tu padre y a tu madre". El hombre le respondió: "Maestro, todo eso lo he cumplido desde mi juventud". Jesús lo miró con amor y le dijo: "Sólo te falta una cosa: ve, vende lo que tienes y dalo a los pobres; así tendrás un tesoro en el cielo. Después, ven y sígueme". Él, al oír estas palabras, se entristeció y se fue apenado, porque poseía muchos bienes. Entonces Jesús, mirando alrededor, dijo a sus discípulos: "¡Qué difícil será para los ricos entrar en el reino de Dios!". Los discípulos se sorprendieron por estas palabras, pero Jesús continuó diciendo: "Hijos míos, ¡qué difícil es entrar en el reino de Dios! Es más fácil que un camello pase por el ojo de una aguja, que un rico entre en el reino de Dios". Los discípulos se asombraron aún más y se preguntaban unos a otros: "Entonces, ¿quién podrá salvarse?". Jesús, fijando en ellos su mirada, les dijo: "Para los hombres es imposible, pero no para Dios, porque para él todo es posible". Pedro le dijo: "Tú sabes que nosotros lo hemos dejado todo y te hemos seguido". Jesús respondió: "Les aseguro que el que haya dejado casa, hermanos y hermanas, madre y padre, hijos o campos por mí y por la Buena Noticia, desde ahora, en este mundo, recibirá el ciento por uno en casas, hermanos y hermanas, madres, hijos y campos, en medio de las persecuciones; y en el mundo futuro recibirá la Vida eterna".

Ni siquiera la mirada de Jesús pudo hacer que este hombre optara por una vida más perfecta. Se había quedado en la ley, en los preceptos, pero su corazón estaba lejos de una pobreza de vida y de la solidaridad. El cumplimiento de las leyes no alcanza para ser perfectos. Es necesario dejarse seducir por la mirada cariñosa de Jesús para entregar la vida a los más pobres.

🕊 ¡Qué pena! Pudo haber un santo apóstol pero tuvo miedo, y te dejó con la mano tendida... Que nunca menospreciemos tu amorosa llamada a dar nuevos pasos adelante ni que caigamos en sordera voluntaria e irreversible... ¡Sería fatal!...

16 lunes   De la feria. Santa Eduvigis, religiosa.

(ML). Santa Margarita María Alacoque, vg. (ML)

Gál 4, 22-24. 26-27. 31—5, 1; Sal 112, 1-7; Lc 11, 29-32.

A esta generación no le será dado otro signo que el de Jonás.

📖 Al ver Jesús que la multitud se apretujaba, comenzó a decir: "Ésta es una generación malvada. Pide un signo y no le será dado otro que el de Jonás. Así como Jonás fue un signo para los ninivitas, también el Hijo del hombre lo será para esta generación. El día del Juicio, la Reina del Sur se levantará contra los hombres de esta generación y los condenará, porque ella vino de los confines de la tierra para escuchar la sabiduría de Salomón y aquí hay Alguien que es más que Salomón. El día del Juicio, los hombres de Nínive se levantarán contra esta generación y la condenarán, porque ellos se convirtieron por la predicación de Jonás y aquí hay Alguien que es más que Jonás".

🕯 *Jonás era un personaje incómodo e incomodaba. Su historia era bien conocida por todos. Había recibido de Dios el mandato de predicar en Nínive, capital del imperio asirio, un pueblo opresor y sanguinario. Jonás se resistió mucho a este envío, hasta que tuvo que sucumbir ante la insistencia de Dios. Y, finalmente, los opresores se convirtieron. Jesús pone este ejemplo para llamar a la conversión de su pueblo. Si los enemigos se convirtieron, cuánto más espera del mismo pueblo de Dios.*

Desde que nacemos el desafío es crecer, madurar, alcanzar tu estatura, Jesús, y convertirnos a ti cada día más... ¡Ábrenos la mente paca entenderlo, enciende el corazón y danos fuerzas para no quedar empantanados a mitad de camino.

17 martes   San Ignacio de Antioquía,
ob. y mr. (MO)

Gál 5, 1-6; Sal 118, 41. 43-45. 47-48; Lc 11, 37-41.

Den limosna, y todo será puro.

Un fariseo invitó a Jesús a cenar a su casa. Jesús entró y se sentó a la mesa. El fariseo se extrañó de que no se lavara antes de comer. Pero el Señor le dijo: "¡Así son ustedes, los fariseos! Purifican por fuera la copa y el plato, y por dentro están llenos de voracidad y perfidia. ¡Insensatos! El que hizo lo de afuera, ¿no hizo también lo de adentro? Den más bien como limosna lo que tienen y todo será puro".

Jesús reprende a quienes, en lugar de vivir solidariamente con los pobres, en lugar de dar limosna y atender a los necesitados, se preocupan por mantenerse ritualmente puros. La religión, o las prácticas religiosas, también puede ocultarnos hacia dónde tiene que tender nuestro corazón. El pobre debe ser objeto de nuestro cuidado, mucho más que la limpieza ritual.

"¡Sepulcros blanqueados!", reprochaste a los fariseos. Sólo apariencias, ¿y por dentro?... Señor, examina mi corazón, penetra mis sentimientos, y si ves que voy por mal camino, guíame por el camino de lo eterno...

18 miércoles   San Lucas, evangelista. (F)

2Tim 4, 10-17; Sal 144, 10-13. 17-18; Lc 10, 1-9.

La cosecha es abundante, pero los trabajadores son pocos.

El Señor designó a otros setenta y dos, y los envió de dos en dos para que lo precedieran en todas las ciudades y sitios adonde él debía ir. Y les dijo: "La cosecha es abundante, pero los trabajadores son pocos. Rueguen al dueño de los sembrados, que envíe trabajadores para la cosecha. ¡Vayan! Yo los envío como a ovejas en medio de lobos. No lleven dinero, ni alforja, ni calzado, y no se detengan a saludar a nadie por el camino. Al entrar en una casa, digan primero: '¡Que descienda la paz sobre esta casa!'. Y si hay allí alguien digno de recibirla, esa paz reposará sobre él; de lo contrario, volverá a ustedes. Permanezcan en esa misma casa, comiendo y bebiendo de lo que haya, porque el que trabaja merece su salario. No vayan de casa en casa. En las ciudades donde entren y sean recibidos, coman lo que les sirvan; curen a sus enfermos y digan a la gente: 'El reino de Dios está cerca de ustedes'".

Jesús envía a sus discípulos a anunciar la llegada del reino. El reino se hace presente en el compartir alegre de una mesa, de la comida y la bebida, de la paz que hay en una casa cuando se pone todo en común. Nosotros somos continuadores de la obra que comenzó con aquellos discípulos; vivimos hoy el desafío de anunciar la paz y compartir los bienes, inmersos en la guerra y siendo miembros de una sociedad que vive y proclama el individualismo.

"Mi Padre me envió, yo los envío a ustedes"... pero ¡qué pocos! Envía, Señor, operarios a tu mies, para que nada se pierda en la cosecha. Que también nosotros nos desvivamos para que nadie falte ni un solo día en tu cielo.

19 jueves   De la feria. San Juan de Brébeuf e Isaac

Jogues, pbros., y comps. mrs. (ML).
San Pablo de la Cruz, pbro. (ML)

Ef 1, 1-10; Sal 97, 1-6; Lc 11, 47-54.

Se pedirá cuenta de la sangre de los profetas,
desde la sangre de Abel hasta la sangre de Zacarías.

Jesús dijo a los fariseos y a los doctores de la Ley: "¡Ay de ustedes, que construyen los sepulcros de los profetas, a quienes sus mismos padres han matado! Así se convierten en testigos y aprueban los actos de sus padres: ellos los mataron y ustedes les construyen sepulcros. Por eso la Sabiduría de Dios ha dicho: 'Yo les enviaré profetas y apóstoles: matarán y perseguirán a muchos de ellos'. Así se pedirá cuenta a esta generación de la sangre de todos los profetas, que ha sido derramada desde la creación del mundo: desde la sangre de Abel hasta la sangre de Zacarías, que fue asesinado entre el altar y el santuario. Sí, les aseguro que a esta generación se le pedirá cuenta de todo esto. ¡Ay de ustedes, doctores de la Ley, porque se han apoderado de la llave de la ciencia! No han entrado ustedes, y a los que quieren entrar, se lo impiden". Cuando Jesús salió de allí, los escribas y los fariseos comenzaron a acosarlo, exigiéndole respuesta sobre muchas cosas y tendiéndole trampas para sorprenderlo en alguna afirmación.

"¡Ay de ustedes, doctores de la ley, porque se han apoderado de la llave de la ciencia!". ¿Cómo reconocer a quien habla de parte de Dios? Hay un saber que no está al servicio de Dios, porque no abre caminos, sino que cierra; porque no transmite felicidad, sino que hace a la gente vivir más oprimida. Esos maestros, esos doctores, aunque tengan títulos o hayan estudiado teología, no son de Dios. Son maestros cerrados, que no ponen la Palabra de Dios en manos del pueblo,

sino que se hacen ellos los únicos mediadores del mensaje y
sólo vale lo que ellos interpretan. Jesús, el Maestro, nos habla
de las cosas de Dios para enseñarnos lo que Dios quiere de
nosotros: hacernos participar de su reino.

Padres y maestros, predicadores y catequistas, ¡qué maravillosa misión y qué gran responsabilidad! Jesús: tú eliges y llamas a quien quieres. Que, llenos de tu mentalidad, pensando con tu corazón en la mano, anunciemos tu evangelio sin miedo ni vergüenza.

20 viernes   De la feria

Ef 1, 11-14; Sal 32, 1-2. 4-5. 12-13; Lc 12, 1-7.

Tienen contados todos sus cabellos.

En aquel tiempo, se reunieron miles de personas, hasta el punto de atropellarse unos a otros. Jesús comenzó a decir, dirigiéndose primero a sus discípulos: "Cuídense de la levadura de los fariseos, que es la hipocresía. No hay nada oculto que no deba ser revelado, ni nada secreto que no deba ser conocido. Por eso, todo lo que ustedes han dicho en la oscuridad será escuchado en pleno día; y lo que han hablado al oído, en las habitaciones más ocultas, será proclamado desde lo alto de las casas. A ustedes, mis amigos, les digo: No teman a los que matan el cuerpo y después no pueden hacer nada más. Yo les indicaré a quién deben temer: teman a aquél que, después de matar, tiene el poder de arrojar al infierno. Sí, les repito, teman a ése. ¿No se venden acaso cinco pájaros por dos monedas? Sin embargo, Dios no olvida a ninguno de ellos. Ustedes tienen contados todos sus cabellos: no teman, porque valen más que muchos pájaros".

La levadura, una vez puesta en la masa, fermenta todo; su efecto es irrefrenable. Así es la levadura de los fariseos: su mala influencia puede corromper a toda una comuni-

dad. *Su hipocresía está en que se presentan como hombres de Dios, cuando, en realidad, sólo piensan en sí mismos y cuidan únicamente sus propios intereses. El Maestro quiere que nuestras comunidades se cuiden de todo esto. Que vivamos sin máscaras, porque llegará el día en que todo lo oculto será revelado.*

"Anuncien a todos mi Evangelio, y no teman: ya he vencido al mundo, y es taré con ustedes hasta las últimas consecuencias"... Jesús, nos llamaste también para los demás; que no pongamos excusas por miedo o comodidad.

21 sábado   De la feria. Santa María en sábado

Ef 1, 15-23; Sal 8, 2-7; **Lc 12, 8-12.**

El Espíritu Santo les enseñará en ese momento lo que deban decir.

Jesús dijo a sus discípulos: Les aseguro que aquél que me reconozca abiertamente delante de los hombres, el Hijo del hombre lo reconocerá ante los ángeles de Dios. Pero el que no me reconozca delante de los hombres no será reconocido ante los ángeles de Dios. Al que diga una palabra contra el Hijo del hombre se le perdonará; pero al que blasfeme contra el Espíritu Santo no se le perdonará. Cuando los lleven ante las sinagogas, ante los magistrados y las autoridades, no se preocupen de cómo se van a defender o qué van a decir, porque el Espíritu Santo les enseñará en ese momento lo que deban decir.

El destino de los misioneros no es de gloria humana. Ellos no encontrarán el reconocimiento de las instituciones de las cuales surgieron, sino que ellas mismas serán las encargadas de acusarlos de traición. En la medida en que ellos se mantengan fieles al Espíritu, tendrán el valor y la fuerza suficiente para enfrentar las acusaciones, no con una respuesta de violencia, sino con el testimonio de sus propios actos de vida.

🕊 "Los envío como tiernos corderitos entre lobos hambrientos"... ¡Jesús! ¿Acaso una misión imposible, perdida desde el
vamos? "Quien cree en mí –nos asegura– hará aún mayores cosas
que yo: unidos a mí darán mucho fruto". No tengamos miedo a nada,
¡adelante!

22 domingo   Domingo 29° durante el año

Semana 29ª durante el año. Semana 1ª del Salterio.

Is 53, 10-11; Sal 32, 4-5. 18-20. 22; Heb 4, 14-16; **Mc 10, 35-45 ó 10, 42-45.**

El Hijo del hombre vino para dar su vida
en rescate por una multitud.

📖 Santiago y Juan, los hijos de Zebedeo, se acercaron a
Jesús y le dijeron: "Maestro, queremos que nos concedas
lo que te vamos a pedir". Él les respondió: "¿Qué quieren que
haga por ustedes?". Ellos le dijeron: "Concédenos sentarnos uno
a tu derecha y el otro a tu izquierda, cuando estés en tu gloria".
Jesús les dijo: "No saben lo que piden. ¿Pueden beber el cáliz que
yo beberé y recibir el bautismo que yo recibiré?". "Podemos", le
respondieron. Entonces Jesús agregó: "Ustedes beberán el cáliz
que yo beberé y recibirán el mismo bautismo que yo. En cuanto a
sentarse a mi derecha o a mi izquierda, no me toca a mí concederlo, sino que esos puestos son para quienes han sido destinados".
Los otros diez, que habían oído a Santiago y a Juan, se indignaron contra ellos. Jesús los llamó y les dijo: "Ustedes saben que
aquellos a quienes se considera gobernantes, dominan a las naciones como si fueran sus dueños, y los poderosos les hacen sentir su autoridad. Entre ustedes no debe suceder así. Al contrario,
el que quiera ser grande, que se haga servidor de ustedes; y el que
quiera ser el primero, que se haga servidor de todos. Porque el
mismo Hijo del hombre no vino para ser servido, sino para servir
y dar su vida en rescate por una multitud".

Santiago y Juan quieren llegar al final sin hacer el ca-mino. Quieren sentarse en un trono de gloria. Jesús los pone en el camino que él transita, un camino que, antes de llegar a un trono glorioso, es sumergirse completamente en la realidad humana. La palabra "bautismo" significa literalmente "inmersión". Jesús estará inmerso en el dolor, en la debilidad, en toda la miseria humana, y sus discípulos no deben esperar otro camino más que ese. Ser discípulos no es aspirar a un trono. Ser discípulos es caminar el camino de Jesús.

Queremos ser siempre los primeros y tocar el cielo con las manos, sin pelarnos codos y rodillas al subir la cumbre... Jesús, vence con tu divina humildad nuestra vanidad y prepotencia: que seamos como tú, alegres servidores de todo prójimo.

23 lunes   De la feria.

San Juan de Capistrano, pbro. (ML)

Ef 2, 1-10; Sal 99, 1-5; Lc 12, 13-21.

¿Para quién será lo que has amontonado?

Uno de la multitud dijo a Jesús: "Maestro, dile a mi hermano que comparta conmigo la herencia". Jesús le respondió: "Amigo, ¿quién me ha constituido juez o árbitro entre ustedes?". Después les dijo: "Cuídense de toda avaricia, porque aun en medio de la abundancia, la vida de un hombre no está asegurada por sus riquezas". Les dijo entonces una parábola: "Había un hombre rico, cuyas tierras habían producido mucho, y se preguntaba a sí mismo: '¿Qué voy a hacer? No tengo dónde guardar mi cosecha'. Después pensó: 'Voy a hacer esto: demoleré mis graneros, construiré otros más grandes y amontonaré allí todo mi trigo y mis bienes, y diré a mi alma: Alma mía, tienes bienes almacenados para muchos años; descansa, come, bebe y date buena vida'. Pero Dios le dijo: 'Insensato, esta misma noche vas a morir. ¿Y para quién será lo que has amontonado?'. Esto es lo que sucede al que acumula riquezas para sí, y no es rico a los ojos de Dios".

¿Qué le pasó al hombre de la parábola? Fue prudente y ordenado con sus bienes materiales, pensó con inteligencia sobre el modo de aprovecharlos y creyó que con eso tenía la vida asegurada. Hizo cálculos y proyecciones para disfrutar de sus posesiones, y, satisfecho con esas riquezas, no buscó otras. Creía que había preparado todo para vivir bien y se olvidó de preparar su alma.

Jesús, que me convenza: los bienes de este mundo son pan sólo para hoy, peldaños que ayudan a alcanzar lo definitivo y eterno. Ayúdame a entenderlo y a ponerlo en práctica: ¡que no me quede a mitad de la escalera!

24 martes   De la feria.

San Antonio María Claret, ob. (ML)

Ef 2, 12-22; Sal 84, 9-14; Lc 12, 35-38.

¡Felices los servidores a quienes el Señor
encuentra velando a su llegada!

Jesús dijo a sus discípulos: Estén preparados, ceñidas las vestiduras y con las lámparas encendidas. Sean como los hombres que esperan el regreso de su señor, que fue a una boda, para abrirle apenas llegue y llame a la puerta. ¡Felices los servidores a quienes el señor encuentra velando a su llegada! Les aseguro que él mismo recogerá su túnica, los hará sentar a la mesa y se pondrá a servirlos. ¡Felices ellos, si el señor llega a medianoche o antes del alba y los encuentra así!

La parábola que leímos ayer hablaba de un hombre que había previsto todo en orden a aprovechar sus riquezas materiales y no había pensado ni una vez en la riqueza que necesitaba su alma. Las palabras que leemos hoy también son una exhortación para que estemos atentos a aquello que realmente vale la pena. Estar preparados es tener la actitud de no aferrarnos a nada como definitivo; lo definitivo será cuando el Señor llegue y entonces seremos felices.

Jesús, que tengamos tanta fe en tus divinas promesas, aguardando el día feliz y glorioso de tu regreso y salvación, que no malgastemos energías en pasatiempos peligrosos, en novelas y fantasías de moda.

25 miércoles   De la feria

Ef 3, 2-12; [Sal] Is 12, 2-6; Lc 12, 39-48.

Al que se le dio mucho se le pedirá mucho.

Jesús dijo a sus discípulos: "Entiéndanlo bien: si el dueño de casa supiera a qué hora va a llegar el ladrón, no dejaría perforar las paredes de su casa. Ustedes también estén preparados, porque el Hijo del hombre llegará a la hora menos pensada". Pedro preguntó entonces: "Señor, ¿esta parábola la dices para nosotros o para todos?". El Señor le dijo: "¿Cuál es el administrador fiel y previsor, a quien el Señor pondrá al frente de su personal para distribuirle la ración de trigo en el momento oportuno? ¡Feliz aquél a quien su señor, al llegar, encuentra ocupado en este trabajo! Les aseguro que lo hará administrador de todos sus bienes. Pero si este servidor piensa: 'Mi señor tardará en llegar', y se dedica a golpear a los servidores y a las sirvientas, y se pone a comer, a beber y a emborracharse, su señor llegará el día y la hora menos pensada, lo castigará y le hará correr la misma suerte que los infieles. El servidor que, conociendo la voluntad de su señor, no tuvo las cosas preparadas y no obró conforme a lo que él había dispuesto recibirá un castigo severo. Pero aquél que, sin saberlo, se hizo también culpable será castigado menos severamente. Al que se le dio mucho se le pedirá mucho; y al que se le confió mucho se le reclamará mucho más".

En la pregunta de Pedro se encuentran todos aquellos a quienes el Señor ha delegado alguna responsabilidad: los padres con respecto a los hijos, las maestras con los alumnos, los pastores con la comunidad, etc. La palabra "administrar" viene de "ministerio", es decir, servicio. La administración no es posesión ni el ámbito para realizar los propios deseos: es servir a los hermanos y hermanas, cuya vida no nos pertenece sino que es para el Señor y para su reino.

Jesús, viniste a servirnos hasta no poder más y nos llamas a continuar tu misión gloriosa y santa. Que no busquemos tanto ser consolados, comprendidos y amados como consolar, comprender, amar y servir, a tu imagen y semejanza.

26 jueves   De la feria

Ef 3, 14-21; Sal 32, 1-2. 4-5. 11-12. 18-19; **Lc 12, 49-53.**

No he venido a traer la paz, sino la división.

Jesús dijo a sus discípulos: Yo he venido a traer fuego sobre la tierra, ¡y cómo desearía que ya estuviera ardiendo! Tengo que recibir un bautismo, ¡y qué angustia siento hasta que esto se cumpla plenamente! ¿Piensan ustedes que he venido a traer la paz a la tierra? No, les digo que he venido a traer la división. De ahora en adelante, cinco miembros de una familia estarán divididos, tres contra dos y dos contra tres: el padre contra el hijo y el hijo contra el padre, la madre contra la hija y la hija contra la madre, la suegra contra la nuera y la nuera contra la suegra.

Fuego y división. ¿Por qué estas palabras en boca del príncipe de la paz? El mensaje de Jesús no es una droga que tranquiliza la conciencia o nos permite evadirnos de la realidad, es una pasión donde se juega la vida y como toda pasión, nos lleva a hacer opciones que otros no comprenden. Entonces la división es clara y es señal de estar encendidos o no por el fuego que Jesús ha traído.

El diablo nos esclavizó al egoísmo, la mentira, la injusticia... La libertad y felicidad de los hijos de Dios implica remar contra corriente, exige luchas y sacrificios. Jesús, que no nos venzan las cadenas, que no temamos esta guerra santa.

27 viernes   De la feria

Ef 4, 1-6; Sal 23, 1-6; **Lc 12, 54-59.**

Ustedes saben discernir el aspecto de la tierra y del cielo, ¿cómo no saben discernir el tiempo presente?

Jesús dijo a la multitud: Cuando ven que una nube se levanta en occidente, ustedes dicen en seguida que va a llover, y así sucede. Y cuando sopla viento del sur, dicen que hará calor, y así sucede. ¡Hipócritas! Ustedes saben discernir el aspecto de la tierra y del cielo; ¿cómo entonces no saben discernir el tiempo presente? ¿Por qué no juzgan ustedes mismos lo que es justo? Cuando vas con tu adversario a presentarte ante el magistrado, trata de llegar a un acuerdo con él en el camino, no sea que el adversario te lleve ante el juez, y el juez te entregue al guardia, y éste te ponga en la cárcel. Te aseguro que no saldrás de allí hasta que hayas pagado el último centavo.

Jesús exhorta a discernir el tiempo presente, es decir, a saber interpretar las señales. Él mismo dio señales claras de lo que es el tiempo del reino, enseñando, sanando, per-

*donando. Nos toca a nosotros también hoy saber interpretar
las señales del reino. Donde está ese fuego que se apasiona por
la vida, que no soporta la injusticia, que denuncia a los falsos
maestros, allí está el reino de Dios.*

Jesús, lo enseñaste de mil modos, pero el infierno nos entretiene con sus errores con piel de oveja... ¡Que seamos sencillos como palomitas pero astutos y prevenidos como serpientes... que el diablo ronda, buscando a quien devorar.

28 sábado   Santos Simón y Judas, apóstoles. (F)

Ef 2, 19-22; Sal 18, 2-5; **Lc 6, 12-19.**

Eligió a doce de ellos, a los que dio el nombre de apóstoles.

Jesús se retiró a una montaña para orar, y pasó toda la noche en oración con Dios. Cuando se hizo de día, llamó a sus discípulos y eligió a doce de ellos, a los que dio el nombre de apóstoles: Simón, a quien puso el sobrenombre de Pedro, Andrés, su hermano, Santiago, Juan, Felipe, Bartolomé, Mateo, Tomás, Santiago, hijo de Alfeo, Simón, llamado el Zelote, Judas, hijo de Santiago, y Judas Iscariote, que fue el traidor. Al bajar con ellos, se detuvo en la llanura. Estaban allí muchos de sus discípulos y una gran muchedumbre que había llegado de toda la Judea, de Jerusalén y de la región costera de Tiro y Sidón, para escucharlo y hacerse curar de sus enfermedades. Los que estaban atormentados por espíritus impuros quedaban curados; y toda la gente quería tocarlo, porque salía de él una fuerza que sanaba a todos.

Cuando Jesús llama da un sentido: saca del anonimato. Cada uno de los que somos convocados por Jesús tenemos un nombre y él nos reconoce así, personalmente. Todos y todas constituimos este gran grupo que es la Iglesia; pero no desaparecemos en ese grupo, sino que participamos poniendo todo lo que somos.

🕊 "SEÑOR, me has mirado a los ojos; sonriendo, has dicho mi nombre...". Que, como tus apóstoles, abandone mi barca en la orilla y me aventure contigo, mar adentro, a tirar las redes de tu Evangelio: ¡hay mucho que pescar!

29 domingo   Domingo 30° durante el año

Semana 30ª durante el año. Semana 2ª del Salterio.

Jer 31, 7-9; Sal 125, 1-6; Heb 5, 1-6; Mc 10, 46-52.

Maestro, que yo pueda ver.

📖 Cuando Jesús salía de Jericó, acompañado de sus discípulos y de una gran multitud, el hijo de Timeo –Bartimeo, un mendigo ciego– estaba sentado junto al camino. Al enterarse de que pasaba Jesús, el Nazareno, se puso a gritar: "¡Jesús, Hijo de David, ten piedad de mí!". Muchos lo reprendían para que se callara, pero él gritaba más fuerte: "¡Hijo de David, ten piedad de mí!". Jesús se detuvo y dijo: "Llámenlo". Entonces llamaron al ciego y le dijeron: "¡Ánimo, levántate! Él te llama". Y el ciego, arrojando su manto, se puso de pie de un salto y fue hacia él. Jesús le preguntó: "¿Qué quieres que haga por ti?". Él le respondió: "Maestro, que yo pueda ver". Jesús le dijo: "Vete, tu fe te ha salvado". En seguida comenzó a ver y lo siguió por el camino.

🕯 *Bartimeo está sentado, solo y mendigando, al borde del camino. Y los que vienen caminando con Jesús parecen preferir que él siga allí, que no se haga escuchar, que siga afuera. Pero Bartimeo quiere ver y quiere entrar al camino. Su decisión y su constancia no se amedrentan, ni siquiera ante los acalladores, sino que grita, y grita fuerte. Por eso el Señor se detiene, por eso le habla, por eso lo cura, por eso lo pone en camino...*

Señor, cuántos no te ven ni conocen: pobres ciegos en la banquina, a riesgo de morir de hambre y soledad. Tú viniste por ellos, por todos, y nos envías a darles la luz de la esperanza, el pan del amor, el agua viva que salta hasta la vida eterna.

30 lunes   De la feria

Ef 4, 32—5, 8; Sal 1, 1-4. 6; Lc 13, 10-17.

Esta hija de Abraham,
¿no podía ser liberada de sus cadenas el día sábado?

Un sábado, Jesús enseñaba en una sinagoga. Había allí una mujer poseída de un espíritu, que la tenía enferma desde hacía dieciocho años. Estaba completamente encorvada y no podía enderezarse de ninguna manera. Jesús, al verla, la llamó y le dijo: "Mujer, estás sanada de tu enfermedad", y le impuso las manos. Ella se enderezó en seguida y glorificaba a Dios. Pero el jefe de la sinagoga, indignado porque Jesús había sanado en sábado, dijo a la multitud: "Los días de trabajo son seis; vengan durante esos días para hacerse sanar, y no el sábado". El Señor le respondió: "¡Hipócritas! Cualquiera de ustedes, aunque sea sábado, ¿no desata del pesebre a su buey o a su asno para llevarlo a beber? Y esta hija de Abraham, a la que Satanás tuvo aprisionada durante dieciocho años, ¿no podía ser liberada de sus cadenas el día sábado?". Al oír estas palabras, todos sus adversarios se llenaban de confusión, pero la multitud se alegraba de las maravillas que él hacía.

El libro del Éxodo es muy claro en cuanto al sentido del sábado: día de descanso y día consagrado (cfr. Éx 20, 8-11). La acción de Jesús permite que la mujer encorvada pueda vivir plenamente ese día: ella está descansando de su mala postura, liberada después de dieciocho años, y está glorificando a Dios. Ella es hija de Abraham, miembro del pueblo de Dios, que participa de todos los beneficios que Dios da a los suyos. Esto es lo que quiere Jesús para todos los hombres y mujeres: que la interpretación de la Palabra no nos doblegue, sino que nos permita levantar la frente y cantar a Dios.

Si el trabajo necesita descanso, el amor no respeta ni feriados ni vacaciones, siempre que no sea egoísmo disfrazado... Jesús, amor de Dios en acción, que tengamos tus mismos sentimientos para con todos los hermanos cansados de sufrir sin consuelo ni esperanza.

31 martes   De la feria

Ef 5, 21-33; Sal 127, 1-5; Lc 13, 18-21.

El grano creció y se convirtió en un arbusto.

Jesús dijo: "¿A qué se parece el reino de Dios? ¿Con qué podré compararlo? Se parece a un grano de mostaza que un hombre sembró en su huerta; creció, se convirtió en un arbusto y los pájaros del cielo se cobijaron en sus ramas". Dijo también: "¿Con qué podré comparar el reino de Dios? Se parece a un poco de levadura que una mujer mezcló con gran cantidad de harina, hasta que fermentó toda la masa".

Las parábolas del crecimiento (la semilla y la levadura) son un ejemplo para poder explicar el actuar del reino de Dios. Este reino no se detiene en su crecimiento, no tiene límites, y es difícil ver sus procesos internos hasta que llega al final. Hoy, quizá, no vemos los frutos del reino, pero estamos seguros de que, de modo misterioso e invisible, como una semilla enterrada o la levadura oculta en la masa, está actuando en el mundo.

Jesús, no viniste "por si acaso". Tú sabes lo que haces, no se te escapa nada de las manos: ¡a su tiempo habrá cosecha grande! Que nos juguemos contigo, seguros de que habrá "un solo rebaño bajo un solo Pastor", ¡sin dudas!

Noviembre

1 miércoles   Todos los santos. (S)

Apoc 7, 2-4. 9-14; Sal 23, 1-6; 1Jn 3, 1-3; **Mt 4, 25—5, 12.**

Alégrense y regocíjense, porque tendrán
una gran recompensa en el cielo.

Seguían a Jesús grandes multitudes, que llegaban de Galilea, de la Decápolis, de Jerusalén, de Judea y de la Transjordania. Al ver la multitud, Jesús subió a la montaña, se sentó, y sus
discípulos se acercaron a él. Entonces tomó la palabra y comenzó
a enseñarles, diciendo: "Felices los que tienen alma de pobres,
porque a ellos les pertenece el reino de los cielos. Felices los afligidos, porque serán consolados. Felices los pacientes, porque recibirán la tierra en herencia. Felices los que tienen hambre y sed
de justicia, porque serán saciados. Felices los misericordiosos, porque obtendrán misericordia. Felices los que tienen el corazón puro,
porque verán a Dios. Felices los que trabajan por la paz, porque
serán llamados hijos de Dios. Felices los que son perseguidos por

practicar la justicia, porque a ellos les pertenece el reino de los cielos. Felices ustedes, cuando sean insultados y perseguidos, y cuando se los calumnie en toda forma a causa de mí. Alégrense y regocíjense entonces, porque ustedes tendrán una gran recompensa en el cielo; de la misma manera persiguieron a los profetas que los precedieron".

Jesús finaliza las bienaventuranzas exhortándonos a la alegría. No parece ser la alegría el sentimiento más patente cuando uno sufre por las injusticias, cuando uno llora, cuando debe luchar por la paz o cuando es perseguido. Y, sin embargo, aunque parezca paradójico, Jesús nos exhorta a la alegría, la del reino, porque Dios se hace presente en los que luchan, en los perseguidos, en los pacificadores. Alegría porque, cuando él instaure definitivamente su reino, secará todas las lágrimas y nos dará la paz.

En medio de tanta oscuridad y tristeza nos ofreces la luz de la esperanza y la alegría de ser hermanos tuyos, hijos de tu Padre. Sólo es cuestión de desandar este callejón sin salida, pensando y obrando según tus criterios, nunca los otros. ¡Ayúdanos, Jesús!

2 jueves   Conmemoración de

todos los fieles difuntos

Apoc 21, 1-7; Sal 26, 1. 4. 7-9. 13-14; 1Cor 15, 20-23; Lc 24, 1-8.

¿Por qué buscan entre los muertos al que está vivo?

El primer día de la semana, al amanecer, las mujeres fueron al sepulcro con los perfumes que habían preparado. Ellas encontraron removida la piedra del sepulcro y entraron, pero no hallaron el cuerpo del Señor Jesús. Mientras estaban desconcertadas a causa de esto, se les aparecieron dos hombres con vestiduras deslumbrantes. Como las mujeres, llenas de temor, no se atrevían a levantar la vista del suelo, ellos les preguntaron: "¿Por qué buscan entre los muertos al que está vivo? No está aquí, ha resucitado. Recuerden lo que él les decía cuando aún estaba en Galilea: 'Es necesario que el Hijo del hombre sea entregado en manos de los pecadores, que sea crucificado y que resucite al tercer día'". Y las mujeres recordaron sus palabras.

Las mujeres iban, como tantas veces vamos nosotros, a visitar la tumba de un ser querido y llevarle la ofrenda de sus perfumes. Y es allí, en la tumba, en el lugar de la muerte, donde se revela el mensaje de la vida y la resurrección: "No está aquí". Lo mismo podemos pensar de nuestros seres queridos muertos: no están en la fría tumba, están en el lugar nuevo, allí donde el Padre regala la vida.

Ellos ya llegaron y gozan de eterna salud. Nosotros seguimos en camino con el mejor Médico. Ellos nos piden oraciones, y nosotros pedimos su intercesión... y tú, Señor, nos tienes a todos en tus santas manos: ¡ya festejaremos todos juntos en tu casa!

3 viernes   De la feria.

San Martín de Porres, religioso. (ML)

Flp 1, 1-11; Sal 110, 1-6; Lc 14, 1-6.

*Si a alguno se le cae en un pozo su hijo o su buey,
¿acaso no lo saca, aunque sea sábado?*

Un sábado, Jesús entró a comer en casa de uno de los principales fariseos. Ellos lo observaban atentamente. Delante de él había un hombre enfermo de hidropesía. Jesús preguntó a los doctores de la Ley y a los fariseos: "¿Está permitido sanar en sábado o no?". Pero ellos guardaron silencio. Entonces Jesús tomó de la mano al enfermo, lo sanó y lo despidió. Y volviéndose hacia ellos, les dijo: "Si a alguno de ustedes se le cae en un pozo su hijo o su buey, ¿acaso no lo saca en seguida, aunque sea sábado?". A esto no pudieron responder nada.

Jesús denuncia la hipocresía de los falsos cumplidores. Y su denuncia es tan clara que no una, sino dos veces, los hipócritas se quedan sin palabras. Así de contundentes son las acciones y las palabras de Jesús. Él deja mudos a sus adversarios, pero no lo logra con rebuscados razonamientos, sino con argumentos sencillos y concretos. Con esta simpleza y esta contundencia debemos revisar nuestras acciones y nuestra interpretación de la Palabra. ¿Están orientadas a sostener un dogma o a salvar la vida?

Jesús, tu verdad y justicia, tu amor y misericordia son caras de la misma moneda; pero nosotros hacemos odiosas distinciones y equivocamos las cosas. Danos inteligencia para comprender y vivir aquello de "la justicia y la paz se abrazan y besan..."

4 sábado   San Carlos Borromeo, ob. (MO)

Flp 1, 15. 18-26; Sal 41, 2-3. 5; Lc 14, 1. 7-11.

El que se eleva será humillado, y el que se humilla será elevado.

Un sábado, Jesús entró a comer en casa de uno de los principales fariseos. Ellos lo observaban atentamente. Y al notar cómo los invitados buscaban los primeros puestos, les dijo esta parábola: "Si te invitan a un banquete de bodas, no te coloques en el primer lugar, porque puede suceder que haya sido invitada otra persona más importante que tú, y cuando llegue el que los invitó a los dos, tenga que decirte: 'Déjale el sitio', y así, lleno de vergüenza, tengas que ponerte en el último lugar. Al contrario, cuando te inviten, ve a colocarte en el último sitio, de manera que cuando llegue el que te invitó, te diga: 'Amigo, acércate más', y así quedarás bien delante de todos los invitados. Porque todo el que se eleva será humillado, y el que se humilla será elevado".

La comida con Jesús no es un lugar para buscar privile-gios, ni para demostrar lo que no se es o lo que no se tiene. Cada uno tiene que ocupar el lugar que le corresponde; y si no lo sabe, Jesús nos indica que el más apropiado es el último puesto. No se trata de desconocer el lugar en la comunidad, ni de asumir una postura de falsa humildad. En la comunidad, cada uno es el último para el otro, en cuanto que cada uno está al servicio del hermano.

Tú, Jesús, estás entre nosotros "como el que sirve"... y tu mesa es redonda, sin más prioridades que la comunión en el mutuo servicio. ¡Que no busquemos tantas superioridades y pre-eminencias antipáticas y explosivas!

5 domingo   Domingo 31° durante el año

Semana 31ª durante el año. Semana 3ª del Salterio.

Deut 6, 1-6; Sal 17, 2-4. 47. 51; Heb 7, 23-28; Mc 12, 28-34.

Amarás al Señor, tu Dios. Amarás a tu prójimo.

Un escriba se acercó a Jesús y le preguntó: "¿Cuál es el primero de los mandamientos?". Jesús respondió: "El primero es: 'Escucha, Israel: el Señor nuestro Dios es el único Señor; y tú amarás al Señor, tu Dios, con todo tu corazón y con toda tu alma, con todo tu espíritu y con todas tus fuerzas'. El segundo es: 'Amarás a tu prójimo como a ti mismo'. No hay otro mandamiento más grande que éstos". El escriba le dijo: "Muy bien, Maestro, tienes razón al decir que hay un solo Dios y no hay otro más que él, y que amarlo con todo el corazón, con toda la inteligencia y con todas las fuerzas, y amar al prójimo como a sí mismo, vale más que todos los holocaustos y todos los sacrificios". Jesús, al ver que había respondido tan acertadamente, le dijo: "Tú no estás lejos del reino de Dios". Y nadie se atrevió a hacerle más preguntas.

🕯️ *Jesús retoma el mandamiento del amor que ya estaba inscripto en la Ley y que se presentó en la primera lectura. La pregunta del escriba no está demás si tenemos en cuenta que en ese tiempo se contaban más de 600 preceptos para ser justos ante Dios. Jesús resume, así, todos los preceptos en uno sólo, del cual deberá depender todo el resto de la estructura legal o religiosa. No hay precepto que no deba tener como fundamento el amor, ni hay acto religioso que no lo considere como su meta.*

🕊️ Jesús, amor de Dios en persona, que viniste a rescatarnos de este valle de rivalidades, enfrentamientos y odios mortales: ayúdanos a ser Iglesia, señal e instrumento de tu amor, y alcanzar en ti la plena comunión, para gloria de la Trinidad.

6 lunes   De la feria

Flp 2, 1-4; Sal 130, 1-3; Lc 14, 1. 12-14.

No invites a tus amigos, sino a los pobres y a los lisiados.

📖 Un sábado, Jesús entró a comer en casa de uno de los principales fariseos. Ellos lo observaban atentamente. Jesús dijo al que lo había invitado: "Cuando des un almuerzo o una cena, no invites a tus amigos, ni a tus hermanos, ni a tus parientes, ni a los vecinos ricos, no sea que ellos te inviten a su vez, y así tengas tu recompensa. Al contrario, cuando des un banquete, invita a los pobres, a los lisiados, a los paralíticos, a los ciegos. ¡Feliz de ti, porque ellos no tienen cómo retribuirte, y así tendrás tu recompensa en la resurrección de los justos!".

🕯️ *La caridad cristiana es mucho más que dar de comer a los pobres: es sentarse a comer con ellos, no sólo es dar, es compartir: compartir la mesa, el tiempo, el lugar, el "estar ahí", la comunión... Y en esto no podremos esperar ma-*

yor recompensa que ver que así se concreta el reino, que así se anticipa el banquete que un día el Padre nos ofrecerá a todos.

Señor, que nos esperas en tu mesa de amor eterno, que nos preparemos viviendo ya en comunión, sin odiosas exclusiones, sin que nadie quede relegado y con hambre de fraternidad, caridad, solidaridad... ¡paz y bien!...

7 martes
María, Madre y Medianera de la gracia. (MO)

Gál 4, 4-7; [Sal] Jdt 13, 18-19; Jn 2, 1-11.

Y la madre de Jesús estaba allí.

Se celebraron unas bodas en Caná de Galilea, y la madre de Jesús estaba allí. Jesús también fue invitado con sus discípulos. Y como faltaba vino, la madre de Jesús le dijo: "No tienen vino". Jesús le respondió: "Mujer, ¿qué tenemos que ver nosotros? Mi hora no ha llegado todavía". Pero su madre dijo a los sirvientes: "Hagan todo lo que él les diga". Había allí seis tinajas de piedra destinadas a los ritos de purificación de los judíos, que contenían unos cien litros cada una. Jesús dijo a los sirvientes: "Llenen de agua estas tinajas". Y las llenaron hasta el borde. "Saquen ahora –agregó Jesús– y lleven al encargado del banquete". Así lo hicieron. El encargado probó el agua cambiada en vino y, como ignoraba su origen, aunque lo sabían los sirvientes que habían sacado el agua, llamó al novio y le dijo: "Siempre se sirve primero el buen vino, y cuando todos han bebido bien, se trae el de inferior calidad. Tú, en cambio, has guardado el buen vino hasta este momento". Éste fue el primero de los signos de Jesús, y lo hizo en Caná de Galilea. Así manifestó su gloria, y sus discípulos creyeron en él.

El vino es señal de alegría, del banquete que Dios quie-re darnos y de la Alianza que, como Esposo, él quiere realizar con su pueblo. Y hoy ese vino falta... Por eso, junto con la Madre, digamos: "¡Señor, no tenemos vino!. Falta pan y alegría en muchas mesas, falta amor en muchas familias, nos falta vivir tu Alianza". Junto con la Madre, pidamos que ese vino se nos dé abundante y exageradamente, para que nadie se quede sin gustarlo, para que descubramos que estar con Jesús es estar de fiesta.

MADRE SANTÍSIMA, llena de gracia, que por ti Dios se hizo uno de nosotros... sigue volcando sobre tus hijos la gracia infinita que él pone en tus manos, ahora y en la hora de nuestra muerte. Amén.

O bien: Flp 2, 5-11; Sal 21, 26-32; **Lc 14, 15-24.**

Ve a los caminos y a lo largo de los cercados, e insiste a la gente para que entre, de manera que se llene mi casa.

Un sábado, Jesús entró a comer en casa de uno de los principales fariseos. Uno de los invitados le dijo: "¡Feliz el que se siente a la mesa en el reino de Dios!". Jesús le respondió: "Un hombre preparó un gran banquete y convidó a mucha gente. A la hora de cenar, mandó a su sirviente que dijera a los invitados: 'Vengan, todo está preparado'. Pero todos, sin excepción, empe-zaron a excusarse. El primero le dijo: 'Acabo de comprar un cam-po y tengo que ir a verlo. Te ruego me disculpes'. El segundo dijo: 'He comprado cinco yuntas de bueyes y voy a probarlos. Te ruego me disculpes'. Y un tercero respondió: 'Acabo de casarme y por esa razón no puedo ir'. A su regreso, el sirviente contó todo esto al dueño de casa, y éste, irritado, le dijo: 'Recorre en seguida las plazas y las calles de la ciudad, y trae aquí a los pobres, a los lisiados, a los ciegos y a los paralíticos'. Volvió el sirviente y dijo: 'Señor, tus órdenes se han cumplido y aún sobra lugar'. El señor le respondió: 'Ve a los caminos y a lo largo de los cercados, e insiste a la gente para que entre, de manera que se llene mi casa. Porque les aseguro que ninguno de los que antes fueron invitados ha de probar mi cena'".

La invitación al banquete del reino es invitación para entrar en una fiesta. ¿Quién se negaría a participar en ella? Algunos, excesivamente ocupados en sus propios asuntos, rechazan esta invitación. Los pobres, los ciegos, los que no reciben nunca una invitación son los que llenan la casa del festejo.

Señor, te doy gracias porque me invitas a vivir mi camino cristiano como una fiesta comunitaria, y porque la vida eterna será esa fiesta en plenitud. Pero te pido la gracia de aprender a abrir el corazón para poder participar de ese maravilloso banquete.

8 miércoles   De la feria

Flp 2, 12-18; Sal 26, 1. 4. 13-14; Lc 14, 25-33.

El que no renuncia a todo lo que posee no puede ser mi discípulo.

Junto con Jesús iba un gran gentío, y él, dándose vuelta, les dijo: Cualquiera que venga a mí y no me ame más que a su padre y a su madre, a su mujer y a sus hijos, a sus hermanos y hermanas, y hasta a su propia vida, no puede ser mi discípulo. El que no carga con su cruz y me sigue no puede ser mi discípulo. ¿Quién de ustedes, si quiere edificar una torre, no se sienta primero a calcular los gastos, para ver si tiene con qué terminarla? No sea que una vez puestos los cimientos, no pueda acabar y todos los que lo vean se rían de él, diciendo: "Éste comenzó a edificar y no pudo terminar". ¿Y qué rey, cuando sale en campaña contra otro, no se sienta antes a considerar si con diez mil hombres puede enfrentar al que viene contra él con veinte mil? Por el contrario, mientras el otro rey está todavía lejos, envía una embajada para negociar la paz. De la misma manera, cualquiera de ustedes que no renuncie a todo lo que posee no puede ser mi discípulo.

¿Estamos dispuestos a poner todo lo que haga falta para terminar la torre? ¿Estamos dispuestos a emplear todas nuestras fuerzas en librar la batalla? Si nos reservamos algo, si calculamos mezquinamente, no alcanzaremos el fin. Para lograr el objetivo hay que poner todo, las posesiones, los afectos, las capacidades, todo en juego. No damos nada por el reino si no somos capaces de dar todo.

Jesús, que nos convenzamos en la práctica que la vida tiene sentido y valor sólo si tú eres el centro absoluto de todo, el eje de cuanto somos, tenemos, hacemos y anhelamos; porque, de lo contrario, perderemos miserablemente el tiempo; quizás la eternidad...

9 jueves   Dedicación de la Basílica de
san Juan de Letrán. (F)

Ez 40, 1. 3; 47, 1-2. 8-9. 12; Sal 45, 2-3. 5-6. 8-9; 1Cor 3, 9-11. 16-17; Jn 2, 13-22.

Se refería al templo de su cuerpo.

Se acercaba la Pascua de los judíos. Jesús subió a Jerusalén y encontró en el Templo a los vendedores de bueyes, ovejas y palomas y a los cambistas sentados delante de sus mesas. Hizo un látigo de cuerdas y los echó a todos del Templo, junto con sus ovejas y sus bueyes; desparramó las monedas de los cambistas, derribó sus mesas y dijo a los vendedores de palomas: "Saquen esto de aquí y no hagan de la casa de mi Padre una casa de comercio". Y sus discípulos recordaron las palabras de la Escritura: "El celo por tu Casa me consumirá". Entonces los judíos le preguntaron: "¿Qué signo nos das para obrar así?". Jesús les respondió: "Destruyan este templo y en tres días lo volveré a levantar". Los judíos le dijeron: "Han sido necesarios cuarenta y seis años para construir este Templo, ¿y tú lo vas a levantar en tres días?". Pero él se refería al templo de su cuerpo. Por eso, cuando Jesús resucitó, sus discípulos recordaron que él había dicho esto, y creyeron en la Escritura y en la palabra que había pronunciado.

El pueblo de Israel iba a buscar a Dios en el Templo. Sobre todo para las grandes fiestas se organizaban procesiones desde todos los puntos del país hasta el Templo de Jerusalén. Pero Dios no vive en medio de piedras, él está encarnado y habita en medio de nosotros. Jesucristo es para nosotros Templo, lugar de encuentro con Dios. Jesucristo no se puede caer como un santuario de piedra. En él se manifestó la gloria de Dios para que lo conozcamos y lo amemos.

El universo, la Iglesia y cada uno somos templo de la Trinidad. Señor, que nuestros templos y capillas nos ayuden, en silencio y oración, unidos en torno a tu altar, a ser Iglesia abierta a todos los hombres de buena voluntad.

10 viernes   San León Magno, papa y dr. (MO)

Flp 3, 17—4, 1; Sal 121, 1-5; **Lc 16, 1-8.**

Los hijos de este mundo son más astutos que los hijos de la luz.

Jesús decía a sus discípulos: Había un hombre rico que tenía un administrador, al cual acusaron de malgastar sus bienes. Lo llamó y le dijo: "¿Qué es lo que me han contado de ti? Dame cuenta de tu administración, porque ya no ocuparás más ese puesto". El administrador pensó entonces: "¿Qué voy a hacer ahora que mi señor me quita el cargo? ¿Cavar? No tengo fuerzas. ¿Pedir limosna? Me da vergüenza. ¡Ya sé lo que voy a hacer para que, al dejar el puesto, haya quienes me reciban en su casa!". Llamó uno por uno a los deudores de su señor y preguntó al primero: "¿Cuánto debes a mi señor?". "Veinte barriles de aceite", le respondió. El administrador le dijo: "Toma tu recibo, siéntate en seguida, y anota diez". Después preguntó a otro: "Y tú, ¿cuánto debes?". "Cuatrocientos quintales de trigo", le respondió. El administrador le dijo: "Toma tu recibo y anota trescientos". Y el señor alabó a este administrador deshonesto, por haber obrado tan hábilmente. Porque los hijos de este mundo son más astutos en su trato con los demás que los hijos de la luz.

En el mundo de hoy, es bien conocida la habilidad de muchas personas con los negocios, algunas de los cuales, incluso, son capaces de hacer ganancias con la injusticia. Y esto es lo que nos presenta el evangelio de este día. Obviamente, Jesús no nos enseña a hacer negocios fraudulentos, sino a ser hábiles en el mundo, a no dejarnos caer por las dificultades, a buscar nuevas alternativas cuando todo parece perdido, a usar y confiar en nuestras capacidades humanas para salir de situaciones engorrosas o desesperadas.

El amor es ingenioso. Ayúdanos, Jesús, a tener mucha creatividad y habilidad, ilusión y constancia en la construcción de tu reino eterno, no sea que los otros nos ganen haciendo de este mundo un campo minado de errores y maldades.

11 sábado   San Martín de Tours, ob. (MO)

Flp 4, 10-19; Sal 111, 1-2. 5-6. 8. 9; Lc 16, 9-15.

*Si no son fieles en el uso del dinero injusto
¿quién les confiará el verdadero bien?*

Jesús decía a sus discípulos: "Gánense amigos con el dinero de la injusticia, para que el día en que éste les falte, ellos los reciban en las moradas eternas. El que es fiel en lo poco también es fiel en lo mucho, y el que es deshonesto en lo poco también es deshonesto en lo mucho. Si ustedes no son fieles en el uso del dinero injusto, ¿quién les confiará el verdadero bien? Y si no son fieles con lo ajeno, ¿quién les confiará lo que les pertenece a ustedes? Ningún servidor puede servir a dos señores, porque aborrecerá a uno y amará al otro, o bien se interesará por el primero y menospreciará al segundo. No se puede servir a Dios y al Dinero". Los fariseos, que eran amigos del dinero, escuchaban todo esto y se burlaban de Jesús. Él les dijo: "Ustedes aparentan rectitud ante los hombres, pero Dios conoce sus corazones. Porque lo que es estimable a los ojos de los hombres resulta despreciable para Dios".

No podemos vivir divididos. No podemos vivir calculando "esto para mí, esto para Dios". Si Dios es nuestro único Señor, todo es para él: nuestra vida, nuestras acciones, nuestras relaciones, nuestros bienes. Si no vivimos en completa disposición ante él, terminaremos teniendo ídolos como dioses y señores; y el dinero es un terrible dios de nuestro tiempo: mucha gente es capaz de hacer cualquier cosa por dinero y hasta llega a poner toda su confianza en él, sin ver que se trata de un dios tiránico y falso que no puede resolver lo que promete.

Jesús, que yo entienda que el dinero es amo y señor del que a él se esclaviza. Para mí "tú sólo, Altísimo y Señor" a quien quiero entregarme con toda libertad y confianza. Ayúdame a mostrar esta libertad a tantos sometidos...

12 domingo   Domingo 32° durante el año

San Josafat, ob. y mr.
Semana 32ª durante el año. Semana 4ª del Salterio.

1Rey 17, 8-16; Sal 145, 6-10; Heb 9, 24-28; **Mc 12, 38-44.**

Esta pobre viuda ha puesto más que cualquiera de los otros.

Jesús enseñaba a la multitud: "Cuídense de los escribas, a quienes les gusta pasearse con largas vestiduras, ser salu-

dados en las plazas y ocupar los primeros asientos en las sinagogas y los banquetes; que devoran los bienes de las viudas y fingen
hacer largas oraciones. Éstos serán juzgados con más severidad".
Jesús se sentó frente a la sala del tesoro del Templo y miraba
cómo la gente depositaba su limosna. Muchos ricos daban en abundancia. Llegó una viuda de condición humilde y colocó dos pequeñas monedas de cobre. Entonces él llamó a sus discípulos y les
dijo: "Les aseguro que esta pobre viuda ha puesto más que cualquiera de los otros, porque todos han dado de lo que les sobraba,
pero ella, de su indigencia, dio todo lo que poseía, todo lo que
tenía para vivir".

*El relato de esta viuda es un paso más en la reflexión de
la primera lectura de este domingo, porque aquí se ex-
plicita la diferencia entre dar desde lo que sobra y dar desde lo
que se tiene. El pobre sabe que no le sobra, y, sin embargo, es
generoso. Es necesario aprender que lo que tenemos no es
nuestro, que sólo somos administradores de los bienes para
ponerlos en común, para que nadie pase necesidad.*

PADRE, generoso y providente en toda clase de bienes, que el
egoísmo no ahogue en avaricia el corazón: queremos ser como
tú y gozar de la alegría de dar, más que recibir, de compartir, más que
reservar y amontonar.

13 lunes   De la feria

Tit 1, 1-9; Sal 23, 1-6; Lc 17, 1-6.

Si tu hermano vuelve siete veces al día, diciendo:
"Me arrepiento", perdónalo.

Jesús dijo a sus discípulos: "Es inevitable que haya escándalos, pero ¡ay de aquél que los ocasiona! Más le valdría
que le ataran al cuello una piedra de moler y lo precipitaran al
mar, antes que escandalizar a uno de estos pequeños. Por lo tan-

to, ¡tengan cuidado! Si tu hermano peca, repréndelo, y si se arre-
piente, perdónalo. Y si peca siete veces al día contra ti, y otras
tantas vuelve a ti, diciendo: 'Me arrepiento', perdónalo". Los Apóstoles dijeron al Señor: "Auméntanos la fe". Él respondió: "Si ustedes tuvieran fe del tamaño de un grano de mostaza, y dijeran a esa
morera que está ahí: 'Arráncate de raíz y plántate en el mar', ella
les obedecería".

*El que escandaliza no busca construir la comunidad; le
gusta destacarse, mostrar que es distinto, "valiente", que
se anima a decir o hacer tal cosa, que no tiene miedo a que lo
tilden de hereje. Y detrás de todo eso hay una gran soberbia y
falta de caridad. El que es realmente libre, el que es realmente
valiente, dirá lo que tenga que decir con actitud positiva, buscando el bien y el crecimiento de toda la comunidad, incluyen-
do en primer lugar a los más pequeños y débiles en la fe.*

Jesús, aturdidos con los criterios equivocados de este mundo, nos cuesta creer y vivir los tuyos. Haz que aprendamos tu
catecismo, que vivamos reconciliados y en caridad, y con toda fe
construyamos una patria de hermanos en una civilización de amor.

14 martes   De la feria

Tit 2, 1-7. 11-14; Sal 36, 3-4. 18. 23. 27. 29; Lc 17, 7-10.

*Somos simples servidores, no hemos hecho
más que cumplir con nuestro deber.*

Jesús dijo a sus discípulos: Supongamos que uno de ustedes tiene un servidor para arar o cuidar el ganado. Cuando éste regresa del campo, ¿acaso le dirá: "Ven pronto y siéntate
a la mesa?". ¿No le dirá más bien: "Prepárame la cena y recógete
la túnica para servirme hasta que yo haya comido y bebido, y tú
comerás y beberás después?". ¿Deberá mostrarse agradecido con
el servidor porque hizo lo que se le mandó? Así también ustedes,

cuando hayan hecho todo lo que se les mande, digan: "Somos simples servidores, no hemos hecho más que cumplir con nuestro deber".

Jesús toma como ejemplo de su época la tarea más ingrata: la de esclavos y esclavas, la tarea cotidiana y silenciosa que nadie agradece. El mismo Jesús se hizo esclavo de ese modo, vino para servir y, a cambio, recibió ingratitud. Si nuestra tarea por el reino es rutinaria y sórdida, si nadie la agradece, no olvidemos por qué la hacemos: no para satisfacción personal sino para que el reino venga pronto.

Jesús, a veces necesitamos que valoren y agradezcan nuestros servicios... Pero, aunque nadie se acuerde, tú jamás olvidarás mi vasito de agua. Por otra parte; ¡qué honor más grande el servirte sirviendo en tu nombre al hermano!

15 miércoles   De la feria.

San Alberto Magno, ob. y dr. (ML)

Tit 3, 1-7; Sal 22, 1-6; Lc 17, 11-19.

Ninguno volvió a dar gracias a Dios, sino este extranjero.

Mientras se dirigía a Jerusalén, Jesús pasaba a través de Samaría y Galilea. Al entrar en un poblado, le salieron al encuentro diez leprosos, que se detuvieron a distancia y empezaron a gritarle: "¡Jesús, Maestro, ten compasión de nosotros!". Al verlos, Jesús les dijo: "Vayan a presentarse a los sacerdotes". Y en el camino quedaron purificados. Uno de ellos, al comprobar que estaba sano, volvió atrás alabando a Dios en voz alta y se arrojó a los pies de Jesús con el rostro en tierra, dándole gracias. Era un samaritano. Jesús le dijo entonces: "¿Cómo, no quedaron purificados los diez? Los otros nueve, ¿dónde están? ¿Ninguno volvió a dar gracias a Dios, sino este extranjero?". Y agregó: "Levántate y vete, tu fe te ha salvado".

El samaritano se postró a los pies de Jesús: es el acto de reconocimiento frente a Dios, quien se ha manifestado en la curación. Y este gesto vino de quien menos se esperaba: del samaritano, que era impuro desde el punto de vista religioso y enemigo en lo político. Los otros nueve, que se supone que conocían a Dios, no supieron reconocer su presencia. Procuremos que la sabiduría de Dios nos mantenga despierto el corazón, para que siempre podamos descubrir su obra en nuestra vida y alabarlo por ella.

Señor y Dios nuestro, somos un regalo viviente de tu amor infinito, no nos alcanzará la eternidad para agradecerlo... Pensar que a veces queremos pasarte la factura por nuestras pequeñas obras buenas. ¡Qué caraduras!...

16 jueves   De la feria. Santa Margarita de Escocia. (ML). Santa Gertrudis, vg. (ML)

Flm 7-20; Sal 145, 7-10; Lc 17, 20-25.

El reino de Dios está entre ustedes.

Los fariseos le preguntaron a Jesús cuándo llegará el Reino de Dios. Él les respondió: "El reino de Dios no viene ostensiblemente, y no se podrá decir: 'Está aquí' o 'Está allí'. Porque el reino de Dios está entre ustedes". Jesús dijo después a sus discípulos: "Vendrá el tiempo en que ustedes desearán ver uno solo de los días del Hijo del hombre y no lo verán. Les dirán: 'Está aquí' o 'Está allí', pero no corran a buscarlo. Como el relámpago brilla de un extremo al otro del cielo, así será el Hijo del hombre cuando llegue su Día. Pero antes tendrá que sufrir mucho y será rechazado por esta generación".

Cuando Jesús resucitado se aparece a los discípulos en el camino de Emaús, les recuerda que él ya les ha antici-

pado que tendrá que sufrir y ser rechazado: "¿No era preciso que el Cristo padeciera eso y entrara así en su gloria?". El itinerario de Jesús, mediante el sufrimiento, no tiene más explicación que esta fidelidad de un amor que no puede menos que llegar hasta el extremo. En Jesús, Dios no podía ir más lejos: hizo todo lo que era preciso hacer para que nuestros ojos se abriesen y entrásemos en la alabanza *(J. N. Aletti, El arte de contar a Jesucristo).*

"Venga a nosotros tu reino", nos enseñaste a rezar... y a construirlo con los materiales y herramientas de tu Evangelio. Que no lo esperemos caído del cielo: que pongamos la mano al arado, sin mirar atrás... ¡Al final recibiremos nuestro denario!...

17 viernes   Santos Roque González, Alfonso Rodríguez y Juan del Castillo, pbros. y mrs. (MO)

2Jn 4-9; Sal 118, 1-2. 10-11. 17-18; Lc 17, 26-37.

El día en que se manifieste el Hijo del hombre.

Jesús dijo a sus discípulos: "En los días del Hijo del hombre sucederá como en tiempos de Noé. La gente comía, bebía y se casaba, hasta el día en que Noé entró en el arca y llegó el diluvio, que los hizo morir a todos. Sucederá como en tiempos de Lot: se comía y se bebía, se compraba y se vendía, se plantaba y se construía. Pero el día en que Lot salió de Sodoma, cayó del cielo una lluvia de fuego y de azufre que los hizo morir a todos. Lo mismo sucederá el Día en que se manifieste el Hijo del hombre. En ese Día, el que esté en la azotea y tenga sus cosas en la casa no baje a buscarlas. Igualmente, el que esté en el campo no vuelva atrás. Acuérdense de la mujer de Lot. El que trate de salvar su vida la perderá; y el que la pierda la conservará. Les aseguro que en esa noche, de dos que estén en el mismo lecho, uno será llevado y el otro dejado; de dos mujeres que estén moliendo juntas, una será llevada y la **otra** dejada". Entonces le preguntaron: "¿Dónde sucederá esto, **Señor**?". Jesús les respondió: "Donde esté el cadáver, se juntarán los buitres".

Con los dos ejemplos tomados del Antiguo Testamento, Jesús quiere recordarnos que nadie tiene la vida asegurada, que nuestra vana pretensión de tener todo bajo control es una mera ilusión. Jesucristo es el único Señor de la Historia. Cuando el Padre quiera él se manifestará definitivamente, y entonces se verá si nuestra vida ha tenido sentido; ésta sólo tendrá sentido si la hemos perdido en función del reino.

Señor, hoy recordamos a los mártires rioplatenses. ¿Fracaso o triunfo? Si lo sabio del mundo es necedad para ti y, al revés, lo necio y fracasado, según los hombres, será el gran triunfo y premio que espera a tus fieles..., ¿cuál es mi norte en la vida?

18 sábado   De la feria. Dedicación de las

Basílicas de los santos Pedro y Pablo, apóstoles. (ML)

3Jn 5-8; Sal 111, 1-6; **Lc 18, 1-8.**

Dios hará justicia a sus elegidos que claman a él.

Jesús enseñó con una parábola que era necesario orar siempre sin desanimarse: "En una ciudad había un juez que no temía a Dios ni le importaban los hombres; y en la misma ciudad vivía una viuda que recurría a él, diciéndole: 'Te ruego que me hagas justicia contra mi adversario'. Durante mucho tiempo el juez se negó, pero después dijo: 'Yo no temo a Dios ni me importan los hombres, pero como esta viuda me molesta, le haré justicia para que no venga continuamente a fastidiarme'". Y el Señor dijo: "Oigan lo que dijo este juez injusto. Y Dios, ¿no hará justicia a sus elegidos, que claman a él día y noche, aunque los haga esperar? Les aseguro que en un abrir y cerrar de ojos les hará justicia. Pero cuando venga el Hijo del hombre, ¿encontrará fe sobre la tierra?".

La comodidad y la seguridad del despacho del juez son una buena "armadura" para que los reclamos no pasen: las viudas quedan del otro lado de la puerta. Para pasar esa puerta no basta con gritar una vez: hay que hacerlo en forma constante. Lo peor que nos podría pasar sería creernos que realmente esa puerta es infranqueable, que realmente no vale la pena insistir porque no vamos a cambiar a nadie. Perseverar en el grito, perseverar en el reclamo, perseverar en la oración, ¿lo conseguiremos pronto? No sabemos. Pero igual insistimos, e igual rezamos, e igual seguimos, hasta que el Señor de la Historia traiga definitivamente su justicia.

Jesús, que hiciste a Pedro y Pablo cimientos de tu Iglesia, haz que nosotros, edificados sobre ellos, seamos templo vivo y abierto a todos, recinto de verdad y amor, de libertad, justicia y paz, para que te encuentre el que te busca...

19 domingo   Domingo 33° durante el año

Santa Isabel de Hungría.
Semana 33ª durante el año. Semana 1ª del Salterio.

Dn 12, 1-3; Sal 15, 5. 8-11; Heb 10, 11-14. 18; Mc 13, 24-32.

Congregará a sus elegidos, desde los cuatro puntos cardinales.

Jesús dijo a sus discípulos: En aquellos días, el sol se oscurecerá, la luna dejará de brillar, las estrellas caerán del cielo y los astros se conmoverán. Y se verá al Hijo del hombre venir sobre las nubes, lleno de poder y de gloria. Y él enviará a los ángeles para que congreguen a sus elegidos desde los cuatro puntos cardinales, de un extremo al otro del horizonte. Aprendan esta comparación, tomada de la higuera: cuando sus ramas se hacen flexibles y brotan las hojas, ustedes se dan cuenta de que se acerca el verano. Así también, cuando vean que suceden todas estas cosas, sepan que el fin está cerca, a la puerta. Les aseguro que no pasará esta generación, sin que suceda todo esto. El cielo y la tierra pasarán, pero mis palabras no pasarán. En cuanto a ese día y a la hora, nadie los conoce, ni los ángeles del cielo, ni el Hijo, nadie sino el Padre.

En continuidad con la lectura de Daniel, Jesús nos presenta un tiempo de angustia para el fin de los tiempos. El Hijo del hombre será el Juez que abrirá el juicio a las naciones. Todo quedará al descubierto y todas las obras generadas por los hombres se tornarán cenizas. Es por eso que el evangelio nos alerta: todo pasará, menos la Palabra de Dios. ¿Qué construimos? ¿Cómo construimos? Si nuestras construcciones son desde la Palabra de Dios, continuarán para la eternidad.

Jesús, no sabemos ni la hora ni el día ni el cómo de tu vuelta definitiva, pero nos quieres firmes en la fe y activos en la caridad, sin cansarnos ni querer volver a las cebollas de Egipto. Danos mucha fe, para que también animemos a tantos desilusionados...

20 lunes   De la feria

Apoc 1, 1-6. 10-11; 2, 1-5; Sal 1, 1-4. 6; **Lc 18, 35-43.**

¿Qué quieres que haga por ti? Señor, que yo vea otra vez.

Cuando Jesús se acercaba a Jericó, un ciego estaba sentado al borde del camino, pidiendo limosna. Al oír que pasaba mucha gente, preguntó qué sucedía. Le respondieron que pasaba Jesús de Nazaret. El ciego se puso a gritar: "¡Jesús, Hijo de David, ten compasión de mí!". Los que iban delante lo reprendían para que se callara, pero él gritaba más fuerte: "¡Hijo de David, ten compasión de mí!". Jesús se detuvo y mandó que se lo trajeran. Cuando lo tuvo a su lado, le preguntó: "¿Qué quieres que haga por ti?". "Señor, que yo vea otra vez". Y Jesús le dijo: "Recupera la vista, tu fe te ha salvado". En el mismo momento, el ciego recuperó la vista y siguió a Jesús, glorificando a Dios. Al ver esto, todo el pueblo alababa a Dios.

El evangelio nos retrata la historia de un encuentro salvador. Jesús pasó cerca de este ciego. El hombre no pretendía nada fuera de su necesidad más primaria: poder ver. Pero, desde esta necesidad, el Señor buscaba otra cosa. El ciego, al ver, se transforma en seguidor. Son muchos los hombres y mujeres que se acercan a Jesús, buscando resolver sus necesidades más primarias. Detrás de todos ellos hay un llamado que puede culminar en la historia de un discípulo.

Señor, danos conocerte más cada día y así tengamos más hambre y sed de ti: como ciegos tras la luz, sordos tras tu voz, paralíticos y presos tras tus pasos en libertad, enfermos y tristes en busca de tu vida plena de felicidad...

21 martes   Presentación de la Virgen María. (MO)

Zac 2, 14-17; [Sal] Lc 1, 46-55; **Mt 12, 46-50.**

Señalando con la mano a sus discípulos, agregó: "Éstos son mi madre y mis hermanos".

Jesús estaba hablando a la multitud, cuando su madre y sus parientes, que estaban afuera, trataban de hablar con él. Alguien le dijo: "Tu madre y tus hermanos están ahí afuera y quieren hablarte". Jesús le respondió: "¿Quién es mi madre y quiénes son mis hermanos?". Y señalando con la mano a sus discípulos, agregó: "Éstos son mi madre y mis hermanos. Porque todo el que hace la voluntad de mi Padre que está en el cielo, ése es mi hermano, mi hermana y mi madre".

Jesús inaugura un nuevo modo de ser familia. Ni siquie ra su madre puede arrogarse algún privilegio, al pertenecer a la familia de Jesús por lazos biológicos. Son otros lazos los que unen al Señor con los suyos: el permanecer en la fidelidad a la voluntad del Padre. Así Jesús ensancha los lazos de su familia de sangre y hace de todos los que seguimos su camino sus hermanos y hermanas.

MADRE SANTA, que llegaste al Templo en brazos de Joaquín y Ana, un día llevarás al Hijo de Dios hecho hombre. Que también nosotros acerquemos a tu regazo a nuestros hijos, alumnos, ahijados, desde su más tierna infancia, y así tú los lleves a Jesús.

22 miércoles   Santa Cecilia, vg. y mr. (MO)

Apoc 4, 1-11; Sal 150, 1-6; **Lc 19, 11-28.**

¿Porqué no entregaste mi dinero en préstamo?

Jesús dijo una parábola, porque estaba cerca de Jerusalén y la gente pensaba que el reino de Dios iba a aparecer de un momento a otro. Les dijo: "Un hombre de familia noble fue a un país lejano para recibir la investidura real y regresar en seguida. Llamó a diez de sus servidores y les entregó cien monedas de plata a cada uno, diciéndoles: 'Háganlas producir hasta que yo vuelva'. Pero sus conciudadanos lo odiaban y enviaron detrás de él una embajada encargada de decir: 'No queremos que éste sea nuestro rey'. Al regresar, investido de la dignidad real, hizo llamar a los servidores a quienes había dado el dinero, para saber lo que había ganado cada uno. El primero se presentó y le dijo: 'Señor, tus cien monedas de plata han producido diez veces más'. 'Está bien, buen servidor, le respondió, ya que has sido fiel en tan poca cosa, recibe el gobierno de diez ciudades'. Llegó el segundo y le dijo: 'Señor, tus cien monedas de plata han producido cinco veces más'. A él también le dijo: 'Tú estarás al frente de cinco ciudades'.

Llegó el otro y le dijo: 'Señor, aquí tienes tus cien monedas de plata, que guardé envueltas en un pañuelo. Porque tuve miedo de ti, que eres un hombre exigente, que quieres percibir lo que no has depositado y cosechar lo que no has sembrado'. Él le respondió: 'Yo te juzgo por tus propias palabras, mal servidor. Si sabías que soy un hombre exigente, que quiero percibir lo que no deposité y cosechar lo que no sembré, ¿por qué no entregaste mi dinero en préstamo? A mi regreso yo lo hubiera recuperado con intereses'. Y dijo a los que estaban allí: 'Quítenle las cien monedas y dénselas al que tiene diez veces más'. '¡Pero, señor, le respondieron, ya tiene mil!'. Les aseguro que al que tiene, se le dará; pero al que no tiene, se le quitará aún lo que tiene. En cuanto a mis enemigos, que no me han querido por rey, tráiganlos aquí y mátenlos en mi presencia". Después de haber dicho esto, Jesús siguió adelante, subiendo a Jerusalén.

La parábola es desconcertante, ¿cómo puede ponerse como ejemplo alguien que se muestra ambicioso, cruel y exigente? Bajo las imágenes tan humanas propias de cualquier rey, aparecen las diversas actitudes de quienes lo rodean. Estos siervos, que reciben un encargo, tuvieron iniciativas, buscaron producir, arriesgaron para ganar algo. El último siervo tuvo miedo, no arriesgó nada, fue un conservador. En definitiva, el mensaje aparece ahora más claro. El señor de la parábola alaba la actitud de los riesgosos y desprecia la actitud de los conservadores. El miedo y la inseguridad, que se escudan detrás de una determinada idea de Dios, impiden crecer en la fe. El riesgo, la voluntad de ir más allá, aún a costa de perder, recibe el premio del Señor.

Jesús, nadie arriesga si no sabe. Ayúdanos a conocerte y a ilusionarnos por tus criterios y proyectos por encima de miedos y desconfianzas, seguros de que "quien cree en ti tiene vida eterna", esa vida que "ni ojo vio, ni oído oyó, ni imaginación puede imaginar".

23 jueves   De la feria.

San Clemente I, papa y mr. (ML).
San Columbano, abad. (ML)

Apoc 5, 1-10; Sal 149, 1-6. 9; **Lc 19, 41-44.**

¡Si hubieras comprendido el mensaje de paz!

Cuando Jesús estuvo cerca de Jerusalén y vio la ciudad, se puso a llorar por ella, diciendo: "¡Si tú también hubieras comprendido en este día el mensaje de paz! Pero ahora está oculto a tus ojos. Vendrán días desastrosos para ti, en que tus enemigos te cercarán con empalizadas, te sitiarán y te atacarán por todas partes. Te arrasarán junto con tus hijos, que están dentro de ti, y no dejarán en ti piedra sobre piedra, porque no has sabido reconocer el tiempo en que fuiste visitada por Dios".

Jesús sufre porque sus contemporáneos no son capaces de reconocer la paz que él ha traído a este mundo. La imagen de Jerusalén, cercada por la violencia, nos traslada a cada ciudad, pueblo o país víctima de la injusticia; la guerra y la ambición. Jerusalén es un símbolo de la humanidad. La guerra y la violencia siempre atentarán contra quienes busquen la fraternidad, la justicia y la verdad.

Señor, el desconocimiento de unos, la soberbia de otros, la terquedad de tantos... y la desidia de muchos de nosotros hace que los tiempos se alarguen... Que tu paciencia y amor no se agoten, pero también, sacúdenos para que nos despertemos...

24 viernes   Santos Andrés Dung-Lac, pbro.,

y comps., mrs. (MO)

Apoc 10, 8-11; Sal 118, 14. 24. 72. 103. 111. 131; Lc 19, 45-48.

Han convertido la casa de Dios en una cueva de ladrones.

Jesús, al entrar al Templo, se puso a echar a los vendedo-res, diciéndoles: "Está escrito: 'Mi casa será una casa de oración, pero ustedes la han convertido en una cueva de ladro-nes'". Y diariamente enseñaba en el Templo. Los sumos sacerdo-tes, los escribas y los más importantes del pueblo buscaban la forma de matarlo. Pero no sabían cómo hacerlo, porque todo el pueblo lo escuchaba y estaba pendiente de sus palabras.

La actitud de Jesús hace recordar a algunos profetas; su gesto es eminentemente profético, porque quiere de-mostrar la importancia de un culto puro y coherente. En esos puestos se cambiaban artículos diversos (aceite, cueros, frutos de la tierra) o dinero por aquello que sirviera como ofrenda (vacas, corderos, palomas, etc.). Quienes dirigían esos inter-cambios no eran personas honestas, ni les importaba el culto. Jesús reacciona contra esa hipocresía y prefiere un culto sin necesidad de esos intercambios, antes que tolerar los abusos de quienes tenían poder sobre el pueblo.

¿Será posible, Señor, que hagamos comercio aún de lo más sagrado? ¡Hasta dónde nos arrastra la ambición egoísta y po-sesiva! Danos entender que "desnudo vine al mundo y así me iré de él", sólo con mis buenas obras, si es que las hice...

25 sábado   De la feria

Santa Catalina de Alejandría, vg. y mr. (ML).
Santa María en sábado

Apoc 11, 4-12; Sal 143, 1-2. 9-10; Lc 20, 27-40.

No es un Dios de muertos, sino de vivientes.

Se acercaron a Jesús algunos saduceos, que niegan la resurrección, y le dijeron: "Maestro, Moisés nos ha ordenado: 'Si alguien está casado y muere sin tener hijos, que su hermano, para darle descendencia, se case con la viuda'. Ahora bien,
había siete hermanos. El primero se casó y murió sin tener hijos.
El segundo se casó con la viuda, y luego el tercero. Y así murieron
los siete sin dejar descendencia. Finalmente, también murió la
mujer. Cuando resuciten los muertos, ¿de quién será esposa, ya
que los siete la tuvieron por mujer?". Jesús les respondió: "En
este mundo los hombres y las mujeres se casan, pero los que son
juzgados dignos de participar del mundo futuro y de la resurrección no se casan. Ya no pueden morir, porque son semejantes a
los ángeles y son hijos de Dios, al ser hijos de la resurrección. Que
los muertos van a resucitar, Moisés lo ha dado a entender en el
pasaje de la zarza, cuando llama al Señor 'el Dios de Abraham, el
Dios de Isaac y el Dios de Jacob'. Porque él no es un Dios de
muertos, sino de vivientes; todos, en efecto, viven para él". Tomando la palabra, algunos escribas le dijeron: "Maestro, has hablado bien". Y ya no se atrevían a preguntarle nada.

*En tiempos de Jesús había diferentes opiniones acerca
de la resurrección de los muertos. Por un lado estaban
los fariseos, que creían en la tradición oral, afirmando su creencia en que los muertos iban a resucitar en cuerpo y alma al
final de los tiempos. Y por el otro lado, los saduceos, que la
negaban. Aunque en muchos aspectos Jesús está en contra de
las prácticas de los fariseos, en su respuesta se nota que, en*

este asunto, él se inclina hacia las creencias fariseicas. Jesús no rechaza totalmente a un grupo, cuestiona aquello que considera erróneo y, a la vez, rescata lo que exista de positivo.

Jesús, tu Padre infló de vida el cuerpo de Adán y nos infla el alma con la vida del Espíritu; que soplemos tu buen perfume a los cuatro vientos y que el mundo aprenda a vivir tu misma vida en abundancia.

26 domingo   Jesucristo, Rey del universo. (S)

Dn 7, 13-14; Sal 92, 1-2. 5; Apoc 1, 5-8; **Jn 18, 33-37.**

Tú lo dices: Yo soy rey.

Pilato llamó a Jesús y le preguntó: "¿Eres tú el rey de los judíos?". Jesús le respondió: "¿Dices esto por ti mismo u otros te lo han dicho de mí?". Pilato replicó: "¿Acaso yo soy judío? Tus compatriotas y los sumos sacerdotes te han puesto en mis manos. ¿Qué es lo que has hecho?". Jesús respondió: "Mi realeza no es de este mundo. Si mi realeza fuera de este mundo, los que están a mi servicio habrían combatido para que yo no fuera entregado a los judíos. Pero mi realeza no es de aquí". Pilato le dijo: "¿Entonces tú eres rey?". Jesús respondió: "Tú lo dices: Yo soy rey. Para esto he nacido y he venido al mundo: para dar testimonio de la verdad. El que es de la verdad, escucha mi voz".

Cuando Jesús aclara que su reino "no es de este mundo" afirma que éste ya existe en la realidad, pero no tiene las mismas características de "este mundo". Su misma situación así lo demuestra: Él, como rey, está siendo sometido a la burla, la violencia, la injusticia, a abusos de todo tipo. En el reino de Jesús no hay lugar para privilegios, ni honores, ni sometimiento a otro ser humano.

🕊 "Yo soy rey de la verdad, el amor y la paz", pero ni Pilato ni el mundo de hoy entienden esas cosas. Que nosotros jamás nos hagamos los desentendidos, sino que proclamemos clara y valientemente que sólo tú eres el camino real al corazón del Padre. ¡VIVA CRISTO REY!

27 lunes   De la feria

Semana 34ª durante el año. Semana 2ª del Salterio.

Apoc 14, 1-5; Sal 23, 1-6; **Lc 21, 1-4.**

Jesús vio también a una viuda de condición muy humilde, que ponía dos pequeñas monedas de cobre.

📖 Levantando los ojos, Jesús vio a unos ricos que ponían sus ofrendas en el tesoro del Templo. Vio también a una viuda de condición muy humilde, que ponía dos pequeñas monedas de cobre, y dijo: "Les aseguro que esta pobre viuda ha dado más que nadie. Porque todos los demás dieron como ofrenda algo de lo que les sobraba, pero ella, de su indigencia, dio todo lo que tenía para vivir".

🕯 *Jesús no pesa la cantidad de nuestras ofrendas desde medidas humanas. La alabanza a la viuda es una invitación a todos nosotros, a que no calculemos cuánto damos, sino cómo es nuestro don. Nadie es tan pobre como para no dar nada, es más, somos testigos de la generosidad y solidaridad de los más pobres, que, en lugar de calcular su ofrenda, consideran siempre la necesidad del otro.*

🕊 Señor, tú amas a quien da con alegría, feliz de hacer el bien a otros, sin mezquino interés; como tú que, siendo infinitamente rico y todopoderoso, te hiciste pobre y pequeño para rescatarme del egoísmo que empobrece y anula.

28 martes

Apoc 14, 14-19; Sal 95, 10-13; Lc 21, 5-9.

No quedará piedra sobre piedra.

Algunos, hablando del Templo, decían que estaba adornado con hermosas piedras y ofrendas votivas. Entonces Jesús dijo: "De todo lo que ustedes contemplan, un día no quedará piedra sobre piedra: todo será destruido". Ellos le preguntaron: "Maestro, ¿cuándo tendrá lugar esto, y cuál será la señal de que va a suceder?". Jesús respondió: "Tengan cuidado, no se dejen engañar, porque muchos se presentarán en mi Nombre, diciendo: 'Soy yo', y también: 'El tiempo está cerca'. No los sigan. Cuando oigan hablar de guerras y revoluciones no se alarmen; es necesario que esto ocurra antes, pero no llegará tan pronto el fin".

Daniel nos alertaba que ningún reino es permanente. Jesús ahora va más allá en su advertencia: ni siquiera el templo resistirá a la historia, esto es, ni siquiera las expresiones religiosas, sus ritos o sus formas son absolutas. Es fundamental que consideremos las cosas en su relatividad: lo único absoluto es Dios, el único Rey.

Señor DIOS, único y eterno, absoluto, ayúdame a entender y asumir que las cosas de este mundo son flor de un día, pan solo para hoy, que únicamente tú permaneces para siempre... ¡y me quieres contigo por los siglos de los siglos! Amén.

29 miércoles   De la feria

Apoc 15, 1-4; Sal 97, 1-3. 7-9; Lc 21, 10-19.

Serán odiados por lodos u causa de mi Nombre,
pero ni siquiera un cabello se les caerá de la cabeza.

Jesús hablaba a sus discípulos acerca de su venida: Se levantará nación contra nación y reino contra reino. Habrá grandes terremotos; peste y hambre en muchas partes; se verán también fenómenos aterradores y grandes señales en el cielo. Pero antes de todo eso, los detendrán, los perseguirán, los entregarán a las sinagogas y serán encarcelados; los llevarán ante reyes y gobernadores a causa de mi Nombre, y esto les sucederá para que puedan dar testimonio de mí. Tengan bien presente que no deberán preparar su defensa, porque yo mismo les daré una elocuencia y una sabiduría que ninguno de sus adversarios podrá resistir ni contradecir. Serán entregados hasta por sus propios padres y hermanos, por sus parientes y amigos; y a muchos de ustedes los matarán. Serán odiados por todos a causa de mi Nombre. Pero ni siquiera un cabello se les caerá de la cabeza. Gracias a la constancia salvarán sus vidas.

Jesús advierte a sus discípulos cuál es el futuro más esperable: la persecución y la cárcel. Se trata del testimonio (el martirio) que los cristianos debemos dar ante el mundo. Justamente, cuando el mal intenta avanzar sobre la voluntad y el proyecto de Dios, nosotros debemos enfrentarlo.

Jesús, no prometiste a tus discípulos alfombra roja ni banda de recepción, sino rechazos y persecuciones, cárceles y martirio... Danos aceptar el tremendo desafío de obedecer a Dios antes que a los hombres: tú nos esperas, justo Juez, con la corona de la gloria.

30 jueves   San Andrés, apóstol. (F)

Rom 10, 9-18; Sal 18, 2-5; Mt 4, 18-22.

Inmediatamente, ellos dejaron las redes y lo siguieron.

Mientras caminaba a orillas del mar de Galilea, Jesús vio a dos hermanos: a Simón, llamado Pedro, y a su hermano Andrés, que echaban las redes al mar, porque eran pescadores. Entonces les dijo: "Síganme, y yo los haré pescadores de hombres". Inmediatamente, ellos dejaron las redes y lo siguieron. Continuando su camino, vio a otros dos hermanos: a Santiago, hijo de Zebedeo, y a su hermano Juan, que estaban en la barca con Zebedeo, su padre, arreglando las redes; y Jesús los llamó. Inmediatamente, ellos dejaron la barca y a su padre, y lo siguieron.

El encuentro con Cristo da un nuevo significado a la vida. Simón y Andrés, pescadores, son llamados a una nueva tarea: ser pescadores de hombres. Estos hermanos son llamados junto con otros dos hermanos, Juan y Santiago, que dejan a su padre. Y todos ellos participan en una nueva forma de ser familia: la comunidad de Jesús. Sin dejar de ser quienes son, asumen una nueva dignidad y una nueva tarea.

Pedro y Andrés, Juan y Santiago y todos los apóstoles: ustedes aceptaron fielmente el llamado de Jesús y llevaron su Evangelio a todo el mundo. Hoy nos toca a nosotros. No nos crucifican ni cortan la cabeza, pero... ¡Ayúdennos a ser apóstoles de verdad, hasta el fin!

Diciembre

1 viernes

De la feria

Apoc 20, 1-4. 11—21, 2; Sal 83, 3-6. 8; Lc 21, 29-33.

*Cuando vean que suceden estas cosas,
sepan que el reino de Dios está cerca.*

Jesús, hablando a sus discípulos acerca de su venida, les hizo esta comparación: Miren lo que sucede con la higuera o con cualquier otro árbol. Cuando comienza a echar brotes, ustedes se dan cuenta de que se acerca el verano. Así también, cuando vean que suceden todas estas cosas, sepan que el reino de Dios está cerca. Les aseguro que no pasará esta generación hasta que se cumpla todo esto. El cielo y la tierra pasarán, pero mis palabras no pasarán.

Debemos estar muy atentos a lo que ocurre a nuestro alrededor. Nuestros ojos pueden estar frente a signos del reino y, sin embargo, no verlos; o lo que es más trágico, pensar que estamos frente al reino de Dios, cuando en realidad estamos frente a un proyecto de muerte. ¿Cómo darnos cuenta? Lo que vemos frente a nosotros debe considerarse siempre como un signo, es decir que es necesario saber "leer" e interpretar, desde los valores del evangelio, los hechos o acontecimientos.

Señor, la cizaña parece trigo, y hay lobos con piel de oveja: que tu sabiduría nos abra los ojos para ser buenos de verdad, pero ni tontos ni desprevenidos, y rechacemos toda falsedad y corrupción, toda deshumanización e injusticia...

2 sábado   De la feria. Santa María en sábado

Apoc 21, 2; 22, 1-7; Sal 94, 1-7; **Lc 21, 34-36.**

Estén prevenidos, para quedar a salvo de todo lo que ha de ocurrir.

Jesús hablaba a sus discípulos acerca de su venida: Tengan cuidado de no dejarse aturdir por los excesos, la embriaguez y las preocupaciones de la vida, para que ese día no caiga de improviso sobre ustedes como una trampa, porque sobrevendrá a todos los hombres en toda la tierra. Estén prevenidos y oren incesantemente, para quedar a salvo de todo lo que ha de ocurrir. Así podrán comparecer seguros ante el Hijo del hombre.

La espera del Hijo del hombre debe estar acompañada de una actitud, un determinado comportamiento. Cada uno de nosotros debe tener la conciencia despierta para vivir de forma coherente con el mensaje de Jesús. El sólo creer no alcanza para que el encuentro definitivo sea un encuentro de salvación.

Jesús, viniste a rescatarnos del mal y la muerte: humanamente, una "misión imposible". Por eso, y para darnos ejemplo, pasabas las noches en íntima comunión con tu Padre. Que en

medio de tanto estrago de infierno seamos hombres y mujeres de
continua oración.

3 domingo   Domingo 1° de Adviento

San Francisco Javier, pbro.
Comienza el ciclo dominical "C". Semana 1ª del Salterio.

Jer 33, 14-16; Sal 24, 4-5. 8-10. 14; 1 Tes. 3, 12—4, 2; Lc 21, 25-28. 34-36.

Está por llegar la liberación.

Jesús dijo a sus discípulos: Habrá señales en el sol, en la
luna y en las estrellas; y en la tierra, los pueblos serán
presa de la angustia ante el rugido del mar y la violencia de las
olas. Los hombres desfallecerán de miedo ante la expectativa de
lo que sobrevendrá al mundo, porque los astros se conmoverán.
Entonces se verá al Hijo del hombre venir sobre una nube, lleno
de poder y de gloria. Cuando comience a suceder esto, tengan
ánimo y levanten la cabeza, porque está por llegarles la liberación. Tengan cuidado de no dejarse aturdir por los excesos, la
embriaguez y las preocupaciones de la vida, para que ese día no
caiga de improviso sobre ustedes como una trampa, porque sobrevendrá a todos los hombres en toda la tierra. Estén prevenidos
y oren incesantemente, para quedar a salvo de todo lo que ha de
ocurrir. Así podrán comparecer seguros ante el Hijo del hombre.

La llegada del Señor será en el momento menos pensa-
do. Justamente también en el tiempo menos esperado,
cuando todo se muestre pleno de oscuridad y dolor, allí estará el
Señor, liberando y transformando la realidad. La muerte, el dolor
y la injusticia no serán la última palabra de la historia, son solo
un paso hacia la renovación plena y la verdad.

Señor, tus criterios no son como los nuestros: por eso nos
cuesta descubrir tus huellas en los signos de los tiempos.

Que permanezcamos en ti como rama al tronco y no caigamos en
remolinos de mentiras y contradicciones.

4 lunes   De la feria.

___

San Juan Damasceno, pbro. y dr. (ML)

Is 2, 1-5; Sal 121, 1-2. 4-9; Mt 8, 5-11.

Muchos vendrán de Oriente y de Occidente al reino de Dios.

Al entrar Jesús en Cafarnaúm, se le acercó un centurión,
rogándole: "Señor, mi sirviente está en casa enfermo de
parálisis y sufre terriblemente". Jesús le dijo: "Yo mismo iré a
sanarlo". Pero el centurión respondió: "Señor, no soy digno de
que entres en mi casa; basta que digas una palabra y mi sirviente
se sanará. Porque cuando yo, que no soy más que un oficial subalterno, digo a uno de los soldados que están a mis órdenes: 'Ve',
él va, y a otro: 'Ven', él viene; y cuando digo a mi sirviente: 'Tienes que hacer esto', él lo hace". Al oírlo, Jesús quedó admirado y
dijo a los que lo seguían: "Les aseguro que no he encontrado a
nadie en Israel que tenga tanta fe. Por eso les digo que muchos
vendrán de Oriente y de Occidente, y se sentarán a la mesa con
Abraham, Isaac y Jacob, en el reino de los cielos".

*Muchos judíos del tiempo de Jesús esperaban que el
reino viniera para ellos y que el pueblo de Israel fuera el
heredero de las promesas. Jesús descalifica las esperanzas "demasiado seguras". No se trata de recibir el reino simplemente
porque se pertenezca a un determinado grupo o pueblo, sino
que se recibe si el corazón está dispuesto a amar a los semejantes. Por esto mismo, este oficial romano, símbolo del poder
opresor, se transforma ahora en signo de fe. ¿A cuántos hombres y mujeres hemos descalificado nosotros porque "no reunían los requisitos necesarios para ser creyentes"?*

Jesús, tus paisanos sufrían el imperialismo romano y querían un mesías para ellos, y tú viniste para todo hombre de buena voluntad, a lo largo y ancho del mundo y los siglos. Que hoy seamos "Iglesia para el mundo", anunciando tu salvación, llamando a la conversión y a la fe.

5 martes   De la feria

Is 11, 1-10; Sal 71, 1-2. 7-8. 12-13. 17; Lc 10, 21-24.

Jesús, lleno de la alegría del Espíritu Santo.

Al regresar los setenta y dos discípulos de su misión, Jesús se estremeció de gozo, movido por el Espíritu Santo, y dijo: "Te alabo, Padre, Señor del cielo y de la tierra, porque, habiendo ocultado estas cosas a los sabios y a los prudentes, las has revelado a los pequeños. Sí, Padre, porque así lo has querido. Todo me ha sido dado por mi Padre, y nadie sabe quién es el Hijo, sino el Padre, como nadie sabe quién es el Padre, sino el Hijo y aquel a quien el Hijo se lo quiera revelar". Después, volviéndose hacia sus discípulos, Jesús les dijo a ellos solos: "¡Felices los ojos que ven lo que ustedes ven! Porque les digo que muchos profetas y reyes quisieron ver lo que ustedes ven y no lo vieron, oír lo que ustedes oyen y no lo oyeron".

Cuando Jesús dice: "muchos profetas quisieron ver lo que ustedes ven...", se presenta aquí como quien cumple las esperanzas de los profetas. ¿Qué pasa con nosotros que no pudimos verlo? ¿Cómo quedamos en este proyecto de salvación? Jesús no se refiere simplemente a su persona, sino al cumplimiento de las promesas de Dios en él mismo. No necesitamos "ver" a Jesús para saber y creer que el Padre ha llevado su proyecto al cumplimiento.

🕊 Señor, el diablo nos tienta con proyectos contrarios a los tuyos,,, ¡y así estamos! Ayúdanos a descubrir tu eterno proyecto de salvación plena y universal, siguiéndote fielmente, aunque todavía no veamos el final del camino...

6 miércoles   De la feria. San Nicolás, ob. (ML)

Is 25, 6-10; Sal 22, 1-6; **Mt 15, 29-37.**

Jesús sana a muchos y multiplica los panes.

📖 Jesús llegó a orillas del mar de Galilea y, subiendo a la
montaña, se sentó. Una gran multitud acudió a él, llevando paralíticos, lisiados, ciegos, mudos y muchos otros enfermos.
Los pusieron a sus pies y él los sanó. La multitud se admiraba al
ver que los mudos hablaban, los inválidos quedaban sanos, los
paralíticos caminaban y los ciegos recobraban la vista. Y todos
glorificaban al Dios de Israel. Entonces Jesús llamó a sus discípulos y les dijo: "Me da pena esta multitud, porque hace tres días que
están conmigo y no tienen qué comer. No quiero despedirlos en
ayunas, porque podrían desfallecer en el camino". Los discípulos
le dijeron: "¿Y dónde podríamos conseguir en este lugar despo-
blado bastante cantidad de pan para saciar a tanta gente?". Jesús
les dijo: "¿Cuántos panes tienen?". Ellos respondieron: "Siete y
unos pocos pescados". Él ordenó a la multitud que se sentara en
el suelo; después, tomó los panes y los pescados, dio gracias, los
partió y los daba a los discípulos, y ellos los distribuían entre la
multitud. Todos comieron hasta saciarse, y con los pedazos que
sobraron llenaron siete canastas.

🕯 *El tiempo del banquete por fin ha llegado. Jesús es ahora quien se presenta como anfitrión. El evangelio nos
hace ver que los manjares son simplemente trozos de pan. No
es un banquete lujoso, porque se trata de la comida entre hermanos pobres, entre quienes han sabido compartir sus pocos
alimentos entre los demás. El alimento se multiplica cuando*

crece la generosidad. Y en eso mismo está la fiesta de Dios, no en el lujo, sino en la capacidad de compartir.

Señor, hoy y aquí quieres comenzar con la mesa festiva del cielo —la comunión eterna de todos—. Como cristianos, debemos convertir toda hambre y miseria en antesala del paraíso. ¡Una misión casi imposible!... Pero como "todo es posible para el que cree", ¡vamos, todavía!

7 jueves   San Ambrosio, ob. y dr. (MO)

Is 26, 1-6; Sal 117, 1. 8-9. 19-21. 25-27; **Mt 7, 21. 24-27.**

*El que cumple la voluntad del Padre
entrará en el reino de los cielos.*

Jesús dijo a sus discípulos: No son los que me dicen: "Señor, Señor", los que entrarán en el reino de los cielos, sino los que cumplen la voluntad de mi Padre que está en el cielo. Así, todo el que escucha las palabras que acabo de decir y las pone en práctica, puede compararse a un hombre sensato que edificó su casa sobre roca. Cayeron las lluvias, se precipitaron los torrentes, soplaron los vientos y sacudieron la casa; pero ésta no se derrumbó, porque estaba construida sobre roca. Al contrario, el que escucha mis palabras y no las practica, puede compararse a un hombre insensato, que edificó su casa sobre arena. Cayeron las lluvias, se precipitaron los torrentes, soplaron los vientos y sacudieron la casa: ésta se derrumbó, y su ruina fue grande.

Nuestra vida es un proyecto, una construcción. En tanto que es un proyecto, debemos buscar desde dónde construimos nuestra vida. Jesús nos dice que su Palabra es la piedra sobre la cual hay que apoyarse. Todas nuestras opciones, nuestras decisiones, nuestros emprendimientos ¿tienen en cuenta la Palabra de Dios? Nuestro trato con los demás, nuestras empresas, el trato con empleados o patrones, la distribución del trabajo y de los bienes ¿está de acuerdo con la Palabra de Dios?

Señor, hay mucho palabrerío... Santiago escribió: "La fe se muestra en las buenas obras". Enséñanos a construir tu reino sobre la roca firme de tu palabra ¡no sea que se nos caiga el mundo encima, como tantas otras veces!

8 viernes   Inmaculada Concepción
                               de la Virgen María. (S)

Gn 3, 9-15. 20; Sal 97, 1-4; Ef 1, 3-6. 11-12; Lc 1, 26-38.

¡Alégrate!, llena de gracia, el Señor está contigo!

El ángel Gabriel fue enviado por Dios a una ciudad de Galilea, llamada Nazaret, a una virgen que estaba comprometida con un hombre perteneciente a la familia de David, llamado José. El nombre de la virgen era María. El ángel entró en su casa y la saludó, diciendo: "¡Alégrate, llena de gracia, el Señor está contigo!". Al oír estas palabras, ella quedó desconcertada y se preguntaba qué podía significar ese saludo. Pero el ángel le dijo: "No temas, María, porque Dios te ha favorecido. Concebirás y darás a luz un hijo, y le pondrás por nombre Jesús; él será grande y será llamado Hijo del Altísimo. El Señor Dios le dará el trono de David, su padre, reinará sobre la casa de Jacob para siempre y su reino no tendrá fin". María dijo al ángel: "¿Cómo puede ser eso, si yo no tengo relación con ningún hombre?". El ángel le respondió: "El Espíritu Santo descenderá sobre ti y el poder del Altísimo te cubrirá con su sombra. Por eso el niño será Santo y será llamado Hijo de Dios. También tu parienta Isabel concibió un hijo a pesar de su vejez, y la que era considerada estéril, ya se encuentra en su sexto mes, porque no hay nada imposible para Dios". María dijo entonces: "Yo soy la servidora del Señor, que se haga en mí según tu palabra". Y el ángel se alejó.

El evangelio de Lucas representa el momento más crucial de una respuesta humana ante el proyecto de salvación de Dios. María no tenía nada de extraordinario en su vida cotidiana. Era una joven, pobre, virgen, y poco podía esperarse de ella. Dios se inclinó ante esta pobreza y humildad para comenzar el tiempo de salvación.

MADRE PURÍSIMA, Dios podía hacerlo, convenía, ¡y lo hizo!: te preparó sin sombra de pecado para que seas la mamá de su Hijo ¡y Jesús nos hizo hijos tuyos! Enséñanos a crecer como él "en sabiduría y gracia", y así llegar puros y santos al reino eterno.

9 sábado   San Juan Diego. (MO)

Is 30, 19-21. 23-26; Sal 146, 1-6; **Mt 9, 35—10, 1. 6-8.**

Al ver a la multitud, tuvo compasión.

Jesús recorría todas las ciudades y los pueblos, enseñando en las sinagogas de ellos, proclamando la Buena Noticia del reino y sanando todas las enfermedades y dolencias. Al ver a la multitud, tuvo compasión, porque estaban fatigados y abatidos, como ovejas que no tienen pastor. Entonces dijo a sus discípulos: "La cosecha es abundante, pero los trabajadores son pocos. Rueguen al dueño de los sembrados que envíe trabajadores para su cosecha". Jesús convocó a sus doce discípulos y les dio el poder de expulsar a los espíritus impuros y de sanar cualquier enfermedad o dolencia. A estos Doce, Jesús los envió con las siguientes instrucciones: "Vayan a las ovejas perdidas del pueblo de Israel. Por el camino, proclamen que el reino de los cielos está cerca. Sanen a los enfermos, resuciten a los muertos, purifiquen a los leprosos, expulsen a los demonios. Ustedes han recibido gratuitamente, den también gratuitamente".

🕯️ *El reino de Dios incluye necesariamente la atención a aquellos que más necesitan de un cambio en su situación. Los pobres, los enfermos, los hambrientos, esperan que su vida, en algún momento, cambie. Y como ellos están totalmente debilitados, y como los poderosos no desean este cambio, es Dios quien lo generará. Por eso Jesús se muestra así compasivo, y hasta dolido por la situación.*

🕊️ Jesús, Buen Pastor de los hombres, haz que muchos jóvenes respondan a tu llamado con alegría y generosidad, y se consagren a servir a sus hermanos como sacerdotes, religiosos y misioneros, a la medida de tu corazón.

10 domingo   Domingo 2° de Adviento

Semana 2ª del Salterio.

Bar 5, 1-9; Sal 125, 1-6; Flp 1, 4-11; **Lc 3, 1-6.**

Todos los hombres verán la Salvación de Dios.

📖 El año decimoquinto del reinado del emperador Tiberio, cuando Poncio Pilato gobernaba la Judea, siendo Herodes tetrarca de Galilea, su hermano Filipo tetrarca de Iturea y Traconítide, y Lisanias tetrarca de Abilene, bajo el pontificado de Anás y Caifás, Dios dirigió su palabra a Juan, hijo de Zacarías, que estaba en el desierto. Éste comenzó entonces a recorrer toda la región del río Jordán, anunciando un bautismo de conversión para el perdón de los pecados, como está escrito en el libro del profeta Isaías: "Una voz grita en el desierto: Prepáren el camino del Señor, allanen sus senderos. Los valles serán rellenados, las montañas y las colinas serán aplanadas. Serán enderezados los senderos sinuosos y nivelados los caminos desparejos. Entonces, todos los hombres verán la Salvación de Dios".

La predicación de Juan es una actualización de la predicación de Baruc. Es necesario allanar todo camino, es decir, es necesario que exista un clima de igualdad entre los hombres y los pueblos, simplemente "porque llega Dios" y frente a él nadie puede sentirse más poderoso y grande. En este tiempo, en esta historia presente, muchos poderosos consideran su poder como si fueran eternos, perdurables. Sin embargo, el poder de Dios mostrará la fragilidad de los hombres.

Venenos de orgullo y soberbia nos enfrentan y hunden en un caos tenebroso de ambiciones y guerras... ¡y nos parece normal! Ven, Señor, e ilumina con tu verdad y caridad este mundo que creaste por amor ¡Ven a darnos tu paz!...

11 lunes   De la feria. San Dámaso I, papa. (ML)

Is 35, 1-10; Sal 84, 9-14; Lc 5, 17-26.

Hoy hemos visto cosas maravillosas.

Un día, mientras Jesús enseñaba, había entre los presentes algunos fariseos y doctores de la Ley, llegados de todas las regiones de Galilea, de Judea y de Jerusalén. La fuerza del Señor le daba poder para sanar. Llegaron entonces unas personas trayendo a un paralítico sobre una camilla y buscaban el modo de entrar, para ponerlo delante de Jesús. Como no sabían por dónde introducirlo a causa de la multitud, subieron a la terraza y, desde el techo, lo bajaron por entre las tejas con su camilla en medio de la concurrencia y lo pusieron delante de Jesús. Al ver la fe de ellos, Jesús le dijo: "Hombre, tus pecados te son perdonados". Los escribas y los fariseos comenzaron a preguntarse: "¿Quién es éste que blasfema? ¿Quién puede perdonar los pecados, sino sólo Dios?". Pero Jesús, conociendo sus pensamientos, les dijo: "¿Qué es lo que están pensando? ¿Qué es más fácil decir: 'Tus pecados están perdonados', o 'Levántate y camina'? Para que ustedes sepan que el Hijo del hombre tiene sobre la tierra el poder de perdonar los pecados –dijo al paralítico– a ti te digo, levántate, toma tu camilla y vuelve a tu casa". Inmediatamente se levantó a la vista de todos, tomó su camilla y se fue a su casa alabando a Dios. Todos quedaron llenos de asombro y glorificaban a Dios, diciendo con gran temor: "Hoy hemos visto cosas maravillosas".

La fe del paralítico y de quienes lo llevan es una fe "que no se achica" ante las dificultades. Es una fe que busca caminos nuevos para llegar a Jesús. Frente a esta fe, Jesús da al paralítico la salvación total: el perdón y la salud. Ni una cosa ni la otra pueden comprender quienes viven aferrados a viejos esquemas.

¡Qué simpática escena! Y tú, que no puedes con tu genio: "¡Arriba alma y cuerpo, vete en paz a tu casa!". Jesús, haz que imitemos a los camilleros y ¡no a los miopes voluntarios que ven y no quieren creer!...

12 martes   Nuestra Señora de Guadalupe,
Patrona de América. (F)

Is 7, 10-14; 8, 10; Sal 66, 2-3. 5-8; Lc 1, 39-48.

Feliz de ti por haber creído.

Durante su embarazo, María partió y fue sin demora a un pueblo de la montaña de Judá. Entró en la casa de Zacarías y saludó a Isabel. Apenas esta oyó el saludo de María, el niño saltó de alegría en su vientre, e Isabel, llena del Espíritu Santo, exclamó: "¡Tú eres bendita entre todas las mujeres y bendito es el fruto de tu vientre! ¿Quién soy yo, para que la madre de mi Señor venga a visitarme? Apenas oí tu saludo, el niño saltó de alegría en mi vientre. Feliz de ti por haber creído que se cumplirá lo que te fue anunciado de parte del Señor" . María dijo entonces: "Mi alma canta la grandeza del Señor, y mi espíritu se estremece de gozo en Dios, mi salvador, porque miró con bondad la pequeñez de su servidora".

En Guadalupe miles y miles de hombres y mujeres, niños y ancianos, acuden a pedir los favores de esta virgen mestiza, signo de la presencia inculturada de Dios en nuestras tierras. El canto del Magnificat expresa el clamor de este pueblo que clama para que los pobres, por fin, se eleven por encima de sus desgracias. El Magnificat es el canto del cumplimiento de todas las profecías, que se realizó en María y que esperamos que se cumpla en nuestro continente.

MADRECITA AMERICANA, que te pintaste bien nuestra en el poncho de Juan Diego, nuestros pueblos sufren por la impiedad de nuevos conquistadores, peores que los de antes... Que el continente de la esperanza sea tierra de fe en tu Hijo, de alegre y fraterna caridad.

13 miércoles   Santa Lucía, vg. y mr. (MO)

Is 40, 25-31; Sal 102, 1-4. 8. 10; **Mt 11, 28-30.**

Vengan a mí todos los que están afligidos.

Jesús tomó la palabra y dijo: Vengan a mí todos los que están afligidos y agobiados, y yo los aliviaré. Carguen sobre ustedes mi yugo y aprendan de mí, porque soy paciente y humilde de corazón, y así encontrarán alivio. Porque mi yugo es suave y mi carga liviana.

Jesús, el maestro, no viene a imponer una ley más sobre el pueblo; no viene a dejar sobre los hombres las pesadas cargas de cumplimientos o sometimientos. Él simplemente nos pide que vayamos a él, que apoyemos en él "nuestras cargas". ¡Qué pesado se hace el camino cuando queremos

cargar por nosotros mismos pesadas historias y duros presentes! Jesús se presenta como nuestro compañero de camino. Al
llevar su carga se aliviana nuestra vida.

🕊 Jesús, el padre de la mentira nos quiere convencer de que ser
buen cristiano es un sacrificio tonto e insoportable... ¡Y cuántos le creen!... Danos tu sabiduría para comprender que bien vale la
pena seguirte cuesta acriba: ¡tu Padre nos espera con los brazos abiertos!

14 jueves   San Juan de la Cruz, pbro. y dr. (MO)

Is 41, 13-20; Sal 144, 1. 9-13; Mt 11, 11-15.

No ha nacido ningún hombre más grande que Juan el Bautista.

📖 Jesús dijo a la multitud: Les aseguro que no ha nacido
ningún hombre más grande que Juan el Bautista; y sin
embargo, el más pequeño en el reino de los cielos es más grande
que él. Desde los días de Juan el Bautista hasta ahora, el reino de
los cielos es combatido violentamente, y los violentos intentan
arrebatarlo. Porque todos los Profetas, lo mismo que la Ley, han
profetizado hasta Juan. Y si ustedes quieren creerme, él es aquel
Elías que debe volver. ¡El que tenga oídos, que oiga!

🕯 *La tradición judía consideraba que al final de los tiempos, volvería Elías, el gran profeta del Antiguo Testamento que había sido arrebatado en un carro de fuego (ver
comentario a la primera lectura del sábado 13). Jesús reconoce la grandeza de este gran profeta que es Juan el Bautista y
asume que el pueblo debe ver en Juan el cumplimiento de esta
expectativa. A Juan le ha correspondido no solo ver, sino también mostrar el cumplimiento de las promesas de Dios. Ha llegado el reino, y Juan lo ha señalado.*

JUAN, profeta de soledades: que anunciemos al Cordero de Dios que verdaderamente quita los pecados del mundo. En el desierto de nuestro tiempo hay muchos ciegos y sordos: ayúdanos a seguir preparando el camino al Dios que viene a salvarnos..

15 viernes   De la feria

Is 48, 17-19; Sal 1, 1-4. 6; **Mt 11, 16-19.**

No escuchan ni a Juan ni al Hijo del hombre.

Jesús dijo a la multitud: ¿Con quién puedo comparar a esta generación? Se parece a esos muchachos que, sentados en la plaza, gritan a los otros: "¡Les tocamos la flauta, y ustedes no bailaron! ¡Entonamos cantos fúnebres, y no lloraron!". Porque llegó Juan el Bautista, que no come ni bebe, y ustedes dicen: "¡Está endemoniado!". Llegó el Hijo del hombre, que come y bebe, y dicen: "Es un glotón y un borracho, amigo de publicanos y pecadores". Pero la Sabiduría ha quedado justificada por sus obras.

Algunos no entendían la vida austera que llevaba Juan el Bautista y ponían esto como excusa para no creer en su predicación. El estilo de vida de Jesús no era austero y solitario como el de Juan, por el contrario, era compartir la vida de la gente sencilla, alegrarse en las reuniones y festejos, comer juntos. Esta alegría del reino tampoco era comprendida por los incrédulos. No quisieron ver que este modo de obrar de Jesús era signo del reino.

No hay más torpe que el que no quiere entender, tanto ayer como hoy y aquí. Jesús, que jamás busquemos excusas para tener razón: que seamos inteligentes y nos convirtamos del todo a ti, sin vuelta atrás. ¿Habrá algo mejor?

16 sábado

Eclo 48, 1-4. 9-11; Sal 79, 2-3. 15-16. 18-19; **Mt 17, 10-13.**

Elías ya ha venido, y no lo han reconocido.

Los discípulos preguntaron a Jesús: "¿Por qué dicen los escribas que primero debe venir Elías?". Él respondió: "Sí, Elías debe venir a poner en orden todas las cosas; pero les aseguro que Elías ya ha venido, y no lo han reconocido, sino que hicieron con él lo que quisieron. Así también harán padecer al Hijo del hombre". Los discípulos comprendieron entonces que Jesús se refería a Juan el Bautista.

Jesús hace referencia a Juan el Bautista, como un signo de que en él se cumplían las expectativas que se construían sobre la figura de Elías. Pero Jesús utiliza este argumento para afirmar que quienes mataron a Juan en realidad también han querido eliminar las esperanzas del pueblo sobre el retorno de Elías. Los enemigos del plan de Dios siempre tienen el mismo proceder: mataron a Juan, y matarán también a Jesús.

A Pablo le dijiste: "¡Deja de patear el aguijón!", y Pablo entendió. Pero, lamentablemente, siempre habrá tercos de alma y duros de corazón, necios voluntarios, que rechazan la verdad de Dios por aferrarse a la mentira.
¡Jesús, ábrenos los ojos del alma!...

17 domingo

Domingo 3° de Adviento

Semana 3ª del Salterio.

Sof 3, 14-18; [Sal] Is 12, 2-6; Flp 4, 4-7; Lc 3, 2-3. 10-18.

¿Qué debemos hacer?

Dios dirigió su palabra a Juan Bautista, el hijo de Zacarías, que estaba en el desierto. Éste comenzó a recorrer toda la región del río Jordán, anunciando un bautismo de conversión para el perdón de los pecados. La gente le preguntaba: "¿Qué debemos hacer entonces?". Él les respondía: "El que tenga dos túnicas, dé una al que no tiene; y el que tenga qué comer, haga otro tanto". Algunos publicanos vinieron también a hacerse bautizar y le preguntaron: "Maestro, ¿qué debemos hacer?". Él les respondió: "No exijan más de lo estipulado". A su vez, unos soldados le preguntaron: "Y nosotros, ¿qué debemos hacer?". Juan les respondió: "No extorsionen a nadie, no hagan falsas denuncias y conténtense con su sueldo". Como el pueblo estaba a la expectativa y todos se preguntaban si Juan no sería el Mesías, él tomó la palabra y les dijo a todos: "Yo los bautizo con agua, pero viene uno que es más poderoso que yo, y yo ni siquiera soy digno de desatar la correa de sus sandalias; él los bautizará en el Espíritu Santo y en el fuego. Tiene en su mano la horquilla para limpiar su era y recoger el trigo en su granero. Pero consumirá la paja en el fuego inextinguible". Y por medio de muchas otras exhortaciones, anunciaba al pueblo la Buena Noticia.

Juan habría sido un importante líder religioso de su tiempo. Por eso se ve en este texto que muchos se le acercaban para solicitarle un consejo sobre su vida y su comportamiento. Y Juan no renunciaba a decir la verdad, desde una moral social comprometida: "No exijan nada fuera de lo establecido... a nadie extorsionen, ni denuncien falsamente, y conténtense con su salario...". La moral planteada por Juan es solidaria, ateniéndose a la justicia. Quizás justamente por eso lo mataron...

Jesús, hablar sobre la justicia y el amor fraterno es peligroso en medio de tanto individualismo, corrupción y flagrantes egoísmos. A Juan le taparon la boca, a ti también. Que no dejemos de predicar, "a tiempo y a destiempo" como decía Pablo. ¡Ayúdanos, Señor!

18 lunes   De la feria, día 18

Jer 23, 5-8; Sal 71, 1-2. 12-13. 18-19; **Mt 1, 18-24.**

Jesús nacerá de María, comprometida con José, hijo de David.

Éste fue el origen de Jesucristo: María, su madre, estaba comprometida con José y, cuando todavía no habían vivido juntos, concibió un hijo por obra del Espíritu Santo. José, su esposo, que era un hombre justo y no quería denunciarla públicamente, resolvió abandonarla en secreto. Mientras pensaba en esto, el ángel del Señor se le apareció en sueños y le dijo: "José, hijo de David, no temas recibir a María, tu esposa, porque lo que ha sido engendrado en ella proviene del Espíritu Santo. Ella dará a luz un hijo, a quien pondrás el nombre de Jesús, porque él salvará a su Pueblo de todos sus pecados". Todo esto sucedió para que se cumpliera lo que el Señor había anunciado por el Profeta: 'La Virgen concebirá y dará a luz un hijo a quien pondrán el nombre de Emanuel', que traducido significa: 'Dios con nosotros'. Al despertar, José hizo lo que el ángel del Señor le había ordenado: llevó a María a su casa.

San José es presentado como un varón justo. Es decir que buscaba conducir su vida de acuerdo a la voluntad de Dios. El embarazo de María planteaba una situación inesperada. ¿Qué querría Dios en ese momento? San José va a obrar de acuerdo a lo que Dios quiere, aunque eso signifique ir en contra de la ley que ordenaba rechazar a una mujer con un embarazo de origen desconocido. Pidamos a San José que podamos seguir siempre la voluntad de Dios, aunque vaya en contra de las prácticas o leyes humanas.

¡Bendito José! seguramente tenías tus planes pero, así como a María, Dios te invitó a ir más allá de lo planeado. María dijo: "soy su esclava, y tú no fuiste menos... y los dos enseñaron a Jesús a estar siempre en las cosa del Padre" ¡Bien por ustedes!...

19 martes   De la feria, día 19

Jue 13, 2-7. 24-25; Sal 70, 3-6. 16-17; Lc 1, 5-25.

El nacimiento de Juan Bautista es anunciado por Gabriel.

En tiempos de Herodes, rey de Judea, había un sacerdote llamado Zacarías, de la clase sacerdotal de Abías. Su mujer, llamada Isabel, era descendiente de Aarón. Ambos eran justos a los ojos de Dios y seguían en forma irreprochable todos los mandamientos y preceptos del Señor. Pero no tenían hijos, porque Isabel era estéril; y los dos eran de edad avanzada. Un día en que su clase estaba de turno y Zacarías ejercía la función sacerdotal delante de Dios, le tocó en suerte, según la costumbre litúrgica, entrar en el Santuario del Señor para quemar el incienso. Toda la asamblea del pueblo permanecía afuera, en oración, mientras se ofrecía el incienso. Entonces se le apareció el ángel del Señor, de pie, a la derecha del altar del incienso. Al verlo, Zacarías quedó desconcertado y tuvo miedo. Pero el ángel le dijo: "No temas; Zacarías; tu súplica ha sido escuchada. Isabel, tu esposa, te dará un hijo al que llamarás Juan. Él será para ti un motivo de gozo y de alegría, y muchos se alegrarán de su nacimiento, porque será grande a los ojos del Señor. No beberá vino ni licor; estará lleno del Espíritu Santo desde el seno de su madre, y hará que muchos israelitas vuelvan al Señor, su Dios. Precederá al Señor con el espíritu y el poder de Elías, para reconciliar a los padres con sus hijos y atraer a los rebeldes a la sabiduría de los justos, preparando así al Señor un Pueblo bien dispuesto". Pero Zacarías dijo al ángel: "¿Cómo puedo estar seguro de esto? Porque yo soy anciano y mi esposa es de edad avanzada". El ángel le respondió: "Yo soy Gabriel, el que está delante de Dios, y he sido enviado para hablarte y anunciarte esta buena noticia. Te quedarás mudo, sin poder hablar hasta el día en que sucedan estas cosas, por no haber creído en mis palabras, que se cumplirán a su debido tiempo". Mientras tanto, el pueblo estaba esperando a Zacarías, extrañado de que permaneciera tanto tiempo en el Santuario. Cuando salió, no podía hablarles, y todos comprendieron que había tenido alguna visión en el Santuario. Él se expresaba por señas, porque se había quedado mudo. Al cumplirse el tiempo de su servicio en el Templo, regresó a su casa. Poco después, su esposa Isabel concibió un hijo y permaneció oculta durante cinco meses. Ella pensaba: "Esto es lo que el Señor ha hecho por mí, cuando decidió librarme de lo que me avergonzaba ante los hombres".

El evangelio de Lucas presenta dos anunciaciones hechas por el ángel Gabriel: en la primera se le aparece a Zacarías, en quien está simbolizada toda la Antigua Alianza: él y su esposa son ancianos, son justos, él es sacerdote, ministro del antiguo culto, y el ángel se le aparece en el Templo de Jerusalén, lugar central de la vida religiosa judía. Con el anuncio, Zacarías se queda mudo. Como si el sacerdocio, los rituales y el cumplimiento del antiguo culto no alcanzaran para llegar a expresar las maravillas de Dios. ¿Tenemos algo nosotros aún de rituales viejos? ¿Estamos pegados a fórmulas "gastadas" que no expresan el amor de Dios? ¿Estamos mudos para hablar de las maravillas que Dios hace? Después de este anuncio, el ángel Gabriel irá a anunciar a María. Y allí encontrará otra realidad.

"En boca cerrada no entran moscas", cómo nos cuesta decirte ísí, Señor! cuando nos hablas. Pero, a pesar de eso, tus maravillas nos dejan con la boca abierta ¡Bendito el Sol que viene de lo alto a visitarnos y redimirnos!

20 miércoles   De la feria, día 20

Is 7, 10-14; Sal 23, 1-6; Lc 1, 26-38.

Concebirás y darás a luz un hijo.

El ángel Gabriel fue enviado por Dios a una ciudad de Galilea, llamada Nazaret, a una virgen que estaba comprometida con un hombre perteneciente a la familia de David, llamado José. El nombre de la virgen era María. El ángel entró en su casa y la saludó, diciendo: "¡Alégrate, llena de gracia, el Señor está contigo!". Al oír estas palabras, ella quedó desconcertada y se preguntaba qué podía significar ese saludo. Pero el ángel le dijo: "No temas, María, porque Dios te ha favorecido. Concebirás y darás a luz un hijo, y le pondrás por nombre Jesús; él será grande y será llamado Hijo del Altísimo. El Señor Dios le dará el trono de David, su padre, reinará sobre la casa de Jacob para siempre y su reino no tendrá fin". María dijo al ángel: "¿Cómo puede ser eso, si yo no tengo relación con ningún hombre?". El ángel le respondió: "El Espíritu Santo descenderá sobre ti y el poder del Altísimo te cubrirá con su sombra. Por eso el niño será Santo y será llamado Hijo de Dios. También tu parienta Isabel concibió un hijo a pesar de su vejez, y la que era considerada estéril, ya se encuentra en su sexto mes, porque no hay nada imposible para Dios". María dijo entonces: "Yo soy la servidora del Señor, que se haga en mí según tu palabra". Y el ángel se alejó.

"El ángel se dirige hacia otras geografías. Deja Judá y va a la Galilea de los gentiles, a una aldea desconocida, pequeña e insignificante: Nazaret. Allí hay una jovencita virgen, humilde, que está (en su casa se supone) inmersa en su cotidianeidad. La fe de María en lo "imposible" la convierte en la Madre de Dios, en el Arca de la Alianza, cubierta por el Espíritu Santo: la palabra que usa el griego es dynamis, fuerza. Y

María está en la dynamis de Dios: ¡es como "dinamita" de Dios!
(M. Teresa Porcile, *Con ojos de mujer*).

🕊 **Señor,** Zacarías quedó sin palabras. En cambio, tu Madre declaró ante cielo y tierra: "Hágase en mí tu palabra"... y la Palabra se hizo hombre entre nosotros. Por eso nuestra alma canta tu grandeza, porque has hecho maravillas: ¡Tu nombre es Santo!

21 jueves   De la feria, día 21

San Pedro Canisio, pbro. y dr.

Cant 2, 8-14 ó Sof 3, 14-18; Sal 32, 2-3. 11-12. 20-21; Lc 1, 39-45.

· *¿Quién soy yo, para que la madre de mi Señor venga a visitarme?*

📖 Durante su embarazo, María partió y fue sin demora a un pueblo de la montaña de Judá. Entró en la casa de Zacarías y saludó a Isabel. Apenas esta oyó el saludo de María, el niño saltó de alegría en su seno, e Isabel, llena del Espíritu Santo, exclamó: "¡Tú eres bendita entre todas las mujeres y bendito es el fruto de tu vientre! ¿Quién soy yo, para que la madre de mi Señor venga a visitarme? Apenas oí tu saludo, el niño saltó de alegría en mi vientre. Feliz de ti por haber creído que se cumplirá lo que te fue anunciado de parte del Señor".

🕯 *El relato no intenta mostrar simplemente la atención de María hacia su prima Isabel. La fuerza del texto está puesta en el clima de felicidad y algarabía que inunda a las dos mujeres. Ambas se sienten elegidas, ambas se sienten parte del proyecto de Dios para salvar a su pueblo.*

🕊 **FELIZ** de ti, María, y felices todos los que, como tú, escuchamos la Palabra de Dios y queremos vivirla. Que nuestra fe, se acreciente cada día, haga que Dios siga obrando sus maravillas en este mundo que pierde la capacidad de asombrarse por ellas.

22 viernes   De la feria, día 22

1Sam 1, 19-20. 24-28; [Sal] 1Sam 2, 1. 4-8; **Lc 1, 46-55.**

El Todopoderoso ha hecho en mí grandes cosas.

María dijo: "Mi alma canta la grandeza del Señor, y mi espíritu se estremece de gozo en Dios, mi Salvador, porque él miró con bondad la pequeñez de su servidora. En adelante todas las generaciones me llamarán feliz, porque el Todopoderoso ha hecho en mí grandes cosas: ¡su Nombre es santo! Su misericordia se extiende de generación en generación sobre aquellos que lo temen. Desplegó la fuerza de su brazo, dispersó a los soberbios de corazón. Derribó a los poderosos de sus tronos, y elevó a los humildes. Colmó de bienes a los hambrientos y despidió a los ricos con las manos vacías. Socorrió a Israel, su servidor, acordándose de su misericordia, como lo había prometido a nuestros padres, en favor de Abraham y de su descendencia para siempre".

"María –profetisa, mujer de fe– canta. Una mujer virgen, jovencita, que no posee una función oficial ni cultual, ni pertenece a ninguna casta especial, en la sencillez de su vida tiene fe (en lo imposible) y todo cambia en ella y es capaz de cantar que todo puede cambiar en el mundo: es el Magnificat. Y canta NO a la soberbia del corazón, a la riqueza autosuficiente, a los poderosos y potentados que olvidan que el único Todopoderoso (O dynatos dice el griego) es el Señor" (M. Teresa Porcile, Con ojos de mujer).

El Señor hizo en ti maravillas ¡haría feliz de ti!, y felices quienes nos alegramos contigo por el inmenso amor de Dios que tú nos regalas en tantas visitas por todo el mundo... Ayúdanos, madre, para que también a través nuestro, Dios siga obrando maravillas.

23 sábado

San Juan de Kety, pbro.

Mal 3, 1-4. 23-24; Sal 24, 4-5. 8-10. 14; Lc 1, 57-66.

Nacimiento de Juan Bautista.

Cuando llegó el tiempo en que Isabel debía ser madre, dio a luz un hijo. Al enterarse sus vecinos y parientes de la gran misericordia con que Dios la había tratado, se alegraban con ella. A los ocho días, se reunieron para circuncidar al niño, y querían llamarlo Zacarías, como su padre; pero la madre dijo: "No, debe llamarse Juan". Ellos le decían: "No hay nadie en tu familia que lleve ese nombre". Entonces preguntaron por señas al padre qué nombre quería que le pusieran. Éste pidió una pizarra y escribió: "Su nombre es Juan". Todos quedaron admirados. Y en ese mismo momento, Zacarías recuperó el habla y comenzó a alabar a Dios. Este acontecimiento produjo una gran impresión entre la gente de los alrededores, y se lo comentaba en toda la región montañosa de Judea. Todos los que se enteraron guardaban este recuerdo en su corazón y se decían: "¿Qué llegará a ser este niño?". Porque la mano del Señor estaba con él.

Juan fue considerado, por el mismo Jesús, el Elías esperado. Él preparó el camino para la llegada del Mesías y lo mostró a sus discípulos. Nuevamente, como tantas veces, Dios nos presenta hombres y mujeres como camino para llegar a él. Y Dios continúa, también hoy, regalándonos "precursores" y hasta, sin darnos cuenta, quizá también lo seamos para otros tantos que también esperan la salvación.

Juan, Dios te llamó desde el seno materno. Ahora tu padre se desata en alabanzas y bendiciones al cielo, y todos se asombran. Ayúdanos a preparar caminos y a despertar a los hombres porque llega Cristo. ¡Que venga tu reino, Señor!

24 domingo
Domingo 4º de Adviento

Miq 5, 1-4; Sal 79, 2-3. 15-16. 18-19; Heb 10, 5-10; **Lc 1, 39-45.**

¿Quién soy yo, para que la madre de mi Señor venga a visitarme?

Durante su embarazo, María partió y fue sin demora a un pueblo de la montaña de Judá. Entró en la casa de Zacarías y saludó a Isabel. Apenas ésta oyó el saludo de María, el niño saltó de alegría en su vientre, e Isabel, llena del Espíritu Santo, exclamó: "¡Tú eres bendita entre todas las mujeres y bendito es el fruto de tu vientre! ¿Quién soy yo, para que la madre de mi Señor venga a visitarme? Apenas oí tu saludo, el niño saltó de alegría en mi vientre. Feliz de ti por haber creído que se cumplirá lo que te fue anunciado de parte del Señor".

Desde el vientre y moviéndose, Juan Bautista, profeta, le avisa a Isabel: "¡Mirá que acá viene Dios! Acá llega nuestro Pastor, el que viene a conducir nuestra vida". Así hoy también la Iglesia, proféticamente, nos avisa: ¡Ya viene Dios! Él llega para traer a nuestras casas, a nuestras comunidades, a nuestro país, lo mismo que llevó a casa de Isabel: la alegría y la firmeza de saber quien conduce nuestra vida. ¿Nos guardaremos esta alegría para nosotros? ¡Cuántas familias están necesitando de profetas y profetisas que, como Juan Bautista, como María, avisen con movimiento y con alegría que el Pastor está llegando!

¡Despertemos, llega Cristo! Ven, Señor, a iluminar nuestras tinieblas, a darnos tu paz y alegría. Ven a renovar todo y a colmar nuestras ansias de vida eterna. Ven a conducirnos a tu reino... ¡Ven, Señor!

25 lunes   **Natividad del Señor. (S)**

Misa del día: Is 52, 7-10; Sal 97, 1-6; Heb 1, 1-6; **Jn 1, 1-18.**

La Palabra se hizo carne y habitó entre nosotros.

Al principio existía la Palabra, y la Palabra estaba junto a Dios, y la Palabra era Dios. Al principio estaba junto a Dios. Todas las cosas fueron hechas por medio de la Palabra y sin ella no se hizo nada de todo lo que existe. En ella estaba la vida, y la vida era la luz de los hombres. La luz brilla en las tinieblas, y las tinieblas no la percibieron. Apareció un hombre enviado por Dios, que se llamaba Juan. Vino como testigo, para dar testimonio de la luz, para que todos creyeran por medio de él. Él no era la luz, sino el testigo de la luz. La Palabra era la luz verdadera que, al venir a este mundo, ilumina a todo hombre. Ella estaba en el mundo, y el mundo fue hecho por medio de ella, y el mundo no la conoció. Vino a los suyos, y los suyos no la recibieron. Pero a todos los que la recibieron, a los que creen en su Nombre, les dio el poder de llegar a ser hijos de Dios. Ellos no nacieron de la sangre, ni por obra de la carne, ni de la voluntad del hombre, sino que fueron engendrados por Dios. Y la Palabra se hizo carne y habitó entre nosotros. Y nosotros hemos visto su gloria, la gloria que recibe del Padre como Hijo único, lleno de gracia y de verdad. Juan da testimonio de él, al declarar: "Éste es Aquél del que yo dije: El que viene después de mí me ha precedido, porque existía antes que yo". De su plenitud, todos nosotros hemos participado y hemos recibido gracia sobre gracia: porque la Ley fue dada por medio de Moisés, pero la gracia y la verdad nos han llegado por Jesucristo. Nadie ha visto jamás a Dios; el que lo ha revelado es el Dios Hijo único, que está en el seno del Padre.

"No había manera de que llegáramos a conocer las cosas de Dios, si nuestro Maestro, el Verbo, no se hubiera hecho hombre. Porque nadie más podía explicarnos las cosas

del Padre fuera de su propio Verbo. En efecto, fuera de él,
¿quién conoció la mente del Señor?, ¿quién llegó a ser su con-
sejero? (Rom 1, 34). Por otra parte, nosotros no podíamos apren-
der de otra manera si no es viendo con los ojos a nuestro Maes-
tro, y oyendo con nuestros oídos su voz: de esta forma,
haciéndonos imitadores de sus obras y cumplidores de sus pa-
labras, podíamos llegar a tener comunión con él" (San Ireneo
de Lyon, Contra las herejías).

El día nuevo empieza, la noche terminó. Hoy brilla la esperanza porque tú, Señor, nos hablas por boca de Jesús: "Mi
Padre los quiere con locura. Créanme y yo los resucitaré a Vida eterna". Tu Hijo nace hombre y nosotros renacemos para ti. ¡Gloria a
Dios y paz a los hombres!

26 martes   San Esteban, primer mártir. (F)

Hech 6, 8-10; 7, 54-60; 8, 2; Sal 30, 3-4. 6-8. 16-17; **Mt 10, 17-22.**

No serán ustedes los que hablarán sino el Espíritu de su Padre.

Dijo Jesús a sus discípulos: Cuídense de los hombres,
porque los entregarán a los tribunales y los azotarán en
sus sinagogas. A causa de mí, serán llevados ante gobernadores y
reyes, para dar testimonio delante de ellos y de los paganos. Cuando
los entreguen, no se preocupen de cómo van a hablar o qué van a
decir: lo que deban decir se les dará a conocer en ese momento,
porque no serán ustedes los que hablarán, sino que el Espíritu de
su Padre hablará en ustedes. El hermano entregará a su hermano
para que sea condenado a muerte, y el padre a su hijo; los hijos se
rebelarán contra sus padres y los harán morir. Ustedes serán odiados por todos a causa de mi Nombre, pero aquél que persevere
hasta el fin se salvará.

🕯️ *El Espíritu es quien nos asiste, nos sostiene y pone las palabras en nuestra boca. No son nuestras propias palabras –aunque nosotros las consideremos muy bonitas– las que deben ser proclamadas, sino el mensaje de Jesucristo. Solamente animados por el Espíritu podremos sobrellevar la violencia de nuestros opositores.*

🕊️ Jesús, ayer nacías en un pobre pesebre, hoy Esteban te contempla glorioso junto al Padre. Que también nosotros, sin miedo a los cascotazos, vivamos con los pies en la tierra sin perder de vista tu reino en el cielo.

27 miércoles   San Juan, apóstol y evangelista. (F)

1Jn 1, 1-4; Sal 96, 1-2. 5-6. 11-12; **Jn 20, 1-8.**

> *El otro discípulo corrió más rápidamente que Pedro*
> *y llegó antes al sepulcro.*

📖 El primer día de la semana, de madrugada, cuando todavía estaba oscuro, María Magdalena fue al sepulcro y vio que la piedra había sido sacada. Corrió al encuentro de Simón Pedro y del otro discípulo al que Jesús amaba, y les dijo: "Se han llevado del sepulcro al Señor y no sabemos dónde lo han puesto". Pedro y el otro discípulo salieron y fueron al sepulcro. Corrían los dos juntos, pero el otro discípulo corrió más rápidamente que Pedro y llegó antes. Asomándose al sepulcro, vio las vendas en el suelo, aunque no entró. Después llegó Simón Pedro, que lo seguía, y entró en el sepulcro; vio las vendas en el suelo, y también el sudario que había cubierto la cabeza de Jesús; éste no estaba caído con las vendas, sino enrollado en un lugar aparte. Luego entró el otro discípulo, que había llegado antes al sepulcro: él también vio y creyó.

Cuando el discípulo escucha decir algo sobre la vida de su Maestro, corre, y corre rápido, para enterarse. Corre para ver, para entrar en contacto, para no quedarse afuera de lo que está pasando. Como fueron pronto los pastores a Belén, como fue Magdalena esa mañana, como corrió el discípulo a enterarse, con el mismo dinamismo e interés busquemos a Jesús. Busquémoslo en la Escritura, busquémoslo en la Eucaristía, abracémoslo en los rostros sufrientes de los necesitados de hoy para caminar con ellos hacia la resurrección.

Jesús que, como a Juan, quieres estrecharnos contra tu corazón y que experimentemos tu bondad, llénanos de tu amor y verdad para que viendo y creyendo como él, nosotros también proclamemos tu evangelio y lo escribamos en el alma de nuestros hermanos.

28 jueves   Santos Inocentes, mrs. (F)

1Jn 1, 5—2, 2; Sal 123, 2-5. 7-8; **Mt 2, 13-18.**

Herodes mandó matar en Belén a todos los niños.

Después de la partida de los magos, el ángel del Señor se apareció en sueños a José y le dijo: "Levántate, toma al niño y a su madre, huye a Egipto y permanece allí hasta que yo te avise, porque Herodes va a buscar al niño para matarlo". José se levantó, tomó de noche al niño y a su madre, y se fue a Egipto. Allí permaneció hasta la muerte de Herodes, para que se cumpliera lo que el Señor había anunciado por medio del Profeta: "Desde Egipto llamé a mi hijo". Al verse engañado por los magos, Herodes se enfureció y mandó matar, en Belén y sus alrededores, a todos los niños menores de dos años, de acuerdo con la fecha que los magos le habían indicado. Así se cumplió lo que había sido anunciado por el profeta Jeremías: "En Ramá se oyó una voz, hubo lágrimas y gemidos: es Raquel, que llora a sus hijos y no quiere que la consuelen, porque ya no existen".

La escena parece repetir algo que le ha ocurrido a Israel en otros tiempos: persecución de parte de los poderosos, permanencia en Egipto y luego retorno. Jesús viene a plenificar la historia de Israel, y como tal, también será víctima de persecuciones. En este caso, Herodes, un rey ambicioso y a la vez inseguro de su poder, quiere exterminarlo. La suerte de Jesús está echada desde el principio, es como si ya lo hubieran condenado a muerte.

Señor, tu cielo está lleno de angelitos: los inocentes que murieron y los que fueron matados o dejados morir... Tú naciste también niño pequeño e indefenso para mostrarnos el camino de la vida verdadera. Que caminemos por él con toda inocencia, venciendo pecados y muerte.

29 viernes   Día Quinto de Navidad

Santo Tomás Becket, ob. y mr.

1Jn 2, 3-11; Sal 95, 1-3. 5-6; Lc 2, 22-35.

Luz para iluminar a los paganos.

Cuando llegó el día fijado por la Ley de Moisés para la purificación, llevaron al niño a Jerusalén para presentarlo al Señor, como está escrito en la Ley: "Todo varón primogénito será consagrado al Señor". También debían ofrecer en sacrificio un par de tórtolas o de pichones de paloma, como ordena la Ley del Señor. Vivía entonces en Jerusalén un hombre llamado Simeón, que era justo y piadoso, y esperaba el consuelo de Israel. El Espíritu Santo estaba en él y le había revelado que no moriría antes de ver al Mesías del Señor. Conducido por el mismo Espíritu, fue al Templo, y cuando los padres de Jesús llevaron al niño para cumplir con él las prescripciones de la Ley, Simeón lo tomó en sus brazos y alabó a Dios, diciendo: "Ahora, Señor, puedes dejar que tu servidor muera en paz, como lo has prometido, porque mis ojos han visto la salvación que preparaste delante de todos los pueblos: luz para iluminar a las naciones paganas y gloria de tu pueblo Israel". Su padre y su madre estaban admirados por lo que oían decir de él. Simeón, después de bendecirlos, dijo a María, la madre: "Este niño será causa de caída y de elevación para muchos en Israel; será signo de contradicción, y a ti misma una espada te atravesará el corazón. Así se manifestarán claramente los pensamientos íntimos de muchos".

Este es el tercer y último cántico que alguien entona en los relatos de la infancia. María cantó el Magnificat, Zacarías el Benedictus, y Simeón canta agradecido porque ha visto la salvación. También nosotros cantemos que hemos visto la presencia salvadora de Dios, que lo oímos y lo tocamos, que podemos comprobar que su reino sigue creciendo en medio de todos los pueblos. Cantemos y celebremos que Jesús sigue obrando a través de tantos hombres y mujeres que, en el servicio fraternal y con corazón generoso, continúan hoy la misión de Jesús.

Simeón te vio como luz del mundo ¡Dios cumplía su promesa! y cantando se dejó morir en paz. Hoy también nosotros cantamos "Esta es la luz de Cristo"... Que la hagamos brillar con alma y vida, hasta el día en que tú, Señor, nos lleves a tu gloria.

30 sábado   Día Sexto de Navidad

1Jn 2, 12-17; Sal 95, 7-10; **Lc 2, 22. 36-40.**

Hablaba acerca del niño a todos los que esperaban la redención de Jerusalén.

Cuando llegó el día fijado por la Ley de Moisés para la purificación, llevaron al niño a Jerusalén para presentar al Señor. Estaba también allí una profetisa llamada Ana, hija de

Fanuel, de la familia de Aser, mujer ya entrada en años, que, casada en su juventud, había vivido siete años con su marido. Desde entonces había permanecido viuda, y tenía ochenta y cuatro años. No se apartaba del Templo, sirviendo a Dios noche y día con ayunos y oraciones. Se presentó en ese mismo momento y se puso a dar gracias a Dios. Y hablaba acerca del niño a todos los que esperaban la redención de Jerusalén. Después de cumplir todo lo que ordenaba la Ley del Señor, volvieron a su ciudad de Nazaret, en Galilea. El niño iba creciendo y se fortalecía, lleno de sabiduría, y la gracia de Dios estaba con él.

La viejita Ana, viuda y profetisa, alaba a Dios y anuncia que la salvación ha llegado. Es una anciana que ha entregado todo su corazón a Dios y vive en la oración. Su vejez no la llevó a pensar "ya no sirvo para nada" sino que se dedicó a un servicio hermoso: orar y alabar a Dios. Y su palabra de anciana habla de Jesús y de la salvación, porque desde el silencio de su corazón ella obtiene la sabiduría para hablar de Dios. A lo largo de este tiempo de Navidad son varios los viejitos que nos han acompañado: Zacarías e Isabel, Simeón y ahora Ana la profetisa. Hoy diríamos que todos ellos son ancianos muy activos: siguen rezando, amando, y no dejan de hablar y de cantar.

Abraham y Sara, Joaquín y Ana, Zacarías e Isabel, Simeón y esta viejita sacristana se volvieron viejos esperando en tus promesas... Señor, que no te vuelvas viejo esperando que nosotros cumplamos nuestra parte en tu obra salvadora... ¡apúranos, Señor!

31 domingo · Sagrada Familia de Jesús, María y José. (F)

San Silvestre I, papa.

1Sam 1, 20-22. 24-28; Sal 83, 2-3. 5-6. 9-10; 1Jn 3, 1-2. 21-24; **Lc 2, 41-52.**

Jesús entre los doctores de la Ley es hallado por sus padres.

Los padres de Jesús iban todos los años a Jerusalén en la fiesta de la Pascua. Cuando el niño cumplió doce años, subieron como de costumbre, y acabada la fiesta, María y José regresaron, pero Jesús permaneció en Jerusalén sin que ellos se dieran cuenta. Creyendo que estaba en la caravana, caminaron todo un día y después comenzaron a buscarlo entre los parientes y conocidos. Como no lo encontraron, volvieron a Jerusalén en busca de él. Al tercer día, lo hallaron en el Templo en medio de los doctores de la Ley, escuchándolos y haciéndoles preguntas. Y todos los que lo oían estaban asombrados de su inteligencia y sus respuestas. Al verlo, sus padres quedaron maravillados y su madre le dijo: "Hijo mío, ¿por qué nos has hecho esto? Piensa que tu padre y yo te buscábamos angustiados". Jesús les respondió: "¿Por qué me buscaban? ¿No sabían que yo debo ocuparme de los asuntos de mi Padre?". Ellos no entendieron lo que les decía. Él regresó con sus padres a Nazaret y vivía sujeto a ellos. Su madre conservaba estas cosas en su corazón. Jesús iba creciendo en sabiduría, en estatura y en gracia delante de Dios y de los hombres.

La preocupación de María y José habría de ser grande ante esta situación, como en cualquier caso en que un hijo se aleja de la mano de sus padres. Pero aquí se está anticipando algo que luego será la constante de la vida de Jesús: estar con su Padre, en las cosas de Dios. La familia tiene poder sobre el niño, pero el poder queda limitado ante la opción de vida que cada uno debe tomar.

JOSÉ y MARÍA, ustedes vivieron siempre a la luz del Señor, alegres y obedientes a su divina voluntad... ¡y el Niño lo aprendió, vaya si no!: "debo ocuparme de las cosas de mi Padre...". Que el año que se inicia sea mejor que el que termina: que crezcamos también nosotros en sabiduría y gracia, ante Dios y los hombres. Amén.

BENDICIONES

Las bendiciones usuales que van a continuación, son tomadas del «Bendicional» nuevo. No se puede prescindir del uso de este nuevo libro litúrgico, ni de la estructura típica de las bendiciones: a) proclamación de la Palabra de Dios; b) alabanza de la bondad divina y la impetración del auxilio celestial: elementos que nunca se han de omitir, ni siquiera en los ritos breves (23). Normalmente no está permitido dar la bendición de cosas y lugares con el solo signo externo, sin ningún acompañamiento de la Palabra de Dios o de alguna plegaria (27). El uso del agua bendita se reserva primordialmente a personas. Estas bendiciones más usuales se ofrecen aquí sólo como «vademécum» en caso de necesidad. Se supone el conocimiento de los demás textos del Bendicional.

M/. Nuestro auxilio es el nombre del Señor.

R/. Que hizo el cielo y la tierra.

BENDICIÓN DE UN NIÑO

(Sacerdote y diácono: imponiendo las manos; si no, manos juntas).

Para un niño ya bautizado

Señor Jesucristo, tanto amaste a los niños que dijiste que quienes los reciben te reciben a ti mismo; escucha nuestras súplicas en favor de este(a) niño(a) y, ya que lo (la) enriqueciste con la gracia del bautismo, guárdalo(a) con tu continua protección, para que, cuando llegue a mayor, profese libremente su fe, sea fervoroso(a) en la caridad y persevere con firmeza en la esperanza de tu reino. Tú que vives y reinas por los siglos de los siglos.

R/. Amén.

Para un niño enfermo

Señor, Dios nuestro, cuyo Hijo Jesucristo recibió con afecto a los niños y los bendijo, extiende benigno tu mano protectora sobre este servidor tuyo N., enfermo en su temprana edad; así, recobradas sus fuerzas, y devuelto en perfecta salud a tu santa Iglesia y a sus padres, pueda darte gracias de corazón. Por Jesucristo, nuestro Señor.

R/. *Amén.*

Fórmula breve

Jesús, el Señor, que amó a los niños, te bendiga (N) ✚, y te guarde en su amor.

R/. *Amén.*

BENDICIÓN DE UN ANCIANO

Lectura bíblica: Lc 2, 25-38: Simeón y Ana.

Dios omnipotente y eterno, en quien vivimos, nos movemos y existimos, te damos gracias y te bendecimos porque has dado a estos servidores tuyos largos años de vida, junto con la perseverancia en la fe y en las buenas obras; concédeles ahora, Señor, que, confortados por el afecto de los hermanos, estén alegres en la salud, no se depriman en la enfermedad, y, reanimados con tu bendición, empleen en tu alabanza el tiempo de su ancianidad. Por Jesucristo, nuestro Señor.

R/. *Amén.*

Fórmula breve

La bendición ✚ de Dios todopoderoso, que a nadie abandona y que aun en la vejez y las canas guarda a sus hijos con solicitud de Padre, descienda sobre ti.

R/. *Amén.*

BENDICIÓN DE UN ENFERMO

Lecturas bíblicas: 2Cor 1, 3-7: Dios del consue-
lo; Mt 11, 28-30: Vengan a mí y los aliviaré; Mc
6, 53-56: Colocaban a los enfermos en la plaza.

Señor, Padre santo, Dios todopoderoso y eterno, que con tu bendición levantas y fortaleces nuestra frágil condición, mira con bondad a este servidor tuyo N.; aparta de él la enfermedad y devuél-
vele la salud, para que, agradecido, bendiga tu santo Nombre. Por
Jesucristo, nuestro Señor.

R/. *Amén.*

BENDICIÓN DE LA FAMILIA
EN SU CASA

Lecturas bíblicas: Mt 7, 24.-28: La casa edificada
sobre roca; Lc 10, 5-9: Paz a esta casa; Lc 19,
1-9: Jesús en casa de Zaqueo.

Bendito seas, Dios, Padre nuestro, por esta casa, destinada por tu
bondad a que viva en ella esta familia. Haz que sus habitantes reciban los dones de tu Espíritu y que el don de tu bendición ✠ se haga
patente en ellos por su caridad efectiva, de manera que todos los
que frecuenten esta casa encuentren siempre en ella aquel amor y
aquella paz que sólo tú puedes dar. Por Jesucristo, nuestro Señor.

R/. *Amén.*

Nueva casa

Asiste, Señor, a estos servidores tuyos que, al inaugurar (hoy) esta
vivienda, imploran humildemente tu bendición, para que, cuando
vivan en ella, sientan tu presencia protectora, cuando salgan, go-
cen de tu compañia, cuando regresen, experimenten la alegría de
tenerte como huésped, hasta que lleguen felizmente a la estancia

preparada para ellos en la casa de tu Padre. Tú que vives y reinas
por los siglos de los siglos.

R/. Amén.

(Aspersión)

Que esta agua bendita nos recuerde nuestro bautismo en Cristo,
que nos redimió con su muerte y resurrección.

R/. Amén.

(Conclusión del rito:)

Que Dios colme su fe de alegría y de paz. Que la paz de Cristo
actúe de árbitro en su corazón. Que el Espíritu Santo derrame en
ustedes sus dones.

R/. Amén.

BENDICIÓN DE LOS PROMETIDOS
(Anillos)

*Lecturas bíblicas: Jn 15, 9-12: Éste es mi manda-
miento que se amen unos a otros como yo los he
amado; 1Cor 13, 4-13: El amor cree, espera y
aguanta sin límites.*

El Señor haga que de tal manera guarden estos anillos que se han
intercambiado, que a su tiempo lleven a término lo que se han
prometido con esta donación recíproca.

R/. Amén.

Te alabamos, Señor porque en tu designio de bondad, mueves y
preparas a estos hijos tuyos N. y N., para que se amen mutua-
mente; dígnate fortalecer sus corazones, para que, guardándose
fidelidad y agradándote en todo, lleguen felizmente al sacramento
del matrimonio. Por Jesucristo nuestro Señor.

R/. Amén.

BENDICIÓN DE UN VEHÍCULO

Lecturas bíblicas: Jn 14, 6-7: Yo soy el camino, la verdad y la vida; Hech 8, 27-39: Felipe y el Etíope.

Dios todopoderoso, creador del cielo y la tierra, que, en tu gran sabiduría, encomendaste al hombre hacer cosas grandes y bellas, te pedimos por los que usen este vehículo: que recorran su camino con precaución y seguridad, eviten toda imprudencia peligrosa para los otros, y, tanto si viajan por placer o por necesidad, experimenten siempre la compañía de Cristo, que vive y reina contigo por los siglos de los siglos.

℟. Amén.

(Conclusión del rito:)

El Señor los guíe en sus desplazamientos, para que hagan en paz su camino y lleguen a la vida eterna.

℟. Amén.

Y la bendición de Dios todopoderoso, Padre, Hijo ✠ y Espíritu Santo, descienda sobre ustedes.

R/. Amén.

BENDICIÓN DE LAS IMÁGENES

Lecturas bíblicas: Col 1, 12-20: Cristo imagen de Dios invisible. Jn 14, 1-18: El que me ha visto, ha visto al Padre. Lc 1, 42-50: Me felicitarán todas las generaciones. Mt 5, 1-12: Bienaventuranzas.

De Jesucristo:

Oh Dios, tú habitas en una luz inaccesible y nos has amado tanto que, siendo invisible, te nos has hecho visible en Cristo; mira con bondad a estos hijos tuyos, que han dado forma a esta efigie de tu

Hijo, y haz que, al venerarla, se vayan transformando en la realidad que esta imagen representa. Por Jesucristo, nuestro Señor.

R/. *Amén.*

De la Santísima Virgen:

Oh Dios, que en la Santísima Virgen has dado a tu Iglesia, que peregrina en este mundo, una imagen de la gloria futura a la que espera llegar, haz que tus fieles, que han elaborado esta imagen de santa María, alcen confiadamente sus ojos hacia ella, que resplandece como modelo de virtudes para todo el pueblo de tus elegidos. Por Jesucristo, nuestro Señor.

R/. *Amén.*

De los santos:

Oh Dios, fuente de toda gracia y santidad, míranos con bondad a nosotros, tus servidores, que hemos dispuesto esta imagen de san..., y haz que experimentemos la intercesión de este santo, el cual convertido en amigo y coheredero de Cristo, resplandece como testigo de vida evangélica y como noble intercesor ante ti. Por Jesucristo, nuestro Señor.

R/. *Amén.*

BENDICIÓN DEL AGUA

Lectura bíblica: Jn 7, 37-39: El que tenga sed, que venga a mí.

Señor, Padre santo, dirige tu mirada sobre nosotros, que, redimidos por tu Hijo, hemos nacido de nuevo del agua y del Espíritu Santo en la fuente bautismal; concédenos, te pedimos, que todos los que reciban la aspersión de esta agua queden renovados en el cuerpo y en el alma y te sirvan con limpieza de vida. Por Jesucristo, nuestro Señor.

R/. *Amén.*

Aspersión

Que esta agua nos recuerde nuestro bautismo en Cristo, que nos redimió con su muerte y resurrección.

R/. *Amén.*

BENDICIÓN DE OBJETOS DE PIEDAD Y ROSARIOS

Lecturas bíblicas: Rom 8, 26-27; Col 3, 17; Lc 11, 9-10.

El Señor, con su bendición, ✢ se digne aumentar y fortalecer tus sentimientos de devoción y piedad, para que transcurras sin tropiezo tu vida presente y alcances felizmente la eterna. Por Jesucristo, nuestro Señor.

R/. *Amén.*

Rosario

En memoria de los misterios de la vida, muerte y resurrección de nuestro Señor, para honra de la Virgen Maria, Madre de Cristo y de la Iglesia, sea bendecida la persona que ore devotamente con este rosario: en el nombre del Padre y del Hijo ✢ y del Espíritu Santo.

R/. *Amén.*

POR UN DIFUNTO

Salmo 130. Desde el abismo

Ant. *Dale, Señor, el descanso eterno, y la luz perpetua.*

1. Desde el abismo clamo a ti, Señor, escucha mi clamor; tus oídos se vuelvan atentos a la voz de mi plegaria.

2. Si las culpas escudriñas, Señor, ¡quién podrá subsistir? Mas junto a ti se encuentra el perdón porque todos te veneren.

3. Mi alma espera en el Señor, cierto estoy de su palabra; más aguarda mi alma al Señor que el sereno la aurora.

4. Pues abriga el Señor misericordia y copiosa redención; redimirá el Señor a Israel de todas sus culpas.

Ant. *Dale, Señor, el descanso eterno, y la luz perpetua.*

Recibe, Señor, el alma de tu hijo(a) N..., a quien has llamado de este mundo a tu presencia. Líbralo(a) de todos sus pecados, y así, llegue por tu misericordia a la felicidad del descanso y de la luz eterna, y merezca unirse a tus santos y elegidos en la gloria de la resurrección. Por Jesucristo, nuestro Señor.

R/. *Amén.*

O *bien* (por los familiares):

Padre de las misericordias y Dios de todo consuelo, tú transformas en la aurora de una nueva vida la oscuridad de la muerte, mira a estos hijos tuyos que lloran en su dolor. Tu Hijo, nuestro Señor, al morir destruyó nuestra muerte, y al resucitar, nos dio la vida nueva. Concédenos que al final de esta vida, podamos ir a su encuentro, y, junto con nuestro difunto, nos reunamos en tu Reino, allí donde tú mismo enjugarás nuestras lágrimas. Por Jesucristo, nuestro Señor.

R/. *Amén.*

EN EL CEMENTERIO

Oración de los fieles

Dijo el Señor: "Yo soy la Resurrección y la Vida; quien cree en mí, aunque muera vivirá; y todo el que vive y cree en mí, no morirá jamás". Apoyados confiadamente en esta Palabra, roguemos por nuestro(a) hermano(a):

– Señor, tú que lloraste junto a la tumba de Lázaro, dígnate enjugar nuestras lágrimas.

R/. *Escúchanos, Señor, te rogamos.*

– Tú que resucitaste a los muertos, dígnate dar la vida eterna a nuestro(a) hermano(a). R/.

– Tú que prometiste el Paraíso al buen ladrón, dígnate conducir al cielo a este(a) hermano(a) nuestro(a). R/.

– Tú que purificaste a N... con el agua del Bautismo y lo(a) ungiste con los santos Oleos, dígnate recibirlo(a) ahora entre tus Santos y elegidos. R/.

– Tú, que alimentaste a N..., con tu Cuerpo y tu Sangre, dígnate admitirlo(a) a la mesa de tu Reino. R/.

– Y a nosotros, que lloramos la ausencia de nuestro hermano(a), dígnate fortalécenos con la fe y la esperanza de la vida eterna. R/.

Todos: *Padrenuestro...*

Sepultura

Señor Dios, tú eres fuente de Vida y de Resurrección para todos los hombres; nuestro dolor se eleva hacia ti en plegaria por nuestro(a) hermano(a) N..., Concédele verse libre del dominio de la muerte y gozar para siempre de la heredad de tu Reino. Por Jesucristo nuestro Señor.

R/. *Amén.*

– Señor, dale el descanso eterno.

R/. *Brille para él(ella) la luz perpetua.*

Se terminó de imprimir en G. S. Gráfica s.r.l.,
San Luis 540, B1868ALD Piñeyro,
AVELLANEDA, Buenos Aires, Argentina.